此书得到北京外国语大学双一流建设项目《文明互鉴：中国与世界》出版资助

严绍璗文集 卷一

国际中国学研究

严绍璗 著

北京大学出版社
PEKING UNIVERSITY PRESS

　　严绍璗1940年生于上海市。北京大学教授,北京外国语大学荣誉教授。北京大学比较文学与比较文化研究所所长(1998—2014)、北京大学中文系学术委员会主任(1998—2014)、国际比较文学协会东亚研究委员会主席(2000—2004)、北京大学东方文学研究中心研究员、学术委员会主任(2010—2018)、中国比较文学学会副会长兼学术委员会主任,全国古籍整理与出版规划领导小组成员、国际中国文化研究学会名誉会长。日本京都大学、佛教大学、文部省国际日本文化研究中心客座教授。先后获得北京大学人文社科研究成果奖(多次)、亚洲太平洋出版协会(APPA)学术类图书金奖、北京市第十届哲学社会科学优秀成果一等奖、教育部第五届人文社会科学研究优秀成果一等奖、2010年获日本第二十三届"山片蟠桃奖",2015年获首届"中国比较文学终身成就奖",2016年获首届"国际中国文化研究终身成就奖"等。

国际中国文化研究终身成就奖

他是海外中国学研究在新时期的开拓者、奠基者和引路人。

他开创了日本中国学研究领域,并集诸多"第一"于一身;

他硕果累累、著述等身;他基于原典实证,独创"文学发生学"、"变异体"等理论,惠及来者,金针度人。有诗为证:

跨海东渡三十载,日藏汉籍见苦辛;
原典实证变异体,跬步斋里游古今。

鉴于严绍璗先生世所瞩目的贡献与成绩,特颁发"国际中国文化研究终身成就奖"。

国际中国文化研究学会
二零一六年六月二十三日

1994年在国际日本文化研究中心任客座教授

养天地之正气 法古今之完人[①]

在全民共庆建国60周年的欢乐日子里，今天，在庄严的人民大会堂举行我国"高等学校科学研究优秀成果奖（人文社会科学）颁奖大会"，党和国家领导人参加了颁奖，这是我国高等学校学科建设进程中值得纪念的时刻。它意味着我国高等学校在积极培养学科人才的同时，正在推进和发展着规模宏大、基础扎实、古今中外荟萃、成果辉煌的人文社会科学的学术研究，成为我国总体文化建设中崛起于世界民族之林的强有力的一翼。

我作为众多获奖者中的一员，和我的同志们一样，为自己的课题的成功具有特别的荣誉感。这是因为我深深地感到，我们高校人文科学研究者在伟大祖国于世界崛起的历史时刻，面对国家在社会主义现代化进程中文化精神建设的重大课题，面对国民要求提升民族文化素质的热切愿望，没有失却自己的责任。大家在各个学科领域中，在多元的层面上，从体大精深的前沿宏观探讨到基础性研究，从推进学科学理的阐释和创造新学科的努力到与世界学术界的平等对话，我们有这么多的同志

[①] 本文为2009年12月30日在人民大会堂金色大厅举行的高等学校科学研究优秀成果奖（人文社会科学）授奖大会上的致辞。

同行，以国家民族崛起为务，把推进与提升人文学术的发展视为自己的生命。我们在党和国家发展与繁荣人文社科学术的总体思想指引下，在教育部积极的组织与推动中，在我们今天得奖和没有得奖的同志们的共同努力下，我们赢得了堪称辉煌的成果。

这样的荣誉，不是属于我们一个人或几个人。荣誉属于国家，荣誉属于我们所在的学校，荣誉属于支持着我们的研究以及与我们通力合作共事的全体高校的文科教师和相关的社会人士！

在这个时刻，我们全体获奖的研究者深知新的征程正在开始，祖国和民族的未来要求我们做出更多更大的贡献。

21世纪人类在推进自身文明的发展中充满着机遇与危机，我们伟大的祖国作为当代世界公认的发展最为健全、业绩最为杰出的国家，承担着参与建设"和谐世界"这一人类崇高伟大的目标。中国的人文学者们理应肩负起自己应尽的历史责任，把人文学术研究作为我们参与祖国在世界崛起的伟大事业，做成一项服务于整个社会和全体公众的伟大事业。

我们人文学术研究者和教育工作者，理应而且必须建立起面向未来的大视野。

我们应该强化人文学术研究致力于民族崛起的情感，把国家民族发展中的精神指向作为我们学术的关注点，把世界发展在人文领域中的经验和现实、问题和挑战作为我们的重大课题，树立学术服务于国家总体战略的意识；

我们应该强化人文学术研究和学校教育神圣的情感，忠于学术、潜心治学、警惕现代性市场运作的趋利性和唯利性对人文学术的压力，不为时尚所裹挟，不求闲逸享受，坚决不以学术和教育作为商品经营，树立对学术和教育的敬畏意识；

我们应该强化人文学术研究的理性情感，清除赝品，拒绝平庸，不以哗众取宠换取虚假名声，不以伪劣假冒填充"学术"数量，树立学术研究的科学创新的精品意识；

我们应该强化人文学术研究面向世界的情感，积极拓展与国际学术界的平等对话，致力于将我国优秀的人文遗产与当代人文学术研究的业绩与世界沟通，并实事求是地吸纳世界文化的有价值的成分充实自我的学术，树立我国人文学术研究参与共创人类文明的意识。

我们承继民族精神之血脉,开启社会主义现代化之新精神。祖国和民族抚养着我们,党和国家引领着我们,我们人文学术研究者理应"养天地之正气,法古今之完人",为祖国人文学术的发展与发达,贡献我们全部的智慧和精力,在学术研究与教学育人的领域里,忠诚于自己的事业,励精图治,汇集我们的智慧,创造一流的业绩,成为我国创建世界一流大学总体战略目标的一个有机层面。

我们,中国的高等学校的人文学术研究者,是一定能够不负国家民族的期望,在未来贡献出新的成果!

谢谢大家!

目录

会通学科熔"义理辞章"于一炉 ··· 1
我和国际中国学研究 ··· 34
20世纪70年代日本学者论中国古代文学的特点问题 ············ 40
日本学者近年来对中国古史的研究 ··· 44
日本对《尚书》的研究情况 ··· 75
日本学者关于《诗经》的研究 ··· 78
日本学者关于中国文学史分期方面的一些见解 ······························ 83
日本鲁迅研究名家名作述评（一） ··· 87
日本鲁迅研究名家名作述评（二） ··· 102
《赵氏孤儿》与18世纪欧洲戏剧文学 ·· 127
关于汉学的问答 ·· 132
甲骨文字与敦煌文献东传纪事 ··· 134
日本中国学中从经学研究向中国哲学研究演进的轨迹 ·············· 153

中国当代新文化建设的精神指向与"儒学革命"……………………172
中国古代文学研究的国际文化意识………………………………197
中国学术界对 Sinology 研究应有的反思 …………………………222
日本中国学中"道学的史学"的没落与"东洋史学"兴起的考察………233
日本中国学中中国文学近代性研究的形成…………………………251
中国国际中国学（汉学）研究三十年………………………………278
我看汉学与"汉学主义"………………………………………………301

"严绍璗文集"总目录……………………………………………………312

会通学科熔"义理辞章"于一炉①

严绍璗,北京大学教授,北京外国语大学荣誉教授。北京大学(国家重点学科)比较文学与比较文化研究所所长,北京大学教育部人文社科研究重点基地"东方文学研究中心"学术委员会主任。国际中国文化研究学会名誉会长,中国比较文学学会副会长兼任学术委员会主任,中华日本学会常务理事,全国古籍整理与出版规划领导小组成员,中国宋庆龄基金会孙平化日本学学术奖励基金专家委员会主任。

1940年9月出生于上海市,1959年9月入学北京大学中国语言文学系古典文献专业,1964年7月五年制本科毕业,留北大任教师,从见习助教达于教授至今。在北大曾担任中国语言文学系古典文献专业副主任、主任,北大古文献研究所副所长与国际汉学研究室主任。1990年转入比较文学与比较文化研究所,1998年任比较文学与比较文化研究所所长至今。其间曾担任北大中文系学术委员会委员14年,其中4年担任学术委员会主任并兼任北大人文学部学术委员会委员。

1985年5—11月应邀担任日本京都大学人文科学研究所日本学部客座教授,此为新中国第一个在日本文部省正式注册的国立大学教授。1989—1992年分别担任日本佛教大学文学部和日本宫城学院女子大学日本学科客座教授,讲授"中日文学关

---

① 本文原载于《新中国60年外国文学研究》(第六卷),北京大学出版社,2015年。

系史""日本汉学与中国学研究""日本神话研究""日本中世五山文学研究"等课程。1994—1995年应邀任日本文部省国际日本文化研究中心客座教授，这是日本国立中央研究机构第一次由中国人出任客座教授。2001—2002年应邀担任日本文部科学省"日本文学研究资料馆"客座教授，组织并主持"日本文学中的非日本文化元素"读书研究班，2009—2012年担任香港大学现代语言与文化学院荣誉教授。

1998年以来当选为中国比较文学学会副会长兼任学术委员会主任，2001至2005年出任"国际比较文学学会东亚研究委员会"主任，2008年北京外国语大学授予他"荣誉教授"称号（日本学研究），2009年当选为由14个国家的"中国文化研究家"组成的"国际中国文化研究学会"第一届主席团执行主席，2013年1月辞任，被授予名誉会长。21世纪以来曾参加国家社科基金"外国文学项目指南"出题，并担任国家社科基金、教育部人文社科研究、北京市人文社科研究多元项目的评审专家。2007—2008年"中日历史问题会谈"中为中方专家组成员。

一直从事以中国文化为基本教养的"东亚文化"研究，由对象国的"汉学"和"中国学"的研究达于对象国本体文化与本体文学的研究，最终进入"跨文化"研究的学术体系，在50年的学术作业中体验和积累"多元文本细读"与"观念综合思考"互为犄角，相互透入的"新知识生产经验"，逐步形成了以"多元文化语境""不正确理解的中间媒体"和"变异体生成"的具有内在逻辑的理性观念，并以"多层面原典实证方法论"作为实际操作手段，组合成一个"自我学术理念系统"，被称为"文学的发生学"。

撰著出版《比较文学与文化"变异体"研究》《日本中国学史稿》《日藏汉籍善本书录》（3卷）、《比较文学视野中的日本文化——严绍璗海外讲演录》（日文版）、《日本藏汉籍珍本追踪纪实——严绍璗海外访书志》《中日古代文学关系史稿》等14种学术专著，主编《国际中国文化研究30年（1979—1909）年鉴》"北京大学20世纪国际中国学研究文库""北京大学比较文学学术文库"等15种，发表中文论文130余篇，日文论文20余篇，译文10余篇，学术札记和随笔50余篇等。

曾获得北京大学人文社科研究成果第一届、第二届、第四届优秀成果奖，北京大学"顶新"教学奖，改革开放三十年北京大学人文社科研究百项精品成果奖，中国比较文学学会首届优秀图书著作一等奖，亚洲太平洋出版协会（APPA）学术类图书金奖，北京市第十届哲学社会科学优秀成果一等奖，教育部第五届人文社会科学研究优秀成果一等奖。2009、2010年获"北京大学人文社会科学研究优秀工作者"称号，2011年获日本第23届"山片蟠桃奖"（每三年在世界的"日本文化"研究者中评定一人。山片蟠桃，18世纪日本哲学家）。自1993年起获得由国务院授予的"为中国高等教育事业做出贡献政府终身特殊津贴"。

采访人（问）：严先生，您好！感谢您接受我们课题组的采访。您毕业于北京大学中国语言文学系古典文献专业，后来进入比较文学研究领域，在日本文化和中日比较文化研究领域卓有建树。请您先谈谈学术道路的选择吧。

严绍璗教授（答）：2010年我70岁那年，钱婉约教授在《人民日报》上撰写一篇文章称《严绍璗：圆融与超越》，同时《光明日报·新闻人物》上也有记者柳霞做的一个报道，题目叫《严绍璗：为学术开门挖洞》。两篇文章的标题很耐人寻味，它们很精炼地概述了我一生的学术道路，而且还含有对人文学术现状与发展的某种思考。"圆融超越"和"为学术开门挖洞"，内含的意思就是在现有的学科界限内，严绍璗的学术可能找不到一个合适的"固态的定位"。他们觉得假如要对我50年来从事的人文学术的作业的归属做一个"属于什么学科"的判断的话，似乎有些难度。在人文学术眼下划分的几个学科内，例如在中国文化和古典文献，在国际汉学和国际中国学研究，在日本文学和日本文化研究以及在比较文学与比较文化研究这样四个学科中，都有严绍璗活动的学术踪迹和学术身份。

关于"我的学术道路"的判定，这两年正好发生了一件有趣的事情，或许可以说明人文学术"学科分类"面临的难题和对某些学者的学术认知的复杂吧。2007年中华书局出版了我的《日藏汉籍善本书录》（3卷）本，这是我自己在"中国文化研究""日本中国学研究""日本文化和文学研究"并最终达于"东亚古代文明共同体研究"这样几个层面的思考中，为寻求"原典性文本"而先后花了25年左右的时间，在日本断断续续地对我国自上古以来到17世纪中期进入日本而被保存至今的文献典籍进行了相对全面的调查，收录并甄别得到了约1.08万种文典，尽自己的能力综合记述了它们在文化史意义上大致的来龙去脉。这380余万字的文本，目的是为了寻找和建立对上述各个领域研究的基本的"事实源点"。任继愈先生和袁行霈先生为这部书作了"序文"，启功先生题签书名。北大和清华的同仁以他们的学术感知，分别为这部书举行了"学术研讨会"，称此书的编撰与出版不仅对一个作者、一个学校、一个学科具有积极的意义，事实上它也为人文学术的研究提供了一种新的思路。老前辈徐苹芳先生说："这部书提示我们,人文学术的研究是多学科连接的,它事实上展示了一个'国学'文化研究者应该具备相应的国际文化的修养,走出国门,扩展视野。"乐黛云教授说:"这部书的价值绝对不仅仅是一个文献整理,也不仅仅是一个目录学著作,实际上最根本的这是我们当前最有用的一种文化关系的研究史。"她把此书定位为"一部难得的杰出的比较文学著作"。此书刚刚上市新华社发了消息,该社《瞭望》杂志做了专门的采访和报道,当年5月下旬中央电视台希望以此为主题制作"东方时空/东方之子",我谢绝了,自知只是做了自己喜欢做的作业,不值得有这样的美誉。2008年3月28日日本文部科学省直属国际日本文化研究中心特地在日本京都举行了"严绍璗先生著《日藏汉籍善本书录》出版纪念"的祝贺会,国际比较文学学会会长川本皓嗣、日本东方学会理事长户川芳郎等十余位名誉教授出席了会议。这是日本国家人文研究机构第一次为一个中国人的一部著作举行的"出版祝贺会",他们认为这部《书录》的编撰成功,"为推进日本文化研究增加了助动力"。但也有先生发微博、出文章,说这部书完全是外行做的,劝诫我说还是做"中日关系研究吧",显然表示对我在学科界限上"严重越轨",情绪激动达于愤懑。他们责问"中华书局竟然也出这样的书",言下之意是一个"外行"做了一本"糟透了的书"。但意想不到的是,此书出版三年后即2010年年底,日本"山片蟠桃奖"评审委员会以全票同意发表公告称"中华人民共和国的严绍璗先生以《日藏汉籍善本书录》为代表的一系列著作,表述了对日本文化的杰出的研究……决定授予第23届'山片蟠桃奖'"(日本对国际日本文化研究唯一的奖项/每三年评审一人)。

围绕着我这部书的评价和争论,实际上涉及一个很深刻的问题。推究这些不同的评价则在于阅读者由于知识量的不同,学术视域宽窄的不同,核心就在于如何为这部书所具有的"跨文化学术意识"进行"学术定位"。现在通行的学科分类是以独立的"单一学科"的概念来规范学业的,但我的学术观念和具体的学术作业就像这部书一样,实在无法让它在眼下的"单一学科"的某个范畴内就范。

其实,近代关于人文学术的"分类"所造成的"壁垒"常常会使"不安分"的学人陷入尴尬的境地,梁启超先生当年对于自己的《新中国未来记》做了一个自嘲式的自评,他说自己这部书"似说部非说部,似稗史非稗史,似论著非论著,不知成何种文体,自顾良自失笑"。研究梁启超的学者很多,但谁也没有能把他定格在哪个单独的"一级学科"里,更不要说能用"二级学科"把他框住的了。

总之关于我的学术身份、学术道路和学术作业,只有在我说清楚自己究竟如何串通在这些学科领域之中以及自己在这些领域中究竟做了哪些实际的学业,大概才能让人明白,我自己的学术身份或许也只有这样才能够得到真实的求证。所以我非常感谢诸位在我们开始谈话的时候第一个问题就是关心我一生中"学术道路的选择"。

问:您说得很有意思,您说到关于您的学术身份、学术道路和学术业绩,只有在说清楚自己究竟如何穿通在这些学科领域之中以及自己在这些领域中究竟做了哪些实际的业绩,大概才能让人明白。那么,我们就沿着这样的思路请您谈谈您如何"穿通"在相关的学科中建立您的基本理路的。

答:我的学业的第一个学科是"中国文化和古典文献学",现在说起来则是"经典的国学"了。知道我这样的"学术出身"的人看到我眼下的学术作业,总是觉得有点"匪夷所思"。但这个中国经典文化的基础性教养确实是我的全部学术的基础,可以看成是我走进"人文学术研究"这个广阔的天地的最根本性的起点,50年来我在几个学科内的学习思考和研究表述,都与之具有密不可分的关联。在这个意义上应该说,中国经典文化是我后来发展为对多学科兴趣的学术生存之地和立根之地。对我而言或许可以这样说,正是我在北大接受过良好的中国文化教养,才使我有可能跨越"国学"的范畴而走向更加宽阔的文化领域,这是北大给我的恩惠。

1959到1964年的五年中我们接受了42门课程的训导,北京大学当时集合校内外可以称之为"最著名"的学者如游国恩、魏建功、王力、林庚、冯钟芸、吴组缃、张政烺、田余庆、邓广铭、顾颉刚、郭沫若、吴晗、侯仁之、启功、史树青、席泽宗、王重民、向达、阴法鲁、冯友兰、张岱年、林焘、朱德熙等教授组成的宏大的教学阵营为我们20来个学生讲授中国古代文学史、中国古代通史、中国古代哲学史、中国经学史、中国古代文化史、敦煌文献发现与研究年史,以及现代汉语、古代汉语、文字音韵训诂学、目录版本校勘学,和相关的如论语研究、孟子研究、左传研究、史记研究、淮南子研究、昭明文选研究等等。现在回头来看这张"课程表",应该说北京大学和中文系高瞻远瞩,为养成中国文化的新一代研究者费尽了心思，依托中国人文学术界最精粹的阵容，组织了一支很强大的教学队伍，实践了当年马寅初校长倡导的"北大主义"！

"文化大革命"前的北京大学也有过一个"读书的时代"，这是一个真实的存在！正是这样的氛围养成了我基本的"人文追求"和"人文道德"，装备了自己基本的"人文知识"。在20世纪的"文化大革命"中，在北大这样一个特定的场域中，形势当然很严峻，但我们这些人既不是革命的动力，也不是被革命确定的必须要打倒的具体对象，只要不存心借用"革命"来捞取自己的私利，一般还是有"空隙"可以做些"不用张声"的自己喜欢的作业的。先是我和陈宏天、杨牧之几位东奔西走，请教郭沫若、赵朴初、李淑一诸位，编写了《毛主席诗词注释》。后来又与孙钦善、陈铁民两位一起断断续续编著了一部《关汉卿戏剧集》，1977年就由人民文学出版社出版了。我自己还依据平时读到的一些野史笔记又撰写了一本《李自成起义》，1975年也由中华书局出版，1982年又重印了。与此同时，我还利用能借到的材料和从父亲那里得到的旧文本抄录了一些关于欧洲传教士和日本学者对中华经典文本翻译和研究的资料。现在有些年轻的朋友对我表述的这一段经历心存怀疑，觉得不可思议。其实，全面审视这一特定时空中多元层面中的知识分子的生存状态，情况是极其复杂的。比如1969年12月，当时国务院还向北京大学下达了研制每秒100万次的大型计算机的任务，现在的杨芙清院士当时参加了这一课题并且成为她后来迈入世界计算机前沿的起步。又比如我们中文系汉语专业的李一华等四位老师在70年代初期就一直参与王选先生关于计算机排版中解析汉字使之数字化的工作。复旦大学的杰出教授章培恒先生"文化大革命"一结束，他编著的《洪升年谱》就蜚声学界，他对我说："这书的不少材料其实是在'文化大革命'中弄成的。有一段时间中'革命派'要'斗我'，我就出来站站；'斗争会'结束了，我就回去继续做我的书，既是一种排遣，也是一种乐趣。"这是中国人文精神养成的知识分子特有的生存品格，我和他们相比，只是得其一隅而已。

至于我为什么会关注欧洲在华传教士对中华经典文本翻译的资料以及日本学者对于中国古文化研究的材料呢？这就要回到我的专业本位上来说了，从当年做学生的时候起接触到了丰厚的中华文化，就有了点想法，总想弄清楚这么丰厚的中国文化在"世界文化的发展中到底有什么作用呢？""世界究竟是怎样看待中华文化的价值意义的呢？""它们是怎样传到世界上去的呢？"……这些都是年轻人快乐的"自问"，抄录这些材料，就是回答这样的"自我质疑"的一种热情吧。当社会狂潮"对文化进行革命"的严厉的时代，我们仍然依凭自己在北大受到的教育，依据自己的判断，尽自己的能力做点作业，这些都是出于"喜欢"，现在理性地想想，其实这就是北大给我们的教育呀！

我用这样冗长的篇幅来谈论我生活中第一个文化场域的生存形态，是为了说明我与当代大多数的外国文化研究者的文化历程多少有点差异，却与老前辈们的学术轨迹有些相似。我自己关于外国文化的一系列观念的形成与这个文化场域的教养实在是有着内在的联系呀。

现在回过头来看，这种在文化自娱中的自我质疑或许事实上就是正在把自己引向未来的一个新的学科领域的起点，即开始从中国文化经典的学习中无意间发展到了关注中国文化在世界的传播，就是逐步地走近了国际sinology研究这个领域吧。

问：您说到自己逐步地从中国文化研究走向一个更加宽阔的文化领域的内在的动力在于自己不断地自我质疑，正是不断地自我质疑开始把自己引向了未来的一个新的学科领域。这是一个非常有意思的推动学术发展的命题，能否稍稍对我们做一些阐释。

答：回想起来可能中学时代阅读了像《十万个为什么》这种书，养成自己头脑里对看到的事物常常会问"为什么"。到了大学阅读的面多起来了，接触到了这么丰厚的中国文化，对于"中国文化与世界关系"的多种疑问时时而生，有的可以求解，有的也只能自问而已，或许以后有机会求解吧。当时中国的政治势态造成在文化研究领域中表面上对像sinology这样的学术淡漠得很，但在北大的老一辈先生中其实不少人的内心还是很关心的。像1962年为纪念"敦煌文典发现60周年"，魏建功和阴法鲁二先生为我们组织了历时一学期的特别讲座，其中有相当的分量是由王重民先生讲述欧洲斯坦因、伯希和对敦煌文典的盗窃以及引发的欧洲和日本对敦煌文典的"关心"。1963年5月北大中文系邀请了苏联中国学家波兹德涅娃博士来系访问，并在杨晦主任的主持下以"欧洲学者的汉语言研究"为题向全系师生做了讲演，这是全国大学唯一的了。我自己在三年级的时候从图书馆中借得一本由日本中国学家内田智雄翻译的法国学者葛兰言（Marcel

Granet）撰著的《中国古代的祭礼与歌谣》（Fêtes et chansons anciennes de la Chine，日文本题名《支那古代の祭禮と歌謠》，日本弘文堂书房1938年版），这是一部研究《诗经》的著作，后来知道可以说这是欧洲中国学史上第一部以文学文化学和社会学的观念来解析《诗经》的著作。我自己边阅读边从日文翻译成汉文，饶有趣味。此事最早被专业秘书吴竞成老师到我们宿舍来辅导时发现，他对此很有兴趣，还报告了魏先生。魏先生特地到32楼宿舍来看看我的译本。他很亲切地对我说："这样的读书方法很好，你们上了《诗经》的课，再看看欧洲学者、法国学者是怎么理解《诗经》的，哪些有启发、有意思的，哪些他们搞不明白说得莫名其妙的，这样自己的眼光就大了，既复习了功课，又练习了怎样把握外国人的观念，不过这个书是法文原本的，现在你读日本的译本，还得留心他们是不是做了手脚。"魏先生又说："20年代我在北大当学生的时候，钱玄同先生教我们汉语音韵学课程，他用的就是瑞典高本汉的《古代汉语》，高本汉使用英文写成，我们就跟钱先生一起读他的英文本。"我们听得很神奇，原来魏先生年轻的时候，北大中文系还用欧洲人写的英文书当作教科书的，这真是了不得呀！1964年7月我毕业后留在北大当助教，想来大概就是副校长兼任古典文献专业主任的魏先生看到我在这方面还有些学术知识和兴趣吧。我留校就职报到的第三天魏先生便安排我做一件工作，即叫我参与"启封"16年前被"中国人民解放军北平市军事管制委员会"查封的原"燕京—哈佛学社"编纂与整理的中国文献资料，这就是美国sinology的一个层面啊！依据档案说，当时国务院副秘书长兼任总理办公室秘书长的齐燕铭向北大建议在1964年的"古典文献专业毕业生中留一两个年轻人，乘着中方老人还在，把这些被封存的'燕京—哈佛学社'的材料打开来看看，究竟他们做了些什么，对我们有什么价值？"于是魏建功先生就提出"把严绍璗留下吧！"许多人不了解魏建功先生。魏先生作为在新中国建立后北大中文系的第一任主任，年轻时在进入北大"国学门"（中文系）之前，就在北大预科先是学习了俄文，继后又学习了英文。他在1936年出版的《古音系研究》这部我国近代汉语音韵学研究的划时代著作中梳理了欧洲学者从法国的中国学家沙畹（Chavannes）开始经由伯希和、马百乐、高本汉等等所从事的汉字古音研究，并且把这样的学术关系一直连接到近代中国留欧学者李方桂、罗常培诸位，这就和北京大学接上了关系。这是中国学术史和文化史上建立起来的第一个国际学术界对中国汉字音韵研究的系统，为中国学术界提供了汉语研究的新视野和大视野，从而初步建立起了我国学界与欧洲中国学研究相互连接的通道。魏先生内在的文化构成的这一特征和形态，确实很经典地体现了我国五四新文化运动中造就的新知识分子的基本模式。此后接手魏先生担任中文系主任的杨晦先生，他不仅是五四当日北大游行中的骁将，更是一位研究马克思主义文艺理论主要就是阅读德文版原著的先生。他这样依据原典认识马克思的理论从而引导出的观念，在"文化大革命"大规模开始前就已经被批判为"修正马克思主义的文学理论"了。他在批判会上拿来涉及与他相关论说的马克思的著作，有德文版、俄文版、英文版和中文版几种，杨先生告诉批判他的诸位，他的观念来源于德文版的马克思著作，诸位批判他的观点却是依据中文版的马克思的著作，而中文版则又是依据俄文版来的，杨先生说"俄文版对马克思的论说不诚实，中文版不知道为什么就这样将错就错"。我们这些助教这才明白，原来杨先生的观念论说依据的是"源文本的马克思主义"，而"批判他修正马克思论说的那些人"却是读了"二手货"或"三手货"的文本或真的连什么文本也没有读过的"扬声器"。

从学科界限的意义上说，北京大学中文系中被人叱责为"封建余孽"的先生则是在中国近代学术史上关注和构建欧洲汉语音韵研究体系的第一人；被指责为"修正马克思主义"的先生竟然是专注于德文版马克思原著的理论家，而且他们恰好就是"文化大革命"前17年中我们中文系的两任主任。这样的文化状态现在几乎无人提及，实在是可惜又可叹！这些先生们的观念和行事必定会影响他们的学生。我觉得我的学术道路和学术理念，正是在他们的"影响酵素"中发酵的一个小小的结果。

为了说明白自己的道路与先辈学者们这样的"影响酵素"相关，我得说两个小故事。1959年冬天我当时大学一年级上学期结束，系办公室发现我和同班同学吕永泽修读的英文课本来应该编班在公共外语一年级上学期的，却错编在公共外语三年级上学期了，原来两年半的英文，我们半年修业及格完成了。当时魏先生知道这个"小小的差讹"之后，对我们两人说："你们现在还有四年多的时间，再去学一门日文吧，日本人接受了中国大量的文化，他们搞了我们很多的东西，不知道他们做了什么，我们将来是一定要有人把它们弄清楚的，你们去学日文吧！"遵循魏先生的教导，我们开始读第二公共外语日文了。后来我慢慢地明白了魏先生心里一定关注着一个层面，就是中国文化在外传以后，例如在传到日本以后，在与日本极为复杂的社会文化关系中到底发生了什么，我们是必须要把它弄清楚的。依据魏老先生的指示，我走进了北大的公共外语日文班，由东语系陈信德和魏敷训两位很优秀的老先生教授。此前我学过英文，学过俄文，跟着家长学过些许的法文，这一次意外的"外语转业"却将在冥冥之中引导我几乎一生的学术事业。

1971年的夏天，我从江西"五七"干校回北大总校，在未名湖边的花神庙那儿碰到了杨晦先生。杨晦先生当时还顶着"资产阶级反动学术权威""反革命修正主义分子"一堆帽子，可是杨先生似乎毫不在意这些，忽然问我说："你那个日文现在怎么样了？"我心里一惊："先生竟然还记得10年前系里本科一年级的学生读日文的事！"我回答先生说："日文还马马虎虎吧。这次去了江西一年半，带了《毛主席语录》和《毛泽东文选》，都是日文版的。"他笑笑说："你这很好！"又问道："你那个英文怎么样了？"还没有等我回答，就接着说："有时间的话再学点法文什么的，外文这个东西，别看现在没有用，将来是一定会有用的！"这是我们中文系师生的对话，在当时的条件下先生最关注的却是一个年轻教师一定要把握好外国语文，他一定觉得把握好外国语文就是掌握好中国文化与世界连接的视野与工具。在那样一个非常的年代里，先生在对我的教导中显然表现出他对生活的坚定的态度，我意识到他瘦小的身躯中燃烧着的是对于民族文化未来的希望！我在北大受到的就是这样一些老前辈的教育，他们的精神意识慢慢地就这样深深扎根在我自己的思想观念中。当我们成长之后，才真切地感觉到"北大是多么神圣！"

上面说到自己1964年留在北大做助教的第一项工作就是参加开启1948年被封存的"燕京—哈佛学社"的资料，这是新中国建立以来我国学者第一次与"燕京—哈佛学社"的"见面"吧。虽然这件事情不久后就被停止了，但它对于我心中长期朦胧的追求即想要知道中国文化与世界关系的学术质疑却有了一个小小的启蒙。我在"文化大革命"中插空抄录的这些欧洲与日本的中国学材料也就是对这一个启蒙作业的一种自在行为的继续吧。

1971年以后北大从"文化大革命"初期的那种混乱局面开始进入所谓"新秩序"的框架之中，招收了新的学生，在形式上上课得到了复原，教师们一边教学，一边批判自己的"资产阶级思想"；学生们一边读书，一边创建"社会主义新大学"。于是北京大学就成为教育领域中的一个"新"典型，不断地有世界各国人士被安排来参观访问。

生活真是充满了辩证法，我从鲤鱼洲回来一个月左右，校、系领导叫我参加学校的"外事接待"。记得1971年8月24日是我接待外国人的开始。当日北大的周培源教授、周一良教授接待了"日本第十届青年访华团"，我则尾随其后。一整天的时间里回答了日本代表团提出的各种问题，比如"文化与革命的关系"，"历史文化是不是创建共产主义社会的最基本的敌人"，"中国文化对日本历史有着深刻的影响，在日本未来的发展中是不是也要'文化大革命'呀"，等等。此后的6年多的时间，我与一些先生如周培源、黄辛白、段学复、黄昆、李赋宁、魏建功、冯钟芸、宿白诸位参加接待过大约近两百批外国各界人士，其中以多元的知识界人士为最多。这段经历对我的思想精神存在着二重性的影响。一个层面是我们对话的口径都只能是依据当时"两报一刊"的主流话语。在这个意义上说，我们自己都是特定时空中主流话语的工具。但是在另一个层面上说，因为接待的外国知识界人士比较多，他们的思想方式、提出的各种问题、他们对于中国历史与文化的再认识，对我的精神思考事实有很大的启示。对我后来进入国际中国文化研究领域在不知不觉中具有一定的助推作用，我当年接待的这么多的外国访问者对于中国历史和中国文化的许多看法和质疑，事实上就构成我的国际中国学观念的直接的资源之一。为了"对付"这些外国人的访问，有关方面也特地允许我们在图书馆内阅读一些当时不开放的相关的书籍文献。于是我就利用这个机会，阅读了一些相关的文化经典，比如19世纪末期和20世纪日本著名的哲学思想家、文史学家的著作，对日本中国学和欧洲的中国研究填补了不少的知识。在关于国际对中国文化研究的一些层面，改造和丰富了自己的观念与知识结构，慢慢地形成了一些新的文化视野，意识到"中国文化在世界上存在着多元的理解"，为后来走向新的学术层面提供了把握多元文化的一些条件。

生活中有些事情正是不期而遇。1975年"日本政府文化使节团"访问中国，使节团团长吉川幸次郎特别要求单独会见魏建功先生和我两个人，见魏先生据说是因为他20年代在北大留学的时候魏先生是指导他的助教，至于要见我，是因为1974年"北京大学社会科学访日团"访问日本时候，在他的讲演场合与我有过直接的对话。我国有关领导同意了他的要求。当时中方出席的还有后来成为我国外交部部长的唐家璇先生，日方陪同的则是著名的女作家曾野绫子。吉川先与魏先生先聊了一会儿就对我说："严先生去年访问日本，记得我当时问你贵国在五四大规模批孔之前，日本近世时代已经有一位开始从'实学'的立场上批评儒学'空疏'的学者，你知道他是谁的时候，你站起来告诉我，此人应该是安藤昌益。我很感动，因为我知道我们现在的日本人，包括许多中青年的知识者，他们已经不知道安藤昌益这位前辈了。中国北大的一个年轻的老师对日本思想史方面竟然还有这样的把握，我感到有些吃惊。"吉川由此说了他的一个提议，他说："日本在发展学术层面中对外国学者专门设立有一种'国际文化交流基金'，严先生如果觉得有需要，我可以协助你申请这一基金，比如可以到京都大学专门从事你的研究。"吉川幸次郎一生据说招收过一百多位博士生，但只有11个人在他手里获得了文学博士学位，我当时觉得在日本文化研究这一学问上能够得到他的肯定，心里有种不由自主的满足感。虽然如此，但我当时头脑还是很清醒的，立即意识到"我个人怎么能够答应日本特使的邀请呢"，于是谢过他的好意，告诉老先生"这几年我的课程比较多，等我安排下来，再请吉川先生协助吧。"我以为事情就这样过去了。三年后即1978年日本驻华大使馆文化专员前野直彬（东京大学教授兼任）通过我国外交部新闻司要求和我见面，转达吉川幸次郎的设想，说："吉川先生建议由他本人和严先生，还有我前野，三人合作共同研究并撰著《日本中国学史》的时机已经成熟，先生如果能够参加，这将是日中学术史上一件很有意义的事情。"我在请示之后接受了他们的邀约，这是中日文化史上老中青三辈人的合作，对我个人和我国学界关于日本中国学的把握应该会有一个很好的推进吧。这一次的邀约经北大、教育部和外交部批准即将进入具体实施阶段，但不幸的是由于吉川先生去世，前野教授归国不久也患脑溢血，于是《日本中国学史》的研究作业只剩下了我一个人，我决定在以往十余年自己做的功课的基础上，独立完成《日本中国学史》，表述一个中国研究者对日本学术界"阐述中国文化的观念"这一学术谱系的解析和与价值的评价。

我自己在人文学术中的思考虽然不成体系，但随着"文化大革命"结束，国家推进新文化发展的时代的到来，我就积极地把自己的理念和手中已经积累的这些资源转化为自己的学术。1977年7月起在中文系常务副主任向景洁先生积极的支持下我编辑发刊了不定期的《国外中国古文化研究》，先后刊出14辑。这是由我一个人编译，一个人编排，凭个人交情请系里打字员打印蜡纸，系里出钱铅板印刷封面，我自己油印内瓤的一个"非法出版物"吧。但很高兴的是，不仅学术界的一些朋友常常来索要这个薄薄的小册子，有些内容也被国务院的专业性简报转载了。也就在这个过程中，我开始了《日本中国学史》研究撰写作业，作为它的前奏，1980年在中国社科院的支持下，由中国社会科学出版社出版了我编辑的《日本的中国学家》，这部书著录了当时健在的日本中国学家1105人，有64万余字，报告了他们每一位的学术方向和基本的学术业绩，这是我国学术史上第一部相对完整的国际中国学领域中的工具书，1982年被重印。在这样的学术基础性材料的收集和积累的基础上，对"日本的中国文化研究"进入了较为全面的学理性的研讨，1991年在季羡林、周一良和庞朴三位先生的支持下，在阴法鲁先生的关心中，《日本中国学史》终于正式出版，1993年再版。这不仅是在中国，即使在日本学术界也是第一部日本中国学史的著作。大概正是在这样的学术状态中，我自己就慢慢地从纯粹的中国古典文献专业层面走向了国际中国文化研究层面，特别是对日本中国学的研究层面，形成了对这一研究状态的理性把握，获得了一些属于自我学术的基本观念。可惜，这个时候魏建功先生已经去世了，没有能见到30年前他要我去学习日文而逐步生成的业绩。

与《日本中国学史》的刊出大致相一致，80年代中期北京大学创建了"古文献研究所"，所内设立了"国际汉学研究室"，我担任了副所长兼任室主任。这个"国际汉学研究室"是中国大学中设立的第一个关于"国际中国文化研究"的研究室，1986年获"学位办"批准，在全国第一次招收"国际汉学研究方向"硕士学位生，由我担任指导。1990年我转入了比较文学与比较文化研究所，1995年又经学位办批准，在比较文学博士点中设立了"国际中国学专业方向"，也由我担任指导。我们与当时的英语系、西语系、俄语系和东语系共同设立了"四系一所博士后流动站"，其中也包含了国际中国学博士后养成。我自己从30年前的学术疑问开始，在前辈的教导指引和北大的推进和支持中，在北大中国语言文学系内开始建设并且终于形成了"国际中国文化研究"的学科链。在中国人文学界以这一完整的学科链作为标志，以北大中文系为基地，我们推进了一门新学科的建设。内心有一种特别的喜悦。后来由14个国家的中国文化研究家集合而建立的

"国际中国文化研究学会"推举我担任主席团的执行主席，我相信这是我们北大关于这一门学术获得的一种国际性的认定。我们可以很高兴地说，"国际中国文化研究"在30年来中国人文学术走向世界的行程中作为具有前沿性的标志性学术，它的学科链的建设和成型，都是在北京大学内实现和完成的。

问：谢谢您很详细地阐述了作为一个中国文化研究者如何逐步地提升自己的学术视野，逐步关注并走向了国际中国文化研究这一新的领域。在一般人的观念中，国际中国文化研究本质上还是中国文化研究的一个层面，那您又如何在这样的层面中走向了外国文化比如日本文化和日本文学的研究呢？

答：早期我也把国际学术界对中国文化的研究看成是"中国文化向世界的自然延伸"中的一种学术状态，一直把国际汉学、国际中国学作为中国学问的一个层面，但是，随着我对国际中国学的稍稍深入的思考，我对自己的学术认知有了新的怀疑，大量的文化事实拷问我初期认为的国际学术界对中国文化的研究就是"中国文化向世界的自然延伸"观念可能是一种感性的冲动，这样的表述当然有合理的成分，但这样的合理性仅仅是这一文化势态的第一层面，它可能不一定是这一学术的根本性的文化价值。

我先说一个具有经典性的文化实况，可以表述当时我对自己这样认知的新的反思吧。

诚如学界所知道的，17世纪后期到18世纪欧洲，主要西欧正经历着由启蒙运动引导的社会主体向近代的巨大转型，充满着激烈的思想斗争。在这样激荡的政治思想漩涡中，主要是由传教士们介绍到欧洲的中国文化从笛卡尔、比埃尔·培尔等开始成为他们阐述某种观念的思想材料，继后一批欧洲启蒙主义思想家像莱布尼茨、沃尔夫、法兰西斯·奎奈、伏尔泰、狄德罗等等，他们从中国文化中都看到了一个没有"上帝"的世界，而这个世界历史悠久、文化丰厚。启蒙思想家们对接收到这样的中国文化信息充满热情，逐渐地吸收而构成他们批判封建神学统治的一种视野，极力地把它们转变成自己创导的文化启蒙和社会革新的思想元素。正是在这样的意义上，我们常常说中国文化特别是孔子和儒学参与了欧洲新世界理性主义的构建。我依据自己这样微薄的知识，1982年开始在中华书局的《文史知识》上发表了《〈赵氏孤儿〉与十八世纪欧洲的戏剧文学》、1984年9月又在《北京晚报》的"百家言"专栏中连载《〈赵氏孤儿〉在欧洲》，1990年在《北京大学学报》上刊发了《欧洲中国学的形成与早期理性主义学派》，还在《民主与科学》《人民日报》（海外版）等报刊上发了几篇同一主题不同表述的文章。乐黛云教授当时在国外，还特地写信给我，鼓励我朝着这样的方向继续努力，将来必有成绩。我自己也一时兴趣很浓。

当我正在为中国文化特别是儒学具有这样的时代前卫性价值而感到兴奋的时候，读到了同样是启蒙思想家的诸如孟德斯鸠和卢梭等人的著作，显然感知孟德斯鸠在《法意》和卢梭在《科学与艺术论》中关于中国文化的论述，表述的观念与前述的诸位学者简直大相径庭。孟德斯鸠在《法意》中多处论述了中国的法典条文，认为："中国之民，其毕生所为，若皆束于礼教矣。顾其俗之欺罔诈伪，乃为大地诸种之尤。"卢梭认为中国存在着以文艺为核心的高度文明，本来应该使中国人聪明、自由和不可征服，但事实上，中国却经历过一切邪恶的统治，饱尝过人类的各种罪行，甚至仍然免不了沦为愚昧而粗野的鞑靼族的奴隶。中国的文明不能使中国人免于苦难，那么，这些文明还有什么意义呢？欧洲思想理论界沿着孟德斯鸠和卢梭这样的中国文化观发展起了另一个相应有力的阐述体系，例如，英国经济学家亚当·斯密在他的名著《国民财富的性质及原因之研究》一书中表述的"中国发展停滞论"，继后，德国康德、黑格尔以及以他们为先驱和核心的"德国古典主义哲学"流派对中国文化的批评甚至蔑视，一直影响到马克思的中国观念。这些论述的多元性使我的思考逐渐地复杂起来了。

差不多在相同的时间内，即我在观察十七八世纪欧洲启蒙思想家把中国儒学作为批判封建神学的精神元素的同时，在东亚日本却发现了中国儒学与启蒙理性价值完全不相同的另一种命运。17世纪初期开始，日本在经历了中世时代400年的全国内战之后，建立起了德川幕府政权，在武攻文治的基本国策的指导下，他们开始把儒学中的宋学作为意识形态的核心元素致力于构成占主体地位的统治思想，此即他们把朱子学的核心"性理之辨"中的"理"变异为日本自古信仰的"神道精神"；并吸收朱熹在《资治通鉴纲目》中经典性地表述的"大义名分"的主张，即把儒学基本的"政治秩序"观念"正名分"的政治伦理转化为幕府政权需要的以"武士本位"和"神道本位"为中心的"身份制度"理论；又把儒学创导的"忠孝观念"，变异改造为"忠为孝本，忠为孝先"，"以大忠达于大孝"的武士阶层的基本的"伦理观念"。正是在这三大意识层面中原先汉民族的儒学成为日本德川幕府封建政权主流意识形态的核心材料。

我的疑问由此而更加深刻,十七八世纪儒学在欧洲可以成为启蒙主义思想家批判封建神学、推进近代社会建立的精神元素;几乎在同一时间段内却在东亚日本又可以成为维护与巩固幕府政权封建统治的精神材料。那么,中国的儒学究竟有没有自己内在的"刚性本质"?假如有这样的本质,那么为什么在同一时间的不同空间中它们会以如此对立的面目出现而表现出完全不同的价值意义呢?面对这样的特定时空中的欧亚儒学价值图谱,我在自己从事的国际中国文化研究中陷入了迷茫不解的状态。

在自己寻求释疑解困的摸索中我特别要提到姜椿芳先生。因为他与家父有50年的交情,有时来我家里与我碰上面,给我不少的指点。他提议,一是应该学会观察世界文明发展的大格局,比如,欧洲文艺复兴中大量利用希腊罗马的文化材料问题,中国戊戌变法中康有为利用"孔子言说"撰写《新学伪经考》问题,等等,理解他们的心路或许可以有不少的提示。二是要我多读点关于文明史和文化论的理论著作,他说:"深刻的理论著作应该是你研究中的'强脑补气丸'!"他举出赫胥黎、达尔文、泰勒和摩尔根等人的著作,对我说:"这是理解世界大文化所必需的启蒙。"他几次对我说:"马克思和恩格斯的有些著作对你来说是非常必要的。像马克思的《路易·波拿巴政变记》这无疑是政治学、社会学和文化学理论中的名著。"姜老多次说道:"一个文化学者,一个外国文学研究者,一定要有基本的理性修养。"

于是,我在自己实际从事的异质文化传递的"作业"中就慢慢地锻炼自己使用"复眼"观察万事万物了。当时自己一边阅读这些文本,一边根据自己的心得开设了一门课程,开始叫"文化史学",后来改名叫"比较文化史学",一度也叫过"历史文化论",先后讲授了近二十年,学生反应比较积极。现在年过70岁,讲不动了,这门课就停了。

我在这里讲述的是我在自己的学业通道中行走的时候遇到的新一轮的难题以及寻求解惑的通道。这样的质疑断断续续困扰我好多时间,慢慢地通过阅读、访学、调研(包括田野考古)等,获得了各种学术思想和知识的填补,逐步获得了醒悟。我觉得原因就在于自己对于国际中国文化研究,即国外中国学学术的本体性质的把握习惯于站在中国学术本位的立场上观察,常常把这一学术单纯地看成是中国文化在国际上的自然延伸，有时候还很容易把它作为考虑对中国情谊程度的标尺。因此就常常会产生不少的学术错觉。研究实践使我慢慢觉醒，其实，世界上每一个国家的文化，都具有它们自己的能动的意识形态本体，它们对于任何一种外国文化的研究，比如对于中国文化的研究和表述，内在核心则取决于它们的哲学本体价值和意识形态特征。在这样的意义上说，国际中国学首先便是他们的即对象国的一种特定的文化形态，这种文化形态是以中国文化作为特定的研究对象构成的。在这样的意义上说，国际中国文化研究应该是一种具有多边文化性质至少是双边文化性质的学术系统。

1984年12月《北京晚报》记者薛勇因为我关心国际汉学采访了我。尽管我不同意把"国际中国文化研究"使用"汉学"的概念表述，但我还是接受了他的好意，当月31日报纸刊发了对我的采访记《关于汉学的问答》，其中我第一次公开提出了"'汉学'是一门双边性学术，从文化的角度讲，它既是中国文化研究在国外的延伸；但同时，它又表现了研究者本身的观念，是研究者所在国文化的一部分"。

正是在这样的思索中我开始明白，如果要把握和认清国外对中国文化的研究的本质特性，你必须进入对方文化本体上去认知，你如果研究日本中国学，但却不能把握日本文化的本质，那在事实上你就说不清楚日本中国学中各种流派的本质特征；同样的道理，研究法国中国学、德国中国学、美国中国学等，如果没有这些特定国家的本体文化的修养，你就很可能陷入迷雾中，最终很可能就言不及义，甚至不知所云了。

这样观察Sinology在国际学术界的文化世态中，我终于领会到国际中国文化研究是一门时代跨度悠远，学术含量丰厚，意识形态复杂的综合性学科。这一学术在世界各国的发生与发展，一方面显示出中华文化向世界的传播和它的影响的广泛性和深刻性。但Sinology作为一门学术，任何一个外国学者对中国文化的认知和他所表述的价值观念、人文意识、美学理念、道德伦理，以及他的研究的方法论，都受制于他的母体文化；而他自身对母体文化与中国文化理解与需要的交会接触层面，便是造就他们的中国文化研究的最重要的区域。他们正是以他们的文化作为理解世界的语境而从事中国文化的研究，事实上，世界各国丰富多彩的Sinology所表达的研究成果，从最深沉的意义上认知则是他们母体文化观念在这一特殊文化对象区域中的表述。正是在这样的意义上，Sinology的学术成果其实就是他们本土文化表述的一翼。从文化研究所体现的本质意义上说，国际范围内的Sinology，具有双边文化的性质，但就其哲学层面的本质意义上体察，便应该是属于从事这一研究的各对象国的文化系统中的学术。

基于这样的认识，考虑自己的能力，在国际sinology学术谱系中为了追求真正把握日本中国文化研究的本相，我就开始进入到以日本文学为主要对象的日本文化的本体论研究层面，于是在我的学术通道中开启了学术领域的第三个层面。

所谓的第三个层面的着眼点则是希望能够比较准确地在本质意义上把握对象国在特定时空中多元文化的基本状态。当然，所谓"本质意义"是一个相当抽象也是处于能动过程中的概念。文学的研究中前辈早就主张过："一千个人读莎士比亚，就会有一千个哈姆雷特。"我意会这一说法讲的是"文学是人性的美学"，"是心理的美学"，因而每一个读者心里就有一个"自己的莎士比亚"。而我心里的期待则是"通过对于文学的把握来理解对象国文化的本质意义"，这样的期望他人或许会觉得很虚无和缥缈，加上自己又缺乏外国学科的科班资历，心理上也确实忐忑不安，但学术的追求迫使自己又一次再进入"炼狱"。

问：您讲得已经很全面了，我们接着能否谈谈您在日本文化和文学研究中关于学术理路的思考？

答：我自己进入日本文化与文学研究领域的根本目的在于力求寻求准确或接近准确地把握这个国家和这个民族的文化与文学的本质性特征。或许由于自己是中国古典文献学教养出身，所以一直觉得观念形成的基础存在于事实本体，作为人文学术的事实本体当然就是相关的经典性源文本（源文本不仅仅是书写形式，也包含文物的、民俗的、民族的、经济的诸层面相关的多元材料形式）。基于这样的思考，自己当初的起步便是以文本细读作为进入对象国文学和文化的入门起点。我是以阅读比如《古事记》《万叶集》《古今和歌集》《竹取物语》《源氏物语》等作为入门的引领并至今也一直作为理解日本总体文化的思考本源。源文本的细读是一个相当艰难的过程。日本古代文学中《古事记》《万叶集》《古今和歌集》这三部奠基性的经典，它们是日本古代文明早期进程中三种不同的文字形态和文学形态，这些文本使用的文字、词汇和文体各不相同。在当代日本能够阅读这样的源文本的人也已经不多了，何况对于外国人。在文化史的本质意义上说，汉字进入日本后它的功能已经与在中国本土不一样了，成为接受国语言的表音与表意的符号了，对我们中国人而言，恰恰是因为执着于汉字的固有音义而成为阅读日本经典文本的最艰难的难点之一。我采用源文本和现代日语文译本对照着阅读，慢慢地有了一些体验性的感觉，逐步地把这些体验提升为理性认知。

生活也正是凑巧，1994年11月，日本为了纪念京都建都1200周年，日本明仁天皇在京都接见六个研究日本文化的外国教授，我被邀请参加了会见。听我说到《古事记》和《万叶集》是理解日本文化的必读文献，天皇表示这几部书对于日本国民来说阅读也是很困难的。我回应说，外国人阅读这样的作品可能会更加困难，但这几部作品在编纂时受到了亚洲大陆文化的不少影响，以各种不同的方式透露出来，所以中国人可以读出一些和日本国民不同的价值意义。天皇说："なるほど（确实这样），日本文化受中国文化的影响是很多的。"一个中国学者表述对日本文化的观念，而且是与日本国学派主张的"绝对纯粹性"不相同的观念而得到对象国国家元首的认同，我觉得很欣慰。这件事情使我感知，中国人文学者只要自立于自身的学术，又具有把握对方文化的一定的认知能力，就能够在国际文化的表述中逐步地获得相应的话语权。这样的话语权可以提升我们对世界上特定文化层面的把握，并引导对方关注中华文化的价值。这种认知就有可能进一步揭示人类文明发展进程中一些被人所忽视的领域，能够较为生动地展示中国文化在世界文明进程中的意义。

三十余年来，我设定自己可以在两个层面上展开这一课题的研讨。一个层面是沿着关于"记纪神话"作为"神话变异体"的本体论内容，不断地在多层面中搜索材料，细读文献，进行可能的田野调查（神话孑遗），从而确立相关的课题，提升自己的思考。另一个层面是以"记纪神话"的研讨作为基础，把思考与表述对象扩展到对关于构成日本前近代文学基本形态的经典文本的生成机制中，采用在"记纪神话"研讨中积累的命题与解题的经验，在较为宏观的层面上，希望能够组成既能解析更加接近文学在宽广的跨文化文明史中生成的真实状态，又能体现具有研究者学术个性的揭示日本前近代文学生成本源的一个逻辑解析系统。

依凭我这样的学术构想而介入了日本文学的许多部位，面临已有的学术观念的重大挑战，这种挑战本身具有跨文化性质。

我在第一个层面上是以日本上古文学的经典文本《古事记》《日本书纪》和《风土记》为基本文本，确立了一些课题，其中有8个课题先后在日本的几个大学和文部省直属研究机构中作过讲演或开设过课程，以验证自己作业的价值，此即《神話の文化学の意義について》（关于神话的文化学意义）、《日本神話の構成について》（论日本神话的结构）、《「記紀神話」に現われた東アジアにおける人種と文化との移動について》（关于"记纪神话"中所表现的东亚人种与文化的移动）、《記紀神話における二神創世の形態》（记纪神话中二神创世的形态）、《東アジア創世神話における「配偶神」神話成立時期の研究について》（关于东亚神话中"配偶神"神话形成时期的研究）、《東アジアの神々における中国漢民族の「神」の概念について》（东亚诸神中考察汉民族关于"神"的概念）、《「古事記」における疑問の解読——「天の柱」と「廻った方向」と「ヒルコ」との文化意義について》（《古事记》疑问的解读——关于"天之柱""旋转的方向"与"蚂蟥"的文化意义）。为验证自己的研究，1992—1993年以26讲的规模在日本宫城女子大学设立了"日本神话研究讲座"。听完我的课程，当年这个大学的日本文学的毕业论文中以"记纪神话"为课题的有十几篇，据说在此之前每年大概只有一两个人对这样遥远的课题有兴趣。这些研究结果加上我在1987年出版的《中日古代文学关系史稿》、1992年出版的《中国文化在日本》和在1999年出版的《中国与东北亚文化交流志》中关于"记纪神话变异体"本体论的阐发，我自以为这一课题在20年间基本构成了一个系列。所以，2011年2月10日我在日本大阪历史博物馆大讲堂接受"山片蟠桃奖"的颁奖仪式上便以『イザナぎとイザナミ創世結婚の文化学の意義について-私の「古事記」解読』（关于Izanaki与Izanami创世结婚的文化学意义——我的《古事记》解读）为主题做了讲演。依据日本《朝日新闻》等报刊的报道，五百余听众总体反应是积极的，他们对于我从"yamato族群本体原始信仰""世界文明发展中的共同意识"和"以东亚为主体的亚洲广袤区域异质文化的透入"三个层面中解析"记纪神话"中的创世形态感到新鲜和具有生命力度。

在第二个层面上，与"记纪神话变异体"本体论的阐发相呼应，确定把构成前近代时期日本假名文学的散文文学与韵文文学的两大文学样式中的《万叶集》《浦岛子传》《竹取物语》《源氏物语》这四部被广泛认定的文学经典，以及中世时代的五山文化和江户时代的若干町人文学为研究对象,探讨其文学本源,并阐述其经典形成的轨迹。其中,对《万叶集》设定的课题在于研讨作为"和歌"音律的"三十一音音素律"形成的本源、早期和歌中音读与训读的文化价值与和歌中枕词的民族性意义;对《浦岛子传》设定的课题是六种文本演进所体现的从神话叙事到初始古物语叙事的发展的轨迹研究;对《竹取物语》设定的课题是文本透露的文化视阈的变异,以及文本中表述的"对神话本体叙事理念的变异"(此即东亚"日月神神话"观念从本体论转向客体论的思想史本质)与《物语》意象创建关系的研究等;对《源氏物语》设定的课题是中国汉民族文学在日本的变异与《物语》情节、意象的关系研讨。其他还涉及"中世时代文学"和江户时代的若干"町人文学"等等。这些课题的完成都包含着很艰难的文本细读和在广泛的文化史图谱上的文本解析历程。例如,我为《浦岛子传》设定的课题假如是以1994年到日本文部省的国际日本文化研究中心担任客座教授算起,大约先后用了8年的时间最终是在2001年年底在日本文部科学省的国际日本文化研究所得以完成的。记得2001年12月3日我以《「浦島伝説」から「浦島子傳」への発展について——日本古代文学における神話から古物語への発展の軌跡について》(试论从《浦岛传说》向《浦岛子传》的发展——关于日本古代文学中从"神话叙事"向"古物语叙事"发展的轨迹)为题在日本东京大学比较文学研究中心作了讲演,其内容在于研讨和揭示这一发展轨迹中多层面文化语境中"文化的传递""文化的变异"和"文化的复合"的组合轨迹。当年八十余岁高龄的日本研究南欧文学的权威、东京大学名誉教授平川佑弘先生坐在最前排,他听完后站起来就说:"非常好的讲演,真正的比较文学!"平川佑弘先生的评价之所以使我感动,是因为我这一系列课题的研发,在文化价值的本质意义层面最终获得的结果几乎都在文本构成的事实层面点破了所谓"日本文学纯粹论",展现了自古以来日本文学构成的多元文化元素。作为一个外国研究者面对日本所谓的"国文学"的顽固的文学论观念,如果没有坚实的原典文本作基础,并以相应的逻辑来阐述这些文本内隐的多元文化元素,像平川佑弘先生这样的具有权威意义的学者是不可能向你欢呼的。正是这样的一些作业,使我开始了对日本前近代文学的本源以及它们相互连接的轨迹所具有的文化本质,开始有了一个属于自己的较为清醒的当然也还是粗浅的理解。

问：这个题目本身已经非常具有比较文学色彩了。研究境界也发生了变化。原来只是想解答自己的困惑，现在完全进入了文学研究，而且呈现了很明确的比较文学意识了。

答：正是这样的学术观念和学术表述，当年季羡林先生、乐黛云先生诸位多次对我说："你现在做的这些都是比较文学的研究！"这使我很振奋。因为我历来觉得比较文学研究是人文学术的前沿学科，有很深奥的欧美学者表述的学理，我作为一个中国古典文献学出身的学人所做的一切学术作业，都是依据我自己的学术思路一步一步地推演拓展的，现在竟然达到了比较文学研究的境界，喜悦之余好像顿开茅塞，意会到原来人文学科的许多领域是互相融通和连接的，不以人的意志为转移，在一个层面中的探求达到了一定的程度，为了回答学科不断提出的质疑，只要尽力求索，学术本体似乎就会引领你进入又一个新的领域。就这样我逐步地进入了比较文学研究领域。

现在回忆起来，其实我进入关于日本文化、日本文学的思考与接触比较文学这一学术在时间上几乎是同步的，不同的是，前者在自己心里还是目标明确的，后者则是在不经意之间踏进了它的大门。

70年代末、80年代初期我开始比较认真地阅读日本文学文本，同时也阅读一些相关学者的著作和几种《日本文学史》，自己隐隐地感觉到我本人对文本本身的体味与《日本文学史》的表述常常有些不一样，总的感觉是日本文学文本本身很丰厚精彩的，但《日本文学史》和一些研究论说却显得封闭，感觉眼下所读到的这些国内外的《日本文学史》和论著，不少的表述基本上是在"民族文化自闭"的文化语境中，以自己本民族文学或本国文学的所谓"统一性""稳定性"和"凝固化"为自身的民族性特征，把自己民族的国家的文学当成是"在自己本土纯粹的文化中生成，也只有本民族或本国的民众才有能力消费"的家族遗产。当时自己40岁左右，还有些冲动的精力，就按照自己的阅读认知坦陈自己对日本文学的所谓"见解"了，这些带有论辩性的小文章，有时候便弄得关系紧张了。

再说个小故事吧！80年代初我读到了60年代日本文学史名家西乡信纲的《日本文学史》中文译本，它有不少的优点，但在关键的表述中却非常强烈地表露了"民族文化的自闭症"，比如他在上古文学形成中使用诸如"学木乃伊的人自己变成了木乃伊"等隐晦语言，嘲笑他的先人曾经学习中华文化而致力于创建自己族群文化的努力，又把上古文学中第一部日本歌集《万叶集》的编纂定义为"摆脱了殖民地的压抑而成为日本民族文学的曙光"。依凭我当时比现在低得多的关于日本文化和文学的知识量，也已经觉得这些言辞非常情绪化，远离了"文本构成的真实性"。于是就撰成一篇类似"书评"的文章，题目叫作《关于日本古代文学经典作品〈万叶集〉的几个问题的思考——评西乡信纲的〈日本文学史〉》。这是我正式介入所谓日本文学研究的第一篇文章，小心翼翼地交给了北大《国外文学》的编委会。不久，范大灿先生很热情地跟我说文章写得不错，准备刊用。但不久编委会又告诉我，《国外文学》的一位顾问先生不同意发表，建议我去找这位权威当面请教和沟通。我面见老先生，他很客气地跟我说，这篇文章学风不好，满纸批判西乡信纲，"你知道他是谁吗？他是日本文学史研究的极高的权威，不要指名道姓批评别人！你这样批判他，日本人会觉得中国是不是要发动一场对日本的'文化大革命'了！"这真让我十分震惊。我告诉老先生，这只是一个学术讨论，没有任何政治企图和政治力量，只是凭借阅读中自己知道的文化的和文学的知识来阐发的。我真诚地感谢权威先生对我论文的批评，但我意会到他的学术观念的核心正是一切把日本文学称为"国文学"的学者的基本观念和基本信仰，它起源于江户时代的中期，二百年来成为日本精神层面中的痼疾，我自知自己的学识能力是无法克服这样的痼疾的，但内心却又涌动着寻求东亚文化（文学）发生与发展的本相的冲动。最后权威先生说："你的文章里的材料不少，材料也不错，这些材料是从哪里找来的？我还没有见过呐！"我告诉先生，我是古文献学出身，特别注意人文学术的真实性在于凭文本材料命题立论。他说："材料很好，但你用材料来伤人，不好！"最后他建议我用我的材料正面阐释日本上古文学的形成，既不要提西乡信纲这个人，也不要提他写的《日本文学史》这部书。当时我只有两条路，要么坚持不发，要么改写或许还能"被录用"。最终我决定换一种表述思路，换个主题，阐发关于日本古代"物语"的生成，题目叫作《古代日本小说的产生与中国文学的关联》。这篇文章在1982年的第2期《国外文学》上发表了。这是我第一次正式阐述在东亚文学的研究中必须建立"文化动态观念"和"族群与民族间文化对话观念"的极为初步的表露，其论说框架与材料解析都显得还很幼稚，但萌发的"核心观念"与30年来我的理性思考则是一以贯之的。这篇文章重点研讨的是日本上古小说（物语）构成中的

"文化元素"的多样性特征，竟然被几家刊物和文集收录，获得了北京大学人文社科研究成果第一届优秀成果奖。可以说，这是我进入日本文学的研讨的开始，但同时也是踏入"比较文学"学术的起步。

或许是因为这篇文章的刊出或是其他什么吧，当年《读书》杂志编辑部把我找去参加了一次由他们在民族饭店举办的"比较文学学者座谈会"，朱光潜、黄药眠、李健吾、周珏良、陈冰夷、杨周翰、李赋宁、季羡林、张隆溪、温儒敏和我总共11人出席。前8位当然都是大先生了，后来听说这是他们生前最后一次大聚会，《读书》做了件功德无量的好事。后面的我们这3个人还真有点莫名其妙，大概算是"比较文学的热心者"吧。虽然我至今也不解当时自己为什么会被纳入这样高层次的学术聚会中，但受到的鼓舞和教诲使自己对于开始的新领域的探讨获得了很积极的勇气。

说句题外的话，北大《国外文学》这篇文稿刊发的经历，30年来对我学术精神层面一直存在一种比较深的刺激——我反省自己在学术的求知求真的过程，从学术良心的视角评价，是应该自责的。为了自己的小利而缺乏坚持真理的勇气，自己对不起先辈和北大的教育和期待。我开始以儒学经典《大学》中的名言"知耻为勇"为自己的精神的教养，在此后的学术求知中，只要自己认定"有证据是这样的"就一直坚持自己的基本观点和立场。记得1990年在北京举行的"东方文化研讨会"上，中国和日本双方的大腕学者们都大谈"日本近代经济的发展表现了一种儒家特征的儒学资本主义"，试图以此来强化近代日本经济发展的"东方型人道精神"，并且含有应该作为中国改革进程中的精神引导价值。当时我个人对日本儒学史已经初步形成了一个自我认知的框架，为了验证"涩泽荣一的儒学加算盘"论说的所谓的真理性，1989到1990年期间我还曾经对日本关西地区琵琶湖西岸丰田汽车制造公司委托生产小部件的6个小型工厂进行过实地的访问。把文本格调研综合而论，我认定儒学资本主义观念的源头起源于日本江户时代大阪的怀德堂儒学，从东亚经济史和东亚文化史上考察实在是一组伪命题。在这个论证过程中我撰写了一些表述自己见解的论文，例如《日本儒学的近代意义》《儒学在近代日本的命运——历史给了我们什么教训？》《儒学在日本近代文化运动中的意义》《日本传统汉学在明治时代的命运——日本近代文化运动的经验与教训》等。在这次"东方文化会议"上只有我一个人坚持认为："日本近代经济的发展属于整个资本主义世界中的一个层面，可以肯定地说，根本不存在'儒家资本主义'这样的虚构的事实。"我这样的表述，当时受到不少学者尤其以我们中国方面学者的诘难。当时很高层的领导接见参会成员，大概就是因为我认定"儒学资本主义"是一组伪命题，会议也就为我提供了更多的休息的时间。但后来东亚经济与政治发展的实际，证明了把日本近代经济的发展过程命名为所谓儒学资本主义的观念是多么的荒谬了。这几十年来我在日本文化的表述中处于孤立境地而坚持一人之言的学术状态经历了数次，在学术的求索中也就习惯了。

沿着这样的理路阅读和思考，1985年《中国比较文学》第1期以专论形式发表了我在"东亚比较文学"研究中几经思考的关于日本"记纪神话"研讨的第一篇论文《日本"记纪神话"变异体的模式和形态及其与中国文化的关联》。这一论文的基本思考不在于试图推翻"记纪神话"的"日本民族文化特征"，而是着意于揭示构成神话多重意象的文化多元本源。论文在原典实证的支持下，提出了"记纪神话变异体"的概念。本文受到了相关研究者的重视和支持，当时我正在日本京都大学人文科学研究所日本学部任客座教授，他们从《光明日报》上获得了这个讯息后便在所里组织了两次座谈会。第一次是请我阐述"变异体的概念"（回答"什么是变异体"和"日本神话为什么是变异体"），第二次是研讨"从'变异体'视域如何评价'记纪神话'的文学性和精神本质"（有先生认为经由这样的阐释在事实上就解构了神话的"神体"本质，也就动摇了自古以来日本国民的"神信仰"以及近世发展起来的"大肇国观念"）。这样的座谈会与三年前北大《国外文学》刊发我那篇文章的"权威反应"连在一起，使我感到自己对日本上古文学的领会和感悟，有可能是一种与传统研究即使不能说是迥然不同，但的确是很不相同的视域切入了日本文学的若干本质性的部位。我开始意识到在比较文学学术意义上来认知文学文本的内在构成，可能是一个很具有挑战性的领域，但自己的兴趣和志向已经生成，就努力为之吧。

这几篇文章刊出后，乐黛云先生鼓励我把这些想法再充实和完整起来，写成一部专著。1987年在由乐黛云先生主编的"比较文学丛书"中我撰著的《中日古代文学关系史稿》忝列其中。这部书虽然书名叫"中日文学关系"，但它不是在一般意义上阐述文学关系，而是以日本前近代文学中的神话、和歌、物语、五山汉文学和江户町人文学等文学类型中一些具有代表性的文本为工作对象，集中研讨它们内在意象生成过程中对中华文化诸元素的摄入、变异、融合而成为读者接受到的文本状态。其中对于中华文化的透入我特地回避了比较文学界惯用的"误读"的范畴而特别强调为"文化传递的不正确理解"。这是我进入比较文学研究的一次较为大胆的整体性尝试。中日两国学者像中西进（日本文学会会长）、田中隆昭（和汉文学研究会会长）、松浦友久（早稻田大学文学部教授）等都有积极的评价。此书刊出5个月后香港中华书局就买入版权在香港又刊发一次。1990年获得了中国比较文学学会首届优秀图书著作一等奖。但是，我自己愈来愈感知这部书其实还是有明显的功力不足之处，即在阐述上述这些文学文本生成的轨迹中，注重的原典的材料仅仅在于经典人文文献学的范围，没有在广泛意义上的多元文化语境中，即在文化人类学的、民族学的、民俗学的、社会学的更加广泛与更加深刻的文学生成的语境中以我自己正在学习中的比较文化论加以考察，并且学术眼光也还只是立足于东亚地区而缺乏世界性意识。我自己沿着这一课题的设计希冀能够不断地深化自己的认识并获得相应的成果。

1990年我从日本佛教大学文学部讲授中日文学关系和日本五山文学归国，由于乐黛云先生的努力，我在北大的编制正式转入了比较文学研究所，拙著《中日古代文学关系史稿》一书又获得了专业学术一等奖，同年年底北大学术委员会又正式认定了我的"教授"职称资格（1985年日本京都大学人文科学研究所邀请我出任新中国成立以来第一任在文部省注册的正式的客座教授，我致信该所言明自己在北大是一个"副教授"。人文所回复称"不论你在北京大学具有何种职称，京都大学人文科学研究所教授会议定你具有担任客座教授的资格"——我做这样的一个补充，是为了本文的阅读者不至于在理解中产生迷茫）。这三件都有些功利性的事件集中发生，命运提示我将后半生交与比较文学学术了吧！由此经过二十余年的学术实践，在自己的学术作业中体验和积累了以多元文本细读与观念综合思考互为犄角的、相互透入的新知识生产经验，逐步形成了以"多元文化语境""不正确理解的中间媒体"和"变异体生成"的具有内在逻辑的理性观念，并以"多层面原典实证方法论"作为实际操作手段，组合成一个"自我学术理念系统"，被称之为"文学的发生学"。

问：您的"发生学"观念很像是一种生命科学形态。请您再集中谈一下发生学和变异体吧。

答：我一直申明由于我的学术基础和进入学科的途径具有自己的独特性，所以我以自己的学术实践为基础所获得的理性认识，是一种很个体化的经验理性。依据我自己数十年来的习得体验，自以为可以把比较文学学术诠释为"在跨文化多元视野中观察、解析和阐述在社会人文中形成的文学的一个逻辑系统"，它的具体的实践之一，就是我数十年来一直主张的"文学的发生学研究"。

所谓文学的发生学，就是关于文学生成的一个逻辑系统。我国人文科学领域内对文学的研究，大多数学者都是对已经生成的文学文本在民族文化的范畴中进行阐述。（这里使用的是广泛意义上的"文本"概念，包括文学样式、文学创作和文学理论等。）几十年来我摸索地称之为"文学的发生学"，是更加关注文学内在运行的机制，从而试图阐明每一种文学文本之所以成为这样一种独特的文学样式的内在逻辑。

从文学研究的广谱上加以考察，比较文学研究确立了对文学研究的新的视角——这一学术与其说是提供了研究的方法论，不如说它是确立了突破狭隘陈说从而重新构建文学研究的新理念。正是基于比较文学研究的这一基本学术特征，本来在传统的国别文学史的范畴内事实上无法解决的"文学的发生学"问题，终于被提到了比较文学研究领域中来了，从而使比较文学在研究趋向与研究结论方面，更接近于触摸到构成文学的文化元素本质实际。

文学的发生学，即探明文学文本之所以形成现在已经显现的面貌的内在成因。它与文学的诠释学不同，其学术意义并不在于诠释文学——在诠释的领域内，诠释的立场则是每一个诠释者的独特思想立场。由于每一个诠释者的时代不同，文化底蕴不同，美学趣味不同，当然也由于诠释者本人的生存价值不同和生存取向不同等等，一个文学文本可以有而且也必然会有多种多样的诠释。但是作为文学的发生学研究的有价值的成果，在关于文学生成的阐述上，其答案应该是趋向于即使不是"唯一的"，也是相对趋同的。这当然会引起许多研究者的疑问，但我觉得实际的逻辑应该是这样的。这种探索"趋同"的过程可以是多样的，但真正符合科学意义的结论应该是"不二的"，至少研究者在思索的逻辑中应该是趋同的。

比较文学研究意义上的发生学，可能多少与生命科学领域内关于探索"人之所以成为人"的命题在思维逻辑和实证推导方面有些类似。学术界尽管可以对

"人"（包括"人性"）作出各种各样的诠释，但是，科学家对于"人之所以成为人"的答案认定是唯一的，即他们认为，正是由于人的基因的独特的组合程序，才使人成为人。因此，阐明人的成因，从基因组合的立场上说，便是破译其组合成"人"的相关的密码。这是唯一的科学的结论。所谓"科学的结论"，即是符合事实的结论，即是事物成因的唯一的真相。哲学家阐明人的"性"，科学家阐明人的"成因"。同样的道理，比较文学的多类型学术视觉阐明文学的"性"，而其中的"发生学"则致力于阐明文学的"成因"。

我从80年代初始开始思考文学的"成因"，其中的核心则是涉及所谓的"变异体"，这个概念确实是我从生命科学的基础知识中获得的悟性，并从它们的学科术语中借过来的。我的关于日本文学的阐释表述都是在这一自我体系中起步、完成和充实的。2011年我撰写的《比较文学与文化"变异体"研究》一书已经由复旦大学出版社刊出，我自己关于文学发生的核心与主体性内容已经在此书中有集中的阐释，一部分明白我这样的理路的先生觉得这个套路很有意思，也有不少学者持有保留。人文学术研究因为追求的潜在终极不同，观念、思路和方法也各有千秋，才呈现出百花竞放。

从文学发生的立场上观察文学文本，则可以说，在文明社会中它们中的大多数皆是"变异体"文学。

在人类文明发展的过程中，一个脱离了"野蛮"的民族，多少总会有与外部世界相接触的机会，在文化活动的层面上——无论主动或是被动，此种活动一定会形成"新"的文化语境。这种状况不一定只是在"弱势文化"中存在，就是在"强势文化"中也是普遍存在的。

当年，当比较文学研究从法国学派发展为所谓的美国学派的时候，据说是因为一些学者不屑于做"文学的输出入"的买卖，这当然有其历史的必然性和学术的功绩。但事实上，这一观念的背后多少也表露出从事比较文学研究的一部分学者十分地缺少像文化史学、文化人类学、考古学、文献学、民族学和民俗学的理论和知识。今天当我们回过头来读一读这些相关的著作的时候，应该说，这是一个不争的事实。今天，尚有学者指摘"（比较文学）这个学科要立足很难"，其实，这正是表现了他们对这个学科无知的悲哀了。文化现象清楚地表明，在世界大多数民族中，几乎都存在着本民族文化与"异文化相抗衡与相融合的文化语境"。当我们从这一文化语境的视角操作还原文学文本的时候,注意到了原来在这一层面的文化语境中,文学文本存在着显示其内在运动的重大的特征——此即文本发生的"变异"活动,并最终形成文学的"变异体"。

文本的"变异"机制,是文学发生学的重要内容。那么,什么是文学的"变异"呢?人类早期的文化(包括文学),都是在古代居住民生存的特定的自然环境与人文环境中形成的,由此而在文化中孕育的气质,是文化内具的最早的"民族特性"。任何文化的民族特性一旦形成,就具有了壁垒性特征。——其实,文化与文化运动,从本质上说,应该是没有文化学家们所津津乐道的所谓"开放的文化"还是"闭锁的文化"之分的。这种由文化的民族性特征而必然生成的文化的壁垒性,是普遍范围内各民族文化冲突的最根本的内在根源(这里是在排除了文明社会中经济对文化的制约和政治权力对文化的控制等各种因素而言的)。文化冲突并不一定是一件坏事(这里的"冲突",指的是在广泛的意义上发生的由接触而生的撞击现象),从文化运行的内在机制来说,文化冲突能够激活冲突双方文化的内在的因子,使之在一定的条件中进入亢奋状态。无论是欲求扩展自身的文化,还是希冀保守自身的文化,文化机制内部都会发生一系列的变异。

例如,6—9世纪日本文学中原先存在的无格律的自由形态的和歌,面临中国汉诗的重大冲击与挑战,为了寻求和歌的生存之路,争取获得与汉诗相抗衡的能力,原本自由形态的和歌内部发生了一系列重大的调整,其中包括从汉文歌骚体文学中获取有价值的文学材料,在反复的抗衡与挣扎之中,终于形成了"三十一音音素律",成为具备了固定音律节奏的歌,其生命力一直继续到现代。以音素为节奏单位构成格律,是日语所具备的民族的特征,然而,以"三十一音音素律"作为格律的型,则对日语的歌而言具有明显的强制性(即不适应性)。这种新的文学样式,我们称之为"变异体",它的一系列的衍化过程,便可以称之为"变异"。在日本古文学中,从"记纪歌谣"到《万叶集》的歌,可以说是和歌发生一系列变异的过程,从《万叶集》到《古今和歌集》是格律和歌最后定型的过程。和歌的格律化,便是在数百年间的文化撞击中形成的。

文学的"变异体"形成之后,随着民族心理的熟悉与适应,原先在形成过程中内蕴的一些"强制性"因素在文学传递层面上会逐渐地被溶解(在学理层面上将是永久地留存的)。一旦这些因素被消解,不被人强烈地感受到了,人们因此也就忘记了,并且不承认它们与曾经存在的异质文化之间的具有生命意义的联系,并且进而认定为民族的了,以此为新的本源,又会衍生出新的文学样式。一个民族的文学的民族传统,其实就是在这样的变异过程中,得以延续、得以提升,并在此基础上再次衍生,就像民族的日本和歌,后来又衍生出了如连句、俳句等等那样。

脱离了比较文学的发生学立场,常常把处在运动过程中的文学文本,作为一个凝固的恒定的物体,因而常常在该文本的生成的阐述上失却了文化事实的本相。例如有的学者把中国文学中的"话本形式的叙事方法"认定为"是小说创作的最基本的(汉民族的)民族传统,丢掉了这一特征,事实上就是放弃了在小说表现领域中的(汉民族的)民族形式"。这其实是从孤立主义的自我意识来臆说自己文学的历史传统和民族形式,其实,只要把话本的样式做一点"变异体"的研究,就可以明白它的雏形却是在与一种异质文化相撞击的文化语境中形成的,这种异质文化形式,不仅最终造就了汉民族的话本型小说,而且也造就成了像日本的和歌物语那样的古小说形式。一个与异文化接触的民族,它的文学文本的发生与发展,一般说来,都可能具有变异的特征。所谓民族传统、民族形式,皆是在这样的变异过程中得以改造、淘汰、提升与延续的。对于世界大多数民族来说,纯粹的民族文学是不存在的,日本文化与文学只是其中的一个类型,也正如提倡比较文学中所谓平行研究的一些美国学者那样,他们本身就是一个与异质具有血缘联系的跨文化体,他们或他们的先辈正是在这种血缘输出入的"买卖"中形成的具有变异特征的新的种族。又诚如至今存在的世界各君主国的皇室那样,其实并不存在纯粹的国别血统,却仍然维持着各国先后相承的君主谱系;试图割断或否认这种联系,臆造出一系列的"文化孤儿"与"文学孤儿",于是便误导大众,以为只有"文化孤儿"才是具有最"纯粹的民族血统特性"。所以,尊重文学运动的内在机制,确立"变异体文学"的概念,则是从理论上对被各种虚妄的论说搅乱了文学身份的大多数文本进行重新构建,并由此可以在这一层面上揭开文学的真正的成因。

文学的变异是一个十分复杂的文化运行过程,根据我们对东亚文学文本的解析,可以说,几乎一切变异都具有中间媒体。这是一个还尚未被研究者注意到的文化运动的过程。或者说,关于一切变异都具有中间媒体的论断,它事实上描述了文学变异的基本轨迹。

异质文化（文学）以嬗变的形态，即异质文化以一种被分解的碎片形式介入本土文学之中，在文本成为"变异体"之前，形式一个过渡性走廊，并成为未来新的文学（文化）样式的成分，这就是文学变异中的中间媒体。当原先的文本衍生成为新的变异体形式时，这一中间媒体也就消融在新文本中了。变异过程中的这种中间媒体的作用，有些类似化学反应中的催化剂，但它们最后的形态却并不相同。催化剂在反应中起加速作用，反应结束后它仍然保有自身的性质。中间媒体成为两种文化撞击的通道，对文化接触起促进作用，但它本身也就消融在这一撞击与接触的过程中。研究者运用比较文学的综合手段（语言学的、文献学的、文化人类学的、民族学的等等），实有可能将它们还原为原来的形态的。

文学文本的变异过程即"变异体"的被认知，就其形式与内容考察，从最本质的意义上可以说，它们都是在"曲解"（不正确理解）中实现的。关于这一命题，是马克思观察法国古典主义与希腊古诗学的关系，也是他在观察17—18世纪英国法律与罗马古法之间的关系后，在1871年就拉萨尔关于"既得利益"问题给拉萨尔信件中阐述的，它比现在学术界普遍使用的"误读"变数不同文本之间的关系可能要准确和深刻，我一直不赞成使用"误读"而主张采用"不正确理解"，到呼吁到现在，我读到的无数的论文中似乎还只有我一个人采用，多少有点悲哀。这倒不是马克思是"伟大的革命导师"，而是我认为这一命题的理论价值远远超越"误读"。大约10年前我在日本的一次会议上碰到了作家陈建功先生，他对我说，严老师呀，你当年给我们说"文化的传递是以不正确理解的方式连接的"，我真是越想越对呀！我说，建功呀，这不是我的见解，这是马克思的命题呀！

我个人觉得文学的发生学研究，提升了比较文学领域中的传统的影响研究。其实，影响研究和关系研究的本质，正是在于从文本的立场上探索文学的成因。因此，当我们把文学的发生学作为比较文学的一个新的研究范畴提出来时，事实上，我们是把传统的影响研究的学术做到了可能接近于它的终极的目标了。在这样的意义上可以说，一切所谓的影响研究，如果脱离了"文学发生学"的基本的理论的指导，则便会缺失了研究的终极目标，其研究成果的价值将变得毫无意义。在同样的意义上说，文学的发生学也对比较诗学提出了更为深刻的理论要求，它使在本门研究中对作为建构理论基础的各类文本的阐述，可以建立在由发生学的研究成果所提供的真实又稳定的基础上，从而在观念与方法论方面，真正成为理论研究与文本实证相互观照的学术，使研究者从"概念的移译"与"名词的叠架"中摆脱出来，真正达到"从作品与世界的关系出发来探讨文学的性质"的学术目标，而真正成为智者的事业。

讲到这里，我要特别感谢中国社会科学院的吴元迈老先生。记得2002年秋冬，吴老作为"国家社科基金外国文学项目指南"出题组负责人在北大召开座谈会，在快要结束的时候，吴老说："现在比较文学很流行，前些日子我读了几篇文章，像'林黛玉与安娜·卡列尼娜的比较研究'这类文章，什么意思也没有说出来，我看比较文学就算了吧！"大家都同意。我请求吴老给我10分钟时间，就比较文学做一点简要的解释，吴老说"好啊，你说说吧！"于是我就这一学科的基本价值，特别是关于发生学的基本理路说了七八分钟吧，我最后说，眼下学术研究也有"精品店"和"大棚集市"的区分，也有"真品"和"赝品"存在。说得大家笑了。吴老说："照你的解释，这比较文学还是很有意思的。但2003年不能立题了，看看2004年能不能列入其中了。"我以为这是吴老安慰我的客气话。不意第二年秋天，忽然通知我参加"外国文学项目指南出题"，自此之后，在吴老的领导下连续做了四年的出题工作，并且参加了最早试行的"社科后期项目认定审查（外国文学研究）"，在这两个层面中比较文学研究就正式列入了"国家社科基金项目"，获得了相应的学科地位。我深深感知，像吴元迈老先生这样以自己的博学和阔大的胸怀，热心扶助和推进新学科的立足和成长，这也是我国人文学术（当然包括外国文学研究）有长足的、蓬勃的发展的主要推助力量之一。

问： 您说得非常有意思，几十年来您融通在几个学科中，终于把对日本文化与文学的研究做到了类似基因研究的层面，就是文本形成的层面，推进了我国日本文化与文学，以及比较文学学术的发展，得到了中外学界的认定，再次对您接受我们的表示真诚的谢意！

答： 我讲得实在太长了，让你们受累了。我表述的是我从20世纪50年代接受中国古典文献学教养出身，在北大这样浓郁的文化氛围中不断地"求学解惑"，从中国古典文献学走进了国际中国文化研究，又被学术的困惑推进到国别文学（日本文学）的研究领域，最后进入了作为跨文化学术的比较文学与比较文化的研究。听起来好像是爬楼梯似的一个台阶一个台阶地爬上去，但在我的实际学业中，其实并不是以这样线条清晰的阶梯前行的，它们是依据实际体验，在自己微弱的多元思考中各个学科是互相混融在一起推进的。在近五十年的时间中，自己不经意间以多学科的融通，致力于把义理（思想与观念、批评与识短）与辞章（学术框架与构思逻辑）相融，战战兢兢尽力前行，以学术独立、理性批评为宗旨，以原典解读、多元实证为方法，在国际中国文化研究与日本文化与文学研究领域中多少获得了一些被学界认知的业绩，学界同行的善意评价真的超乎我的期望。

再次谢谢你们的来访，你们课题组为总结60年来我国外国文学发展的脉络和展现几代人的业绩做出了努力，这在中国学术史上实在是功不可没！

访谈时间：2012年8月2日9时—13时

访谈地址：北京大学东门蓝旗营天堂咖啡馆

采访人：王东亮、罗湉、史阳

我和国际中国学研究[1]

近几年来，常有一些从事人文科学研究和学习的青年朋友向我表示，他们希望扩大学术视野，涉足国际汉学与中国学领域，并恳切地要求提供一些"入门之道"。我为他们这种求知的热望所深深感动，但这种恳求，却也使我陷入困惑。

在一般人心目中，所谓"国际中国学"，主要是国外中国研究的信息报道，最多也只是资料的译递。其实，作为一门学科，它具有比这丰富得多的内涵。

大致说来，国际中国学（International Sinology）是在国际文化关系中，以中国文化向世界传播为基础而形成的一门独特的学科。这一学科可以包括以下主要内容：①中国文化向世界传播的轨迹和方式；②各国在接受中国文化的过程中，本民族文化在内在层次上所产生的诸种变异（包括文化型态和内容的分解、复合等）；③国际范围内所形成的"中国观"，特别是"中国文化观"的内容、特点及其变迁；④各国学者在对中国文化的具体研究中形成的诸种学术流派，及其各自独特的方法论；⑤各国对中国文献典籍的收集、整理和保藏等。

---

[1] 本文原载于《文史知识》，1988年第3期。

这门学科，就其学术研究的客体对象而言，诸如研究中国思想、哲学、文学、历史、艺术等等，它们当然是属于中国文化研究的范畴；但是，就其研究者的主体观念和方法论而言，则又是以对象国的文化素养为背景而形成的，研究者所阐发的关于对上述客体对象的一系列观点，从本质上讲，都是对象国文化观念在一个特殊领域里的表现。因此，这种学术研究，又是属于那个国家文化的一部分。例如，近百年来，日本学者对中国文学的研究，发表过上万篇论著，几乎涉及中国文学研究的所有领域，但是，他们在研究中所表现的文学理念，如把"幽玄""物哀""静寂"等作为文学美意识的最高境界，并以此作为标准来观察和鉴赏中国文学，这便充分表达了日本文化的特质。正是从这样的意义上讲，国际中国学是一门涉及双边文化或多边文化关系的边缘性学科。

从世界范围的人文科学研究来说，国际中国学是一门古老的学科，但是，在中国学术界，把国外学者对我国人文的研究变成一门学科，则是近十几年的事情。在不算短的一段时期里，人们认为所谓"国际中国学"，便是殖民主义者、帝国主义者对中国进行的文化侵略，一概加以排斥。事实上，欧洲各国的中国学，是随着文艺复兴运动的发生而逐渐形成的。在从14世纪到18世纪漫长的时期里，欧洲的中国文化研究，常常是以批判中世纪神学统治的面貌出现，如法国资产阶级大革命时代"百科全书派"所表现出的中国观。亚洲以日本为代表的汉学，以中国宋学的传入作为媒体，在15世纪左右形成，其宗旨在于吸收汉文化，消融而为其意识形态。所有这一切都表明，国际范围内对中国人文研究的起始及其后来的发展，便是世界对中国文化价值的逐步觉醒，它体现了中国文化所具有的世界历史性意义。当然，国际中国学也曾经历了极其曲折的道路。近代确有某些人，以研究中国文化为幌子，为帝国主义对中国的侵略张目，但这毕竟不是国际中国学的主流和全貌。由于我们在长时期里对这门学科认识上的偏差，所以，直到目前，面对世界如此丰富而又悠久的中国人文研究，我们还没有一本有关这一学科在理论方面的，或在学术发展史方面的专门性著作，甚至也还没有为这些专门性著作的出现，准备好足够的基本资料。这就使现在从事或将来准备从事这一研究的学术工作者们，有一种特别的紧迫感。当然，有些学者，至今不承认国际中国学是一门独立的学科，其理由也在于此。

其实，我国学术界的先辈们，早在半个世纪之前，就已经注意到以国际中国学所获得的成果，来充实自己的研究。1920年，王国维先生在《东方杂志》第17卷9期上，发表了题为《敦煌发见唐朝之通俗诗及通俗小说》一文。这是中国学者首次言及敦煌文学资料与中国文学发展关系的重要论文。王先生在其论说中，便吸收了日本近代中国学创始人之一狩野直喜于1916年所发表的《中国俗文学史研究的材料》一文中提出的一些重要见解。其后，孙楷第先生著《元曲家考略》（正续篇），也充分注意到了吉川幸次郎博士在其《元杂剧研究》中，对元杂剧作者三十余人所作的考定。即便是在中国古籍整理方面，1931年出版的梁启雄先生的《荀子简释》，曾利用了日人久保筑水所撰《荀子增注》中的考释144条，猪饲敬所所撰《荀子补遗》中的考释34条。此种学术研究中的国际性沟通，便是中国学者对国际中国学所具有的意义和价值最早的认识。

当然，把国际中国学作为一门学术，提到学科水平上加以重视，组织力量，确定课题，展开研究，是近十几年的事。随着我国学术研究走向世界，学术界愈来愈关心国际中国学的历史、现状和发展的势态。我们在理论研究和基础资料准备方面，都有了一些初步的业绩。诸如《日本的中国学家》（严绍璗编撰）、《美国中国学手册》（孙越生主编）、《俄苏中国学手册》（孙越生主编）、《中国诗史》（章培恒等译）等，都是这一学科建设的最初成果。1987年夏，复旦大学古籍整理研究所在国内第一次举办"海外中国文学研究讲习班"，1987年12月到1988年1月，北京大学古文献研究所和深圳大学国学研究所，邀请内地与香港中文大学和香港大学两校学者，共同举办"国际中国学研讨班"，北京大学古文献研究所在全国高校中，又首先开始招收国际中国学（日本汉学与中国学）硕士研究生。它作为一门与双边文化或多边文化相关联的学科，起着沟通中外学术研究桥梁的作用，促进了中国学术界的国际性对话，正引起国内学人，特别是中青年学者愈来愈浓烈的兴趣。

50年代末60年代初，我在北大念书，开始对日本的中国文化研究有了兴趣。当时觉得日本对中国文化研究了几百年，一个中国文化学术工作者，理应对这些研究作出反应，起码也要表示自己的看法，于是便试着涉足日本汉学和中国学领域。稍一接触，便茫然起来。我是喜欢中国历史的人，于是便想研究日本人的中国历史观。从今天来看，这仍不失为一个好题目。但当时我只是一个大学生，在北大的图书馆里，稍稍翻动日本人的著作，便觉这一领域甚为阔大，面对像那珂通世、桑原隲藏、白鸟库吉等历史学家，不知从何做起。终于慢慢地悟出了一点道理，因为我根本没有读过这一领域的基本资料，全然不明白这些研究的文化背景，一点也没有中国学发展史的概念，例如，中国史学是如何传入日本的？日本人是在什么样的哲学观念下研究中国史的？日本传统的史学观与近代的史学观有什么异同？日本有多少中国历史研究家？他们各自有什么代表性著作？这些历史学家之间，有什么师承关系？可以分成什么样的学派？日本中国史的研究对文学、哲学及艺术的研究，又有什么影响？这些接踵而来的问题，当时几乎没有一个回答得清楚，如是，仅凭兴趣和热情，又如何能敲开这座学术的大门呢？由此，头脑清醒了不少，我想，若真要进入这一领域，则必须先从基本资料做起，同时，要从学术研究史入手，这二者相辅相成，缺一不可。

现在，有些青年研究者不大愿意从事基本资料的收集和整理，觉得这种工作不是学术。其实，这真是学术研究的最基本环节。在日本汉学和中国学领域里，没有现存的资料可以依靠，必须自己动手。我花了四年时间，编撰了《日本的中国学家》，著录的是一千余位日本中国学家，为此而摸触的材料，则有几千种。这部书今天来看，有错误缺漏，需要补订，但通过这一基本资料的整理，对于当代日本中国学家的队伍，基本全局在胸了。我又花了七年时间，编撰《日藏汉籍善本书录》，著录自古以来，中国传入日本的典籍善本七千余种。这些文献典籍便是中国文化传入日本的主要载体，掌握这些典籍善本，基本上也就弄清楚了中国文化传入日本的主要方式与特点。最近几年，我又和几位朋友与研究生一起，编撰《1900—1985年日本中国学论著目录》，分文学、史学、哲学与宗教三卷，其中"文学卷"已译编就绪。这个"目录"当然不可能一篇不漏，但是，翻译编撰这三卷"目录"，我们便掌握了日本近代中国学在这三个领域中八十年来研究的大趋势。我在日本汉学和中国学领域内，是从基本资料的收集和整理起步的，它引我入门，并逐步登堂入室。我也常常用这种观点去观察学术，如果一个人文科学工作者，一生都未曾从事过基本学术资料的收集和整理，那么，我以为这种学术是大可怀疑的。在国际中国学领域内，基本资料建设的工作量，恐怕要超过人文科学的其他学科，因为自近代以来，我国学术界在这一领域内，几乎没有积累起较为系统的资料，需要今天的研究者，脚踏实地去认真做好。

在国际中国学的研究中有一个大忌，那便是研究者信手看到一部（或一篇）

外国人对中国文化研究的论著，便加以评论。这无论是褒与贬，常常会使自己面临窘境。这是因为离开了特定国家的中国学发展的总环境，不是从研究史上来评定这些论著的地位、价值和意义，常常会失于偏颇。例如国内某出版社翻译出版了一位日本教授的著作，在"译记"和广告上，都把它称为"日本当代权威性研究"。但是，如果从当代日本这一研究的总环境看，这只是一部一般性著作，这位教授自己也诚恳地说，他是不能以"研究权威"相称的。然而上述这种不负责任的夸大其词传入日本，日本中国学界为之愕目，并误认为是这位先生自诩的结果，使他陷入十分难堪的境地。记得几年前，学术界某些朋友，曾就日本稻畑耕一郎先生的《关于否定屈原的谱系》一文，进行过大张旗鼓的论辩，这是当代日本中国学研究中一个极端的实例。一位日本青年研究者，整理中国学者关于屈原研究的不同观点，或者他本人也倾向于这一观点，但这完全是一个日本研究者的见解，并未构成学派或形成思潮，而国内一位批判者却说："日本人研究中国文学，竟然说屈原是没有的。"只要稍有一点日本中国文学研究史的概念和知识，就不应该把一个日本学者的见解，变成日本人对中国文学的一般性观点。

　　这种情况，是目前国际中国学研究中一个需要切实解决的问题。有些朋友，看到一本国外中国学著作，就忙着要翻译出版。由于脱离了总体的研究史，这样译出和述评的某些国际中国学著作，往往不是十分必要的；而一些很有代表性的成果，却未能翻译和介绍过来。我主张一定要从研究史入手，例如，从事日本中国学的研究，无论如何必须从日本中国学史的总体发展中，搞清楚各种学术流派和学术思潮——它们的特征、代表性学者和著作，主要的方法论，在学术史上的地位等，只有这样，才能把握全局，不乱方寸。我们现在缺少这种性质的著作，在国际中国学研究中，撰写国别通论，已经是非常紧迫的了。国际中国学通论的撰写，因为是涉及双边文化的边缘学科、对象国的中国文化观念，以及与这一特定国家在不同历史时期中，与中国文化接触的内容与形式密切相关。从这个意义上说，这一领域的研究，又与比较文化的研究相关联。例如，日本汉学和中国学的发展背景，它是与中国文化传入日本的轨迹密切相关，与日本吸收中国文化的形式相联系的。所以，国际中国学的研究者，要做点比较文化的研究。我在动手撰写《日本汉学与中国学导论》之前，以中国文学为代表，研究了文化传入的诸形式，写成了《中日古代文学关系史稿》（湖南文艺出版社）。这种文化关系，便是特定国家的中国学发生的背景，忽略了这一步，将使全局模糊。

从事国际中国学研究的人，我以为必须要自己动手做翻译，把特定对象国有价值的研究成果，自己翻译过来。靠别人翻译，不免有局限性，是做不得深入研究的。但是，自己动手翻译的目的还不在于此，更要紧的是通过翻译，获得特定对象国的文化感受，只有具有这种文化感受，才能体味和把握他们的逻辑、思维习惯乃至情感。依据日本中国学中实证主义学派的要求，从事中国学术研究的人，不仅要求文献实证，而且要求从事文献研究的人的经验实证。我们限于实际条件，不能要求研究者都在特定的对象国获得文化经验的实证，因而，通过语言文字加以感受，便越发必要了。

我还听到一些青年朋友说："我不想搞××研究了（诸如文学、历史、外文等）。"他们说："这些没什么意思，让我改学国际中国学吧。"这种想法反映了他们对这一学科性质的误解。我担心这不会是我们现在从事这方面研究的人所造成的印象吧？其实，国际中国学作为一门与双边文化或多边文化相关联的学术，它总是要以某一边的文化造诣和文化研究为基本依托的，造诣愈深，业绩愈大，不可能有脱离具体研究对象的中国学。因此，任何希望涉足这一领域的青年朋友，千万不应放弃你已经从事的某一人文科学研究，缺少这一修养的朋友，更应该补足它。

最后，我顺便还要说一句，一般说来，在这一领域里，很难会有国际中国学的通人。所谓国际中国学，只是对世界各国以中国文化作为客体材料进行研究的诸学术的总称，它是一个共名。所有的研究，都是架构在具体而明确的对象上的，这种研究，比较艰辛，常常要付出比一般的研究大得多的力气。所以，千万不要被"国际"这两个撩人的字眼，模糊了视野。

国际中国学作为一门正在发展中的学科，是在中国文化的土壤中产生，在国外特定对象国的文化中结果。探索这一学科的许多奥秘，将有助于对文化规律的认识。

20世纪70年代日本学者论中国古代文学的特点问题[①]

20世纪70年代，日本的中国文学研究者曾在不少著作中探讨了中国古代文学的特点问题，著名的如1970年出版的东北大学名誉教授内田道夫博士的《中国小说的世界》、已故的中国文学评论家武田泰淳的《黄河入海流——中国、中国人、中国文学》、1972年出版的京都大学名誉教授小川环树博士的《风与云——中国文学论》、1973年再版的广岛大学综合科学部教授铃木修次博士主编的《文学史》、1974年出版的日本近代中国学泰斗吉川幸次郎博士的《中国文学史》、私立东洋大学文学部教授波多野太郎博士的《中国文学史研究》、1976年出版的中国古典文学会编辑的《读书人的文学与思想》、以及1978年出版的北海道大学文学部副教授、中国古文学研究的著名学者中野美代子的《没有恶魔的文学》等。这些论著，有的从比较文学的角度论述了中国古文学与西洋文学及日本文学的差异，从中探求它的特点；比较多的则是从汉民族的思想感情特点与它的表现方式的独特角度，如文学与人生、语言与心、

[①] 本文原载于《古籍整理出版情况简报》，1980年第2期，总第74期，中华书局。

美女与诗等关系中论述中国古文学的各种特点。论点众多，各执一词。其中，从文学发展的规律来探讨这一特点的，可以说还是以吉川幸次郎和铃木修次为其代表。

吉川幸次郎认为，中国古代文学的特点，一言以蔽之，就是"人本主义"。这一观点表现在他的多种著作中。他认为，中国文学始终是看着大地的，与大地不离开的。他说，从根本上来讲，我喜欢中国文学就是因为它们是彻头彻尾的人的文学。我并不讨厌西洋文学，歌德是伟大的，但丁也是伟大的，但他们是神仙文学，是英雄文学，不是凡人的文学。

吉川幸次郎的人本主义中国文学观，根源于他对中国伦理学说的认识。他认为，中国文明的特色，如果用一个词来概述，那就是"人本主义"。他举《孝经》中"天地之性，人为贵"，《礼记·礼运篇》中"故人者，其天地之德，阴阳之交，鬼神之会，五行之秀气也"，还有《尚书·泰誓篇》中"惟天地万物父母，惟人万物之灵"，《后汉书·刘陶传》中"人非天地，无以为生，天地非人，无以为灵"为例，说明在中国人的心目中，人就是世界的中心，人处在世界的轴心中。他认为这种观念就是人本主义。它作为一种哲学，在中国是自古就存在的。吉川幸次郎由此而进一步论述说，人作为世界的中心而存在，这种认知就是中国人的世界观。而表现这种人本主义世界观最具有决定意义的东西那就是文化，典型而为文学。他举刘勰《文心雕龙》为证，《文心雕龙》开卷第一篇名《原道》，该篇曰："故两仪既生矣，惟人参之，性灵所钟，是谓三才，为五行之秀，实天地之心，心生而言立，立言而文明，自然之道也。"吉川幸次郎认为，虽然他本人觉得这个理论是不够充分的，但是，中国人却是这样去认识文学与世界观之间的关系，并把它统一起来，形成了一种文学的信念。正是在这种信念的基础上，在中国形成了与文学才能联系在一起的政治官僚制度，而人本主义始终贯穿其中。吉川幸次郎认为，这是中国古代文学形成与发展的一个最根本的特点。

吉川幸次郎认为，中国古代文学的人本主义特点表现在文学素材与文学描述两个层面。他说，西洋文学产生于荷马史诗与希腊的悲剧和喜剧，它们都是表现了英雄、神和妖怪，与它们同时代的中国的《诗经》，与荷马史诗的素材非常不同。荷马史诗把非凡的世界作为题材，然而，作为《诗经》的素材，则是日常生活。在《诗经》中不表现英雄,这几乎是一条原则。《诗经》是以我们大地上平凡人的日常生活,以他们的悲与喜作为歌咏的题材,所叙述的都是实在的事件。他认为这种以实在的事件作为文学素材是中国文学长期的传统。与其他国家相比较,中国文学中的虚构成分很少,出现的也很晚,这种虚构的文学即使在形成之后,也不是纯粹的文学,这与欧洲是完全不同的。吉川认为,"中国人的这种现实风格,不仅表现在文学的素材方面,而且也有力地表现在文学的描述方面,他说,在中国文学中,真实的描述是一个必要的条件,这与日本文学有很大的距离。日本文学总是看重一些不明确的叙述,而中国文学则看重眼睛能看到、耳朵能听到的实在情景的描述"。吉川幸次郎以司马迁《史记》中的"鸿门宴"、唐诗中杜甫的"四更山吐月,残夜水明楼"、李白的"柳色黄金嫩,梨花白雪香",以及明人归有光的《寒花葬志》等为例,来论述他提出的中国古代文学在描写方面必须尊重明确的表现这一原则。

吉川幸次郎的人本主义中国文学观是吉川中国学的一个重要观念,在日本人文学术界有很大的影响,他的一些论述也给中国学者以启示。但是,有的日本中国学研究者也对此提出了不同的见解。广岛大学文学教授铃木修次博士在他主编的《中国文学史》中,特别撰写了"中国文学的特点"一章,对吉川幸次郎的说法有所辩证。

铃木修次认为,不能用一种观念来衡量中国文学的特点,在不同的时期,中国文学具有不同的特点。他认为,古代文学史处在作者、编者、读者混一的时期,以《诗经》《楚辞》为代表,它们是无名的传诵文艺。这一时代中国文学的特点是文学作品从内容到形式都处在流动的状态中,具有无限的时间扩展性。当然,这一时代的文学与历史紧密结合也是一个特点,不仅是历史著作本身,就是文学作品,而且在典型的文学作品中,还常常以历史为题材,这与后世诗文中的"咏史"是很不相同的。铃木修次认为,自六朝中国文学有了很大的变化,其中一个最显著的特点,则是文学作品的个性化和文学形态的逐步定型化。铃木认为,随着这一特点的形成,六朝文学的作者阶层与读者阶层比上古时代要大大地缩小了,它只局限于贵族阶层以及游荡于这一阶层周围的一些人,如游妇等,因此,这一时期文学作品的个性化和形态的定型化的趋势是嗜好华丽的美感。虽然也存在如阮籍、嵇康、陶渊明这样一些六朝文学的乖戾的人,他们曾从自己的哲学与人生观出发，与社会相悖，从事文学活动，但这并不构成六朝文学的主流。铃木修次说，中国发展到唐代，这是文学新生命的开始，其最基本的特点是文学的批判精神。唐代文学是作为人的文学出现的，它不是追求华丽，而是崇尚康健，无论是唐诗的发展，还是古文运动，都表现了这种文学的批判精神。从宋代之后，铃木修次认为诗歌已不占统治地位，而代之以市民文学，他认为市民文学的最大特点则是盛溢着享乐的趣味和追求人性的解放。宋代之后由于科学技术的进步，木板印刷的普及，文学的传播比以前要广泛一些，从而吸引了更多的读者，使市民阶层有可能更进一步参与文学活动。

　　对于吉川幸次郎与铃木修次的两种见解，波多野太郎博士从根本上加以否定。波多野太郎在中国戏曲与小说史研究方面有一定的地位。1974年8月他把他的研究论文汇集成《中国文学史研究》一册出版。波多野太郎认为，日本对中国文学的研究，实际上只是停留在文献学的层面上。实际上，有些文学史还只是以翻译为主体，谈不上分析作品和探索文学史的发展规律。简而言之，波多野太郎认为，日本学者对中国文学的研究还只是在表面的原因上费工夫，缺乏对一些根本问题的研究。在他的《中国文学史研究》之前，似乎没有什么日本人的著作解决了中国文学的规律这一问题。但对于"中国文学的特点究竟是什么"，本文编辑者阅读了他的著作，似乎也并未作出明确的解释和论断。

日本学者近年来对中国古史的研究[1]

美国研究中国问题的著名学者、哈佛大学教授费正清博士，1975年在与日本学者市古宙三、蒲地式子合著的 Japanese studies of modern China since 1953—A bibliographical guide to historical and social science research on the 19th and 20th centuries（《1953年以来日本对近代中国的研究——19世纪和20世纪史学及社会科学研究书目指南》，哈佛大学东亚研究中心出版，1975年）中曾经认为："目前日本对中国近代史的研究，而且也包括对整个中国历史的研究，其学术成果，不仅已经超越了欧美东方学家的研究水平，而且在事实上，也已经超越了中国史学界本身。"

这一结论是否正确，我想中国学术界自有公断。我们姑且不去深究其含义如何，先了解一下近十余年来日本学者对中国史研究的概况，也是很有意义的。据1979年日本中国研究所的报告，目前日本约有500名学者正在进行中国史的研究。他们提出了一些新的见解，结成了一些新的学派。不论他们研究的具体成果，中国学术界是否能够接受，我认为他们对中国史探索的广阔视野，以及理论思维的逻辑，研究问题的方

---

[1] 本文原载于《古籍整理出版情况简报》，1981年，增刊，中华书局。

法，史料的搜集整理，对我们中国学术工作者来说，都是很有启示的。

这里，就我个人能力所及，将20世纪70年代日本中国史学界对中国古史的研究，归纳为六个专题，作一个概要的介绍，兼及一些研究史的情况。由于日本的中国史研究论著浩繁，疏漏一定不少，望各位指正。

一、关于中国文明起源的新提法

近二十年来，由于中国考古学界不断地报道地下文物的发掘，从而刺激了日本中国史学界对中国文明起源的研究，并导致一些学者改变了对中国史前文化的传统观念。1976年，神户大学文学部教授伊藤道治先生倡导中国"河江文明"史观（见1976年10月1日《每日新闻》），伊藤先生认为，50年代以来，在黄河流域之外的广大地区，陆续发现了许多史前遗址，构成了中国史前文明的新的文化系统。特别是1957年以来，位于长江北岸的湖北省黄陂盘龙城发现了同属于殷代中期的商代青铜器百件以上，同时也发现了铸造用的坩埚，从所发掘的城郭与宫殿遗址来看，这一都城遗址的建筑技术，与黄河流域的二里头文化、二里岗文化几乎属于同等水平。除这一黄陂盘龙城遗址外，伊藤道治教授指出，长江之南的江西省樟树市吴城也曾发现殷中期遗址，有早期陶器、釉陶多件，而近来又证明长江流域的青莲岗文化，屈家岭文化等新石器文化系统的分布又较为广泛。由此而可以断言，中国的史前文明从新石器时代开始，并不是为黄河流域所独占，它包括与长江流域在内的广大地区互相交融，在一个比黄河流域广大得多的区域中发展，这表现了中国新石器文化的多样性。因此，伊藤道治先生认为，把中国文明的源头称之为"黄河文明"是过于狭窄了。他主张取"黄河"之"河"及"长江"之"江"，改"黄河文明"为"河江文明"，这样可以更加接近中国文明形成的实际。

与伊藤道治教授的"河江文明"史观相接近的，则是京都大学名誉教授贝塚茂树博士。贝塚博士曾任京都大学人文科学研究所所长，是日本中国史研究中的杰出的学者。1977年，《贝塚茂树著作集》第四卷出版（中央公论社）贝塚先生为收入该集的1946年旧稿《中国古代史学的发展》加上了一篇补充。在这一篇补文中，他认为中国农业的起源应该充分地考虑到长江流域，特别是长江下游。贝塚茂树先生指出，山东大汶口文化，从与南方的青莲岗文化的关系上来看，应同属于稻作地带文化，它与属于中原粟作地带文化的仰韶文化东西对立。而大汶口文化则是比仰韶文化更为发展的文化。贝塚博士认为，中国文明的形成，应该划定在由青铜器、宫殿址、原始文字所表现出来的殷代前期，而对于中国文明源头的理解，则应该特别注意到稻作地带文化系统。

70年代日本学者对中国史前文化的研究，还应该提到饭岛武次先生。1976—1978年，饭岛教授以《殷代前期的见解》为题，连续撰文论述中国早期文化的分期问题（见《古代文化》第29卷4、7期、第30卷6—8期、第31卷1期）。著者认为，如果把殷代区分为前、中、后三个时期的话，那么，殷代前期基本上属于二里头文化——饭岛先生的论文则是专门探讨二里头文化。饭岛先生指出，以殷前期的二里头文化与龙山文化，或与殷中后期文化相比较，则二里头文化具有多方面的特征。他说："现在还不能明确地解答殷前期文化与龙山文化、大汶口文化之间的关系，尽管如此，我们还是可以确定，从前期二里头文化向中期二里岗文化发展的关系，就是副葬品方面青铜器系统化这一过程的逐步确立。"饭岛先生指出，至于陶器部分，则可以在土质、花纹、器形等方面作比较。从这些角度来看，那么，二里头文化的第二、三期，恐怕相当于龙山文化期；而其中印纹花纹是二里头文化第二期的明确标志。至于宫殿与青铜器的出现与墓葬的变化，则是从二里头文化的三期才开始的。由此，饭岛武次教授认为，应该把二里头文化的Ⅲ期作为殷帝国确实形成的时期，也即为殷代的前期，从遗址、遗物来看，可以想定中国古代国家出现在这个时期。这一见解，与我国学者殷玮璋先生"把出现宫殿的二里头第三期文化作为商朝开国帝王汤居西亳的遗址"，其结论是一致的。1979年，贝塚茂树先生出版的《中国古代之再发现》（岩波书店）也持同样的观点。

日本学者关于中国史前文化的研究，还有许多属于考古学方面的论著，这里就不再叙述了。不过，还应该提到的是松崎寿和教授著的《中国的先史时代》一书。此书初版于1960年，1972年再版（雄山阁）从首章"猿人洞之谜"，到末章"黄河之水"，完全利用中国学者的论文，作一种概括性的介绍，既是向日本民众普及中国先史知识的教科书，从研究史上说，系统地整理了中国学者的论述，又别具一格。

二、甲骨卜辞的搜集整理及对殷代史的研究

日本学者继1960年贝塚茂树先生刊出《京都大学人文科学研究所藏甲骨文字》之后，仍致力于搜集散见日本的中国甲骨资料。1971年，伊藤道治先生发表《藤井有邻馆①藏甲骨文字》（《东方学报》京都版第42辑）公刊了藤井有邻馆收藏的十五片甲骨，并加考释。该文并专论了"𢁉"祭与"姬"祭的关系及区别，认为这二祭中，"𢁉"祭是以先王为对象，"姬"祭是以先妣为对象，并以与五祀相类似的周期进行。其后，1977年，伊藤道治教授又刊出《关西大学考古资料室藏甲骨文字》（《史泉》51号）公开了已故本山彦一氏旧藏甲骨二十二片，并加解释。其中，伊藤先生特别提到记录了关于"彙"的祭祀的一片甲骨，激烈地批评了金祥恒先生之说。

与伊藤道治先生同样致力于散见甲骨资料搜集的，还有东京大学东洋文化研究所教授松丸道雄先生。松丸教授现任日本甲骨学会会长，1976年，他发表《日本散见甲骨文字搜集》一文（《甲骨学》11期）其中包括武藏大学历史学研究室藏甲骨6片、东京教育大学东洋史研究室藏甲骨7片（即林泰辅旧藏的一部分）、故小川睦之助藏甲骨7片等，共计39片，这是一件尚未完成的资料长编，目前仍在进行中。

弘前大学名誉教授岛邦男先生，是日本金石甲骨学的著名学者之一，他以《殷墟卜辞研究》等著作，为中国学界所熟知。1971年，岛邦男先生又修订了他的大著《殷墟卜辞综类》（汲古书院）此书作为甲骨文辞典，初刊于1967年，当时仅收甲骨原字。这次修订，增补了甲骨释字，并且加上了与李孝定先生《甲骨文字集释》相对照的页码、索引以及小屯丙编卜辞编号等，与初版比较，在使用

---

① 藤井有邻馆建立于1919年，从事收藏美术珍品，出版物有《有邻馆精华》。该馆创始人为藤井善郎。

上是大为方便了。

此外，在资料汇集方面，立命馆大学文学部玉田继雄先生，自1963年开始，系统整理历代甲骨学研究著作，把它们汇编成册，1972—1973年，由立命馆大学出版了《甲骨关系文献序跋辑成》二卷。

作为对甲骨卜辞的专门整理，应该提到的是前川捷三先生的《关于午组卜辞的考察》（《中哲文会报》1974年第1期）。所谓"午组卜辞"，是在第十三次安阳发掘中从YH127坑出土的，以前曾由陈梦家先生加以整理。它的字体与同坑位出土的宾组相比较，可以说是非正规的，文体也奇特古怪，其中有许多特殊的称谓，所以，历来的研究家曾提出过种种说法。前川捷三先生参照诸家之说，对"午组卜辞"进行了新的整理。

前川先生认为，"午组卜辞"应属武丁时代，它所表示的是武丁以外某有势力者所主宰的占卜他顺着祖父兄子之称及干名而把祖先神依次排列，其结果父辈的十干几乎被补足。在午组与午组，宾组与宾组、宾组与午组之间，则可以看出祖辈与父辈的干名相对应的一种规则性。前川先生在论证的过程中，曾提出过进行若干种解释的可能性，尽管他说明的理由过于简略，但是，作为研究殷代社会组织形态的一项基础工作，对"午组卜辞"的重新整理，确实是有相当的意义的。

在对甲骨资料的整理研究的基础上，学者们对殷代社会史、政治制度史等方面进行了新的探讨，提出了一些值得思索的问题。

京都大学名誉教授、东洋史研究会会长宫崎市定先生于1970年发表了《中国古代的都市国家与它的墓地——商邑位于何处考》（《东洋史研究》28卷4期）一文，对历来认为的安阳小屯附近为殷王都的通说提出质疑。1971年宫崎先生又发表了该质疑的《补遗》（《东洋史研究》29卷2—3合刊号）宫崎先生说，把小屯附近指为殷墟之说始于罗振玉。罗振玉把《史记·项羽本纪》中的"洹水南殷墟上"的处所指为小屯，其实这是错误的。宫崎先生说，因为除《项羽本纪》外，《史记·卫康叔世家》指殷墟在淇水与黄河之间，就依《史记》而论，把紧靠洹水南岸的小屯作为殷墟，也是不适当的。宫崎先生指出，学术界一般认为，小屯出土的是殷代遗物，然而从中很少见到类似都城的城郭样的遗迹。著者认为，小屯并不是按一般理解的那样是殷都，也不是中国古代文献上的殷墟，它不过是附属于"殷都市立国家的墓地"。宫崎教授认为,殷墟的确实位置,应该以河内为中心寻找,约在小屯之南的"洹水之南,淇水之北,黄河之西"的方位上。

此外,宫崎教授还认为,殷墟曾作为周代卫国的都城,因此,殷墟文化遗迹的上部,应该存在着卫代大约四百五十年的遗址。在《补遗》一文中,宫崎先生还谈到"浚县辛村"出土的青铜器。他说,青铜器的发掘报告断定为周代遗物,然而他本人认为,其铭文中可见"父乙""父辛""父癸"等名,暗示了它们与殷代的关联。宫崎先生说,"应该研究小屯一带的遗物与辛村遗物之间的若干的差异与联系"。

从前,陈梦家先生在《殷墟卜辞综述》中,曾谈到殷墟有商丘、朝歌、安阳三处,并且说,《史记·卫康叔世家》中的"殷墟"是朝歌、《项羽本纪》中的"殷墟"是现在的安阳,宫崎市定教授把《项羽本纪》中的"殷墟"与《卫康叔世家》中的"故商墟"指为同一处所,并且对小屯发掘物全部断为殷物提出怀疑。宫崎市定教授是日本中国史学界的耆老,他对殷代史的这一新探索,引起了中国史研究家的很大兴趣。

松丸道雄教授指出,宫崎先生把小屯作为殷都市国家的墓地,把辛村作为卫都市国家的墓地,这种可能性是应该进一步探讨的,特别是关于小屯不是都址而只是墓地的这一新见解确实应该再充分地研究。松丸教授从中国古文献的记载,进一步补充宫崎先生的论点,他引《尚书·牧誓》及《史记·周本纪》关于"殷周革命"的记载说,武王于盟津渡河后,连战六天,止于"商国"的"鹿台","商国百姓,咸待于郊……商人皆再拜稽首,武王亦答拜,遂入纣王死所,武王自射之……以黄钺斩纣头"。从这一记载来看,这个"商国"确实是殷末的王都,可以推测是具有相当规模的都邑了。然而,从古文献记载看,武王于"商国"斩纣首,似乎并没有完成克殷的事业,"武王已乃出复军,其明日,除道修社,及商纣宫……既入,立于社南……于是武王再拜稽首,曰'膺更大命,革殷,受天明命',武王再拜稽首,乃出"。此记载武王起"商纣宫"于"社",告上帝乃完成克殷事业,这是当时殷周人的观念。而此"商纣宫"与"商国"的距离虽未明确,最远约一日行程。由此,松丸道雄教授认为,由盟津六日程而至"商国",北"商国"即为"殷都",从殷都更略一日程而至"商社",此

"商社"不能不考虑就是现在的小屯。松丸教授说，小屯的建筑遗址，与其称为王宫，还是解为宗庙更恰当。他引石璋如先生之说（见《小屯第一本乙编·殷墟建筑遗存》）认为小屯遗址的各种建筑物，并没有留下长期被使用过的形迹，这很可能就是表明此处并不是王的常居之地。与众多的墓葬及大建筑址的发现相比较，居住址的发掘则意外地匮乏。因此，小屯很可能是一个"商社"，至于殷都的确切位置，则应在洹水两岸的广大殷代遗迹中去寻找。

但是，松丸道雄教授又激烈地批评了宫崎市定先生关于小屯文化遗迹中包含有卫文化的遗址，以及关于溶县辛村西周文化遗迹中又包含有殷文化遗址的观点，松丸认为，这个问题涉及如何看待甲骨文断代研究的理论形成过程，以及基于这些理论而获得的整个研究成果。松丸教授说，无论是从洹水南岸出土的甲骨本身来看，还是从陪随甲骨出土的遗物来看，把它们断为殷代是明确的。小屯遗址中并不存在大墓周围的殉葬中，夹杂有卫代遗迹的可能性；至于溶县辛村的出土物，宫崎先生举"图尊"为例，暗示它与殷代的关联。松丸先生认为，该尊铭文有"佳公口于宗周"之句，即明示该器属于西周无疑，并不能仅据十干之名，就断为殷代遗物。

在研究殷代祖先的谱系方面，广岛大学文学部教授御手洗胜博士的《上甲微与殷王朝先公的谱系》一文（《广岛大学文学部纪要》37—38期，1977—1978年）是值得注意的。该文对天乙（汤）之前殷的先公的谱系进行了再探讨，提出了"上甲即契"的假说。御手洗胜教授认为，从甲骨资料来看，"上甲微"则是殷最古的祖宗神，而《史记·殷本纪》正是把它看成为殷的始祖"契"的。著者说，在甲骨资料中，事实上并不存在王亥以前的殷王朝先考的系统，把"契——王亥"的先公系统加到"上甲"之上的这一谱系，出现于战国之后的文献中，完全有可能是人造的。御手洗胜教授说，由于后世在上甲（即契）中加入了王亥，从而一方面冲淡了上甲这一殷祖的特征，另一方面又使把契作为殷祖的传说得以长期流传。御手洗胜先生从甲骨卜辞中检出若干他本人认为属于保留有"上甲即契"的始祖传说痕迹的资料，加以考释，并对战国之后古代汉语中"契""商""子""微""燕"的音的关系做了比较，认为由于语音的变化，在中国古文献中出现了一神多神化的现象，从而造成了殷王朝先公谱系的迷茫的状态。关于"上甲"是否即"契"的问题，这是一个饶有趣味的问题，但著者较多地利用古汉语语音发展变化来论证历史史实,特别是引证《说文》以及其后的字书注音,则未必是完全可靠的。

东京大学名誉教授、日本中国学会理事长、日本甲骨学会前会长赤塚忠先生,1977年出版了《中国古代的宗教与文化——殷王朝的祭祀》(角川书店)一书。这是一部系统研究殷代国家的大著,日本学术界认为,这也是"在甲骨学方面实践著者独自方法论的著作"。赤塚忠教授在该书中强烈批评了像历来那样,从古文献出发,依靠类推而解释甲骨文的方法,主张从甲骨本身及其发展中加以研究。著者认为,在同一甲骨片上所记载的祭祀,往往是相关联的,有必要进行更为确实的实证。从这种方法论出发,赤塚忠先生在其著作中所阐明的基本观点是,如同甲骨资料所表明的那样,殷民的上帝信仰,是与殷王朝的出现同时发生的,它是殷代的国家宗教,并且成为后代天命观的基础。但是,殷民的上帝信仰并不是直接表现出来的——上帝并不直接受祭。

为了理解殷代宗教的特征,赤塚忠先生把殷民所祭祀的诸神区分为六大类:一、祖先神;二、族神;三、先公神;四、巫先;五、天神;六、上帝。除了祖先神之外,赤塚忠教授在书中对诸神的性格特征作了详细的探讨。著者尽量地汇集了甲骨中所见的神名、地名、族名的文字。赤塚忠先生认为,所有被祭祀的神,原先都是固有的族神,只是在殷民的祭祀中,被分类地组合起来了。例如,作为先公神或者自然神的"河""苗"等,原本就是族神,甚至像"王亥""夔"等被称为高祖而组合在殷代祖先神的谱系中,事实上,它们仍然是族神,不过是被"拟制"的先公罢了。而"咸戊""伊尹"历来被作为殷的旧臣,然而,它们实在是异族的巫先。最早的真正的天神,如"东母""西母""月神"等,随着殷民对上帝信仰的发展,反而逐步地衰败了。

赤塚忠教授指出,上帝作为对殷王的命令者统治人间,依靠其对天候的支配,也成为统治自然界的至高无上的神。殷的诸神最终都由上帝所统制,而所有祭祀的观念,都汇集于以上帝为中心的"祈年祭"中。赤塚忠先生说,如果把甲骨资料分成早、中、晚三期的话,那么,这种观念便是第一期甲骨的主要内容。

赤塚忠教授的一个重要观点认为,殷王朝统治的衰败,与殷王朝晚期对上帝信仰的衰败是相一致的。在第三期甲骨之后,几乎不涉及这种上帝信仰了,由此所表现的是殷代的统治也成了问题。然而,新起的周却是一个信奉上帝的族。著者说,"只要把周的重视上帝,与新发现的周初的甲骨结合起来看的话,那么,就可以想定,殷周之间发生的,则是一场'宗教战争'"。赤塚教授说,这表明中国上古时代信仰上帝的观念,其发展是曲折的。

《中国古代的宗教与文化——殷王朝的祭祀》一书,对殷代社会的政治文化作了详尽的考察,对殷民的宗教观提出了新的见解。但著者对殷后期的论述略少了一些,对殷周之间的关系,特别是著者所称谓的殷周"宗教战争"的描述,尚不完全清楚。这是对著者的苛求了。

在研究殷代国家体制方面,日本学术界推崇松丸道雄教授的《殷周国家的结构》(《岩波·世界历史》第四卷)著者着重论述了殷代邑制国家的特点。松丸教授说,所谓殷代邑制国家,就是以王室为最高层,多数邑制国家从属于王室的政治结构。因此,探索这一"从属"的实际内容,便是理解殷代国家的历史特点的最基本的任务。

松丸教授指出,从殷金文中看出,彝器的制作者常常称呼殷王为"父",但他们之间未必就是"父子关系"。这种情况,可以用甲骨文作进一步的说明。在甲骨片中,常可见"子某""帚某"表示版属的诸氏族。"子"在这里正是表现作为以王之子的排行为序的"拟制"的亲属关系;"帚"在这里正是推定由于王室妇女的姻缘而具有的通婚关系。以这些关系为中核,便形成了殷王朝的秩序结构。

松丸教授说,殷王一人在现实中是绝对的权力者。但是,著者认为,王权并不强大,因为"从属"于王室的殷代氏族制的邑共同体,它们是各自独立存在的,它们彼此之间所"拟制"的血缘关系,是以从事农业生产为主而形成的"文化的共通性"互相连接的。著者认为,周代的情况就不一样了,它主要表现为嫡长传位的继承。

关于殷代国家的理论探讨,还有伊藤道治教授的两部著作。1975年,伊藤先生出版《中国古代王朝的形成》一书(创文社)。著者在该书中认为,殷代与西周的文化为同质,与松丸道雄教授的见解不同,伊藤先生认为,从殷代的帝乙、帝辛时期起到周克殷,以及周王室对东南的经营,这是中华民族从新石器时代开始,所逐步积蓄的能量,作为一种民族运动而爆发的时期,是中国古代文化的一个极盛的时期。其后,从西周中期起,能量便逐步衰弱,这可以从青铜器的纹样、器种、器形的表现中，看得十分清楚。伊藤教授还在该书中，对宫崎市定、白川静等名家学说，展开了独自的批评及论述。1977年，伊藤道治教授又出版了《中国社会的形成》一书（讲谈社）。该书比较充分地利用了中国考古学的最新成就，力图构筑古代中国的新形象。伊藤先生在该书中提出了一个新见解，即认为，殷周的"都市国家"与"城市国家"之间是有差异的，而此种差异是由统治农民的形式所造成的。

三、秦汉帝国的社会性质及关于中国古代"共同体"的论争

20世纪50年代到60年代初期，日本的中国史学家西嶋定生、增渊龙夫、守屋美都雄、浜口重国等曾就中国古代社会的结构问题，以及在这一结构中的生产形式，进行过很激烈的争论，这就是日本东洋史学界继40年代之后，又一次绵延将近十年的关于"亚细亚生产方式"讨论。

经过近十年的沉寂，70年代以来，日本中国史学家重新提出了关于秦汉帝国的社会性质问题，其实质是重新争论中国古代奴隶社会与封建社会的分期，又一次涉及"亚细亚生产方式"所谓的"共同体"问题。不过，这一次参加论战的学者，主要的已经不再是50年代的老学者了，其中大多数是近20年来成长起来的新一代研究家，他们在老一辈研究的成果上，进行了更深入一步的探讨。

1971年，冈山大学文学部教授好并隆司博士发表《前汉帝国的二重结构与时代划定》一文（《历史学研究》375期）揭开了这一场论争的序幕。好并隆司先生认为，西汉帝国具有矛盾并存的二重结构体制，即认为西汉帝国实际上存在着作为奴隶制关系的"齐民制"（皇帝实行对人民按人头进行统治的体制）同时也存在着表现家父长统治关系的"家产制"（天子不以人头而以家—户为单位对人民施行的统治体制）。好并博士指出，他的二重结构理论的主要依据，在于两个方面：第一，根据已故日本中国经济史研究家加藤繁博士对于田租的分类，以及对于地价及生产税等所作的解释，认为当时的田租归入帝室的财政，从原始意义上讲，是一种具有对宗庙纳贡性质的"家产"。第二，根据好并隆司博士本

人对"赐予民爵"的考定，认为"赐予民爵"的对象是"家"，这与秦汉时代对"男子"的解释有关。

继好并隆司博士的论文之后，日本女子大学文学部副教授多田狷介先生同年在《史草》第十二期上发表《中国古代史研究的备忘录》，多田先生从理论方面对战后日本学术界展开的以秦汉时代为中心的古代国家结构的讨论进行了系统的整理，从学说史的角度作了分析，并提出了自己的看法。最引人注目的是，多田狷介先生在文章中提出了"总体的奴隶制"的概念，并认为这一概念比较普遍地适用于秦汉时代。著者认为，"共同体"制在秦汉时代的经济结构中占着主导地位，虽然生产单位正逐步移向小豪族，但由于包括了所有权在内的各种权限都集中于专制君主，留给小农民的只是占有权，因此，提出秦汉时代的小经营生产方式，那只不过是某些研究家的想象。多田先生指出，秦汉时代无疑是"总体的奴隶制"社会，把这个社会推进到下一阶段的力量，在于豪族的封建经营，但是，豪族的封建经营仍然具有依存于奴隶制体制的一面，因此，多田先生的结论认为，中国古代的这种"总体的奴隶制"，一直延续到唐朝，方始被克服。

上述两篇论文的发表，构成了70年代日本中国史学界对中国古代国家社会性质进行重新探讨的基础。

好并隆司博士不同意多田狷介教授的见解，又发表《秦汉帝国形成过程中的小农民与共同体》（《历史评论》279期）一文，予以辨正。好并博士指出，小农民的土地私有生产结构，无疑是秦汉帝国的基础。这从商鞅变法的各种政策，以及居延汉简中所见的作为财产的田土等来看是很清楚的，汉代小农民具有土地买卖、收益、排他的用益权等，完全可以确定秦汉时代土地的"私有"或"个体所有"这一概念。著者认为，秦汉社会奴隶制论的主张者否定当时社会生产结构中的小农民土地私有，他们所描绘的秦汉时代的专制君主制，是以古代"亚细亚共同体"为基础的，在这一"共同体"中，"共同体"首长的强权不是在削弱，相反，由于"共同体"成员对土地的占有情况而加强，这些见解"是一种看不到阶级分化的'停滞论'"，究其形成的原因，"在于轻视变革主体的人民的力量"。好并隆司博士进一步指出，多田狷介等先生的主张，酷似30年代欧洲马甲罗的"亚细亚生产方式论"。好并博士又从学术史的角度，回顾了马甲罗理论的确立与斯大林时代政治形势的关系。他不同意这一理论，认为多田狷介等人的观点夸大了中国古代"共同体"的意义和作用。好并先生认为，秦汉时代是中国古代共同体的所有权，与小农民的私人所有权的有机结合。实际上就是重申博士本人提出的秦汉社会二重性结构的理论。

1974年，东海大学文学部教授藤家礼之助先生以《中国古代中世社会的考察》（收入《历史上文明的诸形态——东海大学三十周年纪念论文集》）为题，对讨论中国古代"共同体"问题本身，提出了不同的见解。他认为，如果把马克思主义诸文献中所看到的关于"亚细亚生产方式"的概念互相结合起来看的话，那么，它们的含义并不是一致的。这是由于马克思的理论处在发展中，同时也由于他本人对亚洲的知识，不及对欧洲理解得那样丰富和深刻。藤家教授说，马克思确实把普遍的"农村共同体"确立为人类发展史上的一个概念，作为包含西欧世界在内的整个世界史发展中在一定阶段上的一种普遍形式。但是，马克思也同样地论述过非西欧世界的中央集权的统治形式。藤家教授认为，对中国史的研究，应该从中国史的实际出发，而不是从概念出发。他说，如果一定要在中国社会中，具体地寻找马克思说的那种"共同体"形态的话，那么，它适应于殷周社会这一阶段。藤家先生指出，殷周社会是以氏族制的"邑共同体"为核心的"邑制"国家的统合体，这"邑共同体"中的"民"，是由"什一而赋"的贡法（贡纳制）所统治的，"邑"内的田制是井田法，并不存在私人土地所有制。这种"共同体"及土地所有形态，便是"农村共同体"阶段。

那么，应该如何看待取代了"邑制国家"而出现的秦汉帝国的社会性质呢？藤家先生认为，在先前的"邑共同体"崩溃之后，产生了新的"共同体"——即可称"乡里共同体"。"乡里共同体"的成员大多是小农民，然而，由于他们的经营依靠旱地的各种条件，所以，其独立性还是脆弱的，对"共同体"的依赖十分显著，小农民实际上还是隶属于操纵"乡里共同体"机能的真正统治者——豪族、土族。这些豪族，最初主要是从事以家内奴隶为主的大土地经营，在他们控制了"乡里共同体"秩序之后，就把小农民作为佃雇农役使。藤家先生指出，上述的情况可以得出的结论是，应该把"乡里共同体"确定为奴隶制，以及类似封建的乌克兰制并存的时期（乌克兰制，是一种社会体制，认为在它的社会结构内部，存在着多种生产方式。这里藤家先生似乎是指具有家父长制特征的农民经济——笔者）藤家先生说，这一生产结构的形态，它所存在的时间，就其始终点而言，则远远超越了秦汉帝国时期，可以说，它适合于从战国到唐代，而秦汉帝国则可以看成是，它以君主家产为其杠杆，介于整个"共同体"与家族秩序之间的一种统治。

1975年，藤家礼之助教授又发表《论汉代豪族的大土地经营》（收入《东亚文化丛书》第二卷《现代中国与历史现象》一书）一文，该文对于各个时代的"共同体"的特点，以及由豪族大土地所有者所从事的大土地经营的生产关系的基本规定，都叙述得更加具体。日本学术界把藤家礼之助教授的上述理论，称之为"藤家国家论"。

好并隆司博士同意藤家礼之助先生把殷周社会划为氏族制共同体，以及关于存在于秦汉帝国的"乡里共同体"的二重结构观点。但是，好并博士比藤家先生更强调秦汉时代小自耕农的独立性。他指出，由于井田制的解体，以及新土地的开垦，产生了小自耕农，他们还保持着传统的平等性。由小自耕农的成员中所选举的"父老"并不是作为统治者出现的，而是仍然作为小自耕农阶层的代表者出现的。因而，从战国开始，至汉初的"乡里共同体"，甚至包括《管子》说的"家长—臣妾"集团，其基本形态都还是小自耕农集团。汉高祖与秦的"父老""子弟"相约（一种契约关系）正是建立于这种新的"共同体"（小自耕农集团）之上的专制君主制的最初形态。好并先生强调指出，"由于地方豪族还没有形成强固的势力，所以'共同体'成员把他们的统治权委托给专制的君主，正因为小自耕农具有独立性，所以把统治权不是给予地方有势力者，而是给予君主，形成了由皇帝施行的'齐民统治'。"好并博士认为，这一形态的发展，也成为地方势力形成的渊源，因为小自耕农的经营是基于土地的私有，通过土地的买卖，造成土地的集中与丧失，因此而造成了地方有势力的豪族。好并隆司博士为了进一步阐明他的关于秦汉社会性质的观点，1978年出版了专著《秦汉帝国史研究》（未来社）。著者认为，从春秋末年到战国初年，依靠宗族制来维持社会秩序已变得困难，士阶级发生着激烈的变动与分裂，庶人从宗族中独立而成为小农，家父长制逐渐占上风，作为"血缘共同体"的"乡"已经分解，例如齐国，大约在齐威王初期，国家进入了官僚体制。至于秦汉社会，作者举云梦秦律简为证，说明所谓"什伍制"，就是把具有亲睦性的"乡"，改编成相互监视的按户编制，这便是"里"的产生。"里"内的小农家庭同样也具有家父长制家族的特点。著者说，从江陵汉简中看出，在汉初的乡村中，典型的小自耕农约为五口之家，他们所有的田亩并不少，但是在生产能力很低，只有地方豪族才有可能处于再生产的状态中。他举属于地方首长层的张偃为例，指出张偃兼营农业与商业，是一个役使很多奴婢的奴隶所有者，而同时，他又作为官僚国家体制的基层发挥着自己的作用。好并认为，秦汉时代一方面已经进入官僚国家体制，另一方面，家父长制的奴隶统治还存在于乡村共同体的底部。这一观点，进一步阐明了他于1971年提出的秦汉社会二重结构的理论。

参加这一场论争的还有渡边信一郎的《古代中小农民经营的形成——关于中国古代国家形成论的发展》（《历史评论》344期）、掘敏一的《中国的律令制与农民统治》（《历史学研究》1978年特集）等，他们以秦律简、汉简等为史料，论证了秦汉帝国的形成及社会特点，对好并隆司博士与多田狷介教授的观点，采取比较调和的态度。

四、六朝社会的特点及"豪族共同体"理论

日本中国史学家长期以来围绕六朝封建论的问题存在着强烈的不同见解，它涉及六朝的社会性质、贵族制的形成，门阀政治的统治等魏晋南北朝史的一系列基本问题，关键在于如何看待这一时期的再生产结构与国家统治的特点等。

宇都宫清吉先生是从事六朝史研究的名家。60年代中期，他为了结集力量，探讨六朝史研究中的课题，发起成立"中国中世史研究会"。1970年，该会集合主要是日本关西、东海地区的研究家，撰写出版了《中国中世史研究》一书（东海大学出版会刊），宇都宫教授为此著写了《把握中国中世史研究的出发点》一文。其后，1977年，日本创文社又把宇都宫清吉先生自1932年以来45年间撰写的论文，交著者本人修订后汇编成册，定名为《中国古代中世史研究》。日本学术界一般认为，以此书的出版为标志，在六朝史研究中形成了"宇都宫史学体系"。

"宇都宫史学体系"对六朝社会特点的基本见解认为，汉帝国是以相当均

质的自立农民的共同体——"乡里共同体"为基础的,然而,随着生产力的上升而出现了阶级分化,"里"内产生了大土地所有者,这就是豪族。豪族明显地显示了向领主统治,即向封建制发展的倾向,他们与内朝的外戚势力与宦官之间的权力斗争,全都是围绕着领主化而展开的,其中与外戚、宦官相勾结的一部分豪族,在推进领主化的过程中,逐渐地进入了政界,这就出现了六朝的贵族。六朝的贵族便是这一时代门阀政治的基础。

对于"宇都宫史学体系"的这一见解,日本中国史学界存在着不同的看法。70年代初期,在"宇都宫见解"的基础上,由川胜义雄教授与谷川道雄教授两位先生共同提出了一个表述六朝贵族制的新概念——"豪族共同体"论,从而引起了日本六朝史研究中的激烈论争。

川胜义雄教授是京都大学人文科学研究所东方研究部前部长、日本六朝史研究的又一名家。他曾在法国远东学院研究"汉学",长期探讨"中国异端运动史"。1970年,川胜义雄教授为《中国中世史研究》撰写《中国中世史研究的立场与方法》一文(该文署名川胜义雄、谷川道雄,实为川胜先生作品)同年还为《岩波世界史》第五卷"古代(五)"撰写"六朝贵族制的形成"一章,其后,又发表了《论重田氏的六朝封建制论批判》(《历史评论》71年第2期)、《从孙吴政权的崩溃到江南的贵族制》(《东方学报》第44期)等,1974年,川胜义雄教授又出版了专著《魏晋南北朝》(讲谈社),从而使他的见解更加系统化。

川胜教授认为,"六朝贵族制无疑是建立在豪族统治的基础上的。"他说:"豪族统治当然包括庄园制——农奴制的问题,并且是该统治形成的一个条件,不可能有不包含任何隶属关系的豪族,这是不言自明的道理。但是,豪族统治并不能与农奴制作简单的'接合'。这一统治的依据,如果仅仅解释为依靠农奴制范畴或庄园制论,那在基本问题上是讲不通的;如果说,它依据的是含有隶属关系的豪族佃客制,并认为由此便可以引导出当时社会的基本阶级关系来,这也仍然会模糊历史事实。"川胜先生认为,"豪族统治,如果不考虑它与大多数自立小农民之间的共同体关系,那就不可能说明它的形成、特点与结构。基于这样一种认识,便应该提出'豪族共同体'的范畴"。

在谈到"豪族共同体"形成的时候,川胜教授进一步认为,在汉末"乡里共同体"内部具有领主化倾向的豪族,即历来称之为的"浊流",他们与"清流"

以及"黄巾"等之间，经过长期激烈的斗争，矛盾达于极限，作为一种被扬弃的形态而形成新的形态，这便是"豪族共同体"。川胜先生强调说，他使用的"扬弃"这一个词，应该从辩证法的意义上加以理解。

关于"豪族共同体"内部的关系，这一新理论的另一名倡导者谷川道雄教授在《中国社会的结构与知识分子》一文（《思想》第582期）中说，这种关系"可以用'士—民'（自立的小自耕农）这样的图式来表示。所谓'士'，即是把道德和教养作为人格内容的农民管理者。在这里，'舍私为公'的道德成为共同体结合的中心"。谷川教授认为，"士—民的关系与地主—隶民的关系是不同的"。他说，"在士—民的关系中，确实存在着'士'逐步地官僚化，从而向'地主'腐化的倾向（即川胜先生说的'领主化倾向'——笔者）"。但是，谷川先生又认为，在中国知识分子中，历来就具有阻止自己阶层腐化倾向的力量。六朝"豪族共同体"中"士"的这种官僚化发展，常常由"士"本身兴起的革新运动加以阻止。谷川道雄先生认为，这种革新运动与后代，如宋朝的新法党的革新运动，明末清初江南知识分子的革新运动等都极为类似。所以，谷川先生反对把"清流"与"浊流"的斗争作为从汉末向六朝发展的社会特点。他说，"由此看来，所谓'清'与'浊'之间的相克与循环，并不能把它作为六朝贵族社会所特有的振荡中国史的政治模式"。

关于"豪族共同体"中贵族制的形成，谷川道雄教授在《北朝贵族的生活伦理》（收入《中国中世史研究》，1970年）一文中，论述得较为详细。谷川先生说，"至今已经有很多人怀疑把对大土地所有制的直接要求作为六朝贵族形成的基础了，也就是说，六朝贵族，与其称为土地贵族，不如称它是官僚贵族、教养贵族。他们是否是大土地所有者，并不是他们身份形成的必备条件"。著者描述"共同体"内部的情况说："在贵族的大土地经营内，可以推定是由各种隶属民从事农作的，但是，从整个农村来看，农民大部分是自耕农、他们在贵族的大土地外缘，依靠家庭劳动而经营自给生产"。在这样的"共同体"内，贵族要成为"贵族"，并控制"共同体"，并不是依靠"物质"发生作用，而是"把物质的存在提高到精神世界方面，这才是贵族在总体上把握乡党社会之道"。这是因为在著者看来，"当物质世界率直地作为物质世界来发挥作用时，就会受到贵族伦理感的抵抗，必须把物质升华到精神世界，由此才能够保全人间社会作为它本来形态的共同体——家族、宗族、乡党、士大夫社会、王朝等等——的存在"。这样，谷川教授的结论是："关于贵族阶级形成的基础，难道不是应该在精神统治关系中寻找吗？如果确是这样的话，那么，他们是否是大土地所有者，这与贵族的体质并无直接关系，作为贵族所不可欠缺的资格，在于具备他的人格的精神性……即使是一片土地也没有，他也必然是超然的精神世界的所有者，如果不是这样，他就不可能执着于利害冲突不断的物质世界中而成为活生生的民众的领导者。"

谷川教授显然认为，六朝贵族所具备的作为乡村社会的统治者的社会基础，未必是大土地所有，他是通过包含着所谓"自耕农"在内的乡党的舆论——乡论，承担乡党的众望，从而成为乡村的统治贵族，因而，对于贵族来说，最主要的是具有超俗的伦理性要求。正因为如此，谷川先生提出的以贵族制为基础的"共同体"，它不仅是以物质世界向精神世界转化的体系，而且，它更是从物质世界中完全分离出来而独自存在的体系。

谷川道雄教授是日本学术界关于中国史共同体理论的著名研究家，他在写作该文时任名古屋大学文学部教授，其后转任京都大学文学部教授。1976年，谷川先生把自己的这一理论更加系统化，出版《中国中世社会与共同体》一书（国书刊行会），该书共分三编，第一编为中国中世社会论序说，第二编为探索中世史研究的方法与问题，第三编为实证地论述六朝贵族制。著者的基本观点，大致可以归纳如下：

第一，谷川教授说，他对于日本学术界关于中国社会封建制的各种见解进行了验证，得出了一个与所有的见解都相反的结论。他认为，"中国封建制的存在绝不是一个自明的问题，它处于未知数的状态中"。

第二，谷川教授认为，所谓中国的"中世"，其历史地位的本质规定性在于"它处于克服古代社会并构成近代社会前提的地位上"。

第三，谷川教授通过探讨从殷周至隋唐的历史过程，阐明了他对于中国历史发展的基本构想。著者把血缘原理看成是古代社会的特征。他认为，古代的道德与政治都与这一原理有直接关系。自殷周体制崩溃之后，经过再编与统一，秦汉帝国的形成便成为古代社会血缘原理的最后的终结。谷川教授说，秦汉帝国的基础结构是"乡里共同体"社会，这是一种以血缘为原理的自立的小自耕农

("民")的自律世界,而国家则通过贯彻家族道德而采用乡举里选制度,依靠这一制度包摄了整个自律民的世界。谷川先生认为,秦汉社会便是这一体制的完成。由于生产力的发展,从而引起了阶层分化,豪族阶层抬头,促使国家机构日益私权化,从而使"乡里共同体"遭到破坏,并且愈益深刻。

谷川先生指出,对国家的这种混乱,以往的血缘关系以及置于以这种血缘关系为基础的汉代士大夫的理性观念,不可能成为使国家重新秩序化的原理,而超越古代血缘原理,达到抑制私欲的伦理实践的人格主义原理,便成为新的秩序——即新的共同体形成的原理。在这里,谷川教授认为,贵族制的出现并不是体现以生产手段的所有关系作为直接媒介的阶级关系,它只是表现了"非封建结构的中世"的形成。中国古代的这种贵族制,是以六朝为起点,至隋唐时代进入它的完成形态。

上述的见解,可以窥见谷川史学的基本形象。谷川道雄先生一贯主张从"人学"的角度研究中国史。1976年,他在名古屋大学的东洋史研究报告,一篇题为《作为人学的一个领域的中国史学》,另一篇题为《中国古代中世史与人——宇都宫史学的世界》。1979年11月,谷川道雄教授在日本史学会第77届学术大会座谈会上,又作了题为《中国史中"人"的理解问题》的报告。谷川教授说:"历史学作为人间科学的一个领域而在确定其范畴时,应该反省的第一件事,便应该是'历史学在以前是如何理解人的'。"谷川先生认为,"历史学对'人'的理解问题,未必只是限定于像人物史那样以个人作为对象的领域,也应该涉及政治史与社会经济史"。他本人则尽可能在中国史的领域,特别是在六朝隋唐史的范围内注意这一点。谷川先生指出:"很多研究者都不否定当时社会中的共同体的存在,但是,他们只止于强调共同体中豪族乃至国家的阶级统治的手段,很少去探索存在于共同体中的共同性的内核。我认为共同体本来就是归属于人们生活的自身世界的伦理,只有从这一观点立场出发,才得以阐明统治权力方面转化的历史理由。"这些论述可以看成是谷川先生等提出六朝"豪族共同体"理论的哲学基础。

对于"宇都宫史学见解"及川胜义雄、谷川道雄两位先生提出的"豪族共同体"论的新概念,一部分研究家给予强烈的批评。已故重田德教授,1970年在大阪历史科学协议会年会上,作了题为《中国封建制研究的现代任务》的报告,第一个猛烈地抨击了"豪族共同体"理论。重田德教授认为,"这是要把整个中国历史当作共同体本身发展的历史的部分尝试",这一理论"从一开始就脱离了世界史发展的轨道","使历史学走入了死胡同"。重田教授说,"豪族共同体"理论实际上就是由内藤湖南所提倡的,以后为以京都大学为中心的中国史研究家们所坚持的所谓"中国中世特色的最高范畴是'贵族制'"的翻版。所谓"贵族制",指的就是自六朝至隋唐,中国社会生活中存在着一个皇帝权力也不能左右的"自律的"贵族阶级,这一阶级构成政治生活的基础。重田教授认为,虽然川胜与谷川两位先生也曾提到六朝社会的基础结构,但与历史学上公认的观念——如庄园制论或农奴制论不同,它的关键部分是"贵族制"。"豪族共同体"理论也曾显示了若干封建性的特点,但他们关于封建制的理论始终未能摆脱从以前的"贵族制"所演绎出来的框框。所以,重田教授认为,所谓六朝"豪族共同体"理论,实际上仍然只是东洋史研究中京都学派传统的"贵族制"理论。

继重田德教授批判之后,1972年,木全德雄教授发表《把握中国古代中世史研究的角度与方法——〈中国中世史研究·总论〉批判》(见《铃木博士古稀纪念东洋学论丛》,明德社)一文。该文指出,所谓"豪族共同体"的理论是相当浪漫主义的。"共同体"这个东西在社会学方面并没有作出充分的规定,六朝的"豪族共同体"与秦汉的"乡里共同体",事实上并没有什么差异。木全教授认为,历史学比起经验科学来,成为演绎科学的可能性更大一些,所谓从"乡里共同体"发展到"豪族共同体"的"共同体"自身发展的一般法则,就是这种优于经验事实的"演绎法"。

在批驳川胜先生和谷川先生理论方面最系统的是长崎大学学艺学前教授东方学会会员矢野主税先生。1971年,矢野教授发表《门阀贵族的世系试论》(《古代学》7卷1期),1972年又发表《再论门阀贵族的世系》(《史学杂志》81编10号)。这两篇论文以对川胜义雄教授批判为中心,论述魏晋门阀的形成过程。矢野教授认为,魏晋门阀贵族的形成与后汉的"党人"有一定关系,但是,"党人"并不是像一般所认为的那样,是由具有社会名声的名士所组成的,它们作为一种政治势力,在黄巾起义之后,抛却了传统的儒教国家观,向着现实主义质变,他们热衷于参加新政权而终于成为门阀贵族。1976年,矢野主税教授在上述两篇论文的基础上,进而撰写了570余页的大著《门阀社会形成史》(国书刊行会）该书共九章（正文七章、前言后记各一章），系统地论述了著者对魏晋门阀贵族的观点。

川胜义雄教授曾经认为，魏晋门阀贵族制的形成，是以后汉末年党锢事件为媒介，由清流派知识分子的独立性发展而成的。这一见解是构成前述"豪族共同体"内部结构的重要支柱。矢野主税教授写作《门阀社会形成史》的根本目的，就在于批判川胜义雄教授的这一理论。矢野教授认为，川胜先生关于汉末清流集团为六朝贵族制渊源的见解是不符合史实的。他指出，汉末的官僚与曹魏两晋的官僚之间并不存在血缘系统的联系，也就是说，从世系的角度看，"在官僚社会的构成成员方面是不相延续的"，汉末与曹魏两晋的官僚只是在"寄生性"这一点上具有共通的方面。矢野教授认为，川胜义雄先生所强调的清流派知识分子是构成曹魏政权主体的见解是不确切的。他认为，在汉末宦官诛灭之后，"清流"与"浊流"的对立已经消解，在这种条件下，"清流"本身也已发生质变。矢野教授在其著作中详细考察了颍川系清流知识分子的特点之后指出，"清流"事实上已经显示出各不相同的处世态度，而其中只有一部分以"保身、保家、荣达"为目的，原属"清流"的知识分子，才与曹魏政权相结合。至于"清流"的大部分，则表现为消极状态，他们在政治上处于中立的立场，在政治言论方面十分谨慎，并且带有一种知足感和隐逸的倾向，所以，矢野主税教授认为，把"清流"说成是后来门阀形成的渊源，无论如何也是不恰当的，至多参与曹魏政权的这一部分知识分子只是门阀形成中的一个因素而已。

矢野主税教授认为，贵族门阀的出现是当时历史的必然趋势，它形成的历史应当追溯到后汉，从多方面的研究来看，门阀制形成的最根本原因在于"官僚寄生制"，即从后汉中后期起，中央高级官僚家庭逐步固定化，他们在中央机关依靠俸禄的寄生特点愈益加强，这种倾向的延伸，最终便形成了魏晋门阀制。

这里提出的"寄生官僚制"，是近十余年来矢野主税教授反复主张的理论。在本书中，矢野教授专门撰写了第五章"后汉寄生官僚制论"及第七章"曹魏集团特点的一个考察——寄生官僚制解说"，详尽地阐明他的"寄生官僚制"理论。著者说，"作为中央官僚，完全依靠俸禄生活，而不是如同普通人那样，依靠土地生活"。这种把依存中央权力作为生活基础的特点，便是矢野教授的"寄生官僚制"的内涵。矢野先生认为，这种"寄生官僚制"出现于后汉。他说，与后汉相比较，前汉的官僚们在经济方面要自由得多，前汉官僚除了俸禄收入之外，尚有其他的收入，至于作为他们生活的根据地，平素在长安，同时在故乡也存在有同为据点的"家"。但是，从前汉末期开始出现使用"归故乡"这一词语，它表示实际生活中已经出现了这样的事实，即把现实的生活场所移置于中央，渐渐与故乡分离，因而形成把自己本族的根据地作为"故郡"的意识。进入后汉之后，产生了一部分高级官僚完全依靠中央俸禄生活，并且这种家庭日渐固定化，因而，这部分高级官僚便逐渐与自己故乡的"族"分离。当时，在中央官员中，"归葬"是一般的习俗，这一习俗并不表示中央官员在实际生活方面得到土豪势力的支持，相反，它正表示了作为官僚的平素生活场所，与他的籍贯以及他的墓地相分离（矢野主税教授反对把后汉的官僚与豪族并提，认为它们并不是一个概念——笔者）。矢野教授把这一特点称为"故乡的分裂"。这种情况进一步演进，便由皇室"赐冢地"，用新坟墓地代替"归葬"，于是便在京师周围形成了达贵高官的墓群。这便是"寄生官僚制"的进一步发展。

矢野教授指出，这种地方势力与中央官僚的分离，便逐步形成了"超乡党"集团，这种"超乡党"集团集中于中央，成为官僚以及官僚的后备军，依靠国家权力而形成官僚层，这就是"寄生官僚制"的发展所形成的贵族化潮流，从而形成了魏晋的门阀社会。矢野主税教授把门阀社会的发展历史划分为三个时期，即以后汉为第一期，以魏与西晋为第二期，以江南的南朝为第三期。

《门阀社会形成史》是近十余年来研究魏晋史的重要专题著作。著者以"寄生官僚制"为理论基础，阐述了独特的门阀社会观，全面否定"豪族共同体"理论。但是，日本东洋史学界对矢野主税先生的"寄生官僚制"理论本身又提出了质疑，集中在关于这一理论的经济方面的意义，以及关于"寄生官僚制"发展的真正动力究竟是什么，讨论还在进行中。

五、唐宋之交中国社会的特点

早在20年代，"内藤湖南史学"曾把唐宋之间划为中国历史上"中世"与"近世"的交替时期。其后的半个世纪中，日本的中国史研究家们曾就这个问题发表过不少见解。70年代以来，唐宋史研究家们曾就唐宋之间的变革进行了进一步的讨论。

在这个领域内，宫崎市定教授、周藤吉之教授等诸位先生可以称为是第一代的研究家，柳田节子、斯波义信、草野靖等先生从各自的学术立场出发，继承与批判了他们先辈的理论，做出了相当的成绩，并且显示了正在使自己的个别研究系统化的方向。他们认为，研究唐宋之间社会特点的关键，还在于把握基本的生产关系，因此，他们力图在研究中开辟一些新的探讨领域，并重新评价以往的若干见解。

宫崎市定教授是日本中国史家中直接继承内藤湖南的宋代"近世说"的当代著名学者。早在1950年，宫崎教授就出版了《东洋的近世》（教育时报社）一书，其后，又发表了《宋代以后的土地所有形态》（收入《亚洲史研究》第4卷，1964年，东洋史研究会）等论文，倡导宋代"佃户即自由民"说。他认为："宋代的佃户，是本来独立的自由民，有迁移的自由，在承担了支付佃租的契约义务之外，不受田主的人格约束。"这是从生产关系方面主张宋代"近世说"的重要依据。

70年代一开始，宫崎市定教授为继续阐明他以前主张的观点，又发表了一篇引人注目的论文——《从部曲发展到佃户——唐宋社会变革的一个侧面》（《东洋史研究》29卷4期）这是宫崎先生在唐宋史研究方面一篇多年的精心思虑之作。宫崎教授在论文中指出，作为唐宋变革的一个重要方面，首先就是"贱民"——即不自由民的解放。著者说："研究这一阶段的历史，应该注意在宋代废除了原先唐代关于'贱民'——不自由民的法律规定这一事实，并且应该注意到在宋代确立了'作为农业劳动力的主要供给者'的佃户的法律及其社会地位。"宫崎教授指出，从语源意义上说，"部曲"原先意味着"部队"，这也就包含了他们原本应该是从事集体耕作的庄园劳动者的意义；但就唐代的法律用语而言，"部曲"是专指"贱民"的，他们作为主要在庄园中的徭役劳动者，在唐代可以拥有家庭和私有财产，这与当时整年无休止的主要作为家内劳动者的奴婢，在当时社会的普通概念上是有区别的，因此，"部曲"实际上就是处于奴婢与自由民之间的中间位置上的农奴。在唐代一般文献中，"部曲"这个名词是常见的，可以推断唐代"部曲"（亦即农奴）的存在是相当普遍的。宫崎先生说，宋代的生产关系与唐代的生产关系相比较，则发生了很大的变动，具体表现为"部曲"的解放，即从唐代以"部曲"为主的庄园劳动，至宋代推移而为以佃户为主的庄园劳动。

在宋代庄园劳动力性质问题上，日本中国史研究家之间长期存在着对于"奴婢""佃户""雇佣人"等理解上的分歧。东京大学名誉教授周藤吉之先生，是战后第一位不同意"内藤史学"关于中国史分期，主张宋代"中世说"的名家。由于周藤先生在1948年发表了《宋代的佃户制——与奴隶耕作的关系》（《历史学研究》148期）一文，引起了一系列关于"佃户制"的讨论。

周藤吉之先生的基本见解认为，宋代的佃户，对于田主来说，仍然是被置于近似奴隶的地位，实际上存在着"身份隶属关系"。这种"身份隶属关系"，由已故的仁井田陞教授给予了"法的地位"的解释。仁井田陞教授认为，佃户、雇佣人虽然是良民，但是，就宋代的法而言，佃户、雇佣人对主人犯罪，他受到比常人更重的处罚，而主人对佃户、雇佣人犯罪，他受到比常人更轻的处罚。这是法律确认的"主仆关系"的事实，这种身份的隶属关系，如果放在中国历史发展的长河中考察的话，那么应该说，这正处于从奴隶身份向农奴身份转移的位置上（见仁井田陞《中国法制史研究——奴隶农奴法、家族村落法·中国的农奴与雇佣人的身份的形成与变质》）。以周藤吉之教授为中心的研究还认为，宋代地主统治下的"雇佣人"与"奴婢"，作为地主直接经营的土地上的劳动力，在经济方面是属于同一范畴的。这是试图从经济的角度来解释这一时代的主要生产关系——地主与佃户的关系，并把它描述成"农奴制庄园"的社会，从而构成宋代"中世说"。

1971年，丹乔二先生发表《宋代的地主奴仆关系》（《东洋学报》53卷3—4期）一文，不同意把"奴婢"看成是地主直接经营的土地上的劳动力。他指出："奴仆是在地主的居住地及庄（指园宅地、基地等）内从事多种家内劳务的劳动者。在农业方面，在大田甚至在菜地的耕种上，都只是一种补充形态。"丹乔二先生在论文中考察了宋代奴婢的来源，认为"奴婢来源于当时不安定的小农民经营（即依靠家庭从事农业劳动的劳动者），由于国家、地主的掠夺及自然的灾害，小农民的家庭成员被迫成为奴婢。至于当小农民家庭的家长成为奴仆的时候，那就意味着小农民经营已经完全被破坏"。著者认为，在当时的条件下，

"小农民经营是先进的基本的经营形态"。丹乔二先生强调指出,宋代的"奴婢"与唐代的"奴婢"在各个方面都看不出有什么区别,他们以家内劳动为主,并不是庄园劳动者。从这个意义上说,在唐宋基本生产关系的变革中,奴婢还只是配角。但是,丹乔二先生也提请大家注意,"在中国社会的广泛范围内存在着这样的奴婢,对于当时社会的再生产具有什么样的意义,把宋、元、明、清的情况综合起来看,仍然是应该思考的一个问题"。

但是,柳田节子先生基本上肯定了周藤吉之学说,不同意丹乔二先生的见解。1977年,柳田先生发表了《宋代专制统治与农民——雇佣人与奴婢》(《历史学研究·别册》)一文,继承并发展了周藤学说。柳田先生在表示同意关于宋代地主直接经营地上的劳动力是雇佣人与奴婢之后,提出有必要将"经济的雇佣人阶级"与"法制的雇佣人身份"加以区别。具体说来,柳田先生认为,"士庶之家所雇佣的僮使,不外是由雇佣而成为奴婢;然而,这个奴婢的贱身份,并不是他的出生身份。当他成为奴婢的时候起,国家权力已经把他从合法与确认的税收中除外了。他作为大土地经营的雇佣劳动,与'客'相结合,表现为佣耕人。这与'奴婢'不是一回事。他们要负担干食盐钱,有入客户籍"。因此,柳田先生认为,对一口雇佣人身份来说,他的真实的状态,首先应该区别"良""贱"身份。宋代的"贱"身份,不是出生身份,而是由于雇佣、雇卖而发生的限定身份。

周藤吉之教授与仁井田陞教授在前述各著作中,把宋代地主、佃户、雇主和雇佣人之间的"法身份"的等级差别,与农奴制形成时期的特点结合起来进行考察后,曾提出了"法身份"与"阶级关系"同一的结论。对于这一见解,1978年,高桥芳郎先生发表《论宋元时代的奴婢·雇佣人·佃仆——法身份的形成与特点》(《北海道大学纪要》26卷2期)一文,提出不同的看法。高桥先生认为,第一,所谓奴婢的身份,只是由犯罪丢官产生,或由战争中俘虏产生,此外便不能成立。第二,所谓雇佣人是作为主家所虚拟的家庭成员而置于家父长统治之下,从阶级关系来说,这是家父长的家内奴隶,所谓雇佣人身份,具体就是指良民的买卖,以及因债务而奴隶化的阶层。第三,佃仆、地客就"法身份"而言,也是属于雇佣人身份,与主人家之间仍然是一种"主仆关系"。但是,宋代的佃仆、地客也可以有自己的家庭经济,也可能采取佃户的形态。这种生产关系也一直存在于宋之后的中国社会中，明代以后修订雇工律，只是单纯的技术方面的订正，并没有带来雇佣人法律地位的变化。第四，在地主与佃户之间，存在着"主佃之分"，一般不应存在"主仆关系"；但是，从阶级关系来看，在宋代的佃户中，也包括了相当多的佃仆与地客，因此，佃户与主家的关系，实际上存在着"主佃之分"与"主仆之分"两大部类。第五，雇佣人法、佃客法等是采用雇契、典契及租契的形式来表现的。至于具体采用何种契约形式，这基于与主家的关系而决定。

这一争论逐步发展到关于宋代土地所有权的问题。1977年，草野靖先生发表《田面习惯的形成》一文（熊本大学《法文论丛》39期），草野先生准备就宋代开始出现的"一田两主"习惯撰写一系列论文，这是第一篇。著者分析了《辍耕录》卷十三的"释怨结姻"，认为从宋至元，在开发水边低湿地的整个过程中，形成了"一田两主"关系。草野认为，这一土地所有权的新形式，在元代至正年间作为社会能够接受的习惯而被确定下来。他以若干《崇明县志》为据，考证了作为"一田两主"表现形态的"买价承价制"的形成过程与变迁，认为这一制度发源于宋，制定于元代至元十四年（1277）崇明镇提升为"州"的时候，到明代中期，便逐渐褪色。草野认为，崇明的"买价承价制"是被官方确认的田面习惯，在它形成之前，经过了一段准备，存在着诸如"立价交佃""酬价交佃""陪资"等。草野指出，这一田面习惯的形成，是以下述三个条件为其前提的：一、佃户从地主处获得经济独立；二、商业高利贷资本形成，并向农村经济渗透；三、地主的寄生化。

草野先生的这一主张，立即在宋代中世说的研究者之间引起了争论。本来，对于草野的批评，应该在他的数篇论文发完之后，但是，同一年，高桥芳郎先生就发表了《宋代官田的所谓佃权——它的实体与历史地位》（《史朋》5期）一文，对"草野说"提出疑问。高桥先生认为，草野所强调的"佃户工本钱"（指佃户在租田的开发、开垦、改良方面为地主的土地在总体上所投下的资财与劳动——笔者）并不是立价交佃的主要方面。所谓宋代的立价交佃，实际上是以官田作为对象，这一田价具有承佃者相互交易的意义，而且，实行这种立价交佃的官田是江西、四川、浙西等唐末五代以来的屯田、省庄等，也就是与一般的民用相同而隶属于户部——路、州、县的官田，从佃权来探讨其实体，则应该看做承佃者对该佃田事实上的所有权。这也就是说，被看成是立价交佃的官田，它的租课，与其说是地价，不如说与两税相同。草野先生等在这一问题上主要是依据官田承佃者的佃权来进行划佃研究的，高桥先生的论文对这一依据表示怀疑，提出了重新探讨的要求。

六、明清史研究中的"乡绅论"

战后，日本学者对中国明清史的研究，其着重点与战前有了很多不同，其中关于中国地主的土地所有形态问题，则是论争比较激烈的一个新领域。日本的中国史学家特别感兴趣的是，作为近百年来中国人民反封建的主要对象——即在中国新民主主义革命中实行土地改革时的那种地主土地所有形态，究竟是在什么时候形成的？这一问题的探讨，还有助于关于中国资本主义萌芽产生的研究。

一般研究家都认为，中国的这一以20世纪为其终点的"地主制"，如果从历史上追溯的话，那么，它的雏形当形成于明清之间。然而，对于明清之间形成的这种"地主制"，究竟是表示了中国封建社会的延伸呢，还是意味着中国封建社会的形成呢？日本东洋史学界则有很不相同的见解。

从研究史上说，战后发起对于明清大土地所有制的研究，或者说，对于以地主经营为直接对象的研究的，是东京大学社会科学研究所的古岛和雄教授，和大阪市立大学经济学部北村敬直教授。40年代末，北村教授就发表了《论明末清初的地主》（《历史学研究》140号，1949年7月）提出了关于对中国封建土地所有制最后阶段发展形态的见解。北村教授认为，作为明初里甲制核心的农民——自耕农，是国家的"隶农"，它类似日本幕藩体制下的"本百姓"，著者把它称为"老农层"。北村先生说，这个"老农层"被官僚层所包摄而给予免去部分徭役的特权。明初的地主—佃户的关系就是以此为其历史背景的。这时期的地主，著者称之为"乡居地主"。然而，到了明末清初，由于货币经济的进一步发达，例如，发生了田地的价格随米价而变动的状况，促使"乡居地主"解体，而形成了作为地主佃户制的最高阶段——即"城居地主"，也即形成了以商人资本为首的寄生的土地所有。

继北村教授之后，古岛和雄教授在50年代初，先后发表了《明末长江三角洲的地主经营——沈氏农书的考察》（《历史学研究》148号，1950年11月）、《补农书的形成与它的范围》（《东洋文化研究所纪要》第3册，1952年8月）。这些论文探讨了作为形成明末清初"地主制"雏形的明代里甲制农村社会的特点，提出了关于土地所有的多层次形态，并着眼于中小地主的历史的和社会的地位分析。

北村敬直与古岛和雄两位先生的论说，奠定了30年来日本中国史家关于明清史研究中土地所有问题讨论的基础。其后，田中正俊教授、佐伯有一教授等诸位先生都曾作过有益的探讨。近十几年来，明清土地所有形态的讨论在继承上述成果的状况下，又进一步地向前发展，围绕着关于"乡绅论"的主题，展开了论争。"乡绅论"的讨论，目的在于提倡从全面的结构中具体地把握明清时期生产关系的变动，从而探求中国封建社会的特点。日本学者就此发表了许多论文，1975年8月，日本历史科学协议会第九次全国大会还为这一问题进行专题报告和讨论。但是，如果认真地清理一下各种见解，那么，直到目前为止，对于什么是"乡绅"，这一概念究竟包含有什么实际内容，学术界各执己见。论者都以各自的"乡绅"概念为自己立论的前提，所以，在众多的论文中，常常找不到进行相互讨论所必须具备的最低限度的共同概念。在这之中，较有代表性的见解，则可推千叶大学文学部教授小山正明先生的"乡绅土地所有论"，以及已故重田德教授的"乡绅统治论"等学说。

一般说来，"乡绅"这一名称，出现于16世纪明末清初之间，它起初是对经科举省试而中试的举人之类的称呼，其后，逐步扩及到府、州、县在学的生员，实际上，它是一个总括现役官员、退役官员，以及准备经由科举而获取仕进的整个科举官僚体制的各阶段、各阶层的众多人物的一个总称。日本中国史家以"乡绅"这一名称为轴心，提出新的历史范畴，是从60年代初开始的。1961年，安野省三教授在《明末清初关于扬子江流域大土地所有的一个考察》（《东洋学报》44卷3期）一文中，提出了"乡绅地主"的概念。著者认为，明末清初的这种"乡绅"，与当时已经显著地表示了城居倾向的大土地所有者是同一的社会存在，可以用"乡绅地主"来表示。几乎同时，田中正俊教授在1961年由筑摩书房所举行的"中国的近代化"的讨论中，提出了明末清初土地所有关系的变化，是与"乡绅层"的出现结合在一起的见解。至1968年，千叶大学文理学部教授小山正明先生概括了一部分明清史家的研究成果，正式提出了"乡绅的土地所有"这一新的范畴（见《论明代的十段法Ⅱ》，载《千叶大学文理学部文化科学纪要》10期），其后，小山正明教授又先后发表了《赋役制度的改革》（《岩波讲座·世界历史》第十二卷，1971年）、《亚洲的封建制——中国的封建制问题》（《现代历史学的成果与任务》历史学研究会，1974年）等论文，1975年，在日本历史学研究会"东洋前近代史部会"的讨论会上，小山正明教授又以《宋代以后国家对农民的统治》为题，作了专题报告，在上述的论说中，著者都使用了"乡绅的土地所有"这一新范畴来论述他的各种见解。近十年来，在日本对明清赋役制度史的研究方面，这一新范畴曾被有些学者广泛地使用。小山正明教授认为，"乡绅"是明末清初新出现的一个统治阶级，他们由于获得了国家给予的免除徭役的特权，所以，从16世纪以来，他们一方面强化了对地方政治的发言权，另一方面又最终确立了与庶民相区别的作为统治者身份的社会地位。这一时期，由于国家对各户实行个别控制的体制的解体（即里甲制的解体），以国家对赋税改革为媒介，即依靠"十段法""均田均税法"等的施行而使"乡绅"获得了对土地的控制，形成了"乡绅土地所有"。小山先生指出，所谓"乡绅土地所有"，也就是"身份特权的土地所有。"

小山正明教授认为，"乡绅土地所有"具有下述的显著特征：

第一，作为在地方政治方面最具实力而展开活动的上层乡绅，都是居住在城内的"城居地主"。"城居地主"与商业高利贷资本有着很强的"粘着性"；同时，他们又把分散存在的零星地块集积起来交给佃户，完全用向佃户榨取租米的形式来实现其土地所有。

第二，以生员为中心的下层乡绅，他们常居住于农村而成为当地事实上的统治者。他们作为"乡居地主"，一方面把土地委托给佃户而取其租，另一方面又以契约形式雇佣以年为期的长工，对若干土地实行自家经营。

小山教授认为，上述两方面的特点，无论是作为"城居地主"的上层乡绅，或是作为"乡居地主"的下层乡绅，他们与宋代至明初的那种依靠强有力的隶属关系的奴仆劳动，以及作为"准奴仆"的隶属度也很高的佃户劳动来实现田主的土地所有的形式则有很大的不同，因此，"乡绅"与宋代的"形势户"、明代的"粮长"也是不相同的。小山先生在这里指出，在这种新的土地所有形态下，中国社会的身份关系也变得比较明朗起来，明末清初中国社会逐步形成了两个比较单纯的，从而，对抗关系也十分明确的身份关系，即一方是包含了官僚机构在内的、由整个科举体系形成的"乡绅"，另一方是置于这一体系之外的，以农民为核心的庶民。根据上述种种见解，小山正明教授认为，以"乡绅的土地所有"为标志，应该把明末清初作为"中国封建体制的确立时期。"

但是，重田德教授与小山正明教授的见解正好相反，他认为，"乡绅统治"的确立不是表示了"封建制"的形成，恰好表示了"封建制"的终结。

1971年，重田德教授在为《岩波·世界史》第十二卷撰写的"乡绅统治的形成与结构"一章中，提出了"乡绅统治"的理论（该文于1975年又收入重田德遗稿集《清代社会经济史研究》中）。

自60年代以来，重田先生多次申言，他要创造出一个"显示地主制新阶段的历史范畴"。因此，他表示接受小山正明教授"乡绅土地所有"这一定语中的"乡绅"一词，"力图继承这个问题的积极意义。"重田先生此处所说的"积极意义"，是指"乡绅"这一名称，正好可以用来说明16—17世纪明末清初时期一个具有新特征的地主土地所有的存在形态。

著者指出，所谓"乡绅"，是一个与"地位—特权"相对称的概念，"乡绅统治"，指的是"作为社会实际形态的、贯串于历史的地主制"，它不仅是作为一个"经济范畴"提出来的，而且是作为一个"政治社会范畴"提出来的。重田先生认为，研究这一"地主制"，在于对构成中国封建社会基础的生产关系——即确定的阶级关系进行反省。他指出，"明中期以后，地主与佃户的关系尽管几乎全面地发展起来，但是，它并不构成封建社会结构的普遍基础。事实上，不是隶属于地主的自营的小农民——即自耕农，继续不断地分解与再生产，它们的存在直至封建社会的最后"。在政治上，"与这个自耕农的存在相呼应的，便是直至最后仍然抗拒分权化的王朝的专制统治体制"。基于这样的认识，重田德教授认为他的"乡绅统治"理论，具有下述两方面的意义：

第一，"乡绅统治"是一个超越单纯"地主统治"框子的范畴，它通过经济的、以及经济之外的关系，特别是以与国家权力的不即不离的关系作为媒介，不仅实行对于佃户的统治，而且实行对于以自耕农为中心的各阶层的统治。可以说，"乡绅统治"并不完全基于土地的所有，它以地主——佃户关系为基轴，又内在地包含了地主与自耕农的关系，并由此进一步统一了地主佃户关系与专制国家的关系。因此，"乡绅统治"是一个足以在总体上把握该社会的体制的概念，是一个在整体结构上就可能抓住该社会的范畴。

第二，汉代的豪族、六朝隋唐的贵族、宋代的形势户与明清时代的乡绅，均是存在于"垄断了统治的正当性的皇帝与在理念上承认这一统治的被统治人民之间的、一个能够看清历史的特点、明白其变化的中间统治层"。但是，明清的"乡绅"，以及它实行的统治方法，包括王朝统治与一般统治在内，与以前的"中间统治层"不同，因此，只要抓住"乡绅统治"，就能提炼出刻印着这一阶段的历史特点的历史范畴。

那么，明清时代的"乡绅统治"是如何形成的呢？重田教授认为，它首先是作为"个人的""分权的"形式出现的。这里有两种情况。第一种情况是，重田先生指出，"乡绅本身"虽然是大土地所有者，但它同时也是社会的底部不断的封建化，以及分解封建的主体。当时，在里甲制下的一些"在乡中小地主"，由于被分摊徭役而面临危机，这是一部分不具有免除徭役特权的"穷地主"。"乡绅"与这部分中小地主的关系，正是造成个别的"乡绅统治"形成的转机。原来，这些一般的非乡绅地主，为了回避使自己的土地作为徭役课赋的计数标准，他们将土地寄托于具有免除徭役特权的"乡绅"之家，称之为"投献"等，从而造成了土地所有关系中的一种多层关系。个别的"乡绅"正是这样不断地把自己所获得的免除徭役的特权作为杠杆，把统治权扩展到在乡的中小地主，并把自己造成"超地主的地主"。这种依靠特权，与一般中小地主结成的庇护统治关系，正是个别的"乡绅"逐步形成"乡绅统治"的过程。第二种情况，重田教授认为，"乡绅"所获得的"固有的特权地位"，不仅仅是为了实现对作为自己大土地所有的劳动力的佃户——即与"乡绅"结为地主与佃户关系的直接生产者的这一部分农民的统治，而且是为了对在其土地所有关系之外的另一部分农民实行统治。他们通过高利贷、垄断市场、依靠其子弟及僮仆直接施加暴力、与官府相勾结而实现个人诸要求，行使事实上的裁判权——刑罚权，以及操纵水利建设等从事再生产的手段，控制慈善、调停、救济各项事业，把"乡绅统治"推及整个农村。

重田德教授认为，在18世纪之前，中国农村的这种"乡绅统治"还只是"个人的""非体制化"的，而具有真正的范畴意义的"乡绅统治"，应该是"体制化"的"乡绅统治"，它以18世纪初期由清政府所施行的"地丁银制"为其形成的具体标志。著者指出，随着"地主制极限的发展，里甲制度面临解体"，对这一状态采取的对策，便是国家自明中期以来进行的一系列的赋役改革，"地丁银制"是作为改革的一环，朝着最终解决问题的目标而施行的。

重田先生说，中国自古以来的税制有两大支柱——赋（土地税）与役（人丁税），而其中"役"是用来体现一君统治万民的理念的。"地丁银制"使"役"为"赋"所吸收，从而表示了上述理念在经济上的消灭，国家放弃了对于在"役"中所体现的"没有土地的佃户层"的"直接统治"，公开地把他们委托给"地主层"统治；同时，由于新税制中的"赋"吸收了"役"，表示了"赋由租出"这样一种观念的形成，从而加深了地租的特性。重田先生认为，由于施行了"地丁银制"，清朝便成为"历代集权国家中最具有地主政权的实际形态的王朝"，也就是"地主政权化"。所谓"乡绅统治"，便是"适应国家对人民统治原理的这样一种变化——即适应阶级特点变化，而成为社会所承认的统治体制"。重田德先生最后指出，"乡绅统治"的形成，表示国家接受了地主关于统治农民，实现地租的要求，但是，它也必然引起地主制结构的变化——以货币经济、商品生产的发展为契机，造成一部分地主丧失土地，若干佃户自立经营，以及地主商业资本的扩张等，因此，毫无疑问，也可以说，"乡绅统治"正是中国封建统治的终结形式。

日本对《尚书》的研究情况[①]

池田末利博士是日本研究中国古文献的知名学者，现任东京二松学舍大学校长。1971年，池田博士还在广岛大学文学部执教时，发表了《尚书通解稿》(《广岛大学文学部纪要》特辑Ⅱ)，这是池田教授对《尚书》进行长期研究的结晶。

该书第一次论述了日本对于《尚书》的研究史，对于日本学者的研究，特别是对小林信明博士和松本雅明博士这两位享有盛名的学者的研究作了基本的评价，并且提出了批评。池田先生认为，小林信明博士从经学训诂学的角度研究《尚书》，松本雅明博士从先秦文献比较学的角度研究《尚书》，虽然各有其特点，但最终都不免囿于一种偏见。应该摆脱经学的一孔之见，并且要突破先秦的禁锢，从中国历史发展的更为广阔的纵横面来研究《尚书》。

池田博士认为，《尚书》的基本特点是古代的公文书，规箴训诫的言辞当属其次。关于《尚书》的成书年代，池田博士指出，它并不是在孔子或孟子前后那一个短时期内完成的，它古老的原型存在了相当长的时间，大约在秦汉之间，由以儒家为中心的学者逐步整理完成的。池

[①] 本文原载于《古籍整理出版情况简报》，1981年第4期，中华书局。

田先生以《尧典》《舜典》《皋陶谟》和《益稷》四篇为例，对上述见解作了详细的探讨，并以现代日语将其全文译出并加注解。此后，作为《尚书通解稿》的各个组或部分，池田末利先生连续发表了《尚书·洛诰解》（《宇野东洋学论丛》1974年）、《尚书·秦誓解》（《汉学会志》十四期）、《尚书·多士篇的形成》（《法文论丛》三十八期）、《尚书·康诰篇的形成》（《法文论丛》三十九期）等。

日本中国学界一般认为，池田末利博士对中国古文献的研究有他自己独特的方法，他不是企图从堆积的文献资料中去发掘什么，而是把判定古文献的真伪过程作为自己的目的（有人称此为"剥开古文言辞"的工作）。他对《尚书》的研究，也是基于这种方法论。例如在如何理解《洛诰篇》所记载的关于周初开国的编年上，历来存在着周公"复命说"还是"复政说"的两种对立的立场，特别是关于周公究竟是"摄政"还是"即位"，更是争执不下。池田末利先生认为纠缠于这样的问题是没有意义的，他说，因为周初实质的政治权限在于周公，这是历然明了的事实，因而，把这种形式上的问题作为继续议论的主题就不会是建设性的了。他认为，《洛诰篇》末写有"在十又二月惟周公诞保文武受命惟七年"句，陈梦家先生《西周年代考》中把经营洛邑的年月作为周初年历是正确的，因而，池田认为，周初开国应放在文武受命（克商之年，即公元前1027年）后七年（前1021年）。这与西周金文中所见的纪年法相比较，基本上是一致的。池田先生认为，他的这一主张与《洛诰篇》首的"朕复子明辟""其基作明辟"等句并无矛盾，因为"子"与"明辟"同位，也即为"复为明君之子"（实与王共名），"谋而为民之明君"意。

但是，松本雅明博士与池田末利先生的见解完全不同，他在1974年发表的《尚书·洛诰篇的形成》（《宇野东洋学论丛》）一文中认为，周公"摄政"还是"即位"是一个必须澄清的问题，它与西周世系的构成至关重要。松本博士主张"周公即位说"。他认为"朕复子明辟"应该解释为"返吾子于明君之位"。他以"周公即位说"为前提来研究《洛诰篇》的结构与洛邑建设的过程，并通过与《召诰篇》的比较，指出周、召公家的对立。松本博士又从这一观点出发，探讨《尚书》有关各篇的形成，他认为，《洛诰》《大诰》《康诰》《酒诰》《召诰》五篇实在是隶属于一个体系的。五"诰"中共同的氏族与官名很多，特别是官名，重复的更多。从国家政治体制来看，这五篇正表明这一政治体制处在确立系统化的过程中，至于这五篇的顺序，应该是《大诰》《康诰》《酒诰》《洛诰》和《召诰》。这一系列的观点，构成了"松本尚书说"的基本形态。

日本学者关于《诗经》的研究[①]

对《诗经》的研究，这里不涉及文学方面，只介绍作为历史史料而进行的若干讨论。

长期以来，在这一领域内，法国涂尔干学派社会学观点对日本学者存在着比较深刻的影响，其中又以葛兰言及其著作《中国古代的祭礼与歌谣》影响最甚。葛兰言是20世纪初法国著名的汉学家，1908—1911年曾在中国研究中国古典，他在学术观点及方法论上追随当时著名的社会学家涂尔干，于1919年出版了《中国古代的祭礼与歌谣》一书。该书以法国资产阶级社会学观点和方法论为基础，以分析《诗经》为轴心，试图复原中国古代的祭礼，从而来解明中国古代社会。全书分上下二编，上编四章，分别为"古典的读法""田园的主题""村落的恋爱"和"山与河的歌谣"。著者立意于去除历来附加于《诗经》歌谣上的儒教的与官方的曲解，恢复诗篇的原来面貌，追溯它们产生的根由，阐述在这些古代歌谣中所表现的庶民性以及庶民信仰、信仰与仪礼的关系、祭礼的季节性特点与在祭礼中个人与集体的关系等。下编五章，分别为"地方性的祭礼""事实与解释""季节的格调""圣地""竞争"。

[①] 本文原载于《古籍整理出版情况简报》，1981年第6期，中华书局。

其宗旨在于论述著者所认为的《诗经》歌谣中所歌颂的山川祭礼、共同社会的更新、诗战与竞争、青年男女的婚约，以及祭礼的性的特点等。日本学术界历来认为，葛兰言开创了近代《诗经》研究的新途径，"当代日本历史学界对《诗经》的研究，几乎都是踏着葛兰言所铺填的石子走过来的"（松本雅明博士语），所以这一研究具有划时代的功绩。（日本《世界名著》第四卷）

半个世纪以来，日本历史学家、民俗学家与社会学家对《诗经》的研究，基本上没有脱出葛兰言所画的轨迹。在这方面，立命馆大学文学部教授白川静先生可以作为当代研究家的代表。1970年，白川静先生出版《诗经》（中央公论社）一书，此书是以白川先生60年代未曾发表的《诗经研究》为基础撰写的。《稿本·诗经研究》共分为"通论篇""解释篇""训诂篇""丛考篇"，其中"通论篇"同年也影印发行。白川静先生关于《诗经》的基本见解认为，祭礼是当时中国社会风俗之首，它们是《诗经》歌谣的主要题材，至于飨宴、恋爱等主题，无疑是以祭礼诗为母体发展起来的。白川静教授的这种《诗经》祭礼观与葛兰言是一脉相承的。在此基础上，白川静先生又对《诗经》诗篇的地域及形成年代，进行了一些探索考定，具有自己的特色。他把十三国风分为六大区类，分别进行测定。例如，关于"周南""召南"，白川静先生认为，"召"应与甲骨金文中所见之"召方"一致，据此，他认为二"南"诗篇所表示的地域应在以洛阳成周为中心的河南西部及黄河之南一线，这与历来《诗》家所认为的二"南"应以陕西岐山为中心的分陕说明显不同。白川静先生又认为，从《诗》作为"史"的立场来考察，那么，周南、召南、邶、鄘、卫、郑、桧等国风，则显然是表现了以洛阳成周为中心的历史，而雅、颂则是以西周后期丰镐为中心的西周贵族作为母体而形成的，其中如"鲁颂"应以春秋前期为其最终形成期，无疑可以理解为西周末年的历史产物。这一见解与历来的传统看法即认为"颂"的形成一般不晚于周代成王、康王时代又很不同。白川静教授又是中国古文字学研究家，70年代先后出版了《金文通释》《说文新义》等大著，他在《诗经》研究中，许多地方借助于渊博的文字学知识，使他的《诗经》研究在继承葛兰言的基础上，具有自己独特的色彩。

当代日本《诗经》研究的另一位著名学者，则是前述的熊本大学名誉教授松本雅明博士。早在1958年1月，东洋文库就出版了松本雅明教授的大著《诗经各篇形成的研究》（77万字）。该书可以说是日本战后关于《诗经》研究的第一部系统之作。但是，松本雅明教授与白川静教授不同，他主要致力于先秦文献学的研究，没有充分利用古文字学已经获得的成就，已故吉川幸次郎博士曾对这一问题发表过专题论文。自1970年以来，松本雅明教授继《诗经各篇形成的研究》之后，又先后发表了《圣地与祭礼——关于〈诗经〉国风形成的几个问题》（《法文论丛》26期）、《竞争与姻亲集团——关于〈诗经〉国风形成的几个问题》（《法文论丛》上篇28期，下篇31期）等。松本雅明博士50年代的著作与70年代的论文，均不同意法国葛兰言《中国古代的祭礼与歌谣》一书的基本观点，以及由此而获得的关于《诗经》的某些研究结论。

松本雅明博士十分强调《诗经》作为中国古代史料所具有的特殊意义。他指出：第一，《诗经》与《尚书》不同，它本身是特定时代的具有韵律的诗，因此，后世进行篡改补订的可能性就少得多，所以，目前诗篇的面貌，基本上还是保留了形成时代的形态。第二，甲骨、金文、《尚书》等作为当政阶级的资料，不仅全然听不到庶民社会的动态，而且，稍后一些的春秋末期至战国时代的古文献，特别是关于"礼"的这一系统著作（如《周礼》《仪礼》《礼记》等），它们都以复原古代的理性为目标，对现实采取否定态度，因此，这些文献不能使研究家直接理解下层社会的情况，然而，《诗经》中的"国风"大部分是民谣，是从庶民的生活中产生的。从这个意义上说，它为古代社会的研究，提供了无与类比的资料。第三，从年代上说，《诗经》晚于《尚书》中的原始部分，却又先于春秋末期至战国时代的诸子著作，它构成了从《尚书》社会到诸子社会的桥梁，离开了《诗经》，就难以阐明这两个时代的关联。第四，"国风"的大部分是民谣，"雅"与"颂"是宫廷诗，但它们并不是截然分开的两部分，而恰恰是表现了当时庶民的思维与贵族，或知识阶级思想之间的关联，并给其后诸子百家时代的起始提供了线索。基于上述各项理由，松本雅明博士认为，全面地理解《诗经》，正是东洋史学家在文献研究上的重要课题。

正是在如何全面地理解《诗经》这个根本问题上，松本雅明博士认为，他与葛兰言存在着一些基本分歧，虽然他承认他本人也是，葛兰言的学生，但是，松本雅明博士说，他是在葛兰言的启发之下，朝着不同的方向前进的。松本雅明博士指出，他本人对《诗经》的研究与葛兰言的差异在于：他认为，诗篇的研究，如果仅仅是追求原始的意义与形成的年代，那是不充分的。文献学的研究，必须根据更广泛的古代生活来进行，也就是说，应该理解这些诗篇所赖以生长的现实与它所歌咏的生活，才能表现它们所表现的本质形态。这在以宫廷与贵族为背景的大雅、小雅与颂方面，固然问题不少，就是包括了众多的最古老诗篇的国风，要了解它们的社会关系也是不容易的。他反对用礼仪主义的观点来研究《诗经》，即反对把《诗经》只看成表现了古代仪礼的资料。

松本雅明教授把《诗经》分为：

恋爱诗——如《关雎》《野有死麕》《摽有梅》等。

征役诗——如《小》《无衣》《绸缪》《鸨羽》等。

祝颂诗——如《兔罝》《羔裘》《猗嗟》等。

愤懑诗——如《采苓》《伐檀》等。

采薪诗——如《南山》《汝坟》《汉广》等。

亡国悲伤诗——如《载驰》《黍离》等。

生活苦诗——如《权舆》《北门》《硕鼠》《葛藟》等。

这七类是从《诗经》的内容上来区分，接近于文学史的方法。一般说来，松本雅明教授对葛兰言的批评从理论上论述的多，而对《诗经》本身的分析则还略少了一点。

1979年，谷口义介教授发表《豳风七月的社会》（《东洋史研究》37卷4卷）一文，这是从史学角度探索《诗经》的一篇重要文章。谷口义介先生首先推定《七月》所歌咏的"豳"地应为泾水上游邠县、栒邑一带。这一地理环境有肥沃的土地，以及有从山腹中流出的泉源，具备作为初期农耕民族居地的基本条件。著者认为，在《豳风·七月》所表示的历史环境中，小家庭独自经营农业是困难的，农民是以氏族集团为单位进行农业生产，无法解脱共同体的纽带。小家庭农业经营是以铁制农具的出现为契机，由于灌溉水渠的开凿，使进入冲积平原的开垦成为可能才得以形成的。《豳风·七月》所反映的集体生活，正是这一时期受自然条件强制规定的初期农业生产阶段的事实。

谷口义介教授分析《豳风·七月》说，诗中屡次出现"食我农夫""同我妇子"，这"我"显然不是指劳动者本身。据诗中的内容，可以推定存在着农民生活的保障者，而同时，诗中"昼尔于茅""宵尔索绹"的"尔"，很明确地可以看出，这是歌咏者所称呼的农民。诗中的"公堂"，是附设在领主住家及其附近的祭庙，所谓"万寿无疆"，是歌咏者对领主的颂辞。由此可以明白，《豳风·七月》中所表现的在土地上率领农民劳动的不是领主本身。诗中又描述在冬狩之后，"言私其豵，献豜于公"，并取狐狸，"为公子裘"。这就是说，诗的歌咏者，一方面称农民为"尔"，命其农事，另一方面对"公"和"公子"具有某种贡纳义务，所以，可以断言，这些人就是率农民为领主服务的村落领导人，他们就是诗中"我"的实体，也正是《豳风·七月》歌咏者本身。而"村落的领导人"就是史学术语中的"共同体首长"。谷口义介教授指出，由此就可以理解，《豳风·七月》就是共同体首长在领主面前歌咏一年的全部生产与生活，感谢领主，并发誓为其服务。这里所表示的，就是中国古代社会"收获节"的内容。古代原始形态的收获节的意义在于确认作为农业神而体现共同生产力的首长，与一般共同体成员之间的关系，在这一宗教仪礼的形式中，必定伴随着对前者的谷物献供，《豳风·七月》所表现的内容正是由此而发展来的。只有如此地理解，才能明了《豳风·七月》所具备的社会职能。但是，谷口义介教授又指出，《豳风·七月》除了作为收获节的祝颂诗外，以作为歌咏者的村落领导人对农夫农妇的态度来看，以及从歌咏最终所祈求的保障生产与生活来看，《豳风·七月》还有广义的训诫诗的意义。所以，这首诗的实质，从共同体首长（村落领导人）的立场出发，一方面是对领主的祝颂，一方面是向农民的训诫，具有二重不同的性格。而这一特点，正可以探索出"豳"的社会结构。谷口义介教授说，《豳风·七月》正是表现了西周初期邠县、栒邑一带的"豳"，处于初期贡纳制阶段，也就是说，共同体劳动正在转变为对首长的劳务，而首长的责任在于保障共同体成员的生产。

日本学者关于中国文学史分期方面的一些见解

用近代的科学方法研究中国古代文学发展的历史，日本要略早于中国。在明治维新中由于反欧主义的"兴亚思想"的推动，及欧洲（特别是法国）东方学的强烈影响，适应当时日本政治形势的需要，日本的旧汉学发展成近代中国学。1897年（明治三十年，清光绪二十三年），日本出版了世界上较早的几部中国文学发展通史之一——古城贞吉著的《支那①文学史》。继后，儿岛献吉郎又著有《支那大文学史》。到20世纪20年代初期，日本出现了一批研究中国古文学的学者，著名的如狩野直喜、久保天随、盐谷温、青木正儿、铃木虎雄、长泽规矩也等，并建立了多种研究机构。在80多年的历史中，日本对中国古代文学的研究建立起了比较雄厚的基础。目前活跃着的日本中国文学研究家，大多是日本近代中国学的第三代和第四代，著名的学者如吉川幸次郎、目加田

---

① 近代有些日本人以"支那"称呼中国，很多中国人，包括作者，对此感到不适和厌恶。直到日本战败，应中国代表团的要求，盟军最高司令部经调查，确认"支那"称谓含有蔑意，故于1946年责令日本外务省不再使用"支那"称呼中国，特别是在中华人民共和国成立后，日本才渐次放弃使用"支那"，改称"中国"。为了呈现历史事实和文献原貌，本书中涉及的经典文献史料中出现的"支那"、部分专有机构名称中的"支那"未作更改。书中再次出现"支那"一词时不再另行加注。

诚、小川环树、前野直彬、大野实之助、小尾郊一、铃木修次等。他们一面从事中国古文学的研究著述，一面致力于培养青年研究家。据日本文部省1978年统计，目前在日本400余所四年制公私立大学中，总共开设了将近700门中国文学的课程。又据京都大学人文科学研究所报告，自战后1945年至1975年的30年间，日本学者总共出版了22种中国文学通史的研究专著。

这里，就日本学者关于中国文学史分期问题的一些观点，简要介绍如下：

早期一些日本学者的中国文学史著作，在文学史的分期方面，与当今中日两国学者的论著很不相同。他们尚不习惯于用横断面的分期方法进行研究，常常以文学的类别为纲，分别加以阐述。在这方面可以青木正儿的《中国文学概论》为其代表。在这部著作中，青木正儿把中国古代文学区分为"诗学""文章学""戏曲小说学""评论学"四大类别，在每一类别中，作者又按其自身的发展加以论述。如"诗学"一类，则以"诗经""古体诗""今体诗""词曲"为序，次第叙述其历史及代表作家作品。其他三类均与此论述法相同。这样的论述，有其自身的特点，每一类都是一部专门史，于文学样式的发展勾画出了大体轮廓，但因为它不能从每一时代文学发展的总体上加以研究，所以于文学与社会的关系及文学自身发展的特点，不能剖析清楚。在这个意义上讲，这样的中国文学史毋宁称为"中国文体史"更为恰当。

当代日本中国文学史研究家基本上已不再采用文体史的方式研究中国文学通史了，一般都采用横断面的分期方法。目前，在中国文学史的研究方面，最通行的是所谓"三分法"，即把中国文学史划分为"古代""中世""近世"三期加以研究。在这方面可以吉川幸次郎的《中国文学史》及其对分期的一些见解为代表。

从日本近代中国学的谱系讲，吉川幸次郎属于京都学派的第三代。他现任日本东方学会会长、外务省中国顾问等，在当今日本中国学界声名甚著。1974年由他的学生黑川洋一（大阪大学教授）整理他1948年到1950年在京都大学文学部的讲稿，编定为《中国文学史》一册，由岩波书店出版。在这部著作中，作者把中国文学史区分为：一、上古文学。起自公元前12世纪周的建立，迄公元1世纪初西汉新莽，其中又以公元前3世纪为界，区分为两个时期。二、中世文学。起自1世纪中期东汉建立，迄10世纪中期唐亡，其中又以隋为界，分为前后两期。三、近世文学。起自11世纪宋的建立,迄1911年清亡,其中把两宋辽金文学称为近世前期文学,把元文学称为近世中期文学,把明清文学称为近世后期文学。

吉川幸次郎在他的这部《中国文学史》出版时,特地写了"中国文学史的时代划分"一章,申述他的"三分法"的理由。他说,在欧洲的历史上,从文艺复兴称为近代,在文艺复兴之前称为中世,在中世之前而作为文艺复兴所追求的那个时代称为古代。这种划分法未尝不能用于中国的历史。在中国历史上,虽然没有出现像欧洲文艺复兴这种显著的现象,但是,唐宋之间,也曾有类似的文艺复兴。以那种中国形式的文艺复兴为轴心,在此之后称为近代(近世),在此之前的古代——即三国、六朝、唐初为中世,三国之前称为古代。

这就是吉川幸次郎"三分法"的理论基础。不过,他为了在中国文学史的研究中贯彻他的欧洲文艺史论的观点,对他的"三分法"的具体时限,作过几次调整。他为这种调整作解释说,从哲学思想的角度讲,中国的先秦是乐观主义哲学占统治地位,汉魏六朝是悲观主义哲学占统治地位,宋之后,则终止了悲观主义的哲学,重又回复到古代的乐观哲学。中国文学史的分期就是以此为基础的。这实际上就是吉川幸次郎的"中国文艺复兴观"的核心。

吉川幸次郎的这一"三分法",对当今日本中国学界影响甚大,日本的一些学者依照他的这一理论,分别组织有"中国古代文学研究会""中国中世文学研究会""中国近世文学研究会"等。但是,如果我们追溯本源的话,那么,吉川幸次郎的中国文学史分期法并不完全是他的创造,实际上它是日本近代中国学的创立者之一,内藤虎次郎(内藤湖南)的内藤史学的时代划分法在中国文学史研究中的实际运用。内藤史学最早提出了用历史分期的方法研究中国史,并且把前汉之前划为"古代史",从后汉到唐大体划为"中世史",宋之后划为"近世史"。日本中国史学界的学院派人士至今沿袭这一分期法。

但是,近十几年来,在日本的中国文学研究者中,对这种"三分法"存在着强烈的反对见解,其中可以东京大学文学部中国文学首席教授前野直彬为代表。前野直彬曾任日本驻中国大使馆文化参赞,他现任东京大学中国哲学文学会会长,这个研究会曾是日本近代中国学中东京学派的主要阵地。在中国文学史的分期方面,前野直彬认为,日本中国文学研究者有一个共通的特点,那便是以西欧文艺发展史的观念与它的文艺理论来研究中国文学,他们把西欧式的文艺研究方法和文艺批评方法硬套到中国文学的研究中。我们怀疑这种方法的正确性。前野直彬所批评的矛头显然是针对以吉川幸次郎为代表的京都学派的中国文学研究。前野说，中国文学有其独特的发展历史、文艺理论和文学观念，应该把它们加以正确地说明。

从这样的认识出发，前野直彬所领导的属于东京学派的中国文学史研究组织，在实际研究中就完全否定了吉川幸次郎等的"三分法"。1968年由前野直彬、铃木修次、高木正一出面，曾组织了25位副教授以上的中国文学研究者，共同编定一部《中国文学史》（此书编为《中国文化丛书》第五卷，大修馆）。在这部著作中，中国文学史的分期是以中国历代王朝自然顺序为段落，稍作了一些合并与调整，分为"古代文学"（先秦两汉）、"六朝文学""唐代文学""宋代文学""辽金元文学""明清文学"和"现代文学"七个部分，形成了以前野直彬为代表的东京学派的中国文学史的"王朝分期法"。由于这部文学史执笔者太多，叙述稍欠划一，前野于1975年6月又重编一部《中国文学史》，由东京大学出版，在文学史的分期上，继续贯彻他的"王朝分期法"的主张。

目前，日本学者对中国文学史分期问题的讨论尚在进行中，两大派见解，东西雄峙，互相争鸣，他们还密切关注中国学者对他们的见解。

日本鲁迅研究名家名作述评（一）[1]

20世纪20年代初期，鲁迅先生的名字与他的著作传入了日本，距今已经60年了。在中国现代学术史和文学史上，恐怕没有第二位文学家和思想家，有如鲁迅先生那样，如此广泛地为日本文化界及一般民众所知晓，更没有像鲁迅先生的著作那样，如此深刻地影响着日本的思想界，并且吸引了一代又一代的学者对之进行了超乎寻常的研究。

日本当代最权威的中国学家吉川幸次郎博士（1904—1980）曾经这样说过："对于日本人来说，鲁迅先生是中国近代文明与文化的代表。一个日本人，他可能不了解中国的文学、历史和哲学，可是，他却知道鲁迅的名字。他常常饶有趣味地阅读鲁迅的作品，通过这些作品，他懂得了中国近代文明与文化的意义。"[2]

60年来，日本学者发表的有关鲁迅研究的专著论文约在三千种左右，这无疑是日本现代中国学中最活跃的领域之一。其间论家纷起，互有驳难，各为一说，瑕瑜互见。据笔者看来，这众多的研究家，略可分为自由主义学派、怀疑主义学派、文学主义学派、比较主义学派、考辨

---

[1] 本文原载于《中国现代文学研究丛刊》1981年第3期。
[2] 1974年11月27日下午在京都大学文学部与笔者等的谈话。

学派和马克思主义学派等。当然,这并不是说,任何一位学者或任何一篇论著,都能归属上述某一学派之中的,此不过举其荦荦大端者而言。

笔者曾留意于日本鲁迅研究史,依据在国内外所拾撷之史料,取其名家名作,以时间为序,以研究家为纲,或叙其文献、论说、特点及背景,或间有述评,遂成此笔记。

一、"一位属于未来的作家"
——青木正儿首次向日本介绍了鲁迅

1920年8月,在当时作为现代中国学中心之一的京都,中国学家青木正儿(1887—1964)、小岛祐马等发起成立"支那学社",以研究中国历史文化为宗旨。同年9月,在狩野直喜、内藤湖南等的协助下,支那学社编辑出版《支那学》月刊。日本学术界对鲁迅研究的起始,恰好与现代中国学的最终形成相一致;它发端于《支那学》杂志。

1920年9月至11月,《支那学》月刊第一卷第一期至第三期,连载了青木正儿的长篇论文《以胡适为中心的汹涌澎湃的文学革命》。这篇论文,是日本学术界第一次以认真的态度来探讨中国五四运动前后文学革命的问题。文章介绍了胡适的《文学改良刍议》及陈独秀的《文学革命论》。在谈到鲁迅先生时,著者说:

> 在(中国的)小说方面,鲁迅是一位属于未来的作家。他的《狂人日记》(《新青年》四卷五期)描写了一个迫害狂的惊怖的幻觉,达到了中国小说作家至今尚未达到的境界。

这是第一次向日本社会介绍鲁迅。①这篇论文比茅盾1921年8月在《小说月报》上首次在国内评价鲁迅,早了整整一年。从现有的史料来看,这也是世界上

---

① 这里指的是把鲁迅作为新文学运动的参加者介绍给日本与世界,不是指如1909年东京《日本与日本人》上所作的《域外小说集》的动态报道。

最早的介绍鲁迅作品与评价鲁迅的论文。青木正儿对鲁迅先生《狂人日记》的评述，虽然文字不长，却十分洗练精辟，特别是评论家从中国新文学的形成与发展的总趋势中，高度评价鲁迅在小说方面的成就，断言鲁迅先生"是一位属于未来的作家"，无疑是远见卓识。

青木正儿是日本现代中国学中京都学派的重要成员，所著《中国近世戏剧史》是中国戏剧史研究的重要著作。他以对中国传统文学的深厚造诣为基础，注意中国新文化运动的发展。1919年12月，青木正儿曾发表《觉醒中的中国文学》一文。文章称"五四"之后的中国，"是吸收新空气的时代，是新学的准备时代，在不远的将来，富丽光彩的文学展现在我们面前的日子，是一定会到来的"。毫无疑问，正是这种激情，使他对中国新文学运动，具有敏锐的感觉，进而，使他在当时的历史条件下，具有远见地评价了鲁迅。

青木正儿的这一篇论文，对宣传中国文学革命与鲁迅，在当时日本的知识界起了重要的作用。它曾经促使一些文学青年，逐步走向中国。增田涉在后来的回忆录中写道：

> 《支那学》杂志上发表的青木的论文，也许是把中国文学革命向我国介绍的最初的，或可能是唯一的东西。以我的自身经历来说，我当时是旧制高校的学生，读了《支那学》的那篇论文，我第一次了解了中国的"文学革命"，知道了胡适、鲁迅的名字，对中国的新文学运动有了兴趣。①

鲁迅本人虽然与青木正儿并不相识，但他无疑是读到了青木的这篇论文的。1920年12月，青木正儿曾托胡适把《支那学》杂志转交鲁迅。同年12月14日，鲁迅在给青木正儿的复信中说：

> 拜读了你写的关于中国文学革命的论文，衷心感谢你怀着同情与希望所作的公正评论。

青木正儿对鲁迅的这一评价，代表了日本现代中国学在形成之初所达到的成就。它不仅表明了青木正儿个人敏锐的洞察力，也清楚地表明了中日两国文化上的紧密联系和相互理解的深刻程度。

---

① ［日］增田涉：《鲁迅的印象》，角川书店，1970年。并参见钟敬文先生1980年译本。

二、"他是一位创作家,同时也是一位社会改革家"
——丸山昏迷的鲁迅观

丸山昏迷,号干治(1896—1928?),是鲁迅先生在北京期间结识较早的一位日本文化人。他当时是"日本新支那社"成员,并任《北京周报》记者。《北京周报》是日本著名政治史家和新闻学家藤原镰兄主编的一份在中国出版的政论性日文杂志。

《北京周报》在日本早期鲁迅研究史上有它独特的功绩。1922年6月4日,该刊第十九期刊登了周作人用日文翻译的《孔乙己》;第二年元旦,第四七期又刊登了鲁迅本人用日文翻译的《兔与猫》。这些显然是鲁迅作品最早的日译本。1924年1月至11月,丸山昏迷本人又在第九六至一三七期上,连续译出鲁迅的《中国小说史略》,这比社会上一般知晓的增田涉译本,要早整整十年。

丸山昏迷作为一名日本记者,在20年代的最初几年中,曾和鲁迅有过比较频繁的交往,他通过自己的观察与体验,凭借《北京周报》这一阵地,发表了最早的鲁迅观。

1922年4月13日,《北京周报》第十四期刊登了丸山昏迷的采访记《周作人先生》,报道了日本小柳司气太博士与藤塚邻学士拜访周氏兄弟的情况。[①]采访记虽然以周作人为中心,却记载了不少关于鲁迅的情况:

> 周作人先生与他在教育部工作的令兄周树人先生一起,埋头于新兴的新文学研究与外国文学的移植。其令兄周树人先生,名豫才,以其对于文学的深刻见解,在北京大学与高等师范教授中国小说史。中国迄今没有一部小说史,关于一些小说写作的时代与作者,不明了处甚多,因而,此项研究,困难甚钜。
>
> 周氏兄弟不仅仅从事中国文学的研究,而且,作为外国文学的介绍者,在中国文学界卓具功绩,特别是兄弟二人在日本小说的介绍翻译方面,以其

---

① 小柳司气太本人曾于1923年2月,在《东洋》26卷第2期上,发表《支那的回忆》,谈他访问陈独秀、周树人、周作人等的情况。

精湛的日语达到了传其真髓而没有失误。近来《日本现代小说集》正在加快印刷中。周作人先生的译笔已有定译，而令兄周树人先生的译作，更为流畅，不失真意。周树人先生因为是教育部官员，所以使用了笔名。现在，日本人阅读周树人先生作品的人，愈来愈多了。

这篇采访记是我们迄今知道的日本方面关于鲁迅工作情况的最早报道。丸山昏迷的观念，与甲午战争以来，在日本国内蔓延起来的蔑视中国与中国人的思想很不一致。

1923年4月1日，丸山在《北京周报》五九期上，发表了《周树人先生》一文。此文与一年前的《周作人先生》一文相比，不仅对鲁迅生平的介绍更为详尽，而且，对鲁迅的创作与人生作了有意义的评价。这无疑是世上第一篇"鲁迅评传"。

文章在叙述鲁迅在日本留学时说：

> 其时，正值日俄战争激烈之际，人心惶恐，侨居异国之先生等，多感歧视。因而，先生以为，作一艺术家比医学更能慰藉启示人心，与其令弟周作人，女高师校长许寿裳等，率先着手翻译海外小说……
>
> 其时，本国之革命气氛日渐浓厚，先生决意离日归国，暂居江南。民国之后，先生赴京，怀抱社会改革之理想，为教育部社会司人士，于今为第一科科长。

丸山昏迷对鲁迅经历的这些描述，无疑是成为其后各种鲁迅传略的滥觞。这一记录虽然在有些地方不尽正确和不够完善，但是，它已经指出了鲁迅从医学转而为文学，其目的是为了"慰藉启示人心"，而先生回国及赴北京，均"怀抱社会改革之理想"。

更重要的是，丸山在叙述了鲁迅的生平之后，对鲁迅的人生与创作第一次作出了评价，从而形成了"丸山鲁迅观"。

丸山说：

> 在现在的中国，像上海青社那样的劝善小说、家庭小说，其作者是很多的。然而，真正从事作品的创作，却殆无其人。在这样的现代中国，鲁迅先

生的小说，无论在艺术趣味的丰富方面，还是在文章的洗练方面，许多人均与其相距甚远。

周先生的创作，自《新青年》刊出以来，《狂人日记》《孔乙己》等，都已获非常的好评。鲁迅先生是一位创作家，同时也是一位社会改革家。他的作品，正是强烈地表现了这一气氛。例如，先生在《孔乙己》中，谴责了许多中国人所憧憬的旧中国，而这旧中国，正是应该被唾弃的。

从这些论述中可以看出，"丸山鲁迅观"的核心，在于认为鲁迅不仅"是一位创作家，同时也是一位社会改革家"。只有从这样的角度去看待鲁迅的作品，才能理解它的意义。"丸山鲁迅观"的这一基本思想，提出于1923年，其意义无论怎样评价，我认为都是不算过分的。

丸山曾对鲁迅说："你的作品，（对中国作了）这样的描述，好像是有些极端了吧？"鲁迅回答说："日本人这么说说是可以的，但是，我们中国人要复苏行将死亡的中国，不揭露这样的丑恶而一味地说中国人至少也有好的地方呀等等，让大家可以安心下去，那是不可能使群众震醒的。"丸山由此而评价鲁迅说："鲁迅先生正像他自己所说的那样，他在任何地方都具有一颗彻底的、永不停止跳动的心。鲁迅先生是一位决心要从根本上改造中国的斗士。"

"鲁迅先生是一位决心要从根本上改造中国的斗士"，这在当时对鲁迅先生的评价还处在拓荒的时代，在仅有的评论中还偏重于作品本身的技法的讨论时，特别是在新文学运动内部，一些人对鲁迅先生存有偏见的时候，丸山昏迷的这一认识，该是何等的深刻。毫无疑问，"丸山鲁迅观"比青木正儿向日本介绍鲁迅先生为"一位属于未来的作家"，要大大地前进了一步，它已经正确地把鲁迅思想和他的作品，与改造社会联系在一起了。由丸山昏迷所提出的这一鲁迅观，为以后日本的早期马克思主义者中的鲁迅研究家们所继承，并且发展成为马克思主义学派。

三、"描写了黑暗的人生"——清水安三对鲁迅的评价

60年代中期，日本樱美林大学校长清水安三先生（1891—1988）曾著文说："最初向日本介绍鲁迅的就是我，这并不言过其实。大正十年（1921）或者十一年（1922），我在《读卖新闻》上，靠丸山干治的帮助，连载了《中国当代新人物》一文，其中一章题为'周三人'，评论了周树人、周作人，周建人三位。"

这位清水安三先生，1915年毕业于日本同志社大学神学部，1920年来华，侨居中国25年。当年，他虽然是以神甫的身份来到中国，实际上是一位十分活跃的中国政治文化研究家。北伐期间，清水安三曾去南方战场，其后在北京创办爱邻馆等，撰写了《中国革命史》等一系列论著。他与鲁迅相识，大约始于1922年，除了上面提到的"周三人"一章外，1924年9月，东京大阪屋号书店出版了他的第一部关于中国政论的专著《中国新人与黎明运动》，其中在"现代中国的文学"一章中，专门论述了鲁迅。

从我们目前已经获得的史料来看，清水安三先生当然并不是"最初向日本介绍鲁迅"的人士，但是尽管如此，清水安三的论著仍然不失为日本鲁迅研究史上的早期著作，自有其不可否认的功绩。

清水安三对鲁迅的研究是从五四运动的总背景出发的。他认为，"义和团运动是保守思想家的运动，而五四运动则是进步思想家的运动。五四运动不仅仅是一场排日运动，它转而为中国的黎明运动、新的文化运动，它至少可以说，已使中国民众得以觉醒"。而"鲁迅以他的创作，成为五四以来现代中国小说家的第一人"。（《中国新人与黎明运动》）

在清水安三对鲁迅的研究中，最值得我们重视的是他关于鲁迅创作思想的评述。著者说："鲁迅在任何时候都极大地憎恨中国的旧习惯与旧风俗。《孔乙己》是以科举制度所造成的一个寂寞的牺牲者为主题，它从最深的黑暗处，从整体上表现了投向人间的暗影。作家擅长于心理描写，表现极为细腻。鲁迅的创作所表现出来的人生，在任何时候都是可诅咒的"（见"周三人"）。这一段评论发表于1922年，确实表现了研究家对鲁迅创作倾向体味的精到深刻。

但是，著者显然并不同意鲁迅的这一倾向，他说："这样深刻的苦恼着的

人生，未必能解决什么问题，总是产生牺牲，连一枝光明的萌芽也不能产生，总是苦下去。鲁迅的人生是暗的，他描述的是真正黑暗的人生。"确实，20年代初期的鲁迅先生，正处于从呐喊到彷徨的状态，但是，鲁迅的彷徨是逐步地向着光明的，正是在这一总趋势上，清水安三并不理解鲁迅，他说："鲁迅本身为人生问题而苦恼着，他体验着这种寂寞，正因为如此，他的作品见不到一丝光明。除《孔乙己》外，《故乡》《白光》也是如此"（见"周三人"）。

从这些评述看来，清水安三偏侧于认为鲁迅是一位否定一切的虚无主义者。正因为如此，他未能真正地认识鲁迅的思想和创作的社会意义，最终只能从"平易近人""心地纯良""谈笑风生""见识高深"等一般的人品上加以推崇，显然是很不够的。

清水安三还谈到鲁迅创作的艺术特色。他说："鲁迅作为中国白话小说的代表，他的作品受中国传统讽刺文学的影响，大凡是自然主义的。像鲁迅那样，即使翻译了武者小路实笃的著作，而人道主义仍然未被这个国家的人们所理解，所以，作家常常是作为第三者，以旁观的态度来从事描写创作的。"

统观清水安三的鲁迅研究，他曾经从一个很正确的背景出发，但是，由于历史条件的限制和宗教世界观的偏见，他在自己的研究中，完全舍弃了这一背景舞台，引导出鲁迅的"厌世"思想，开创了日本鲁迅研究中的一个流派。其后，佐藤春夫、小田嶽夫、太宰治等的东洋虚无主义者的鲁迅观，事实上就是承继他的观点而发展起来的。

四、"以五尺身躯托着四百余州大地"
——山上正义对鲁迅研究的贡献

1927年，鲁迅的思想随着中国政治形势的变化而开始发生激烈的变动。最早观察到鲁迅思想这一转变，并加以有见地的评价的，是一位日本的早期马克思主义者山上正义，又名林守仁。

山上正义（1896—1938）是日本共产党早期活动家之一。1921年10月，因在日本陆军中从事反政府活动而被逮捕。出狱后，于1925年到达上海，在郭沫若、郁达夫等的协助下，1926年秋天，到了当时的革命中心广州，先后与鲁迅、宋庆龄等相识。山上正义于1927年12月11日，参加了由张太雷、叶剑英、叶挺等领导的广州起义，并且是第一个向世界报道中国广州公社的外国记者（见1927年12月12日日本《朝日新闻》报道）。以后，他曾以广州起义为题，写了一部十四场话剧《震撼中国的三天》（刊登于日本《剧场文化》2期，1930年4月，署名林守仁）。1928年，山上正义到达上海之后，除继续与鲁迅交往之外，又认识了史沫特莱、尾崎秀实等进步人士，成为共产国际远东指挥部成员。1938年，他被任命为驻莫斯科记者，但尚未到任，就因病去世了。日本政府于1942年缺席判处山上正义死刑。

山上与鲁迅相识，是1927年的早春2月。《鲁迅日记》这一年2月11日记"午后，山上正义来"。其后，直至1936年夏天，他们之间一直保持着友谊与联系。1927年2月，山上正义发表了《南支那的文学家群》（《新潮》24卷2期），1928年3月，又发表了《谈鲁迅》（《新潮》25卷3期），1931年在鲁迅的直接指导下完成了《阿Q正传》的日译，并发表了《论鲁迅与〈阿Q正传〉》（《阿Q正传》，四六书院，1931年10月），1936年12月，又发表了《鲁迅的死与广东的回忆》（《改造》18卷12期）。这些文章，比较真实地记录了鲁迅当时的思想，剖析了鲁迅思想的特点与矛盾，描述了作为革命的文学家鲁迅的气质，从而，在日本鲁迅研究史上，占有辉煌的一页。

山上正义在与鲁迅先生的交往中，"经常地倾听鲁迅的中国文学论和中国革命论"。他对鲁迅极为推崇，称鲁迅先生为"在国民革命的声浪与战乱之中，以五尺身躯托着四百余州大地的中国文学革命的首领"（《谈鲁迅》）。

山上正义对鲁迅研究的功绩之一，是他关于鲁迅在广州期间思想的分析。由于山上正义本身曾参加过实际的革命活动，因此，他比其他的日本研究家更能理解鲁迅当时的精神世界的内涵，更能洞悉鲁迅思想上的矛盾。他说："在我们谈话的时候，鲁迅看到军队抓捕工人纠察队。他愤愤地说：'太无耻了，昨天喊共产主义万岁，今天就搜捕共产主义者的工人！'我感到鲁迅这么说的时候，语调很冷峻，心情很沉重，感情有点绝望。我默默地听着，找不到可以安慰他的话。"（《谈鲁迅》）

然而，山上正义认为，使鲁迅最痛苦、最失望的是他与广东青年之间，在思想认识与感情上的隔阂。山上说:"鲁迅到达广州后的一个来月,我便开始听到青年们对鲁迅的失望与不平之声;而我和鲁迅相见之后,也感到鲁迅对广东失望,特别是他对广东青年学生感到幻灭。青年学生们何故对鲁迅失望呢,原来,青年学生们所期待的鲁迅,是要与他们一起站在街头,高声地论述革命与文学、革命与恋爱之类的问题,不时地与大众一起挥舞着红旗,成为这一运动的领导者。""然而,现在的鲁迅,以他在北京十五年的经验,敏锐地发现在'三民主义'高调下的广东,存在着新军阀的萌芽。"

在这种严峻的局势下,鲁迅对山上正义说:"广东的学生也好,青年也好,都把革命当作儿戏,过于甜美了。从他们身上看不到应该见到的真挚,感觉不到应该有的真情……在广东,只有绝叫与怒号,而没有思索;只有喜欢与兴高采烈,而没有悲哀。没有思索与悲哀,便没有文学。"(《谈鲁迅》)

山上正义对鲁迅的这些言谈与思想,至为敬佩。他说:"鲁迅是一位具有如此深刻见解的人。他虽然惴惴如也地祈求光和明,然而,他却在光明与学生的轻躁之中,预感到将来的阴翳,预感到压迫;他是这样的一位怀疑家。所以,他不叫也不跳,以冷冷地眺望,透露出淡淡的叹息。"(《谈鲁迅》)

山上正义是从当时中国政治形势与社会思潮的角度来认识鲁迅的,他真实地表述了处于当时中国激变之中的鲁迅思想的深刻与苦闷,记录了他的警告与不安。山上正义所概述的鲁迅的"革命论"与"文学论",超乎了他以前所有的评论家对鲁迅的认识,也为其后很多研究家所不及。他在20年代对鲁迅先生思想的分析,与70年代在广州发现的鲁迅佚文《在沪宁克服的那边》中,鲁迅自己所表述的思想,几乎完全一致。这正是山上正义对鲁迅研究的独到之处。

山上正义对鲁迅研究的另一贡献,则是他在鲁迅的直接指导下,翻译了《阿Q正传》,并且以此为基础,阐述了"山上阿Q论"。

《阿Q正传》的日译,并不始自山上正义。1928年,当时侨居上海的井上红梅(1881—1949)曾在《上海日日新闻》上译载了这一篇小说,井上红梅是1913年移居上海的所谓日本"中国风俗史研究家",实际上是一个混迹于旧上海"吃、喝、嫖、赌、戏"五大乐道之中的日本浪人。1929年,井上红梅又在日本国内杂志上,以《支那革命畸人传》为题,转载了这一译文。这是日本国内首次刊出《阿Q正传》。然而,遗憾的是,该杂志是一本低级色情的消遣刊物,《阿

Q正传》竟然与《近代游荡文学史》《男人在何处给女人以性感》等并列于同期上。鲁迅对如此糟蹋他的作品感到愤怒,这是理所当然的。他说:"井上红梅氏翻译拙作,我也感到意外,他和我并不同道。近来看到他的大作《酒·鸦片·麻将》,更令人感叹。"(《致增田涉》1932年11月7日)因此,鲁迅先生很希望有一位严肃的日本学者,能够把他的《阿Q正传》准确地、真实地介绍给日本读者。山上正义理解鲁迅的这种心情,征得鲁迅的同意,于1931年初译出。鲁迅提出校改意见85项,于3月3日交山上正义修订。1931年10月,日本四六书院把这一译本作为"国际无产阶级丛书"第一册出版,题名《支那小说集 阿Q正传》,署名林守仁译,同时收入第一册的还有胡也频、柔石、冯铿、戴方平的短篇与传记。由于当时正值"左联"五烈士牺牲,因此,山上正义与这一套丛书的组织者尾崎秀实,把《阿Q正传》的日译,作为对烈士的纪念。尾崎以"白川次郎"的笔名为该书作序,题为《中国左翼文艺战线的现状》,并在扉页上题着:

献给在国民党血腥政策下牺牲的李,柔、胡、冯,殷诸同志之灵
献给在白色恐怖下继续勇敢战斗的中国左翼作家联盟

山上正义本人在该书中,著有一篇《论鲁迅与他的〈阿Q正传〉》,这是一篇难得的《阿Q正传》的研究论文。

山上指出:"阿Q是一个无知蒙昧的农民……《阿Q正传》是以阿Q这样的农民为中心,描述了中国的农村、中国的农民、中国的传统、中国的土豪与劣绅,特别是描述了这一切在辛亥革命中的相互关系。"

山上说:"《阿Q正传》所描述的革命,距今已经20余年了。这场革命的风浪,甚至波及浙江省一个贫寒的农村,小说讲述了它的经历与它的结局。它不是如同同一时代日本的所谓无产阶级小说(当然指早期)那样,是一种英勇斗争的记录,也不是那种花哨的论争体会。它是描述了国民革命这一运动,在农村中如何被传统势力所打败,如何妥协,如何欺骗。其结果,并没有带来任何实质上的变革,而终于失败。作家写出了这样的'革命'其结局究竟对谁有利,在这样的'革命'中,被剥夺的究竟是谁。"

这是自《阿Q正传》诞生以来,第一篇用马克思主义阶级论观点进行分析的论文,它不是从技法上或讽刺意义上来认识鲁迅的这一杰作,它正确地阐述了

《阿Q正传》的主题及其社会意义，达到了当时国内外一般研究家所无法达到的水平。

山上正义对《阿Q正传》的翻译及其研究，在日本鲁迅研究史上是一件大事。这是第一次由进步的日本人，把对鲁迅著作的翻译与研究，与国际无产阶级革命运动联系在一起，而且把它作为国际无产阶级文学运动的一个内容来进行工作，从而，把对鲁迅的研究，从一般的评论介绍中，从资产阶级、小资产阶级的民主主义、民族主义的见解中，提高到了一个新的高度。尽管山上正义并不是一个完全的马克思主义者，他对于中国左翼文艺运动也还存在着若干"不正确理解"，然而，他毕竟以一个日本革命者的满腔热情，研究鲁迅的著作，探索鲁迅的思想，把它与无产阶级革命事业结合起来，无疑代表了战前日本鲁迅研究的最高水平。

五、"他是现代中国文学界的最高存在"——新居格论鲁迅

新居格（1888—1951）是20世纪三四十年代日本文化界的著名人士，战后曾经一度成为东京都闻名的"文化人区长"。他在哲学思想、文学艺术和社会活动等方面的广阔视野，曾使他获得很高的评价。有人认为，"他作为批评家，具有一种社会主义的反抗性"。但是，如果从他在《现代随笔录》《打开心灵的窗户》《心的反响》等著作中所反映出来的观点看，称他为自由主义派人士，或许更接近于实际。

新居格对鲁迅的研究，开始于1934年5月他在上海几度会见鲁迅之后。当时，鲁迅先生曾给他题赠《戌年初夏偶作——万家墨面没蒿莱》一首，并赠送新居格女儿《引玉集》一部。5月30日，内山完造又在知味观宴请新居格与鲁迅、茅盾、田汉、沈端先、郑伯奇、陶晶孙、穆木天诸人。当年7月2日、3日，新居格在《读卖新闻》上发表《风云支那闲谈》，第一次评价了鲁迅，此后，共发表有关研究文章11篇，成为日本自由主义鲁迅研究流派中有影响的评论家。

在30年代中期，有不少的日本人，曾经会见过鲁迅本人，或阅读过他的著作，许多人都盛赞他的伟大与杰出。但是，鲁迅为什么伟大，他杰出在何处，

事实上存在着很不相同的看法。以内山完造为代表的一种观点认为，鲁迅之所以与一般的中国文学家不同，是因为他曾经留学日本，并接受了日本的思想与文学。①这种观点以后在日本侵华战争中就发展成为"鲁迅为亲日派思想家"。②

新居格是不同意内山完造的这种见解的。他在1940年6月由改造社主持的"新生支那座谈会"上说："从我所接触的经验来说；鲁迅不仅作为作家是伟大的，而且，作为人也是伟大的。直到现在，我想不出有什么人可以与鲁迅相匹敌……内山君说，鲁迅之所以伟大，是与日本出身有关。但我看，内山君这么说，这句话是有毛病的。"

早在1936年，新居格曾经这样论述过鲁迅：

> 他不仅是优秀的文学家，而且就人来说，也具有罕见的卓越性。他常常站立在比文学更为广大的视野与见解中发表评论，因此，与其说他是文学家，毋宁说他是更伟大的思想家。……若问鲁迅为什么会在中国文坛上占着最高的地位，实在因为他具有这种价值，就是因为他不仅仅是一个文人，而且更重要的是具有思想。作为文人，他一方面精通世界文学，另一方面又对中国古典文学具有深厚的造诣；文学家而兼思想家，同时又具有透视政治形势的见识，站立于这些综合之上的鲁迅，实为其他的作家、文学家所不能企及。

这一段论说，应该看成是新居格对鲁迅认识的基本思想。他后来又概括为"鲁迅通古典，论时事，思索社会，而且翻译外国文学作品，常常有独特的语言与尖锐的批评，这诸多的条件，建筑起了他卓越的地位"（《心的反响》，1942年，道统社）。可以看出，新居格的鲁迅观十分强调鲁迅作为"文学家而兼思想家"的价值。

新居格后来在一系列的论文中，阐明了他对于鲁迅作为思想家的理解。这种理解，又是他常把鲁迅与当时中国政坛、文坛上的名流们作比较而获得的。

他说："我在香港与胡汉民相识，但是，对于他的死却并不感动。胡汉民与

---

① 内山完造无疑是鲁迅先生的好朋友，但由于历史条件的限制，他对鲁迅思想确有许多误解（参见《花甲录》等著作），对中国人和中国文化，更有许多偏见。关于这一问题，容当另述。

② 参见1935年5月13日《大阪朝日新闻》等。

汪兆铭一起，曾为孙逸仙的两翼，又代行过大总统之职，晚年为西南派的巨头，对蒋介石构成威胁。然而，胡汉民死后，留下了什么呢？鲁迅是一位作家，他与权力、地位全然无缘，不仅如此，他还不断地受到来自权力阶级、统治阶级的迫害，身边常常伴随着危险，然而，鲁迅的名字却与他的著作一起，将永远留下来。"其所以如此，是因为"鲁迅不论在何处，都使人感到他的反抗精神，他的不屈的灵魂。他如同忍耐凛冽的寒风的梅所开放出的白花，充满着峭直的气息。鲁迅在主义与信念中，坚持操守，不屈于迫害，这正是鲁迅的伟大之处"。（均见《心的反响》）

新居格对鲁迅思想的这一表述，可以说，已经把自由主义学派对鲁迅的认识，作了最深刻的阐述；就其评价而言，也已经推向这一学派的极限了。在当时日本的马克思主义者对鲁迅的介绍还处于很微弱的状况下，新居格的这些观点，对于比较准确地把鲁迅介绍给日本社会，引导读者从各种迷蒙中解脱出来，比较准确地理解鲁迅精神，自有其历史的功绩。

还应该值得我们重视的是，新居格在阐述这些观点时，把鲁迅与周作人作了比较。在30年代的日本文坛上，对周作人是推崇备至的；在某种意义上可以说，日本学者对周作人的评价是高于鲁迅的。新居格则不然，他一反世俗之见。1936年，新居格在《高尔基的存在》一文中说："他的弟弟周作人，具有温容如玉般的典雅，而鲁迅的脸上，则刻印有很深的叛骨与不屈的精神，这是他思想苦斗的表现。我很喜欢这种面貌。"1942年，他更在《鲁迅其人》一文中说："与周作人玲珑如玉，具有温雅的学者绅士派头相比较，鲁迅则饱含风霜土气，让人感到如同嵯峨的峻峰。"这显然是以峻峰与平地的迥异来比喻鲁迅与周作人。在当时日本侵华战争的条件下，不能不说这是评论家的深刻和刚毅之处。

新居格对鲁迅作品的研究，集中在对《阿Q正传》的评价上。他认为，"《阿Q正传》在中国现代文学史上，不仅已经占据了一种古典的地位，而且，也已被世界接受为名著了"。他说："在日本普罗文学极盛的时代，有人曾批评《阿Q正传》是无聊的。但我在当时、在现在，对于这一著作的评价，却一点也没有变动。我始终认为，这是一部伟大的作品，读过之后，即能理解鲁迅的伟大。"新居格认为《阿Q正传》的杰出在于，"因为它不仅独特地表述了中国独特的社会情味，并且，借一个愚昧的农民阿Q，表现了（这一部分人的）人生观","《阿Q正传》不仅是普罗文学,而且是具有更加深广透彻的人性根底的文学"。

除了小说之外,1936年8月,新居格曾经以诗释诗,把鲁迅在两年前题赠他的《戌年初夏偶作》用诗来加以解释。他说:"我以为这是一首好诗,我不把它直译出来,而是把它的意义用诗写下来。"这是释诗家的别出心裁之作,寄托了他深深的用意。

在用诗写下"于无声处听惊雷"时,著者写道:

> 站立在这广袤的土地上,
> 一切响声都已消失,
> 生命静寂了。
> 不,听吧,
> 从什么地方,
> 它来了,它来了,
> 革命的惊雷!

由于笔者译笔的拙劣,恐怕未能把他的全部真情表达出来,但无论如何,他是理解鲁迅的真意的,他明白这首诗意在表达表面上由专制而卡死了的中国,"地火正在运行",所以,他在"惊雷"前加上了"革命的"三字,以点明全诗的旨意。特别耐我们寻味的是,新居格把鲁迅的这首诗及其解释,收录在《打开心灵的窗户》中,也可见他的用意之深了。

正因为如此,新居格在总结鲁迅给中国文学、东洋文学和世界文学留下的遗产时,曾经这样说过:"鲁迅的人生观、鲁迅的文学、鲁迅的社会思想,是他留下的最宝贵的财富。""鲁迅的名字,不仅将留在中国,而且将留在世界文学史上,他是现代中国文学界的最高存在。"(见《心的反响》)

日本鲁迅研究名家名作述评(二)①

六、"他是文学革命理论的最初实践者"
——长与善郎、正宗白鸟的鲁迅论

20世纪30年代中期,鲁迅曾就三位日本学者对他的评论表示了不同的见解。1935年7月17日,他在《致增田涉》的信中说:"本月的《经济往来》你看过没有?其中有长与善郎的文章《与××会见的晚上》,对我颇表不满,但的确发挥了古风的人道主义者的特色,但也不必特地为此去买来看。"同年8月1日,又在《致增田涉》的信中说:"读了正宗氏的短文,颇有同感。"(指与读长与文章同感——笔者)1936年2月3日,鲁迅又针对野口米次郎的评论说:"野口先生的文章没有将我所讲的全部写进去……长与先生的文章,则更加那个了。"鲁迅甚至由此而认为:"我觉得日本作者与中国作者之间的意见,暂时尚难沟通,首先是处境与生活都不相同。"②

---

① 本文原载于《中国现代文学研究丛刊》1982年第2期。
② 1936年2月3日《致增田涉》。

对日本学者的研究作出这样严厉的评价，这在鲁迅生前，恐怕是仅有的一次了。

鲁迅在这里提到的三个日本人，其中长与善郎（1888—1961）是《白桦》派的重要作家之一；正宗白鸟（1879—1962）是日本近代自然主义文学之雄；而野口米次郎（1875—1947）则是闻名欧美的英语诗人。从日本鲁迅研究史来看，日本近代文学中主要流派的代表性作家，在这一时期相继探讨鲁迅的思想与文学，不论其见解正确与否，它本身就说明了鲁迅对日本的影响，已经越出了日本中国学界的范围，已经越出了区域性文学研究的性质，而广泛地涉及日本的思想界、文学界。所以，尽管长与善郎、正宗白鸟等并不是专门的鲁迅研究家，但是，由于他们在日本文坛上的地位，因而，他们的鲁迅论——他们对鲁迅所作评价的意义，可以说甚至比专门的鲁迅研究家还重要。

日本近代文学是经过浪漫主义、自然主义而发展为新理想主义。白桦派是新理想主义的代表，它是在20世纪初的一段时间里，主要是在批判自然主义文学中形成的。但是，一个有趣的现象是，作为白桦派作家而活跃的长与善郎，与作为自然主义文学之雄而称著的正宗白鸟，他们从各自不同的立场所表示的鲁迅观，却使鲁迅本人获得了极为近似的同感。

鲁迅在三次给增田涉的信中提及的长与善郎的评论，指的是发表于日本评论社《经济往来》十卷七期上的《会见鲁迅之夜》一文。这是1935年春，长与善郎在访问了我国东北、华北、上海、江浙之后所撰写的一系列访问记中的一篇，说起来，鲁迅与白桦派有很深的关系。虽然鲁迅从日本回国时《白桦》尚未创刊，但当1916年白桦主将武者小路实笃发表《一个青年的梦》之后不久，鲁迅即把它全文译出，先后刊载于《国民公报》与《新青年》上。此后的十余年间，他常常留意白桦作家的创作与文论，曾译出有岛武郎的论著多篇。直到1936年5月，鲁迅在病中还见了武者小路。就鲁迅来说白桦派所主张的从空虚中脱出，抒发对于自然与人类的深沉的爱，以及对于以封建道德伪善的精神结构所造成的国民的痼疾所进行的批判，曾对他的文学与思想产生过影响。正是在这种背景下，鲁迅会见了长与善郎，但是，会见却"不愉快"。为中国的命运战斗着的鲁迅，并没有为长与善郎提供作为他的新理想主义所需要的形象，失望之余，他称鲁迅为"厌世家"。如果说，在此15年前，当鲁迅在"彷徨"中"上下而求索"的时候，清水安三等人曾经夸大鲁迅思想中的消极成分，称他为"专门描写黑暗的人生"尚可理解的话，那么，在鲁迅经历了中国政治思想斗争的洗礼、接受了共产主义世界观，对中国的前途和命运已经表示了坚定的信念之后，还认为鲁迅是一位"厌世家"，那不能不说是失之于浅薄了。

长与善郎对中国文化并不陌生。早在1919年，他便在《白桦》上连载了七幕十七场戏剧《刘邦与项羽》，一直到1940年，他撰写《回忆鲁迅》的长文的时候，又创作了小说《大帝康熙》。他喜好采撷中国的英雄人物，描写强大的力与命运的悲剧。他笔下的中国政治家、思想家，都是他本人新理想主义模式的化身，他正是带着同样的模式来理解鲁迅的。但是，鲁迅使他失望——既不是像他所描述的项羽那样，是一位狂呼怒号的战斗与征服的勇者；也不是像他所描述的刘邦那样，是一位沉静宽大的理想家。他所看到的鲁迅，是一个真实的人——"矮躯粗髯，道骨苍白，体质虚弱，目光犀利"；他所听到的鲁迅的谈话，是极平常的——"现在我也不写什么东西，即使写的话，也想写些农村的题材，所以想到乡间去，然而现在也不可能。"中国文豪鲁迅，并没有以伟岸的体魄，或以慷慨的陈词来振奋这位新理想主义者的心弦，这使他在日本与北京积累起来的，企图搜求想象中的理想者的企求，终因脱离实际而破灭。因而，他感受到的鲁迅，只能是"阴暗的"，"给人一种阴惨的感觉"。这实际上正是小资产阶级知识分子在其狂热破灭之后的一种自我感觉。

但是，长与善郎有可贵的精神。他在五年后写的《回忆鲁迅》的长文中，对自己30年代的鲁迅观有了修正。这倒并不是因为鲁迅的批评所致，而是诚如他自己说的，"我对鲁迅所知甚少，数月之后，我曾读了《鲁迅选集》"，由此而获得了新的认识。长与善郎在《回忆鲁迅》一文中，以文学革命在建设新中国的斗争中所处的地位，以及鲁迅在文学革命中的作用为基点，构筑了自己的新的鲁迅观。他指出："为建设新中国而活跃的著名人物，不仅仅只是孙文及其门人，实际上也有文学革命的斗士们。"他说，文言文，特别是其中夸张与虚伪的八股文，"它们附着在以科举制度为中介的政治制度身上。这种政治制度，又与应该被称之为中华民族更生中的'癌'——腐败的封建家族制度，以及保守的道德——礼教等结合在一起。正是从如此特殊的具有复杂性的宿弊出发，以解放中国人心与文化为宗旨的文学革命运动，它必然是与政治革命相呼应而产生的"。

"这一文学革命理论的最初实践者便是鲁迅。"

当时日本的中国新文学运动的研究家们，包括早期从事无产阶级文学运动的某些人士在内，对中国文学革命在政治革命中的意义，似乎还没有人做过像长与善郎这样的分析，这说明一个不抱成见的研究家，是能够多修正自己错误的见解的，所遗憾的只是鲁迅本人并未看到这一转变。

长与善郎认为，鲁迅文学的最大特色，在于"具体地描述了时代的气氛"。当然，当长与开始接触鲁迅文学时，他曾赞美《鸭的喜剧》，他觉得读了这一作品，犹如看到了"沈石田所作的春景图"，惊叹"现代中国竟然有这样好手笔的作家"。但是，当他进一步研究鲁迅之后，他便认为比《鸭的喜剧》更有意义的，则是另一些作品。他曾举《魏晋风度及文章与药及酒之关系》为例，他说："即使仅是读一下鲁迅的这一讲演记录，那么，他确实把生活于这一现实中的人们，以及他们所生活的这一时代的气氛，作了具体的描述，让人一眼看见了血淋淋的现实。像这样完整的描述，大概是日本学者所不能的。"

当长与善郎在论述鲁迅文学时，他特别与自己传统的观念相比较，从中获得新的认识。这种率直的态度，正是新理想主义者的一个特色。

当然，长与善郎的新鲁迅观中仍然保留有早期的痕迹。他认为鲁迅与中国有史以来的圣人君子、忧国忧民的诗人一样，饱尝了很多痛苦，发出了"没有法子"的叹息，"他具有作为人所应该具有的'妄想'，却又抱着'希望'不断地破灭"。这是长与善郎鲁迅观的最大局限。虽然，他曾经说过，鲁迅的"没有法子"，与日本的自然主义文学家相比，他"作为人生的观察者，则不知要深刻多少"，然而，正是他的这一局限；则恰恰架起了与自然主义文学论者相通的桥梁。

日本自然主义文学是明治时代受法国左拉等的影响而形成的。1908年，正宗白鸟以小说《向何处去》登上自然主义文坛，逐渐成为这一流派的代表。正宗的文学观是决不描写光明的人生，这是他一切文学活动的基点。鲁迅对日本自然主义文学很冷淡，他从来也没有介绍过他们的作品。从30年代开始，正宗白鸟从事文艺论评。从1935年5月至1938年9月，他在日本著名大报《读卖新闻》上，先后发文论评鲁迅。其中以《读〈论语〉而不知〈论语〉》（1935年5月25日）、《莫拉哀斯与鲁迅》（1935年7月20日）、《未解决的人生》（1938年9月3日）

等为其代表。为鲁迅所注目而感叹与长与善郎颇有同感的,则是《莫拉哀斯与鲁迅》一文。

这是一篇很典型的自然主义文学论评。著者提出了文学家的"幸"与"不幸"的问题。他说:"能够无视现实而耽溺于自己的梦中的文学家是'幸'的;能够适应异乡的风土人物,并把它艺术化,自己又能安心置于其中的文学家也是'幸'的。"作为文学家之"幸"的代表,他举莫拉哀斯(Wenceslau de Moraes 1854—1929)。此人是葡萄牙外交官,1893年起任驻日本副领事、总领事等,1925年退职,隐居德岛。他娶日本女子为妻,乐于日本式的生活,写作了一系列日本文化研究专著,晚年彻底地孤独。正宗白鸟认为,莫里哀斯的生活是文学家人生的理想典范。与此相反,他举鲁迅为文学家"不幸"的例子。白鸟说:"我读了《孔乙己》《阿Q正传》等,感到他所描写的中国现实的一个侧面是相当深刻、相当精巧的。可是我想来,要治理像《阿Q正传》中所表现出来的各种各样的民众,组织一个国家、一个社会,则并非易事。文学家不应该用空想或理想来支配自己。"他引鲁迅在《答有恒先生》一文中说的"杀戮青年的,似乎倒大概是青年"来证明现实的残酷性,下辈继承着上辈的同样是"血"。所以"文学家应该从这种相互的压迫与杀戮行为中超然"。白鸟认为鲁迅思想上的痛苦来源于不能"超然",他对于鲁迅这样的"不能不正视自己周围现实的作家的心境表示痛心"。所以,他认为鲁迅是"黯然的"。

长与善郎早期的鲁迅观与正宗白鸟的见解,在结论上极为近似,但它们的内涵与形成则不尽相同。长与善郎对鲁迅认识的转变,影响着他的剧作。他的最后一部小说《天主教堂》,描写江户时代对思想自由的镇压,细察其内容与精神,实与评价鲁迅有关。1956年,长与善郎年届七十,不顾当时日本反华势力的阻挠,赴中国参加鲁迅逝世二十周年活动,可以说,这是他后期鲁迅观最深刻的表现。

七、"为改造国民精神而终生恶斗"
——小田嶽夫的《鲁迅传》及其他

在日本的鲁迅研究中，小田嶽夫（1900—1979）以他的专著《鲁迅传》称世。然而事实上，当1940年小田嶽夫首次在《新潮》杂志上连载《鲁迅传》之前[①]，他已经发表了许多中国现代文学的研究论文及译著，并且创作了以中国近现代生活为题材的短篇集《漂泊的中国作家》及长篇《义和团》。这些材料是他于1924年至1928年在日本驻杭州领事馆任职时所搜集的。在他的众多的译著中，当以研究鲁迅的论文以及翻译鲁迅的作品称著。例如《中国作家与人生的热情》（《中国文学月报》第5期，1935年）、《鲁迅与翻译》（《书物展望》六卷四期，1936年）、《鲁迅的文学生涯》（《新潮》33卷12期，1936年）、《漂泊与鲁迅》（《文艺春秋》16卷11期，1938年）、《鲁迅与林语堂》（《帝国大学新闻》1940年2月19日）等，而其中以1936年2月发表的《中国作家备忘录》（《新潮》33卷2号）最能代表小田嶽夫的鲁迅观。这篇文章分为四节，分别译述了鲁迅、郁达夫、茅盾、冰心四位作家。其中论到鲁迅时，小田说：

>他在十年前已经不写小说了，然而，他没有舍弃文学。他逃避国民政府的监视，而牢牢地握着笔。
>
>他为小说奏起了挽歌，……却秘密地实践着挽歌中的反抗。
>
>他唱着忧愁的歌，于前途茫然无光；他唱出的忧愁之歌，过于刺伤了心。然而，他的心脏是十分强韧的，他的心底于今燃烧着强烈的反抗之怒。

从清水安三开始，在日本的鲁迅研究中，逐步形成了一个流派，他们的共同特点是，把鲁迅先生理解为一位哀怨现实、诅咒人生的文学家，他们过于强调和夸大鲁迅思想中的伤感部分，而看不到鲁迅本人及其作品表现出来的对未来的信念。小田嶽夫早期的鲁迅观，在本质上也是属于这一类型的。他曾明确地说过：

[①] 《鲁迅传》"序章"于1940年7月刊登在中央公论社四十岁以下作家同人刊物《新风》上，然而该刊未被获准发行，所以，《鲁迅传》自第一章起，载于《新潮》杂志37卷9月号，共刊登了三期。1941年3月，由筑摩书房社刊行单行本。

"据我推测，鲁迅对从根本上改造中国是绝望的。"(《鲁迅传·在北京生活的时代》)

但是，情况也不尽相同。小田鲁迅观比清水鲁迅观是大大地发展了的，他虽然意识不到鲁迅对未来的信念，却察觉了鲁迅在诅咒与哀怨之中所蕴藏的反抗。这一观念，在《鲁迅传》中，有了比较明确的阐述：

> 鲁迅十四年的小说，从《呐喊》到《彷徨》，愈来愈悲愁，愈来愈郁黯，时常带有从心底发出的绝望之气，并逐渐与文化界步调相异而带有孤高的味道。
>
> 然而，他迸发出了改革的热情——有时候是喊叫，有时候是呻吟，有时候是叹息，有时候是愤怒。他在这样的感情方面，比普通人要炽烈得多。

特别可贵的是，小田嶽夫把鲁迅的这种感情与他的爱国主义联系在一起。这在当时中国人民进行民族自卫战争的条件下，自有其积极的意义。1938年8月，在日本侵华战争一年之后，小田发表了《日中事变与中国的文人》(《新潮》35卷8期)一文，他说：

> 如果鲁迅在世，他将会对目前发生的日中事变采取什么态度呢？想象这一问题是很有意义的。我想，他不会仅仅停留于上海的。与共产主义共鸣的鲁迅，他不相信中国的政治家，也不相信青年，我想，他不会采取孤立的立场的。
>
> 鲁迅虽然对中国与中国人绝望，然而直到最后，他还是爱着中国与中国人的。

把鲁迅先生定评为一位爱国者，是这一时期小田嶽夫对鲁迅研究的最大成就。

在小田嶽夫写作《鲁迅传》之前，日本已经有一些关于鲁迅传记的文字了。如1923年丸山昏迷的《周树人》，1930年泽村幸夫的《周树人·宋子文》(《东洋》33卷11期)，1931年大内隆雄的《鲁迅与他的时代》(《满蒙》12卷1期)等，而最著名的，则是1932年增田涉的《鲁迅传》(《改造》14卷4期，后收入1935年岩波《鲁迅选集》)，其后，1937年10月，《大鲁迅全集》第七卷出版时,曾附有鹿地亘的《鲁迅传记》一篇,1940年6月,中野重治也发表了《鲁迅传》。尽管如此,小田《鲁迅传》仍具有它的特殊意义,正像当时中野重治在评论中所说的那样:①

> 最近四五年来,鲁迅的小说与传记都很流行,但是,小田的《鲁迅传》还是与众不同的。
>
> 鲁迅已经获得了愈来愈多的日本读者,热爱鲁迅与尊敬鲁迅的日本人也不少,小田《鲁迅传》的出版,它表明了确实存在着这样的日本人。
>
> 小田《鲁迅传》是把鲁迅作为中国最大的国民文学家,作为改造中国国民品性的承担者,作为"支那事变"②前中国的爱国者,作为虽然受着蒋政权不断的迫害,却铭心刻骨都是热爱着国民的作家来描述的。

小田嶽夫本人在谈他为什么要研究鲁迅的生平与事迹时,曾经这么说:

> 我常常把鲁迅与中国国民革命的最大殊勋孙文并列起来研究。我之所以这么说,是因为他把革新作为自己一生的使命。我以为中国革命的最大意义,在于破坏了由四千年培育起来的中国的传统。在此之中,为改造国民精神而终生恶斗的,实在是鲁迅的伟大之处。
>
> 也许有人怀疑,鲁迅不是文学家吗?是的,当然是的。然而,我认为,文学家从根本上就是为人生。他的思想方法,当然与我国文学家的思想方法大相径庭,然而,只要充分地了解了他所生活的环境,了解了他的一生,则所有的疑问也就消失了。(《鲁迅传·后记》)

这无疑是评论家在研究了鲁迅生平的众多史实后所迸发出的新认识,它表明了小田鲁迅观的发展。从这一观念出发,小田嶽夫在《鲁迅传》中,对鲁迅其人从总体上作了这样的表述,他说:"完全地改革中国人的品性,这是鲁迅为自己写作所提出的根本目标。……他为改造国民精神而终生恶斗,是一位一刻也不从现实中转移目光的冷峻的现实家。"("呐喊章")他认为,这正是鲁迅作为一位爱国者的最集中的表现。

---

① 中野重治:《读〈鲁迅传〉》,《读卖新闻》1941年5月28日第五版。
② 所谓"支那事变",指由卢沟桥事变开始的日本全面侵华战争。

一方面，他常常是一位严峻的现实家；但同时，他又是一位面对这种现实的激烈的变革家。他具有透彻的眼光和洋溢着殷红热血的心脏。他以一种冷冷的温暖与饱含感情的冷峻交织在一起的独特的感触，以及主观与客观之间美妙的统一所具有的生动气息来构筑作品。

　　鲁迅为正义、为人性而不顾自己是强韧的，在这个意义上，虽然可能有人认为他过于'褊狭'，然而，这实在正是表现了他强烈地执着于'纯粹'。"（"呐喊章"）

　　小田嶽夫的鲁迅观，无疑有许多发人深省的思想，他开始逐步摆脱了他本人初期评论中许多悲观的论调，这也使小田《鲁迅传》区别于以往的一些鲁迅传记文字。

　　但是，小田嶽夫的《鲁迅传》也反映了在当时的历史条件下，著者对中国、中国文化与鲁迅本人的一些偏见。例如，在谈到《阿Q正传》时，小田认为，"阿Q是中国人的代名词……他自高又事大，无反省之心又无意志，困于因袭的惯例又为眼前的利益所左右。这是一种颓废民族性的人格"。这样的一种中华民族观念，毫无疑问是日本明治以来"大陆政策"的产物，具有深刻的时代烙印。又如，著者认为，"鲁迅完全倾倒于西欧文明……这是研究中国文化的过去、现在与将来的一根轴"。这与当时日本的一些新闻报道把鲁迅作为"日中亲善的国际美谈"一样[①]，十分荒唐。至于著者把倡导"为人生的艺术"的文学研究会，主张"艺术至上主义"的创造社，与中国共产党的成立并列为"中国新文化运动的三个产物"，那更是对中国现代政治思想史缺乏常识了。

　　尽管如此，在当时日本军国主义加剧对华侵略的条件下，小田嶽夫"以热爱与崇敬、理解与同情的心情，描写了鲁迅的生涯与工作"，阐明了自己对鲁迅人生的认识，力图引导日本读者从"改造国民品性"的角度去理解鲁迅，在这个意义上说，小田鲁迅观在总体上是积极的；而《鲁迅传》在学术史上也仍然不失为独树一帜的，认真和完整的日本第一部鲁迅评传。

---

　　① 20世纪30年代以来，日本的一些著名记者与主要大报，屡屡歪曲鲁迅，把他作为"亲日作家"。如1935年5月13日《朝日新闻》称"中国现代文学的大家鲁迅接受日本人的协助，于此形成了以'战争与作家'为主题的日中亲善的国际美谈"等，此种宣传，也曾见于村松梢风的《从军记事》等著作中。

小田嶽夫的《鲁迅传》所导引出的第一个，也许是意想不到的果实，便是使太宰治（1903—1948）在主观上激发了创作《惜别》的欲望。这当然是与《鲁迅传》的宗旨不相一致的。

《惜别》是一部以鲁迅留学日本为题材的长篇。它是在1943年11月所谓"大东亚会议"之后，日本文学报国会"为使大东亚五大宣言小说化"，会同日本内阁情报局委托太宰治进行创作的。太宰治在当年写给内阁情报局的题为《〈惜别〉的意图》的报告中，曾经这么说过：

> 不要侮辱中国人，也不要做轻薄他们的事情，我打算以洁白的独立亲和的态度，正确地爱怜地描述年轻的周树人，让现代中国的年轻知识分子读一读，使他们对于日本具有作为我们的理解者的怀抱。我的意图就在于百发弹丸之外，为日中全面和平而效力。

太宰治是否是一位军国主义作家，这还可以研究，不过，他的鲁迅观是明显地与日本当时特殊的政治需要相结合的。如果我们把日本当时的这种形势当作是太宰治进行创作的外在的力的话，那么，他本身却也存在着引起创作冲动的内在的力。这种力主要来源于小田嶽夫《鲁迅传》所提供的刺激。他认为，他最早为《鲁迅传》中所描述的鲁迅"不与在日本的其他留学生相处而独自一人严肃地去到东北的那种孤独的凄凉感所打动"，逐渐形成了鲁迅的形象，他"特别注意周树人在仙台与日本人之间亲密无间的、美好的交游"。太宰治在读了《鲁迅传》之后，特意专门拜访了小田嶽夫，他称这部传记"是一部像春天的花朵那样甘美的名著"。

太宰治的《惜别》的出现，对评价小田嶽夫的《鲁迅传》应该说只是一个插曲。但是，《惜别》的创作，无疑是日本鲁迅观发展中的一次挫折。这一挫折并不仅仅是个别作家或研究家在观念上的差异所造成的，它是由特殊的政治形势所决定的。对鲁迅政治形象的歪曲，这是战时日本的学术研究和文学创作屈从于政治需要的明显例子之一。

八、"一位生活的强者"
——竹内好的鲁迅研究与"竹内鲁迅"

如果把山上正义的鲁迅研究看成是战前日本的马克思主义者所达到的最高水平，那么，竹内好（1908—1977）的鲁迅研究，则是日本文学主义流派知识分子在这一领域内所构筑的最完整的体系。

竹内好是日本"中国文学研究会"的组织者与实际领导者。他是在日本发动的侵华战争的倾向日益明显的时候，进入东京帝国大学中国哲学文学科学习的。在大学期间，于1931年春，参加了"唯物论读书会"。第二年，首次到了中国。他说："我为生活在中国大地上的一些人所吸引，觉得不少中国人的想法，与自己相同。"于是，他开始热情地阅读孙中山先生和鲁迅先生等的著作，逐步形成了他自己的中国观念与亚洲观念。他对鲁迅先生的研究，便是从他这一总的对中国和亚洲的观念出发的。

当竹内好步入中国现代文学研究领域的时候，日本对鲁迅先生的研究已经日益增多起来，其间主要形成了两种不相同的见解：以佐藤春夫、正宗白鸟，以及稍后一些的太宰治为代表，他们把鲁迅先生作为一位"东方型的文人"，也即"东洋虚无主义者"来加以理解；而当时从事日本无产阶级文学运动的人士，则把鲁迅先生看成是"左翼文艺家"，也即"共产主义者"。竹内好的鲁迅研究，从他自由主义的立场出发，以他独特的思维形式，试图在上述二者之外，塑造"一个积极的人间形象———位生活的强者"。

竹内好自1935年3月发表《今日中国的文学问题》（《中国文学月报》第1期）起，1944年12月他被强迫入伍止，9年里共发表中国现代文学研究论著译作91种。其中，1936年11月发表的《鲁迅论》（《中国文学月报》第20期）、1943年10月发表的《鲁迅的矛盾》（《文学界》第10卷10期）以及1944年12月，作为"东洋思想丛书"出版的专著《鲁迅》（评论社刊），为这一时期最具代表性的论著。特别是《鲁迅》一书，成为战后日本对鲁迅研究的开创性著作。竹内好的鲁迅研究，无疑还应该包括他在战后所作的许多探讨，但是，事实上，他在战后所发表的一系列观点的基本见解，在上述论著中，大都可以窥见其影。

日本学术界习惯上把竹内好在鲁迅研究中所阐发的观点,及其论证的方法论,合称为"竹内鲁迅"。

"竹内鲁迅"是一个体系.它的总的看法认为:

> 中国文学不能凭借把鲁迅偶像化而形成,它必须依靠打破被偶像化了的鲁迅,必须依靠否定自我的鲁迅的象征,从真实的鲁迅之中,才能无限地成长出新的个体。这是中国文学的命运,也是鲁迅给中国文学的教训。
>
> 对我来说,鲁迅是一位生活的强者,他是一位彻头彻尾的文学家。鲁迅文学的严肃性打动了我。特别是最近,当我反省自我,眺望周围的时候,常常从鲁迅著作中看到了许多以前没有注意到的东西,冲击着我的心房……我希望把鲁迅与我本身作一比较,并向他学习。我所关心的事,不是鲁迅如何变,而是如何不变。他当然变化了,然而,他没有变,换句话说,我在不动中见到鲁迅。(以上均见《鲁迅》)

上述观点可以说是概括了竹内好鲁迅研究的基本见解,是"竹内鲁迅"逻辑思维最具特色的命题。其内容,主要包括下列几个方面。

第一,关于鲁迅的思想。

竹内好认为,鲁迅在本质上是一个矛盾体。文学家鲁迅是一种"混沌"。这种"混沌",恐怕是连鲁迅本身也并没有清楚地意识到的,然而,"混沌"所给予他的痛苦,他确是明了的。

这里所说的"混沌",就"竹内鲁迅"的整个观念来看,是指鲁迅要摆脱"旧我",寻找"新我"的一种状态。他认为鲁迅一生就是在"混沌"中"挣扎"。竹内好描述鲁迅先生思想发展的基本形式是:他既不后退,也不追逐。在新时代中,鲁迅首先面对自己,依凭"挣扎"来洗净自己,从而引导出被洗净了的自己。这种态度,给人以一个强韧的生活者的形象。

这是用典型的竹内语言描绘的鲁迅形象。这里的关键是"挣扎"的含义。竹内好说:"挣扎"是对鲁迅一生具有决定意义的东西,在某种意义上,也称之为"回心"。这是"鲁迅文学的一个本源"。竹内认为,鲁迅一直在否定自我,一直处在"挣扎"之中。

从《狂人日记》开始的鲁迅,陷入了现实的无穷痛苦之中,摆脱这种痛苦的手段,便是"回心",即"在与外界相对抗的过程中,向着自己的根本变革发展"。竹内说,"挣扎"虽然使鲁迅适应了激烈的现实生活,"然而,每一次由挣扎所洗净的鲁迅,与以前的鲁迅并没有变化"。这也就是说,一方面,鲁迅否定了"旧我",而另一方面,他内心所蕴藏的"回心"则是永远不变的。

这里,竹内好看到了鲁迅对黑暗的现实、对旧思想,其中相当一部分是对自己的旧意识的批判,在批判中"向着自己的根本变革发展"。正是在这一点上,竹内好的眼光超乎当时日本其他的非马克思主义研究家。但是,他却陷入了一种宗教哲学观念。使竹内好在鲁迅研究中,本来可以获得杰出的成果,其结果却归于谬误。

但是,竹内好关于鲁迅思想"回心"的命题,并不是凭空产生的,它是当时日本反战的资产阶级知识分子的意识形态。由于日本军国主义的发展,日本已经成为一个疯狂向外扩张的野蛮国家。反战的资产阶级知识分子认为,"日本虽然进步,免于悲苦,却陷于堕落"(竹内好语),他们在思想上不同程度地反对扩张战争,但在行动上却又不敢有任何违抗的表示,因而,内心有一种"赎罪"思想。这种"赎罪"思想经由竹内好在鲁迅研究中用"回心"的概念加以表示,赢得了很高的评价。

竹内好认为,"回心"的作用是巨大的,它"使在这样的'混沌'中,从其中心位置上,浮现出一个形象,这就是启蒙者鲁迅,就是近乎赤子般的确信纯文学的鲁迅"。竹内好说,经过了"挣扎"的鲁迅,"是一位彻底的启蒙者,一位优秀的启蒙者。就像孙文被称为革命之父那样,鲁迅是现代中国的国民文化之母。他所遗下的足迹是巨大的,近30年来,他在文化的一切方面,具有开拓的意义"。

作为文学主义派知识分子的竹内好,不可能像马克思主义者那样去认识鲁迅的思想,他以庄严肃穆的心情,对鲁迅思想作了一个"不正确理解"[1],而把鲁迅先生称之为"一位彻底的启蒙者",则是"竹内鲁迅"所能达到的极限了。

第二,关于鲁迅的作品。

竹内好认为,鲁迅作品的题材,"都基于他的经验";其叙述的事实,"必

---

[1] 这是马克思论述的思想文化继承的一种普遍形式,参见《马克思致斐·拉萨尔》(1861年7月22日)的信。

定是加以修饰的"；其人物，"则是由众多的模特儿支架起来的"。鲁迅作品总起来说是"冷峻"，"这不仅在'文学革命'的时候，而且在以后'革命文学'的时候，在民族主义的时候，都是如此"。

竹内说，鲁迅是一位辩论家，他的对立面，就是他自己得以表现的场所……而十余本杂感录，是作为这些论争的记录，是不成作品的作品。他认为，《野草》与《朝花夕拾》除外，它们可以作为《呐喊》与《彷徨》的注释，虽然它们之间互相也有对立，却各自构成自己的小宇宙。"《野草》的特征是象征的、直接的、现实的；《朝花夕拾》则是故事的，追忆的，描述的。无疑，都是相当感人的作品。"

但是，"竹内鲁迅"最注意的，还是在于鲁迅的小说方面。他认为，在鲁迅的全部小说中，除了《狂人日记》之外，其余的二十余篇作品，可以归为六个类型。

第一种类型是《孔乙己》，这是鲁迅小说中最让人喜欢的作品。它以稍稍夸张的笔致，描述了一位愚直的人物所酿出的哀愁。这篇作品，依靠其手法的绵密性而出类超群。竹内认为，属于这一类的作品，有《风波》《阿Q正传》等。"《风波》是群像的描述；《阿Q正传》在结构上虽然不及《风波》，然而，它借用中国古典小说（例如《儒林外史》）铺陈故事的巧妙手法，得以成为其代表作品。"

第二种类型虽然同样是讽刺作品，却全然归于失败的，有《端午节》《幸福家庭》《高老夫子》等。竹内说，我怎么也体会不出它们的趣味性来，读起来甚至是不愉快的。这种情况，很像夏目漱石初期的作品那样，这是鲁迅文章的一个特点，无疑是与他的气质有关。

第三种类型是阴惨的《药》的系统。属于这一系统的，有《白光》《明日》《常夜灯》《示众》等。它们都具有从写实发展到象征的变化特点。竹内认为，"这一系统与《孔乙己》系统相辅相成，在这个意义上说，它们同样是重要的。"

第四种类型是以《故乡》《社戏》为代表，它们与《孔乙己》相并列，读者很多。它们都有淡淡的抒情色彩，很纯粹。竹内认为，"这一系统的创作方法，在其后的《朝花夕拾》中得到了发展。"

第五种类型是与三、四类相关联，然而又是一种独立的类型，如《在酒楼上》《孤独者》等。它们都是以"我"为媒介，所描写的实际上是与作者极为接近的人物。竹内认为，"鲁迅试图在这里创造一种人格，但是，由于作品结尾的行为，这样的人格并没有被创造出来。"

第六种类型是《兄弟》《离婚》等，这是最具短篇小说特色的小说。在技巧上显示了鲁迅所达到的顶点。竹内对这两篇小说，至为推崇。他说："它们在相当程度上脱离了夸张与烦琐的说明，可以说是近于完璧的作品。这个完璧，是经历了《孔乙己》《药》《故乡》《孤独者》等而完成的……正像这两篇作品所表示的那样，鲁迅能够把自己排除在外，构筑小说的世界。"

在竹内好之前，没有另外一个日本研究家，对鲁迅的小说作过如此完整的考察，并阐述自己的见解。当然，竹内好的观点，与我们现在的一般看法，大相径庭，这是不言自明的。从表面上看，他几乎完全是从艺术欣赏的趣味角度来理解鲁迅的小说，但是，如果我们细细地推敲起来，"竹内鲁迅"的小说观，仍然是与他对鲁迅思想的认识联系在一起的。

第三，关于鲁迅与政治。

在"竹内鲁迅"中，政治与文学的关系，具有特殊的地位。《鲁迅》一书，曾以四分之一的篇幅来论述这一问题。竹内好认为，"鲁迅的文学，表现出来的是具有显著的政治性，正是在这个意义上，他被称为现代中国文学家的代表。然而，它的政治性，正是由于抗拒政治才使它赋予政治性，就其素质而言，鲁迅与政治是无缘的。"

这是竹内好的又一典型的思想。竹内好认为，鲁迅是一个文学家，不是政治家。"他是一位从政治主义的偏向中保卫文学的文学家"，"是一位近于赤子般相信纯文学的文学家"。他认为，鲁迅自己说过，"一首诗吓不倒孙传芳"，"文学也不能代替一发炮弹"等，由此可以明了，鲁迅也是认为"文学是无力的"。

竹内好说："迎合政治，或对政治白眼的，都不是文学。所谓真正的文学，是在政治方面突破自己的影子而产生的。换句话说，文学与政治的关系，是矛盾的同一的关系。"他认为："由于与鲁迅论争的对象，都是具有政治性的，因此，也迫使鲁迅具有了政治性。政治的发展，改变着鲁迅的文学。"

在这里，竹内通过论述鲁迅与政治的关系，认为"文学与政治本来是相克的，但在实际的世界上，它们之间却又是从属的"。这是借鲁迅来阐述了他自己的政治文学观。

竹内好后来讲到他的这些观点产生的过程。他说："当时中国的文学，有中共地区的文学，有重庆地区的文学，有在日军占领下各城市合作者的文学。这后一种文学，在日本文坛上大事鼓吹，我以为它与传统无缘，不是正统的（中国）文学，然而，我害怕提出这一主张，又不可能弄到为论证这一主张的真正的自由中国的作品，因此，寄托鲁迅研究来吐露自己郁屈的心情。"（《思想家鲁迅》1961年5月）这段话是很值得重视的，因为它提供了我们认识"竹内鲁迅"形成的具体历史环境。竹内在这里说的"日军占领下各城市合作者的文学"，即"汉奸文学"，它们与当时的日本"侵华文学"合称为所谓"大东亚文学"。竹内好是"大东亚文学"的反对者。1942年，军国主义分子正在筹备召开所谓"大东亚文学家大会"时，竹内好于同年11月，发表《论大东亚文学家大会》一文，明确地表示："我为了日本文学的荣誉，也为了中国文学的荣誉，我不能服从日本文学家代表，与中国文学家代表的此种联合。"这在当时，是一个多么大胆的举动！表现了竹内好的正直和正义的反战立场。正因为如此，他认为，文学只有脱离这些政治活动，文学作品才是干净的，主张文学与政治分离。竹内好把鲁迅说成是这方面的典型，"显示了近似洁癖般的文学的纯粹性，并且忠实地保卫它"。

然而，如果把竹内好关于鲁迅的文学与政治相克的观念仅仅看成是"借题发挥"，那也会失之偏误。事实上，竹内好本人是一位真正的纯文学主义者，他是确实用文学主义的眼光来观察鲁迅的。所以，他认为："鲁迅并不是一位有体系的思想家，对于他来说，也没有文学论……他的小说是诗一般的，评论也是感性的。他与运用概念进行思考的气质相去甚远。"（《作为思想家的鲁迅》1949年）

竹内好的这种文学主义观念，是在当时日本哲学家西田几多郎（西田哲学）及文学家小林秀雄等的强烈影响下形成的。文学主义在日本当时已极为盛行，而以此种观念来研究中国现代文学的，竹内好则是第一人。

第四，鲁迅思想对日本的意义。

竹内好认为，在19世纪中期，当日本有可能将成为欧洲的奴隶的时候，它采取了行动，学习了欧洲，从而选择了与欧洲相同的对外扩张，走上了奴隶主的道路。然而，当中国面临着与日本同样的命运的时候，以鲁迅为代表的中国的启蒙家们，却采取了与日本不同的道路，他们要中国摆脱那种奴隶的境遇，又不选择当奴隶主的道路。竹内说："鲁迅的一生，正是为了摆脱奴隶的境遇，又不走奴隶主的道路，进行了一场绝望的斗争。鲁迅就是在这一斗争中挣扎，在挣扎中发现自己未来的道路。"他认为，以鲁迅为代表的中国与中国文化，"总是不断地通过抵抗来确保自己的存在的"，而日本与日本文化，"总是通过学习西方，实行扩张来确保自己的存在的"。

竹内好是一位把对鲁迅的研究，与对日本的现实结合起来，并且从中引出教训的研究家。他主要的观点，是通过鲁迅思想的发展道路，批判日本的近代主义。他的这一思想，在战后有了更大的发展，他明确地提出了要从鲁迅的道路中汲取力量，彻底地批判日本的近代主义及其文学流派——日本浪漫派，要肃清日本浪漫派的主要观念——美意识（一种法西斯意识）。无疑，竹内好的这一部分思想，是"竹内鲁迅"最有价值的遗产。

竹内好的鲁迅研究，以他独特的体系，曾经震慑了日本中国学界，在日本鲁迅研究史上具有划时代的意义。在此之前，日本学者对鲁迅的研究，主要在于认识鲁迅形象的基本轮廓；然而，"竹内鲁迅"提出的问题与思维的方式大大地深入了，标志着日本的鲁迅研究向前跨出了一大步。这一阶段的划分，正好与日本政治史的阶段划分相一致，因此，"竹内鲁迅"就成为从战前鲁迅到战后鲁迅的桥梁。

九、"他从政治走向文学而再生"
——尾崎秀树《与鲁迅的对话》

竹内好开创的日本文学主义流派对鲁迅的研究，战后的阵容比战时有所加强。尾崎秀树（1928—1999）先生可以作为50年代到60年代的代表之一。

尾崎秀树是鲁迅的朋友尾崎秀实（即白川次郎、欧佐起）的弟弟，早年在"台北帝国大学"医学部学习。尾崎秀实因为"佐尔格事件"被日本政府处决后，他作为"共产国际间谍"的亲属，备受歧视。战后，尾崎秀树放弃医学，从50年代起从事文艺论评，主要进行殖民地文学的研究。曾先后发表《大众文学论》《旧殖民地文学的研究》《历史文学论》《现代中国论》等专著，并有《"满洲国"文学的形态》《殖民地文学的伤痕》等论文。

昭和三十年代（1955—1965）是战后日本历史的一个转折点，社会文化各领域陆续结束了战后的状态并开始振兴，日本文化似乎陷入了一个"复兴时代"。尾崎秀树对鲁迅抱有特殊的感情。他认为自己的亲属参加共产国际活动，和中国有关系，与鲁迅相熟悉，处在日本历史的这样一个转变时期，他希望得到鲁迅的教示，寻找生活的道路。尾崎秀树于1962年刊出专著《与鲁迅的对话》，1969年又将原书内容扩展一倍再版。著者用《与鲁迅的对话》为题，表示自己的心是与鲁迅相通的。该书以"狼的眼睛"为序，饱含著者的寓意。"序"的第一句话说："阿Q被枪杀之前所看到的狼的眼睛之所以一直在我的眼前，是因为想到了我哥哥被处死的情景。我思考着这狼的眼睛的含义，而至今也未理解。"直到全书末章的最后一句话，著者说："在我的面前，'狼的眼睛'的问题还未完全解开，我与鲁迅的对话尚未结束。"表示了他与鲁迅探讨人生的含义这一根本性的问题将继续下去。

《与鲁迅的对话》共分三部分十五章，其中重要的有"留学生的鲁迅""'惜别'前后""羊皮的西装背心与紫砂的茶壶""架空的恋人们"以及"娜拉的出走"等，分别探讨了鲁迅的革命观、文学观、日本观、恋爱与妇女观等，而贯串其中最重要的核心，则是试图对鲁迅的精神发展史作出解释。

在如何看待鲁迅精神的发展方面，日本的研究家与中国的研究家之间，在理解上不尽相同。国内的研究，比较多的在于探讨鲁迅从民主主义者发展为共产主义者的过程；而日本的研究家们感兴趣的，则比较多的在于探索鲁迅最终确定文学道路的内在含义。说到底，这实际上仍然没有超出竹内好所提出的关于鲁迅的政治与文学问题的范围。

日本的新岛淳良（1928— ）先生在1957年撰写的《关于鲁迅初期思想的笔记》中提出了以鲁迅去仙台为界，1903年的鲁迅与1908年的鲁迅存在着"决定性的差别"。造成这种差别的,则是鲁迅去仙台前,曾经加入了革命党光复会,带有地方主义色彩和轻视个性;相反,到了1908年,他与光复会疏远,获得了"作为少数派的彻底的觉醒"。新岛淳良称这一转变是"政治上的挫折",他并批评中国研究家无视这种"差别"。

尾崎秀树在鲁迅精神史发展方面所构筑的"鲁迅内心的轨迹",便是以竹内好的研究为基础,经过新岛淳良的论述这一中介体而得以形成的。他曾经这样描述过鲁迅思想的发展:"鲁迅并不是从医学转为文学的,他是从政治转向文学而再生的。医学不过是他为实现这一转变的休止符。鲁迅脱离了直接的政治实践,去了仙台,然而……仙台对鲁迅是冷酷的,他回到了东京。但是,在他的面前尚未展现出文艺的道路,他回到东京并没有确定干什么的具体目标。但是,他再一次决心回到为反对管理条令而带头归国的同胞们中间。当然,他已经没有用以前那种老方式参加政治的心情了。鲁迅考虑的是要采用别的道路来探索中华民族问题——那是一个需要深刻地思考自己本身的涉及民族之根的问题……文学在他的面前作为新的复苏,是回东京以后的事情了。"

尾崎把鲁迅赴仙台学医作为他从政治走向文学的转折。他认为,在此之前,鲁迅"是以变革为目标的革命党党员",在此之后,"由于政治上的挫折而走向文学"。因此,鲁迅在日本的主要的思想发展"是他参加政治实践运动,以及从中脱离出来"。尾崎解释说:早年的鲁迅曾写下"我以我血荐轩辕",因此,"他是准备不惜自己的生命的","对鲁迅来说,他也是不把关心母亲将来的安否,与革命家的失脚联系在一起的"。而这些思想,正是"鲁迅接受梁启超等的文学启蒙主义影响的表现……构成了直线性的政治实践"。但是,鲁迅终于"阅尽了潜在革命运动中的虚妄"。

这种"虚妄"指的是当时东京留学生社会中空疏的绝叫与无力回天的议论。因此"他决定一个人出发,去到中国的留学生尚未去过的地方,在那里把自己封闭起来"。尾崎认为,"鲁迅对医学救国的失望,是他为谋求拯救中国人的灵魂而从事文学的心理转换点,而'幻灯事件'则象征性地表示了这一点"。

和所有的文学主义流派的研究家否定"幻灯事件"一样,尾崎秀树认为,"'幻灯事件'与其说是事实,不如说是具有象征性的意义"。他说:"有些弄错了这一象征意义的读者,他们在谈到鲁迅的时候,无一例外地都举'幻灯事件'，然而，这并不能使人理解关于重要的鲁迅的心的飞跃，却产生了'幻灯事件'的神话化。"他甚而进一步认为，"'幻灯事件'是把鲁迅神话化的开始"。这一见解毫无疑问是从"竹内鲁迅"继承来的。但是他们之间也有不同之处。竹内好认为，"'幻灯事件'给予鲁迅的，是如同令人讨厌的事件同样性质的屈辱感"，"他在幻灯的画面前，不仅看见了同胞的惨相，而且在这种惨相中，他也看到了自己本身"。"鲁迅在离开仙台时，也并未抱着用文学拯救同胞精神贫困的美好愿望"（《鲁迅》）。尾崎虽然认为"'幻灯事件'只具有象征性的意义"，但是，他认为，"以这一事件为转机"，鲁迅的想法有了变化，"那是一种潜藏在鲁迅心中的对被枪杀的中国人的连带感，那是一个与见到这一情景而喝彩的中国人流着同样的血的问题。这些问题正如剜了自己一样，具有一种不能不采取对策的冲动"。至此，尾崎已构筑了鲁迅从政治到文学的一幅内心轨迹图。其中的转折点，则是"幻灯事件"象征性地表现出来的"冲动"，这种"冲动"本身，是一种文学的自律性，也即文学的觉醒，而这正是鲁迅的"回心"。

这样，尾崎秀树以典型的日本式的思考方式，阐述了20世纪50年代至60年代初期日本文学主义流派的鲁迅观。虽然，尾崎先生的本意是在于通过鲁迅来探索生活的道路，但其结果，却以著者自身的生活与思想来描述了鲁迅的道路。我想这是完全出乎著作家本人意料的。究其原因，则是尾崎先生在探索鲁迅的内心轨迹时，过分固执于所谓"政治等于是有组织的行动"，而"文学则是个体的觉醒"这样一种日本文学主义流派的思维程式，从而主张"政治与文学相克"的观念。尾崎先生指出了在鲁迅精神史的发展中，研究鲁迅确立文学观念的意义，并且指出了在这一转变中，鲁迅"已经摆脱了梁启超等的文学启蒙主义的影响，朝着'为人生的文学'方向发展"。但是，他过分夸大了鲁迅在1903年与1908年间思想转变的意义，从而导致对鲁迅整个精神发展史采取形而上学的立场。

尾崎秀树的研究形态，在日本鲁迅研究中有着比较广泛的代表性。随着鲁迅研究的深入，它愈来愈遭到了其他学派的批评和挑战。

十、"他倾向于重视现在的一步——平凡的一步"
——丸山昇与他的实证主义的鲁迅研究

随着鲁迅研究的深入发展,"竹内鲁迅"的基本体系事实上成为日本鲁迅研究中禁锢某些研究家头脑的新教条,文学主义流派的研究逐步走上了狭隘的道路。在这种形势下,出现了对"竹内鲁迅"的批评,并从新的角度开辟了鲁迅研究的新领域。其中,以东京的丸山昇与西京(京都)的竹内实两位先生为代表的实证主义学派,则是新崛起的一股劲旅。

丸山昇(1931—)的个人经历与竹内好、尾崎秀树等完全不同。他是在战后日本人民争取政治民主的斗争中成长起来的人物,是一位在一定程度上接受了辩证唯物主义思想的学者。他从事鲁迅研究同他参加日本民主运动几乎同时开始。

1953年5月,尾上兼英(1927—)先生等发起创立"鲁迅研究会"。这是以当时东京大学研究中国现代文学的青年为中心的文学社团。历史是很值得思索的。18年前,竹内好、武田泰淳等当时东京大学的中国文学青年,为批判传统汉学对中国文学研究的影响,发起成立"中国文学研究会",标志着中国近现代文学的研究在日本成为一个独立领域的开始,表现了朝气蓬勃的精神;18年后,当竹内好、武田泰淳等已经成为这一领域研究的权威,以新的教条禁锢着学术研究的时候,又一批东京大学的中国文学青年,组织社团,进行新的探索。"鲁迅研究会"是日本中国文学研究史上第一个以鲁迅为研究对象的学会,它一出现,便以在中国现代文学研究中探索真正的形象为其特征,并对权威保持一种拒绝的姿态。丸山昇是"鲁迅研究会"的发起人之一,但由于同年"五一事件"被当时日本政府无理拘押,至11月释放休养后,于1953年1月才参加该会的活动,并从该会杂志《鲁迅研究》第十期起任编辑。丸山鲁迅观便是以"鲁迅研究会"为基地,在该会探索中国现代文学和把鲁迅精神传播到更广泛的民间中去的过程中逐步形成的。

丸山昇先生力图在重新恢复鲁迅史实的基础上,构筑新的鲁迅形象,并努力"把鲁迅精神变成我们自己的东西"。1956年,丸山先生在谈到"青年应该怎样读鲁迅才是对的"时候,①曾经指出应该从变革日本的立场上来研究鲁迅,应该从鲁迅思想的发展中来研究鲁迅。这样的原则是积极的,它与以竹内好为代表的文学主义流派在鲁迅思想中寻找不变的东西——赎罪与自我否定,也即所谓"回心"相比较,无疑是鲁迅研究中的一个重大进步。丸山昇先生的具体功绩在于两个方面,一是倡导实证主义的研究方法;二是批判某些日本式的"执念",提出了符合辩证法的见解。1963年,丸山昇先生以《存在着异议》为题,撰文批评尾崎秀树先生的《与鲁迅的对话》,②以及竹内好等先生对该书的评价,从中已经可以看出丸山新的鲁迅形象与方法论。当时,他正在集中精力撰写他本人的第一部鲁迅研究专著《鲁迅——他的文学与革命》(1965年,平凡社)。此书针对"竹内鲁迅"的核心"政治与文学"而提出了一系列涉及鲁迅研究的根本性问题;其后,1972年又刊出他的另一部著作《鲁迅与革命文学》,从而全面地构成了"丸山鲁迅观"。

竹内好先生曾多次表示过他抗议把"鲁迅传记传说化"(例如,他认为把"幻灯事件"作为鲁迅立志于文学的转机即是)。尾崎先生也说,"'幻灯事件'与立志文学之间并无直接的关系",而这恰恰是"把鲁迅神话化的开始"。他们共同的认识是"文学的自律"促使鲁迅"从政治脱出而走向文学",实现了"心的飞跃"。丸山昇先生为此指出,文学主义流派在鲁迅研究中的"最大的缺陷"便是他们所构成的"鲁迅形象的骨架,与其说是依据鲁迅的著作所组成的,还不如说是依据历来的各种各样的人所写的,包含着各不相同的主观想象的鲁迅论所组成的"。说到底,实际上这是从他们自己本身的经历中所引导出来的"自身形象"。丸山昇先生认为,要阐明鲁迅选择文学道路,以及探索鲁迅的政治与文学的关系,必须具体地根据第一性的资料。丸山昇先生从所能获得的鲁迅本身的文章、书简、友人的回忆录等的史料中,明确地阐明和周密地论证了鲁迅的思想特点,以及围绕着鲁迅的种种状况。丸山先生认为,鲁迅在去仙台学医之前,确实对民族的命运具有危机感,但是,在这种危机感中已经表明了鲁迅的注意力是"向着中国人作为'人'这种存在本身的"。鲁迅在当时已经认为,"中国人的最大病根,是缺乏诚与爱",因此,鲁迅在生活道路的发展中"向着文学,是

---

① 《鲁迅研究》,1956年10月。

② 同上书,1963年12月。

极其自然的事；放弃医学，不过是作为这种一贯倾向的终点而产生的结果"。丸山又指出，在鲁迅开始文学活动之后，从1907年、1908年鲁迅的评论中所见到的关于他尊重"个性"与"精神"的主张，"并不是政治的对立物，而是包含在政治之内的"作为鲁迅理想中的"人"而提出来的"精神界的战士""反抗与行动的诗人"等，实际上仍然是"一种救国者的形象"。由此，丸山昇先生的结论认为，1903年与1908年之间，就鲁迅思想而言，可以看出它的深化与发展，但是，"并没有存在着决定性的隔绝"。这是自竹内好开创文学主义研究鲁迅以来，第一次从实证的基础上予以批驳。这一结论不是从主观臆断出发引导出的研究者的自我形象，而是从史实中引导出的鲁迅情况。著者并不追求建筑自己的理论体系，而是注重"状况"的考察。在这个意义上我们可以说，丸山昇先生是日本战后把中国现代文学的研究变成实证科学的创始人之一。

丸山昇先生倡导的实证科学，与日本传统汉学中的考据学不尽相同。他不仅十分注意第一性的资料，而且是以充分的理论为其指导的。丸山在研究中最先注意到的一个问题，便是日本形式的关于"文学"和"革命"的概念规定与实证科学之间的矛盾，它事实上成为理解鲁迅思想的障碍。丸山说："我并不想要整理和分析鲁迅关于革命和文学的关系的结构，毫无疑问，如果选择遵循这一结构所产生的行动的轨迹，那么，这一理论的论法所使用的语言和概念，必然会不知不觉地带有日本式的意义，其结果不管喜欢或讨厌与否，恐怕是难以脱出日本式的既成概念的框框。"（《鲁迅与革命文学》）

这是一个深邃和大胆的见解。因为这不仅涉及鲁迅研究中的不同见解，而且是向日本知识分子的某种思维形式挑战。丸山先生认为，关于"政治"等于是"有组织的行动"，而"文学"即是"个性的觉醒"，鲁迅"从政治中脱出，而与文学置换"等，是典型的日本形态的思维方式。但是，日本的一些鲁迅研究家并不能认识这种由历史所决定的日本知识分子的思维形式已经成为研究中国现代文学的一种障碍，并且无力摆脱这种局限。丸山昇先生在这一点具有特殊的自觉，他竭力摆脱这种"执念"的纠缠，尽量再次返回到历史状况的现实中，以复苏的事实为基础。正因为如此，在以前的鲁迅研究家由于他们的思考方式而把自己的观点局限的地方，丸山昇先生得以开阔自己的视野。

丸山昇先生在这方面的一个重大突破，便是把鲁迅研究的重点，从鲁迅的前期转移到鲁迅的后期,他的《鲁迅与文学革命》一书便是为此而撰写的。几十年来,日本的研究家感兴趣的,大多集中在鲁迅的早期形象上,诸如鲁迅的留学、鲁迅的婚姻、鲁迅的苦闷、鲁迅从政治走向文学等,而对于鲁迅最具价值的战斗的晚年却论之者甚少。丸山昇先生致力于后期鲁迅的研究,这对于正确认识鲁迅思想具有重大意义。

所谓后期的鲁迅,丸山先生指的"主要是在30年代入口处的鲁迅"。他说:"我的鲁迅观,就大体而言并没有超出瞿秋白、毛泽东他们的见解的范围。"这种坦率诚实的学风,令人感动。但是,丸山先生也同时指出了包括中国在内的在这一方面研究中的许多不足。他特别在鲁迅如何接受马克思主义,晚期鲁迅思想的特色,以及鲁迅的文学观等方面作了许多可贵的探索,提出了自己的见解。

丸山强调指出,由于中国的实际情况和鲁迅的实际经验,鲁迅接受马克思主义与"日本的状况不同"。丸山以鲁迅与"为革命的文学"这一口号的关系为例,说"鲁迅对于马克思主义,并不是把自己整个儿投入其中,相反,他也没有整个儿地拒绝它,然而,他也没有因此而陷入浅薄的折中主义,他巧妙地接受了马克思主义的本质方面"。研究家特别注意于把鲁迅接受的"本质方面"与日本知识界曾经"把马克思主义作为唯一的'科学''世界观'接受",却"又与它分离而不思索'革命'"的状况加以比较,使日本人更能理解"鲁迅精神"的实质。

在鲁迅研究中有一个国内研究家不大谈论而日本研究家甚感兴趣的问题,那便是鲁迅的"文学无力说"。不少人把它作为鲁迅主张"政治——现实,文学——非现实"的最有力的论据之一(如竹内芳郎先生等)。丸山昇先生对此提出异议,他在进行了大量的分析之后说,鲁迅认为,不仅是文学,"连'政治'或'革命'也不能立即说它们的一切都是属于现实世界的。因为在它们的内部,不仅存在着思想与行动上的矛盾,而且,这些思想与行动在其现实与非现实之间,显示了多种的形态。相反,即使文学,简单说来是属于非现实世界的,然而,创作文学和阅读作品的人也都是现实的存在,因此,文学也处在现实与非现实之间,具有复杂多样的形式"。丸山认为,鲁迅的"无力说"与"有力说",关键在于有没有获得得以贯彻自己主张的确实保证。他认为,鲁迅的"文学无力说"不能作其他的理解,只能认为,这一思想表现了鲁迅"完全是把在现实中有可能改变黑暗的任何一个具体行动置于优先的地位"。

与这一认识相联系的,丸山昇先生认为,鲁迅后期思想的基本特色,便是"在他的思想中,比起未来的远大希望与深远壮大的真理来,他明显地倾向于重视现在的一步——平凡的一步"。鲁迅的文学,"并不是要给我们一个已经完成的未来形象,它除了显示必须打开具体道路,给自己力量外,不可能有其他什么"。

至此,丸山昇先生已经勾画出了他自己新的鲁迅形象,这是一个用实证主义描述出的鲁迅形象。他的许多观点,在日本鲁迅研究史上,都是前人所未有的,也给我们以启迪。当丸山先生开始探索鲁迅时,他还是一位在校的文学青年,于今,实证主义在日本的中国现代文学研究中有了很大发展,而丸山昇先生也已成为这一领域最具权威的学者了。

一九八一年八月于北京大学

《赵氏孤儿》与18世纪欧洲戏剧文学①

18世纪欧洲的戏剧舞台，上演了大量的以"三一律"为艺术准则而创作的古典主义剧本。它们的主题极其类似，人物的动作千篇一律，使观众日益感到倦怠。正当启蒙艺术家们在希冀获得戏剧发展的新刺激的时候，从遥远的东方古国传入了一出悲壮的戏剧——中国元杂剧《赵氏孤儿》。欧洲的艺术家们一下子为剧中所表现的牺牲精神和高尚的道德力量，以及它所具有的东方艺术技巧所吸引，该剧先后从法文转译成英文、德文、俄文等，尤其使人瞩目的是，意大利的梅达斯塔苏（Metastasio）、法国的伏尔泰、英国的墨菲（Murphy）和德国的歌德，这样一些闻名世界的18世纪欧洲文学家，更相继改作模拟，并把它搬上了舞台。从而，从那不勒斯到巴黎、伦敦，中国的《赵氏孤儿》震动了许许多多观众的心弦。成千上万的欧洲读者与观众，了解了中华民族的传统情操与理想，并且也从东方古典艺术中得到了启示。

《赵氏孤儿》原名《赵氏孤儿大报仇》，著者纪君祥（一作纪天祥），元大都人，元代前期剧作家。《赵氏孤儿》全剧共五折，另加开首一段"楔子"。这是根据《左传·宣公十二年》和《史记·赵世家》

---

① 此文原载于《文史知识》1982年第2期。

等文献记载的春秋晋灵公时，赵盾与屠岸贾两族之间发生矛盾冲突，权奸屠岸贾杀戮赵氏三百余口的故事而创造的戏剧。这是一出表现忠臣义士与权奸弄臣斗争的历史剧，它揭露了统治集团中一些人的凶残阴险，歌颂了为铲除横虐暴戾而不惜作出牺牲的高尚行为，在一定程度上，反映了人民的愿望，表现了民族的美德。所以，几百年中，这出戏上演不衰，被誉为"雪里梅花"（《涵虚曲论》语），明代传奇《八义记》、清代皮黄戏《搜孤救孤》等，也都是在《赵氏孤儿》的影响下产生的。

《赵氏孤儿》在欧洲的第一个译本，刊载于1735年巴黎出版的《中华帝国全志》第三卷中。译者马若瑟，法国汉学家，耶稣会传教士。他于1698年来华后，一面传教，一面研究汉语，著有《汉语札记》一书，这是18世纪欧洲最好的汉语语法书。1731年，马若瑟在广州把《赵氏孤儿》译成法文。在此之前，中国的文学作品，如《诗经》等虽然已经有一些欧洲文字的译本，但是，把中国古典戏剧介绍到欧洲的，马若瑟则是第一个。译者在"前言"中，说明了他翻译这部作品的本意，是希望欧洲人通过《赵氏孤儿》这样真正的中国悲剧，能够观察到中国文明的程度和中国人的道德观念。译本是由一位名叫杜布鲁斯的传教士带回法国的，这位传教士把它交给一位杂志社的总编辑杜赫德（Du Halde）。杜赫德也是一位对古老的中国文明怀有浓烈兴趣的学者。他把《赵氏孤儿》列入了由他编辑的《中华帝国全志》中。

在此之前，从17世纪中后期开始，在以英法为代表的欧洲戏剧舞台上，已经出现了一种中国戏剧。这种所谓的"中国戏剧"，是剧作家依靠从当时出版的一些中国游记中获得的片段的知识，加上自己的想象，选取若干有关中国的题材而写成的。这些剧作，增加了异国的情调，激发了观众的热情。它反映了当时欧洲艺术家希望在戏剧舞台上表现中国风俗人情的强烈愿望，和欧洲广泛的阶层希冀了解中国文化的迫切心情。在这种情况下，《赵氏孤儿》应运来到欧洲戏剧界。

马若瑟在翻译过程中对原剧的曲文与过于冗长的白文都做了删节，但整个结构还是与原作一致的。18世纪的欧洲，是一个激情洋溢的时代。因此，法译本一经在巴黎发表，就赢得了许多读者。此后不久，英国出现了两种从法文本转译的英译本，即由R. 布鲁克斯（R. Brookes）和T. 卡维（T. Cava）的译本。接着，1748年有了德文本，1774年有了俄文本。前后40年，《赵氏孤儿》传遍了欧洲。

由于《赵氏孤儿》多种欧洲文本相继出现，不少艺术家在创作上受到它的影响，其中最可注意的，是出现了一批以《赵氏孤儿》为范本而加以模拟和改作的戏剧。

1748年，在欧洲艺术界中名声显赫的意大利诗人梅达斯塔苏创作了一出名为《中国英雄》的歌剧。其情节与《赵氏孤儿》基本相同，只是减少了几个角色，并且"孤儿"已是一位少年男子。所谓"中国英雄"指的就是这位立志报仇、剪除凶邪的少年。原作中权臣的种种阴谋与暴行，都是通过回忆性的歌唱来叙述。这是把中国古典戏剧的内容，与意大利歌剧的形式相结合的一种尝试。1752年，这出歌剧在奥地利皇宫演出，获得了巨大的成功。30年后，那不勒斯的名作曲家希马洛又为该剧重新谱曲，成为一个长期保留上演的节目。

但是，这位意大利诗人的《中国英雄》并不是最早的《赵氏孤儿》模拟剧。早在1741年，英国人W.哈蒂培脱就在伦敦出版了一部依据《赵氏孤儿》改编的名叫《中国孤儿》的剧本。

在模拟剧中，最重要的要推法国伏尔泰在1753—1755年期间创作的《中国孤儿》。伏尔泰是法国启蒙思想家的代表之一，欧洲文学的巨匠。这部剧本的出现最有力地说明了《赵氏孤儿》在18世纪法国戏剧文学中的地位。伏尔泰对中国悠久的文化，不仅具有浓厚的兴趣，而且始终怀着崇敬的心情。当他读到马若瑟的法译本时，便对中国戏剧和《赵氏孤儿》给予了很高的评价。他说："戏剧诗之发达最早的，莫过于在伟大的中国和雅典。"他认为，《赵氏孤儿》"虽然有不近人情之处，然而却充满了浓厚的情趣；情节虽不免于复杂，而线索脉络却清晰分明。情趣与易懂，无论在何时何地，都是文学创作的两种美德。而这样的美德，在我们近代的作品中，却常常是欠缺的"。所以，他说："这出中国戏，无疑是胜过我们同时代的作品的。"

伏尔泰的《中国孤儿》剧本讲了这样一个故事：成吉思汗占领北京之后，下令搜查王室遗留下来的孤儿王子。当时，他手下一名叫臧棣的官员，为了保护王子，便把自己的亲生儿子冒充王子交了出来；并掩护真王子转移高丽。但成吉思汗已经侦知臧棣夫妇藏匿了真王子，大怒之下，把臧棣的妻子伊达梅收为宫嫔，并拘捕其儿子。原来，伊达梅与成吉思汗从前是一对情人，因而，成吉思汗要伊达梅与他正式结婚，充当统治中国的皇后。正在这时，真王子在赴高丽途中因迷路而返回北京，也终于被捕。伊达梅坚贞不屈，在临刑前与丈夫诀别，要丈夫先把她杀死，然后自尽。这一切为成吉思汗所目睹。他为这对年轻夫妇忠贞的爱情、不屈的气节和伟大的献身精神所感动，在不知不觉中接受了中原文明的洗礼，终于把他们全部释放。

伏尔泰的《中国孤儿》主题十分明白，他力图证明中国文明的伟大力量与它的巨大价值。据说，这个主题也是为了回答当时法国另一位杰出的启蒙主义思想家卢梭对中国的文明所提出的疑问。卢梭在其《论科学与艺术》这篇举世闻名的论著中问道：假如中国的文明与学说，并不能使他们免为鞑靼异族的奴隶，那么，他们的所谓科学与艺术，其价值又何在呢?伏尔泰则用《中国孤儿》这出戏形象地回答说，统治中国的王朝虽然会灭亡，但中国古老的文明却将永久地存在，它深深地扎根于人民之中，成为他们为民族献身的美德。这种观念，也正是当时法国百科全书派的中国观。

《中国孤儿》在法兰西剧院公演，盛极一时。当时著名的演员莱卡扮演成吉思汗，M.克莱朗小姐扮演伊达梅。他们穿着西方制作的东方式服装——成吉思汗穿着金条闪烁的长袍，披鬣毛熠熠的狮皮，挂土耳其大刀，戴翎毛红顶的头盔，无比威武；伊达梅穿白裙青绿上衣，衬以金色网络，肩披波兰式金黄外套，十分优娴典雅。他们在舞台上表演这可歌可泣的故事，几乎轰动了整个巴黎。这出戏后来在法国人民纪念伏尔泰诞生二百周年的时候，又重新搬上了法国大剧院的舞台，观众又是惊奇，又是赞叹不已。

在伏尔泰的《中国孤儿》初演后仅仅三个月，伦敦便出版了这部剧作，《每月评论》和《缙绅杂志》都曾为此发表了评论。当时，英国的剧作家．墨菲对它发生了很大兴趣，他参照马若瑟的原译本，对伏尔泰的《中国孤儿》做了些修改，并且仍以同名刊行于世。墨菲认为，把"粗暴的征服者，变成温文尔雅的法国式的骑士"，这是不能接受的。他的观点与伏尔泰所具有的中国文明优胜论不同，主张以苦斗获取自由。所以，他在自己改作的《中国孤儿》中，便把作为成吉思汗替身的帖木儿汗，描写成始终是一个暴戾的君王。这出戏的结局，是孤儿杀死了暴君，自己也在决斗中身亡。暴君死了，中国因此而获得自由；孤儿死了，这是为自由付出的代价。

1759年4月，墨菲的《中国孤儿》在伦敦屈里莱剧场初演，由名演员大卫·加里克饰主角。据说，英国文学家高尔密斯当时在座上连声叫好，后来在《评论》上再次赞誉演出的盛况。这部剧作在当年曾付印两版，都告售罄。此后的60年中，墨菲的这出戏，曾多次在英国上演，并且越过大西洋，传到了美国。

正当欧美舞台上《中国孤儿》上演不衰的时候，1781年4月，德国伟大的作家歌德开始写作歌剧《爱尔潘诺》。德国不少文学史家认为《爱尔潘诺》的构思是受了中国《赵氏孤儿》的启发。莱希维在他的《中国与欧洲》一书中，引证了歌德的好友安伯于工1827年5月23日给雷卡米夫人的信，说"歌德当时曾把《赵氏孤儿》这个故事记在心中，等稍后一些时候，他便自己动手另编。草稿起了一些，又辍笔了一段。两年以后，他作了修改，感到当初的研究还不够，于是将背景改为古代希腊。然而，把中国的故事与希腊的背景合在一起，他又觉得太矛盾了，因此又不得不搁置起来。他去意大利旅行时，还带着这些旧稿，想作一些修改，这在他的日记里都有记载。但终于又搁下了"。《爱尔潘诺》没有最后完成，实在是一件憾事。但是，我们从已经创作的两幕中，也看到了《赵氏孤儿》对这样一位伟大作家的影响。这种影响虽然与英法的若干模拟剧不全然相同，采取了非直线型的形态，但惟其如此，就愈益显其深刻。

18世纪《赵氏孤儿》在欧洲的流传，使更多的西方人接触了中国古老的文化，了解了中华民族传统的美德；并且，在文学创作与舞台表演两方面，显示了对欧洲戏剧文学发展的影响，这在欧洲文学史和中国文学史上都具有积极的意义。它从一个侧面表现了悠久而灿烂的中国古代文化所具有的世界性意义。

关于汉学的问答
——《北京晚报》记者薛勇访问严绍璗①

记者薛勇问（下略为"**记者问**"）：严老师，听说你将组织编译一套"国际汉学名著丛刊"，我们感到很兴奋。您能否谈谈汉学是一门什么样的学科？它的发展轮廓大概是怎样的？

严绍璗答（下略为"**严答**"）：我想，我们应该把"汉学"称为"中国学"更为合适一些。因为这一学问是指外国人对中国（特别是文化）的研究，不仅局限于汉族。这门学科，最初分为东方和西方两部分，西方部分主要指欧洲汉学，它在一个相当长的时间里，主要是翻译中国经典，介绍中国的概貌，并致力于中国语言的研究等。东方汉学则以日本为中心，日本由于它在文化上与中国的特殊关系，在近代以前相当长的一段历史时期中把汉学纳入它本国的上层建筑，在政治、宗教及社会制度诸方面，全面吸收汉文化，一直到明治时期的中期，随着封建制度的瓦解，日本传统汉学才趋于没落。代之而起的，则是受欧洲资产阶级近代汉学（特别是法国汉学）的影响，以区域性和学科性研究为特

---

① 此文载于1984年12月31日《北京晚报》第2版，是我国报刊对相关学人所作的第一篇关于国际汉学的采访记，此文在20世纪90年代曾经作为阅读文章编入我国一些地区（如京沪）的高中语文课本。

征的中国学。至此，东西方汉学开始逐步地合流了。

记者问：那么，中国人研究汉学，有什么意义呢？

严　答：汉学是一门双边性学术。从中国文化的角度讲，它是中国文化研究在国外的延伸；但同时，它又表现了研究者本身的文化观念，是研究者所在国文化的一部分。所以，我们研究汉学，至少有三方面的意义。第一，有助于我们理解中国文化的世界历史意义；第二，了解世界各国的中国观，即对中国和中国文化的看法；第三，开阔我们研究中国文化的视野，引进一些新的思想和方法论。

记者问：看来，文化是一个很复杂的现象，若是从单一角度去观察、去认识，就很难避免片面性。我们中国人研究自己的文化，实际上是一种自省，是一种自我意识。而外国的同行们，则是用出自他们的文化传统的眼光，把中国文化作为一种外界的客观对象进行研究。这两种研究，反映了两种眼光、两种角度，它们各有特点，也各有局限性，当然也有了相互的交流，有了相互补充的必要。您认为是这样的吗？

严　答：是这样的！我们在研究中国文化的过程中，外国同行们的工作常对我们有所启发。比如，在中国奴隶社会与封建社会的研究中，我们往往认为铁器在战国时代的应用，证明了战国封建说的成立。日本中国学的一些研究家则注意于另外一些条件，例如，作为在中国这块土地上劳动对象的特殊性、关于宗法制度和婚姻制度的变异等等，从而提出了"秦汉社会二重结构论""总体奴隶制论"等见解，都可以供我们参考。

记者问：目前，我国汉学研究处于什么状态？

严　答：萌芽状态吧。不过学术界的许多朋友已经开始重视这个萌芽了，有关的一些著作也将陆续翻译出版，这对有志于汉学研究的青年朋友们，将会有一定的帮助。

甲骨文字与敦煌文献东传纪事①

19世纪末期和20世纪初期，中国甲骨文字和敦煌文献相继发现，它们于中国古史（古文化）的研究方面，从观念到方法论，都引起了重大的革新，并且逐步在世界范围内形成了超越国界的"甲骨学"和"敦煌学"，成为世界文化史上两项伟大的工程。

甲骨文字和敦煌文献的发现，在汉字文化圈内对旧学的冲击，除中国外以日本为最烈，从19世纪中期始，日本学术文化正在从古代社会的桎梏中挣脱出来，亟欲形成近代性的体系。其中，曾经作为德川幕府政权官方哲学的日本汉学正在衰亡，日本中国学作为一门近代性学术正在形成。日本汉学和日本中国学虽然都是以中国文化传入日本作为学术形成的基本背景，但是，日本汉学主要是把中国文化的某些成分充作研究者本人的意识形态，抑或是社会的意识形态——诸如哲学观念、价值尺度、道德标准等；日本中国学则是把中国文化纯粹作为学术的客体对象，在人文科学和社会科学的广泛领域内，进行近代意义上的研究。日本中国学与日本汉学，是以前者否定后者的方式互相连接起来的（我们在这里说的"否定"，指的是辩证法意义上的"否定"，读者自当辨明

---

① 本文原发表于《中国文化》1990年第3期。

之，不应有所误会）。它们在本质上是新学与旧学的关系，其间争斗的一个重要内容，便在于究竟是脱却还是承袭旧汉学的经学主义原则。中国甲骨文字和敦煌文献的东传，则从观念到方法论加强了中国学实现其学术的近代性，可以说，它成为近代日本中国学形成的一个诱导因素，从一个方面表现了中国文化所具有的世界历史性意义。

本文略记甲骨文字与敦煌文献东传日本之肇始诸事，以为中国文化史之备考，并志甲骨文字发现九十周年祭。

甲骨文字篇

一

日本是世界上最早获知中国发现甲骨文字讯息的国家。当1902年刘铁云正在编撰《铁云藏龟》时，日本中国学的创始者之一内藤湖南，于同年10月10日造访了北京崇文门外木厂胡同的刘宅，目睹了中国学者识别的第一批甲骨文字片，观看了刘铁云拓片的过程。这是世界上见到甲骨文字和听到中国学者对此见解的第一位外国人。后来，内藤湖南在1917年1月25日所作的题为《中国上古的社会形态》的讲演中，回忆这一次的"见学"时说：

> 明治三十五年（1902）我由《朝日新闻》社派往中国，其时在北京会见了刘铁云。当时，他编纂的著作放在桌子上，正在制作拓本。听他说这是新近从河南发掘的龟甲，上面刻有文字。……这是一次珍贵的机会，但我当时则毫无研究。[①]

内藤湖南青年时代任大阪《朝日新闻》社记者，活跃于中国、朝鲜等东亚地区。后来，他转向学术研究，从1907年起，主持京都帝国大学"东洋史学"第一讲座达二十年之久，并成为日本最早的甲骨学家之一。1916年5月他发表的论

[①] 参见贝塚茂树：《古代殷帝国》，Misvzv书房，1958年。

文《王亥》，便是直接利用甲骨文字研究中国古史获得的第一批实证主义成果之一，此是后话。

《铁云藏龟》刊出后六年即1909年，日本学术界正式发表了第一篇有关甲骨研究的论文——日本东京高等师范学校教授林泰辅博士的《论清国河南省汤阴县发见之龟甲牛骨》。林泰辅是日本汉学向中国学转变时期的一位具有过渡性质的学者，撰著有《周公与其时代》《中国古代研究》《论语年谱》等大著。他的这一篇论文是依据《铁云藏龟》而撰写的。当时，林泰辅并未见到实物，且误信商贾之言，把龟甲的出土指为河南省汤阴县的古牖里城。这大概是那个时候的日本学者普遍性的误解——1910年京都帝国大学富冈谦藏发表题为《古羑里城出土龟甲之说明》的讲演，也仍然认为甲骨是从古牖里（羑里）出土的，尽管有这样的误解，但林泰辅在其论文中，就甲骨本身的研究，提出"此为属于殷代王室卜人所掌之遗物"。当时，无论是刘铁云抑或是其后的孙诒让著《契文举例》和《名原》，似乎都没有提出过这么明确的判断。处在甲骨文字研究的蒙昧时代，林泰辅的这一看法，当然是很有意义的。林氏依据"殷代王室卜人遗物"的判断，在其论文中还比较研究了中国古文献中的卜法、甲骨的卜法、日本古时流行的龟甲兽骨卜法等社会民俗学问题。

林泰辅的这篇论文，由假寓于北京的日本文求堂主人田中庆太郎转赠于中国罗振玉。罗振玉对林氏论文的赅博，至为惊叹，认为此论文可以补充他本人从前的《铁云藏龟序》等的不足，同时，又启示他作进一步的研究，以补足林氏在论文中的疏略，于是便撰《殷商贞卜文字考》，就文字、卜法诸方面提出不少有益见解，其中关于殷墟的考定，为最重要的贡献。罗振玉撰本论文的缘起，在翌年三月致林泰辅的信中，讲得十分明白。

> 椎古先生有道，去岁在东京，得聆大教，欢慰平生。别后之思，与时俱积，维道履休胜，良以为祝。前田中君转到赐书并大著，拜读一通，深佩瞻核。觉往者率尔操觚，见嗤都雅，愧报无似。弟近以余暇，重加研究。又从估人之鬻龟甲牛骨者，探知此物实出彰德府城西北八里之小屯（其地近安阳河，即古之洹水。详拙著第一篇中）。以《史记·殷本纪》考之，其地正殷墟也。又有龟甲文字中，得商代帝王庙讳十有五，曰太乙，曰太甲，曰太丁，曰小甲，曰太戊，曰仲丁，曰且乙，曰且辛，曰且丁，曰盘庚，曰武

丁，曰且庚，曰且甲，曰武乙，曰文丁。文中又往往称"王卜"，知此实殷代王室遗物。近作《殷商贞卜文字考》约分三篇。曰正史家之违失。曰是正文字，曰考古代卜法。恐尚须一、二月间乃能削藁。凡尊考之疑窦，一一皆可了然判决（其所记干支中癸子、丁子等之"子"字，即"巳"：其"肖"字即"寅"也。拙着第二篇中详说之）。近日沉溺于此考将匝月，久欲作书奉告，匆匆未暇。兹约略敬陈。先生闻之当为称快也。承索拓本，稍暇拓奉，先此敬申，虔请著安。弟罗振玉再拜。

晤后藤、高田、河井诸君，乞转以此告之，并致候，不另。

此处的"権古先生"，即指林泰辅。因林氏书斋自号"権古斋"之故。此信以《北京大学校长罗振玉关于殷代遗物新发掘之通信》为题，刊载于1910年6月《汉学》第一篇第二期上。当时，中国北京只有"京师大学堂"，称其为"北京大学"，是日本学者们的新潮。罗振玉并不是北大校长，其时正在京师大学堂农科监督的任上。

罗振玉在上述信函中所表示的意思，后来在他于1913年编撰成的《殷墟书契》（即《殷墟书契前编》）的"序文"中，又做了一次说明：

宣统改元之二年，东友林君泰辅寄其所为考至，则视孙徵君札记，秩然有条理，并投书质疑，爰就予所已知者为《贞卜文字考》以答之，已而渐觉其一二违失，于旧所知外亦别有启发，则以所见较博于畴昔，故于是始恍然。

有一个情况似乎应当指出，当甲骨文字在中国出土的消息传入日本之后，日本的传统汉学家和一部分新进中国学家，几乎都不相信它的可靠性，特别是一向从事经学研究和一些所谓的中国哲学家，以东京的学者居首，指甲骨文字乃赝品伪物。林泰辅在1919年回忆最初的情形时说："当时，我的朋友中许多人对甲骨表示怀疑，劝我不必那样认真对待。"

当时，中国学界名高望重的章太炎先生，于罗振玉致函林泰辅的同年，便读到了这封中日学者关于甲骨文字研讨的最初信件，即刻在日本东京自办的《学林》第一期（1910）上，刊出《与罗振玉书》的公开信，对日本学者林泰辅的甲骨研究，以及超越这一研究的诸如重野成斋、三岛中洲等日本诸老博士，白鸟库吉、服部宇之吉等日本年轻教授，包括儿岛献吉郎、森槐南等日本诗人在内——一举名痛骂，其曰：

> 叔蕴足下，见东人所集汉学，有足下与林泰辅书，商度古文，奖藉甚泰，诚伥伥若有忘也。林泰辅者，尝在大学治古典科，非能精理，其所作《说文考》，特贾贩写官之流。非独泰辅，东方诸散儒，自物茂卿以下，亦率末学肤受，取证杂书，大好言易，而不道礼宪……其学固已疏矣。顷世学者不论其意，以东国强梁，貤美于其学术，得憭截小善，辄引之为驰声誉。自孙仲容诸大儒，犹不脱是，况其稍负下者？然今东方人治汉学，又愈不如曩者。长老腐朽充博士者（如重野安绎、三岛毅、星野恒等），其文辞稍中程，闻见固陋，殆下知康成、子慎。诸少年学士，号为疏通，稍知宁人以来朴学，然大率随时钞疏，不能明大分，得伦类……往者中土不校东人优绌，横弃重弊，以求良师，如服部宇之吉辈，尚厕大学教授之列，归即自言深通汉古文，腾而狂趡，时出纸笔，殆与明世《大全》同科，犹不能比帖括（汉学杂志中有服部所撰《孔子集大成》一首，缴绕可笑）。儿岛献吉（脱一"郎"字——著者）之伦，不习辞气，而自为《汉文典》，森大来专为诗歌，体已骫骳，故不知代语也，亦授《尔雅》于其大学。白鸟库吉自言知历史，说尧舜禹三号，以为法天地人，尤纰缪不中程度。大抵东人治汉学者，觊以尉荐外交，不求其实，窃名况乎域中，更相宠神，曰绳其美，甚无谓也……
>
> 令以故国之典，甚精之术，不自校练，而取东鄙拟似之言，斯学术之大蹙，国闻之大稗，胡可以忽之不忌哉！若乃心知其违，而幸造次慎起之华，延缘远人以为声誉，吾诚不敢以疑明哲也。章炳麟顿首。①

章太炎先生在上述信函中，几乎横扫当时日本所有的中国文化研究家，血气方刚，气魄宏大。他以当时参与政治活动的经验，敏锐地意识到"大抵东人治汉学者，觊以尉荐外交"，说得十分深刻，文字间透出民族正义，斯为感佩。但章太炎先生情绪也略偏激，观点趋于极端，气度狭隘了。所论诸事许多不符当时学术的实际势态，且尤其不利于东亚文化的汇通。这与稍后的同时代人梁启超在

---

① 《章太炎全集》第四卷，上海人民出版社，1985年。

《中国历史研究法》中说"日本以研究东洋学名家者,如白鸟库吉,那珂通世之于古史及地理……内藤虎次郎之于目录金石,皆有心得"的看法,极不相同。

这封信是从日本人林泰辅的甲骨文字研究引发的,其中可能有学术的门户之见。章氏作为大儒俞樾的门生,为清末古文学派之骁将。章先生在东京一边革命,一边开讲《说文解字》,他指龟甲文字为"伪物",正是出于维护《说文》的神圣性。但是,这封信的真正用意,大概主要是痛击罗振玉的。信的首尾指罗氏"伾伾若有忘也","延缘远人以为声誉",乃"学术之大蟊,国闻之大稗"云云,皆可明征。

内藤湖南在1911年8月8日由《朝日新闻》社主办的广岛市"夏期讲演会"上,特别提到了这封信。他说:"二百年前物徂徕曾骂倒一切,而现在章先生又一一点名骂倒一切,实在是惊人之举。"表现了日本中国学界的惶惑。

二

尽管存在着学术界主流派的否定见解,林氏在发表上述论文之后不久,便从中国购得甲骨片六百余枚。1918年,林泰辅又专程赴中国安阳,进行实地调查和收购。林氏在亲见实物后判断说:"这是把文字刻在龟甲牛骨之上,为历来载籍所不录。如此异品的存在,为历来考古学家所未知。我一见实物,相信其绝非伪赝之物。"

当时,与林氏同道作为甲骨文字传入日本的启蒙阶段的学者,大都是日本民间的汉文字学家。前述罗振玉致林泰辅信函末尾所列学的后藤(朝太郎)、高田(忠周)、河井(仙郎)诸君即是。其中,高田忠周有大著《古籀编》,河井仙郎长于篆刻,精于金石之学。他们与林泰辅共为"说文会"的同人——这是江户时代(1603—1868)狩谷掖斋发起的中国古文字研究会,以研读《说文》为主。1907年林氏又组织"吉金文会",轮读阮元的《积古斋钟鼎款识》等。在他们的协助下,林泰辅于1917年合日本商周遗文会、榷古斋、听水阁、继述堂等各家所藏之甲骨文字片,从中节选出1023枚,制成拓片,并附"抄释",编纂为《龟甲兽骨文字》二卷。林氏在"叙文"中说:

> 欲究邈古之文明，则方策未必可得而徵，于是乎金石器物之类，凡可以窥其情状者，皆莫不供资料，况乎录文字者乎！……光绪二十五年，河北安阳县洹水之南，始出龟甲兽骨片。片奇古且有文字，别致一异彩矣。窃尝论之，洹水之南，即所谓殷墟……奇品之蕴藏，如此其多也，所刻文字，变化百出，不可端倪，与金文及《说文》，或合或离，象形假借尤多，虽未能尽晓通，自有修理，秩然不可紊者。其文大抵卜占之辞，殷商帝王之名，十存八九，为当时史官所掌，殆无疑议……
>
> 我商周遗文会，据清家所藏实物，拓本编印《龟甲兽骨文字》，且抄释其字体明白无疑者，附录卷末，颁之同好，庶几足以助学术研究之一端乎！若夫考释全文，则会员相共研摩讨究，俟他日问之于世。

这是日本中国学界第一部甲骨文字著作——以它作为标识，日本中国学界开始了对甲骨文字的学科性研究。这一研究是在日本中国学家接受中国存在甲骨文字这一事实，并致力于实际搜储甲骨片资料的基础上展开的。

林泰辅主编的《龟甲兽骨文字》，著录了20世纪最早期日本的甲骨收藏。1933年，流寓于日本的郭沫若先生在调查了林氏之后东京、京都的诸家搜储的基础上，编撰了《日本所藏甲骨择尤》（收入《卜辞通纂》之中）。郭老描述当时日本的甲骨收藏情况说：

> 余以寄寓此邦之便，颇欲征集诸家所藏，以为一书。去岁夏秋之交，即从事探访。计于江户（即东京）所见者，东大考古学教室所藏约百片，上野博物馆二十余片，东洋文库五百余片，中村不折氏约千片，中岛蠔山氏二百片，田中子祥氏四百余片，已在二千片以上。十一月初旬，携子祥次子震二君赴京都，复见京大考古学教室所藏四五十片，内藤湖南博士二十余片，故富冈君扨氏七八百片，合计已在三千片左右。此外闻尚有大宗搜集家，因种种关系，未能寓目。

继此之后，金祖同先生于1939年在日本再次搜拓甲骨，编为《殷契遗珠》一书。原来，自1931年日本军国主义发动"九一八"事变之后，某些日人利用其在中国北方的特殊地位，有计划地劫运殷墟遗物，学术的性质为之大变。1937年金祖同在日本所见甲骨片，仅东京一地河井荃庐、中村不折等所藏，已逾4000余片。此距郭沫若先生所见，仅隔五年，藏量激增。这样当量的甲骨文字片流散于日本，虽然主要是作为文物而保存，然而，它们的存在，对中国学的实证主义观念和方法论，无疑会有重大的推进。①

三

罗振玉和王国维的学术活动，对于推动甲骨文字和敦煌文献的东传，促进日本中国学的形成，影响甚巨。罗振玉曾在1907年受张之洞的委派赴日本考察教育，王国维更早在1901年留学于东京理化学堂。他们与日本学界关系甚密。1911年10月中国发生推翻清王朝的革命，是年暮末，罗振玉携家族二十人逃赴日本，王国维也随之同行。他们于日本京都居寓百万遍，此距京都大学乃咫尺之遥——京都大学是日本中国学的发源地，这里聚集着日本中国学第一代最著名的学者。

在中国早期甲骨学中被称之为"罗王之学"的大部分内容，是罗王二氏在日本流亡时期内完成的。其中王国维于1915年撰写的《三代地理小记》，则是在甲骨文字考释的基础上，超越文字考释的本身而以此作为实证的新材料，进入中国古典的研究。《三代地理小记》研讨了殷商自契至成汤八次迁移的地理问题。他确证从盘庚时起，至纣王亡国，其都在殷。其最可靠的证据便是出土的甲骨文字，几乎都是从盘庚以来至殷亡二百数十年间的遗物。由此实证，遂为不移之论。

王国维的《三代地理小记》，与其说是获得了一种研究的结果，倒不如说是提供了一种古史研究的新思维。王国维自陈这一研究思维说：

> 吾辈生于今日，幸于纸上之材料外，更得地下之新材料。由此种新材

---

① 参见吴浩坤、潘悠：《中国甲骨学史》第一章，上海人民出版社，1985年。
日本战后中国学界的甲骨片的搜储，其数量基本上保持战前水平，而储址有较大变动，目前以京都大学和东京大学搜储最富。参见贝塚茂树镐纂：《京都大学人大科学研究所藏甲骨文字》，京都大学人文科学研究所，1959年；松丸道雄编纂：《东京大学东洋文化研究所藏甲骨文字》，东京大学东洋文化研究所，1983年。关于日本搜储甲骨片的现势概貌，参见松丸道雄：《关于日本搜储的殷墟出土甲骨》，《东洋文化研究所纪要》第86册，1981年。

料，吾辈得据以补正纸上之材料，亦得证明古书之某部分全为实录，即百彖不驯之言亦不无表示一面之事实。此二重证据法惟在今日始得行之。①

王国维把他自己首倡的这一古史研究的新思维模式称为"二重证据法"——古史研究必须建筑在实证基础之上，从而摆脱了经史文化的羁绊；此种实证，又必须建筑在古代文献与地下文物相互契证的基础之上。

王国维的"二重证据法"是在日本期间确立的。指出这一点是完全必要的。内藤湖南在王国维的研究思维启示之下，是最早实践这一理论的一位学者，1916年他发表了著名的论文《王亥》。②内藤氏的论文，意在考稽中国古文献关于殷祖先的诸种说法，以甲骨文字材料求其新证。内藤湖南把《史记·殷本纪》中的"振"，《竹书纪年》中的"殷侯子亥"，《吕氏春秋》中的"王冰"等，与卜辞中所见之"王亥"，互相参证，认为可能同指一人，此即为殷人之祖。不论内藤氏的结论是否妥帖，他试图随王国维氏学步，"于纸上之材料外，更得地下之新材料"，正显示了日本中国学形成中的一个特点。

罗振玉把内藤氏的这一论文送王国维过目。1917年，王国维以极其精湛的实证，发表了《殷卜辞中所见先公先王考》，对卜辞与殷系图中所见之先公先王，逐一加以考证。考订首先是从"王亥"开始的。王氏指出，由甲骨卜辞佐证，《史记》等关于殷代系图的描述，大致符合历史事实。王氏论文也订正了文献的若干不确之处。内藤湖南读此论文、对王国维敬佩之极，立即节录其大意，题为《续王亥》，向日本中国学界作了详细介绍。③

本来，在日本中国学的形成时期，由于教养和观念的差异，乃至凭学术追求、政治利益的不同，学者们对中国文化产生了很不相同乃至对峙的心态——例如古典崇奉派和古典怀疑派。当时，有一批学者正在致力于寻找超越这二者的新出发点和新立场——这便是古典解释学派。中国甲骨文字的东传，特别是罗振玉和王国维在日本京都所从事的甲骨文字的编纂和研究，他们所采用的实证性思维和手段，正显示了与日本中国学中古典解释学派几乎相同的立场，给予了支持和启示，终于成为日本中国学确立其学术地位的诱导条件之一。

---

① 王国维：《古史新证·总论》。

② 日本《艺文》第7卷7期（1916年）。

③ 日本《艺文》第8卷8期，第12卷2期、4期。

敦煌文献篇
一

　　具有讽刺意味的是，日本最早获知敦煌文献，并目睹敦煌卷子的，并不是通过中国人，而是通过法国人伯希和实现的。伯希和于1907年12月到达敦煌，此时距斯坦因离开敦煌8个月左右。他通过王道士从斯坦因留存的卷子中，窃得数千卷，于1908年10月运抵北京，但中国学界至此仍未能知晓敦煌文献的发现。同年12月，这些卷子通过当时伯希和任教的法国远东博古学院（河内）而运往巴黎。翌年5月，伯希和为巴黎国民图书馆购买汉籍，再次抵达北京，随身携带少量敦煌卷子，宣示与中国学界，舆论为之哗然。当年（1909年）11月，在北京出版的日本人杂志《燕尘》第二卷十一期上，刊载了《敦煌石室中的典籍》一文，署名"救堂生"。这是日本人关于敦煌文物的第一个报道和评论。该文详尽记载了著者与伯希和的晤面及所见敦煌卷子的实态。

　　法兰西东方考古学校（在河内）教授伯希和乃19世纪末20世纪初法国最杰出之中国学家沙畹之三大弟子之一，于甘肃省敦煌县石室中，获得深藏于该处之经卷古文书类。此次于归返本国途中，滞留北京。余听闻其事，即赴八宝胡同假寓，通刺拜访。此事前未得与闻，踌躇间，但闻侍者曰"请"，引入客厅。伯希和氏系年仅三十之青年绅士，颇具学者气象。会晤之际，伯希和氏不以西洋语，而以流畅之北京语交谈，并绍介其友人夏巴耐与曼托罗，欢谈甚洽。

　　伯希和氏为研究清国西陲之地理古迹，于前年从本国出发，经俄属中亚细亚，进入新疆。滞留库车八月，乌鲁木齐二月，吐鲁番数周，继续其研究。于乌鲁木齐听闻敦煌石室之事，遂经巴里坤、哈密至西安、知州某赠古写本一卷，系唐写本无疑，便于去年冬日至敦煌，滞留三月，终获三危山下石室所藏之写经与他物。

　　（文物）大部已送回本国，仅示随身数十品，皆惊心骇目之贵重品，为唐写本、唐写经、唐刻及五代刻经文、唐拓本等。纸质不离黄麻、白麻、楮纸三种。《老子化胡经》不亚于"太平经"中最优者。《尚书顾命》残叶，文字雄劲，确系唐人书法。此石室系西夏兵革之时所封，以至近年，故室内之物，皆五代以前，宋以下不见一纸。且西夏文字之物，也不见半片，此为确证。鄙以为此乃学术上之大发现也。

余知识浅陋，于内容皆无知，仅以趣味观之，亦无价之珍品也。伯希和氏携此奇籍，北京士大夫中学者，于古典具趣味者继续造访，见此费来之珍品，无不惊者……

这位"救生堂"先生，推考可能是当时居住于北京专门从事中国文献典籍买卖的"文求堂"主人田中庆太郎。他与日本中国学的创始者内藤湖南、狩野直喜的关系，至为密切。内藤湖南收藏的现今被法定为"日本国宝"的北宋刊本《史记集解》，便是通过田中庆太郎购得的——此是题外话。日本京都中国学界获知敦煌文献的发现，最早大约便是透过田中氏的这一渠道。此外，便是罗振玉的报告。上述《燕尘》的文章中，便引用了罗振玉编纂的《敦煌石宝书目及发见之原始》一文的文字。

日本国内首次报道敦煌文献的发现，是在上述《燕尘》第二卷十一期公刊之后第十二天——1909年11月12日，日本东京和大阪两地的《朝日新闻》日刊上作了隆重报道。

千年前古书卷十余箱
悉被法国人席卷而去

东京某氏近接清国文部参议官罗振玉氏报，此乃为足以耸动学术界之大发现。所据报，清国甘肃省敦煌县东南三危山下小川前，有寺庙三座，土人称其上寺、中寺、下寺。上中两寺为道教方士所棲居，独下寺为僧刹，寺左方不远处有石室数百。此石室自唐以来，俗称"千佛洞"，文人呼之"莫高窟"。洞中皆壁画，诚如于佛洞之名，上截刻几多几样佛罗汉之像，下截更刻刻佛像之人及姓氏籍里。光绪二十六年（明治三十三年，即1900年），为修治右侧之石洞，凿一石壁，意外发现众多书卷藏匿于此，其书始流落人间，然其地僻极西，犹未为世人注目。光绪三十三年（明治四十年，1907年）冬，在北京之法国传教士伯希和，赴中国西北边新疆省旅行，至迪化府，伊犁将军长庚以上述石室之书一卷相赠，并语该发现之事实，遂继南向，入甘肃省。安西州牧某氏，亦以一卷相赠。伯氏久驻北京，于中国古书有极大之趣味，一见即确认系唐代写本，急赴石室之处，遍访搜寻，购得十余箱，此仅不过原存三分之一，余三分之二，散佚而无由收管。伯氏携之归北京，经史子集四部及经卷中精好者，即送法国，残余数种，罗氏于上月下旬得以观之。罗氏云，此乃西夏兵革之际，藏匿于此，系九百七十余年前之古书卷，弥足珍贵。且佛教衰颓，在五代兵乱之际，匿藏之古书卷中又特多佛画，是亦一千余年前之古书卷也。

伯氏送归法国之书目略左，

颜师古玄言新记明老部五卷，二十五等人图，太公家教，辨才家教，孔子修问书，天地开辟以来帝王记，百行章，何晏论语集解一、二、六卷，毛诗卷九（郑注口柏舟故训传），范宁谷梁集解（闵公至庄公），孟说秦语中晋二，庄子第一卷，文子第五卷，郭知言记室修要，文选李善注第二十五、二十七卷，冥极记新集文词教林，秦人吟，子赋，李若立略出籯金，老子道德经义疏第五卷，唐韵，切韵（二书小板五代赢利本，均残），唐礼图，辅篇义记二卷，李荃闻外春秋一、四、五卷，唐律一卷，故陈子昂集八、十卷，敦煌十咏。

右列诸书，无一不是珍本，如《唐韵》《切韵》之五代刻本，足以是正此书刻本始于宋代之学者定论。又罗氏所见多经卷拓碑之类，《尚书·顾命》之残本，《化度寺邕禅师碑》等，亦足惊考古癖之学者，其珍绝足比以竹造经籍之我国京都高山寺等。此乃中国空前之大发现也。

从《朝日新闻》社拿出这么大的版面来说，敦煌文献的发现在最初传入日本之际，就引起了学术界和新闻界的极大重视。当然，报道中列举的伯希和运回法国的书目，不过是九牛一毛而已。况且在如此冗长的报道中，竟然未提及斯坦因的名字及其所为，亦属奇怪。

《朝日新闻》的上述报道之后又十二天，即从十一月廿四日起至廿七日的四天间，内藤湖南又在该报连载了长文《敦煌发见之古书》。这样大概可以说，作为20世纪初期在文化史上的伟大发现——关于敦煌文献的最初讯息，便传入了日本中国学界。

二

日本的中国学家们在获知敦煌文献这一重大发现的讯息后，在尚未目睹原物的条件下，依据流传的书卷文物的照片，便开始了研究工作——这种研究，指的是敦煌文献的原典研究。

1909年11月28日至29日，京都帝国大学史学会在冈崎府立图书馆举行第二届年会，集中研讨敦煌文物。会上展出了敦煌古书卷的照片，发表了关于这一主题的系列学术讲演，讲演由小川琢治教授作主题报告，题为《总说及地理》，然后各讲演者分别就敦煌发现的书卷，阐述了自己的研究。讲题如次：

内藤湖南教授：《西州志残卷，唐太宗温泉铭》；
富冈谦藏讲师：《尚书顾命，尊胜陀罗尼·金刚经·化度寺邕禅师碑》；
滨田耕作讲师：《壁书·雕刻》；
羽田　亨讲师：《摩尼经残卷》；
狩野直喜教授：《老子化胡经》；
桑原隲藏教授：《景教三威蒙度赞》。①

这是日本敦煌学创建中展示的最初研究阵容。事实上，这便是日本中国学京都地区的创始者们组合成的一个研究集合，他们创造了日本敦煌学的最初萌芽——认清这样一个事实是很有意义的。即当敦煌文物发现的讯息传入日本时，在日本中国学界，后来发展为实证主义学派的学者们，最先对它表示了极大的关注。此种关注，主要来自脱出原来的汉学藩篱之后，他们对外界新知识所表现的空前的热情。敦煌文物的发现，大大加强了古典解释学的立场。尽管当时还没有来得及展开研究，但这种学术的潜在性意识，使京都的实证主义学者们立即抓住了这一事实。日本敦煌学其后发展为两个系统，一个系统是艺术研究，上述滨田耕作的报告已见其端倪；一个系统是古典研究，它与甲骨文字一样，提供了实证的新思维与新材料。这便是与最早接受这一发现的日本学者的愿望相一致的。

日本学者在接获敦煌文献的讯息，在尚未目睹原物的条件下，依据各方提供的照片，便开始了原典整理。作为第一个系统性成果，1909年藤田丰八完成了

---

① 参见［日］神田喜一郎：《敦煌学五十年》，二玄社，1960年。

《慧超传笺释》。

《慧超传》即《慧超往五天竺国传》。此书系唐开元时期（713—741）在中国留学的新罗学问僧慧超和尚，赴印度访问释迦牟尼圣迹，又返回中国的全部纪行。此书在中国与朝鲜皆亡佚已久，其残卷为伯希和氏在敦煌发现，并已送往法国。先是，罗振玉从伯希和那里看到了残卷照片，在其《敦煌石室遗书》中，抄录其文字，并有简单附记。藤田丰八在此基础上，做了学术的整理。罗氏抄录的文字，大概由于照片不清，或什么原因，错字满篇，藤田氏依据这样一个不堪通读的底本，完成了《慧超传笺释》，成为当时在中国、日本、法国相继形成的敦煌学的第一部文献原典整理著作。

三

但是，直到这时为止，日本学者们对于敦煌文物的热情，乃至造就了敦煌学萌芽的冲动，都是建立在间接材料——文物书卷照片的基础上。这不仅局限了研究的深入，而且事实上也愈来愈无法满足学者们内心的欲求。1910年8月，京都帝国大学终于决定派遣专家，前往中国直接参加敦煌文物的调查。

京都帝国大学作出这一决定，是基于这样一个讯息——即敦煌莫高窟（千佛洞）所藏文物经卷，在经斯坦因和伯希和二人劫取之后，尚有大批余物留存，而当时清政府驻比利时公使李盛铎等人，正奏请朝廷，速将余物运送北京，交学部保管。于是，京都帝国大学即行派遣内藤湖南、狩野直喜、小川琢治三教授与富冈谦藏、滨田耕作二讲师，赶赴中国北京，这是日本敦煌学建设中一个必然步骤。①

这次中国之行的任务与执行结果，在五位先生归国后向当局提出的《派遣清国教授学术视察报告》中，叙述得极为详尽。该"报告"称"由京都帝国大学文科大学派遣小川、狩野、内藤三教授，富冈、滨田二讲师，令其调查存于北京学

---

① 京都帝国大学派遣教授访华查阅敦煌文献及回国后的报告，详见［日］内藤湖南：《目睹书谭》，弘文堂，1948年。

部之敦煌发掘之古书并传入内阁之古书"。"报告"共分十二部分，首论"敦煌之古书"。其曰：

> 此次调查之结果，几乎全数悉系佛经，间有少数道教之书类杂入，皆摄照片。吾等仅阅览存于学部之古写经，于佛教研究观之，未必无益。据云古写经全部为五六千卷，吾等一行翻阅近八百卷，就中七百卷一一取目。虽然多数系行世之本如《法华经》《维摩经》《金刚经》《最胜王经》《般若经》等，然亦有至今已佚之藏经，左记数卷即是，如《相好经》《首罗比丘经》《佛说呪魅经》《般若第分中略集义》《净名经关中疏》《报冥传》。若通览全部，抑或有更多佚经之发现，然几乎全未整理，发现仅止于以上。又，若从书法着眼，普通之写经亦有极大之参考。多数乃唐代写本，中有六朝时代之书写……

从"报告"来看，这次北京之行与原定目标相比较，稍稍失望。原因在二：一是敦煌劫后余物，虽尚有五六千卷，但几乎全是佛教典籍，外典书物绝无仅有；二是在从敦煌运往北京途中，被盗失窃极为严重。尽管如此，日本学者们在北京毕竟目睹了大量原物，仅就这一点便大大加强了他们在敦煌学中的地位。不惟如此，据"报告"称，他们一行在中国还乘便进行另外相关的研究：

其一，北京的古迹研究。依据现存之城墙残物、寺院、金石文等，研究北京之沿革。为此，作成众多之金石文拓本。

其二，上古文字的研究。其中主要是近年从河南地方出掘之殷代龟甲研究（此次带归二百枚），又，钱范之研究。

其三，有关金石书籍之搜集。尽量搜集本类目录及精本，若难以携回者则尽量于彼地收藏家处翻阅。就中将唐太宗之昭陵石碑，全部搜集。

其四，有关小说词曲书籍的搜集。

其五，古纸币、珍贵地图的搜集。

其六，于北京收藏家端方氏处阅览藏品（端方藏有《说文解字》唐人写本"木部"六叶，为海内绝世珍宝，此次为日本诸先生所见。十年后此物归内藤湖南收藏、今存日本杏雨书屋——著者）。

其七，有关蒙文与满文书籍的搜集。

以上为北京调查目的之外的副产品。

敦煌文献调查与这些副产品活动结合在一起，使这一次近代日本第一次有组织的对华文化调查，成绩赫然。1911年2月5日，大阪《朝日新闻》在"星期日版"上，以两版篇幅，通栏标题《派遣清国教授学术视察报告展览会专号》，详尽报道京都大学诸先生在中国的访问，并附图片。2月11日—12日，又举行了报告会和展览会，从而创造了敦煌文物东传中的第二个高潮——以寻找搜集敦煌文物的实品作为标志。

事实上，敦煌实物的追寻，从一开始就超越了纯敦煌的范畴。日本早期追逐欧洲中亚探险的如大谷探险队，于1908年起开始了第二次行动。①橘瑞超、野村荣三郎等在吐浑沟、喀喇和卓、和阗等地活动了二年之久，于1910年2月，将发掘品运抵京都，其中有唐天宝十年（751）和大历六年（771）题识的佛书，更有西普元康六年（296）书写的《诸佛要集经》及5世纪初北凉时代西域长史李柏的文书。这些珍品的发掘与展出，把敦煌热推向高潮。内藤湖南于1910年8月3日至6日，在动身赴中国的前夕，在《朝日新闻》上连载《西本愿寺的发掘物》，这些发掘物，与敦煌文物相呼应，便把从中国甘肃省起，沿今日丝绸之路一线西向的文物文献的发掘和研究，都涵盖在一个范畴之内——即敦煌学范畴之内了。

20世纪20年代以来，追踪敦煌原典的日本学者，相继前往欧洲，获取有关文献，再贡献于国内。这或许是当时日本敦煌学者的基本特征。

1925年，内藤湖南由石滨纯太郎陪同，前往欧洲查访英法两国敦煌文物。同年夏天，在怀德堂"暑期讲座"上，连续报告了《敦煌石室的遗书》。

1926年，羽田亨与伯希和合作，编辑《敦煌遗书》（第一集），分影印本与活字本两种刊行于日本。

1929年，小岛祐马于巴黎选择敦煌文献中诸子类文献，编撰《沙州诸子廿六种》，由高濑惺轩先生还历纪念会刊行。

1930年，矢吹庆辉两渡伦敦，追寻斯坦因敦煌文物，编刊《鸣沙余韵》。

1936年，神田喜一郎在巴黎编纂《敦煌秘籍留真》与《敦煌秘籍留真新编》。

---

① 大谷探险队是日本第一个仿西方的中亚探险队。主持者大谷光编为京都西本愿寺第二十二世门主。自1902年起，组织过三次中亚探险，在中国境内获文物文献甚多。

此外，松本文三郎、妻木直良、大谷胜真、重松俊章诸氏，在此前后，皆有敦煌原典报告。

日本中国学家们对敦煌文献原典这样持续不继的追踪，它保持了日本敦煌学基本的生命力。

四

敦煌文物的发现这一事实，对日本中国学界所产生的最深刻的意义，或者说，它所造成的最大刺激，还是在于它对于超越敦煌文物本身的更广泛的中国古典研究所提供的新启示。

狩野直喜作为日本中国学的又一位创始人，他在中国通俗文学的研究方面，具有杰出的贡献。①敦煌文献的发现，给狩野氏的研究，创造了一个新的条件，1911年秋天，他起身赴欧洲，追踪察访被英、法、俄等国探险家所攫取的文献资料。1916年《艺文》杂志上连载了狩野直喜的《中国俗文学史研究的材料》一文，这是他追踪斯坦因、伯希和敦煌文献的直接结果。狩野氏在文中说：

> 我从斯坦因敦煌文书中得败纸一枚，上书：
> 判官愫恶不敢道名字帝曰卿前来轻道
> 姓崔名子玉朕当识谶言讫使上引皇帝至
> 院门使人奏曰伏惟陛下且立在此容臣入报判官
> 速来言讫使者到厅前拜了启判官奉大王处
> 太宗皇（无帝字——狩野注）生魂到领判官推勘见在门外未取引
> 子玉问语惊忙起立唱喏

从这些残留的文字看，可以明白是唐太宗死后魂游冥府的故事。这个故事见于明代小说《西游记》第十一回"游地府太宗归魂"一节。最早唐代张鷟《朝野佥载》中曾有记载，其后清代俞樾《茶香室丛钞》卷十六言其事

---

① 参见拙文：《狩野直喜和中国俗文学的研究》，《学林漫录》第七集，1983年。

云:"《朝野佥载》记唐太宗事,按此则小说言唐太宗入冥,乃真有其事,惜此事记载,殊不分明。"俞樾尚不知从《朝野佥载》至《西游记》故事,其间唐末已有以此为小说者了。且《水浒传》中常有"唱喏"一词,正见于此敦煌残纸。此对后世小说之影响,关系殊甚。

在20世纪初期中国小说史研究中,这是极重要的发现和见解。狩野氏在此考证的基础上,又辑录了从斯坦因处所见到的"秋胡故事""孝子董永故事",以及从伯希和处所见到的"伍子胥的故事"等,并对这些故事的源流及影响,作了初步论证。狩野氏认为:"治中国俗文学而仅言元明清三代戏曲、小说者甚多,然从敦煌文书的这些残本察看,可以断言,中国俗文学之萌芽,已显现于唐末五代,至宋而渐推广,至元更获一大发展。"

狩野直喜当时还不知道,他所称之为的这种种"敦煌故事",就是后来学术界所说的"变文"。但是,在20世纪初,当国内外对敦煌"变文"与中国俗文学的关系还处在朦胧的时候,他以极大的努力,着意于史料的开发,并在此基础上创立新论,这无论如何也称得上是精湛的。向达先生后来说:"过去对说话人的渊源关系很模糊,自从发现了俗讲和保存在敦煌石室中的俗讲话本之后,宋代说话人的来龙去脉,才算弄清楚了。从研究中国文学史的眼光来看,(敦煌变文的发现)其价值最少应和所谓宋人话本等量齐观,为中国文学史的研究,提供了一部崭新的材料。"[1]这一看法便是很公允地评价了把敦煌文学材料实证地引入中国古代文学研究领域中的意义。

1912年10月20日,狩野直喜自俄国京城彼得堡发回信件,信中称他在俄京察访到了柯兹洛夫探险队从中国甘肃一带所发掘的文物,其间有"西夏语掌中字汇、西夏文字经卷、唐刊大方广华严经、北宋刊列子断片、宋刊吕观文进注庄子、杂剧零本、宋刊广韵断片"等。其中可注意的是,狩野氏在"杂剧零本"下加了一个说明:"匆忙过目,未能断言,疑为宋刊,此为海内孤本,为元曲之源流,将放一大光明也,惟惜纸多破损。"

这里说的"杂剧零本",并不是元杂剧,而是我国戏曲史上的珍宝《刘知远诸宫调》残本。它是1907年俄国柯兹洛夫探险队在发掘我国西北张掖、黑水故城

---

[1] 向达:《敦煌变文集》"引言",人民文学出版社,1957年。

址时所获得的文献,共四十二叶,为目前世界上仅存的三种诸宫调之一。当时,国内外学术界对诸宫调在中国文学史上上承"变文",下启金元杂剧的地位尚无认识。狩野直喜把《刘知远诸宫调》这一文献第一次公之于众,并且断言"为元曲之源流,将放一大光明",从而启示了研究的方向。

其后,狩野氏的学生青木正儿承师意,对这一文献进行了深入的研究,于1932年在《支那学》六卷二期上发表《刘知远诸宫调考》一文,比较全面地探索了这一诸宫调的内容及其在中国文学史上的地位。

中国王国维先生于1920年在《东方杂志》十七卷九期上发表题为《敦煌发见唐朝之通俗诗及通俗小说》一文,这是国内学者首次言及敦煌文学资料与中国文学发展的关系。鲁迅先生在其《中国小说史略》的"宋之话本"一篇中,曾提到"敦煌千佛洞有俗文体故事数种",但是他很感叹,因为国内没有材料,所以"未能目睹"。直至30年代,王重民先生从法国和英国系统地摄回了被斯坦因及伯希和所窃走的一部分文献,国内学者才有可能在自己的研究中使用敦煌文献。上远王国维论文中许多材料,皆由狩野直喜等提供。王国维称狩野氏为"一代儒宗",并有诗赞曰:

> 君山博士今儒宗,亭亭堀起东海东。
> 自言读书知求是,但有心印无雷同。
> ……①

狩野直喜的研究,开拓了敦煌学的新领域,为日本中国学中实证主义的确立,给予了强烈的支持,沿着这一方向。那波利贞运用敦煌文献推进社会经济史学的研究;泷川政次郎、仁井田陞等运用敦煌文献进行法学和法制学的研究等,都是在这一学术方向上所获得的杰出成果。

1990年初春草成于日本京都光明寺寓所

---

① 此诗题为《送日本狩野博士游欧洲》,全诗六十句。见《观堂集林》卷二十四。

日本中国学中从经学研究向中国哲学研究演进的轨迹①

在西田哲学表明与中国文化在观念上分离的十余年前，大约从明治时代的第三个十年（1897）起，在一部分受到欧美近代人文科学思想熏陶的日本学者中，正在试图实现把对中国思想文化的研究，从日本汉学形态向中国哲学形态的转变。日本学术界把这种转变的欲望和转变的事实称之为"蜕皮"。意喻弃旧图新，这倒是十分的贴切。日本汉学的蜕皮，其主要的方向与内容，便是把汉学时代传统的经学，改造作为哲学的内容加以阐述和研究，它经历了复杂而又漫长的历程。

一、西田哲学体系与日本传统汉学的终结

19世纪后半叶至20世纪初期，在日本社会向资本主义转变的过程

---

① 本文最早发表于北京大学日本研究中心编：《日本学》第2辑，北京大学出版社，1990年，原标题为《从经学向中国哲学的蜕皮——日本近代中国学的形成之一》。原载于《跬步斋文稿：严绍璗自选集》，首都师范大学出版社，2016年。

中，一方面，传统汉学受到近代文化的严重挑战，另一方面，它又在天皇制政体的支持下，为自己未来的命运做了殊死的抵抗。两种不同的思想文化观念、不同的学术体系在生死存亡的争斗中，其势力互有消长，各不相让。但是，这一时代日本思想文化发展的总趋势，则是传统汉学的势力在逐步削弱，虽然比较缓慢，但近代思想文化还是在逐步浸润着日本人的观念。

1. 西田几多郎的哲学体系

1911年，日本近代哲学家西田几多郎（1870—1945）发表了著名的哲学著作《善的研究》。这是被评价为日本哲学思想史上第一部摆脱中国传统儒学文化影响的哲学著作。《善的研究》这部哲学著作的诞生，表明日本思想文化领域经过明治时代以来四十余年的反复争斗，终于在哲学形态上即从观念到表达形式，与中国传统文化的影响相脱离。我们可以把它看成是日本传统汉学在经历了近三百年的发展之后，于20世纪初走向其终结在理论层面上的主要标志。

当代日本文化史的一些研究家，把西田几多郎的《善的研究》称为"第一部日本哲学著作"，"是唯一的哲学书"等。西田几多郎的《善的研究》，无疑是日本哲学思想史上划时代的著作，但事实上它并不是第一部，更不是日本唯一的哲学著作——当然，日本古代的哲学著作，由于它们与中国文化的密切关系，因而常常借用中国文化的观念，乃至依托其表达形式。这便是我们在江户时代的思想家们，不仅是汉学家，乃至国学家和兰学家们那里所看到的一种普遍的文化势态。但是，不管这种假借达到何种程度，他们也仍然是表达日本人的人生观和世界观的思想家，我们怎么能够想象把自藤原惺窝、林罗山以来的汉学家，把以本居宣长、平田笃胤等为代表的国学家和以新井白石等为代表的兰学家们排挤出日本哲学思想家的行列呢？日本一位学者说"日本古代没有哲学"——这正是深刻地表现由"脱亚论"所造成的"分裂的中国观"。

西田几多郎在《善的研究》中所表现的最主要的特征，便在于他第一次不再借用中国传统哲学的思想观念，也不采用传统的思想表现外壳，而是采用一种独自思维的逻辑形式来表达哲学家本人的意识现象。但是，正像日本近代文化在脱离了中国传统文化的影响之后，并不是走向纯民族的一元形态，而是表现为更加复杂的多元形态一样，《善的研究》开始了日本固有的哲学观念与西洋哲学的变异复合。

在明治之前的幕府统治下的汉学时代，日本哲学主要是以汉学的形态出现，这实际上便是中国本土上哲学主要表现为经学形态的一种折射。1874年（明治七年），当时"明六社"的成员西周刊行了《百一新论》和《致知启蒙》，奠定了日本近代哲学的基础。西周在《百一新论》中首先把西方的Philosophy定名为"哲学"，其主旨则是论述如何以哲学的观念在方法论上把诸多的学科统一起来。当然，对西周来说，他使用"哲学"一词，只是提出了一个近代学术的概念，还没有明确地提出哲学的本体问题。西田几多郎与其《善的研究》，便在这一方向上大大地迈进了。

《善的研究》全书分为"纯粹经验""实在""善""宗教"四篇，而其中"纯粹经验"是西田氏自身哲学体系中的一个根本性的范畴。这一范畴所包含的内容物，即是一种既非物质也非精神的意识现象，是"主客合一""物我相忘"的"物即心，心即物"时所获得的"事实原形的现在意识"。本来，"纯粹经验"是美国哲学家威廉·詹姆斯（William James，1842—1910）提出的，并与他的"情绪论"（情绪说）相一致的哲学概念。詹姆斯认为，"纯粹经验"是世界的本体，此外并没有任何实在的东西。这当然是一种唯意志论派的观念。西田几多郎在《善的研究》中，运用詹姆斯这一哲学概念，以图表达他自身的经验感受——西田氏在"纯粹经验"中所叙述的意识现象，实际上就是由他本人在参禅入定时所获得的"物即心，心即物"的"空无"的感觉，不过，他采用了西方哲学的外壳加以表现。

1927年，西田几多郎又刊出《从动者到见者》一书。西田氏运用古希腊柏拉图把"空间""容纳"表述为"场所"的哲学概念，把"场所"阐述为"意识对象的存在与相互联结的地方"，并把"场所"分述为"有的场所""相对无的场所""绝对无的场所"，而把其中"绝对无的场所"作为意识的最高界限。西田氏认为，"到了真正无的场所，我们就会看见意志本身"，这其实就是西田几多郎信奉禅宗，长期参禅，追求"空无"的极致的范畴。

2. 西田哲学的意义

西田几多郎早年在东京文科大学学习时，曾经是日本新儒学学派的主要创始人井上哲次郎的学生。日本有的学者认为，西田几多郎在哲学上无所师事，井上哲次郎不仅没有成为他的导师，而且他寻求西洋哲学的表达形式，这与儒学家井上氏是背道而驰的。其实不然，从西田氏《善的研究》起，包括《从动者到见者》，以及其后的《哲学的根本问题》（1937）等所构成的"西田哲学体系"，他寻求的最基本的哲学道路，并不是把东洋的传统思维方式与西洋哲学对立起来。西田几多郎本人所具有的参禅入定感觉经验，以至他达到"空无"的极致境界，本身便是典型的东洋传统思维方式。但是，西田几多郎并没有采用汉学家们表达禅思维的传统方式——禅学与宋学是同时由禅宗僧侣最早传入日本的，禅学与宋学在表现形式上曾经互为表里。西田哲学体系所追求的根本道路，在于使东洋的传统思维向西方哲学合流。在这个基础上，他企求西方哲学由于接受了东洋形态的思考而进入自身发展的新阶段。他认为，起始于希腊人"形相"思想的西方哲学，由于与基督教的"无限者"的思想相会合而发展到一个新阶段，那么，西方哲学如果进一步与东洋传统"无"的思想会合，便无疑会进入一个更新的阶段。西田哲学体系的全部致力之点便在于此。

从这个意义上说，西田哲学体系首先所追求的便是东洋的传统思维与西方哲学合流这一方向，应该说这是与他的老师井上哲次郎创立新儒学的政治性与哲学性的努力相一致的。

井上哲次郎作为德国哲学所造就的学者，他终生致力的目标便是立足于儒学，但同时使儒学的道德主义与西方的价值观念互相合流。19世纪后期与20世纪初期日本近代文化运动，造成了哲学思想的这一发展方向。[①]西田几多郎出于他自身的原因，没有提到过他在哲学上的入门导师，因而学术界便有他"无所师事"之说。若是从西田哲学体系的起步方向来观察，他无疑受到了井上哲次郎以及井上所主倡的新儒学的启示与影响。但是，西田哲学体系在其后发展的取向与追求的终极目标方面，与井上哲次郎及新儒学却是极小相同的了。井上哲次郎协调儒学的德治主义与西方的价值观念，其终极目标是使意识形态回归于儒学，其后的门徒更力求回归于孔教，而西田几多郎协调东西方的思维，其终极目标是推进西方哲学进入一个新的发展阶段。不管他是否达到了这一目的，西田所

---

① 详见拙著《日本中国学史稿》第七章第三节"早期的官学体制学派与井上哲次郎的学术"，学苑出版社，2009年。

追求的目标，在哲学文化上具有国际性的意义——它使日本本国文化摆脱儒学与国学的束缚，追求其所谓的世界性价值，它也促使了本门学科研究直接成为国际文化的一部分。这正是日本近代文化运动内含的最基本的价值观念。其后，和辻哲郎（1889—1960）作为新康德主义者，致力于康德哲学的日本化；[①]九鬼周造（1882—1941）追求日本"美"的理念与欧洲现象学的结合；[②]三木清（1897—1945）把哲学从讲坛引向社会，也仍然努力于把马克思哲学与日本亲鸾的精神融合为一。[③]他们都是沿着西田哲学体系的道路发展，从而构成了日本近代的哲学形态。

西田几多郎和西田哲学体系，表现了日本近代思想文化发展中价值观念的深刻变换。日本传统汉学的终结与近代中国学的产生，都是在这样一种观念下发生的。[④]

二、中国哲学研究学科的发生

在日本汉学向中国学这一近代学术的蜕皮中，较早形成的是中国哲学研究，当时用语称为"支那哲学"。但是，在日本中国学的早期学者中，对中国哲学抑或中国哲学史的学科概念，事实上看法很不一致。

中国哲学这一范畴的出现，是与日本近代文化中的西洋哲学、印度哲学相并列的。日本一部分学者认为，这是不得已而采用的学术概念——因为中国的文化

[①] 和辻哲郎1927年留学欧洲，1934年出任东京帝国大学教授。他从研究尼采及新康德主义出发，介入日本精神史研究，达到关于"作为人间根本的伦理学研究"。其曾任日本伦理学会首任会长。

[②] 九鬼周造在东京帝国大学读书时受洗礼为基督教徒。1929年留学欧洲研究以"偶然问题"为中心的关于"生命鲜活（生命存在）"的结构。归国后任京都帝国大学教授。

[③] 三木清1922年留学欧洲，1927年回国出任法政大学教授，阐述唯物史观。1934年被检举与日本共产党的关系而被迫退出法政大学，从事时代性与马克思主义的研究。1945年日本战败前被逮捕，死于狱中。著有《历史哲学》《唯物史论与现代意识》等。

[④] 本书著者关于西田几多郎及其《善的研究》另有比本文更为专门的论述，有兴趣的读者可以阅读《比较文学视野中的日本文化——严绍璗海外讲演录》（日文版）中《"哲学の道"の随想》，北京大学出版社，2004年。

一般不承认"神"，因而也就缺少辩证法的存在，它又缺乏原本意义上的形而上哲学。因此，当1888年内田周平（1854—1944）刊出日本最早的一部《支那哲学史》时，他在"识语"中说："概观支那诸流之学术，依次论之，此其从来未有撰著者，余之讲义正属开创，其困难亦不少。"内田周平提出中国哲学史概念，是概述"支那诸流之学术"。它的杰出之点在于，不仅仅把儒家作为学术的正宗，同时还包括了"诸流之学术"，从而显示出与传统汉学家的立场相分离。

但是，在此之前数年，东京帝国大学最早建立"印度、支那哲学讲座"时，中国哲学主要是经学的知识和经学的解读。因此，它的特点与其说是哲学形态的，不如说它更接近于语文文献学形态的。

其后，日本中国学创始时代实证主义大家狩野直喜，主持京都帝国大学"支那哲学讲座"，他把中国哲学解释为"支那古典学"——它包括了经学和诸子学的内容。因此，所谓的中国哲学史，便是中国经学与诸子学共同发展中的中国古典学史。

然而，1910年出版的小岛祐马（1881—1966）的《支那思想史》，诚如该书标题所显示的，小岛祐马对于"支那哲学"这一概念，持完全否定的立场。

当然，从日本近代以来在一般的大学讲坛上逐步地确立了的所谓"支那哲学"，实际上是以儒学解释为主，兼有诸子学内容的一门学术。或许可以这样说，日本中国学领域中，最早是从中国哲学开始实现对传统汉学蜕皮的，但是，它又是在近代日本中国学领域内，在诸学科中最后一个完成近代学术转化的学科——其前后经历了半个世纪，大约一直到战后，中国哲学才真正脱去了儒学的维护体制秩序的色彩，而成为真正近代意义上的人文学术。

即使如此，这一漫长的蜕皮过程，在转化之初，也是极为繁难的。1894年，井上圆了（1858—1919）创办的哲学馆（即今日本东洋大学的前身），出刊了杂志《东洋哲学》。以此为基地，近代哲学家们发表了一系列论战性文章。如秋水生的《支那哲学史研究之必要性》（第4编1期）、《汉学研究的方法》（第4编4期），如实如空的《启发汉学家家》（第5编3期），远藤隆吉的《儒教史与哲学史的区别》（第9编4期）等论文，皆试图以近代西方哲学观念与哲学学术史体系为标准，建立起与西方哲学论相并列的中国哲学史体系与方法论。其中，1897年秋水生在《支那哲学史研究之必要性》一文中指出：

盖吾人倡言支那哲学史研究之要，此非徒以编年性排列孔、孟、老、庄、杨、墨诸学说传记，而是寻绎一家之学说，前后之形势，并论及其影响。此即发挥学术进步之必然性，而可称为一般性之系统研究。

著者在这里提出的中国哲学史研究的模式，是希冀以西洋哲学史的学说史研究来替代历代的学案研究，这便不仅仅是注重一家学者的传记，而且强调注重它的学说、学说形成的诸种条件及其影响。秋水生认为，这才是符合学术进步之必然性的一般性系统研究。当时的汉学家们，反对汉学做这样的蜕皮。他们仍然强调对中国思想文化的研究根本点便是阐述其"性命之理""道德之元"，希冀保持汉学的旧有的范畴。为此，秋水生又在《东洋哲学》第4编4期上，撰文题为《汉学研究的方法》，指出：

苟欲真施新研究，则吾人必先虚心静气。科学之新研究，绝非嗜好、信仰和崇奉之可比许也。（对中国思想）宜从诸多方面给予历史性、比较性、科学性之研究。

在此种学术形势下，日本学术界逐步开创了近代学术意义上的中国哲学研究。1881年，东京帝国大学对学科设置进行变更，在原先的"和汉文学科"中，设立了"印度、支那哲学讲座"——这是日本文化史上第一次在学科名称中使用"支那哲学"这一范畴。这一讲座设立之初，先由汉学家岛田重礼（1838—1898）等担任讲授。1882年，年轻的副教授井上哲次郎参与主持这一讲座。井上哲次郎与传统意义上的汉学家不同，并不抱残守缺，但他内心深处，却始终是与复活儒学的要求相呼应的。井上哲次郎是一位试图给日本儒学伦理以近代化装饰的最积极的制作者。这么说来，东京帝国大学"和汉文学科"中虽然设立了"印度、支那哲学讲座"，这个讲座虽然有"支那哲学"的名称，然其内容还主要表现为经学形态，尚不具备哲学的意义。尽管如此，日本传统汉学家们终于接受了中国哲学这一新的学术名词，意味着这一领域中弃旧图新的总体势态。到了1904年（明治三十七年），东京帝国大学在"哲学科"内正式设置了独立的"支那哲学讲座"，由井上哲次郎主持，从而正式确立了把对中国思想的研究作为"哲学"的一个专门性学科。

日本传统汉学向着具有近代意义的中国哲学研究方向的蜕皮，它的总体方向的不可逆转与过程中的复杂性，都是与这一时代广泛的社会思想文化背景相关联的。方面是近代学术思想与社会思想的继续发展，一方面是儒学与国粹主义的复活。日本中国学创始时期"中国哲学研究"的发生，正处在这一时代日本社会新旧思想观念相斗的交汇点上。

三、早期的官学体制学派及井上哲次郎的学术

当19世纪最后十余年日本学术界中萌发中国哲学研究的时候，大致上出现了两种稍有差异的流派。以东京帝国大学教授井上哲次郎为首，他们与传统的老汉学家们不同，本身也是经受欧洲近代思想熏陶的学者，但他们的内心，却潜藏着迎合旧儒学伦理复活的要求。或许因为这种潜意识的作用，井上哲次郎及其追随者，如服部宇之吉、宇野哲人等，他们在欧洲留学期间，都热衷于德国俾斯麦、斯坦因、盖乃斯德等的国家集权主义学说。由他们所构成的早期中国哲学研究，在本质上与国家体制黏着在一起。这一学派的主要学者，大都聚集在东京帝国大学内，他们以东京帝国大学"支那哲学文学研究室"为中心，建立"东亚学术研究会"，发行刊物《汉学》，由此构成的学派，我们称之为"官学体制学派"。[①]

与官学体制学派不尽相同，当时在私人创设的学校中，如井上円了创设的"哲学馆"与东京专门学校中，聚集着一批接受欧洲文化教养又致力于中国哲学史研究的学者，如松本文三郎（1869—1944）、远藤隆吉（1874—1946）、桑木严翼等，他们与历来的汉学家及其亚流相比较，或者与井上哲次郎等的官学体制学派相比较，这一学派与国家体制的距离不是那么接近，他们的学问研究，更倾向于接受西方哲学史模式。他们的愿望，便是致力于迅速建立起可以与西方学术史相比肩的中国哲学史体系。由上述特色所结成的学派，我们称之为"私学

---

① 需要特别指出的是，尽管1946年东京帝国大学已经被取消了"帝国"的名称，1949年又建立了以当时文部省为背景的"日本中国学会"，这意味着日本中央省厅也已经透过它的外围组织确认了"日本中国学"的概念，而东京帝国大学仍然使用"支那哲学文学研究室"这一名称把中国称为"支那"，并一直顽固坚持到1972年中日恢复正常邦交之时。这与它深刻的新儒学立场是密切相关的。

体系学派"。

　　这两个学派的形成，正是日本学术界中近代学术研究处在日本社会新旧社会观念交汇点上的表现。在这两个学派中，早期拥有实力地位，及至在其后半个世纪内影响日本中国学界中国哲学思想研究方向的，便是以井上哲次郎为代表的官学体制学派。

　　井上哲次郎于1882年曾担任东京帝国大学"印度、支那哲学讲座"教授一年，于1883年由文部省派遣赴德国留学。他在这一年任期内，曾致力于把西周关于哲学的用语，定着于官学的讲坛上。西周把欧洲学术中的Philosophy几经周折，最后定着为"哲学"。这一表述总体学术概念的出现与日本汉学中传统的使用经学来包揽一切，大不相同。井上哲次郎在青年时代的这一努力，本来是使他沿着近代学术的道路，可以有许多创新型的建树。但是情况并未如此。从19世纪90年代之后井上氏的哲学观念来观察，那么，即使在这个时候，他内心仍然潜藏着迎合儒学，特别是旧伦理复活的心态。1890年他从德国留学归来不久，就由文部大臣芳川氏提名，并经内阁会议研究，决定委托井上哲次郎为明治天皇颁发的《教育敕语》撰写《衍义》。井上哲次郎撰写的这一《衍义》草稿，经明治天皇本人审读后，以井上氏名义，作为个人著作于1891年出版，文部省立即将它推行于全国。这种特殊的恩宠，召唤起他心中的荣誉感——学术为国家体制服务而获得的一种殊荣。

　　《教育敕语衍义》集中表现了井上哲次郎的学术思想和政治思想。他在"叙"中说：

　　　　庚寅之岁，余自欧洲归来，久睹西方灿然文物，忽观故国现状，甚觉彼我殊为轩轾，凄然伤心。百般感叹，集于胸中。我邦社会之改良，亟欲论辨之处甚多。我至仁至慈之天皇陛下，尤以教育为轸念之所，降赐《敕语》，嘱文部大臣颁之于全国，以为学生生徒之所钤式。余谨捧读，为所以修孝悌忠信之德行，培养共同爱国之心，谕示恳切。此其裨益于众庶者极为广大，而结合民心者最为适切。我邦之人，由今之后，应永久以此为国民教育之基础。……

　　　　盖《敕语》之主意，在于修孝悌忠信之德行，以固国家之基础，培养共同爱国之义心，以备不虞之变。我邦之人，若尽由此而立身，则民心之结合，岂其难哉！凡国之强弱，盖在于民心之结合如何。若民心之不能结合，则虽有城寨艨艟而不足恃；若民心之结合，则百万劲敌亦不能奈我何。如是，《敕语》之主旨，全在于民心之结合。然《敕语》辞简义多，恐世人苦于诠释，余不顾己之不屑，斗胆作《衍义》，其所以为指示学生生徒也。……

古来和汉之学者，既已阐述孝悌忠信之必行。余今欲证明孝悌忠信何故而为德义之大者。换言之，即古之人记辨人之德义为何事，而余欲阐述何故人之必欲行德义，是余所以比古人进步也。

共同爱国之要，虽东洋固有之，然古来说明者殆为稀少。故余今阐述其与孝悌忠信共为德义之大者也。

孝悌忠信与共同爱国之主义，国家一日不可缺也。无论时之古今，不问洋之东西，凡组织国家者，必实行此主义也。如我邦之人，自太古以来，未曾一日放弃孝悌忠信及共同爱国之精神，然近时社会之变迁，极为急激，且西洋诸国之学说教义东渐，世人多歧亡羊，遂使国家一日不可少之孝悌忠信与共同爱国之主义，犹且纷扰，疑其是非。于是，惊烦今上天皇陛下，降此诏语，以明国家之所以一日不可缺乏之由，吾等臣民者，亟应深切惭愧而反省之。……

我邦之人常采欧洲之文物，不问彼之长短，尽以彼国之事物为善，而东洋之事物，尽以为陈腐而去之，是以世人不知其所适从，各惑于其所见闻，民心四分五裂，呈可悲之情状。如此，岂可图国家之富强哉！

今幸《敕语》降达，我邦之人由此而教子弟。若以孝悌忠信及共同爱国之主义，则日本国民不出数十年，必大改其面貌。由维新之于今日，其主要成于形体之上之改良，由今之后，与形体之改良相共，则应期待精神上之改良也。①

井上哲次郎的这一篇"叙"，可以概述为一个最基本的主题思想——即面对日本社会日益接受欧美近代的资产阶级观念的国家形势，他意识到这些观念有

---

① [日]井上哲次郎：《教育敕语衍义》，见《近代日本思想大系》卷三十一《明治思想家集》（Ⅱ），东京，筑摩书房，1977年。下文引《衍义》文同见于此。本文前述井上哲次郎接受《衍义》撰写之过程，参见松本三之介为《明治思想家集》（Ⅱ）所撰的《解说》。

可能动摇日本天皇制政体的利益，他则致力于把日本传统儒学中的伦理观念，与国学派的民族至上主义、德国的国家主义学说结合为一体，阐述"孝悌忠信"与"共同爱国"为日本人道德的两大德目，是所有臣民对于君主应尽的义务，从而试图创造出一种新的日本精神来。本来，对于诸如"孝悌忠信"这一类教条做如此这般的伦理性解释，不过是依据中国儒学的见解诠释而已。但是，井上哲次郎在《衍义》中从"确立天皇制国家体制"的当前课题出发，对传统的儒学见解做了国家主义的、具有日本形态的特殊性的阐述。这一阐述在两个方面与传统儒学不尽相同，或者说超越了传统儒者的一般见解。

第一，井上哲次郎极为明确地把传统的"孝悌忠信"与"共同爱国"连接在一起。他抛却了关于"孝悌忠信"的以往的许多陈腐的见解，直接地赋予它与现代的"共同爱国"相连接，并且申言这是拯救日本的唯一之道。从这一思想中可以看出井上哲次郎在德国留学中所接受的近代国家意识。正如前面说的，在德国期间，他受俾斯麦、斯坦因、盖乃斯德等国家集权主义思想影响很深，他对于《教育敕语》的崇信膜拜和对"敕语"基本主题的阐述，深深地打上了德国国家主义思想的烙印，使臣民对君主的忠诚，具有了"爱国"的意义。这在当时，无疑是一种现代意识，因而，《衍义》的社会效益也就超乎一般儒学家的解释之上了。

第二，井上哲次郎在把中国儒学的"孝悌忠信"与欧洲德国的国家主义相连接，以图建立国民的新意识的时候，他十分执着地强调日本国民爱国的真正内容完全在于坚持和捍卫传统形态的"皇统观念"。这是他一生致力于儒学复兴而须臾也不放松的基本思想。

井上哲次郎在阐述《教育敕语》中开首第一句话"朕唯吾皇祖皇宗，肇国宏远，树德深厚"时说：

> 当太古之时，琼琼杵命奉天祖天照大御神之诏而降临，列圣相承，至于神武天皇，遂讨奸诛逆，统一四海，始行政治民，确立我大日本帝国。故而我邦以神武天皇即位而定国之纪元。神武天皇即位至于今日，皇统连绵，实经二千五百余年之久，皇威愈益高振，海外绝无可相比者。此乃我邦之所以超然万国之间而独秀也。

这是最为典型的日本大肇国观念——所谓日本天皇为"天孙降临",乃"万世一系",其立国乃"八纮一宇",而日本民族则为"天降民族",故而,日本乃"神国"也,为"超然万国之间而独秀"。这一系列观念,便是井上哲次郎在《教育敕语衍义》中贡献于日本国民面前的"爱国"的真内容。于此,井上哲次郎便构筑起了一个把中国儒学、德国国家主义和日本传统皇道观念融合为一体的庞大的思想体系——一个既是学术的,又是高度意识形态的、具有极为明确的政治诉求的体系。这个体系的全部价值,在于使国民忠诚于天皇制国家的根本性利益。

井上哲次郎于1912年著书《国民道德概论》,倡导日本为综合家族制国家,认为中国是根基于各个的家族制度,而日本的各个的家族是包括在天皇家族之中的。正因为如此,表示各自家族伦理的"孝",与表示综合家族的伦理的"忠",彼此是统一而无矛盾的。他认为这一点"日本比中国要来得优越"。

原来,中国儒学中的"忠",依《中庸章句》说法,则是"忠于尽己之心"。它是一种自我内省性的观念,在早期未必就是表示君臣关系的原理。其后,"忠"被引入君臣关系,但是,即使在这种场合,中国儒学也认为"忠"与"孝"仍有相逆相悖之处。中国民间俗语说"忠孝不能两全"便是这个意思。日本儒学自江户时代林罗山开始,强调武士道德,以"忠"为本,"忠孝一致"。在中国儒学看来"忠"其实是对于君主付给俸禄的一种"反酬报",所以,君臣之间,本质上是一种契约关系。井上哲次郎在《敕语衍义》中,对"忠孝"有所阐述,其说法与中国儒学观不尽相同。他说:孝无疑是各个家族内部道德的基准,但与此同时,在以天皇为宗族的日本人大家族内,它也无疑是道德的基准。在这个意义上说,它与"忠"是相连接的。井上哲次郎认为,日本是一个家族制国家,而这样的家族制国家,正是日本"国体"的精华,这样的国体,基于"万世一系"的继承传统,具有神圣不可侵犯性。因而,(中国)儒教所认定的所谓"汤武放伐"的革命性,是必须全然加以排除的。

其后,井上哲次郎又发表了三部力作——《日本阳明学之哲学》《日本古学派之哲学》和《日本朱子学派之哲学》。在这三部著作中,他力图把儒学的伦理道德与西方的自我价值观调合为一,从而成为日本新儒学的前驱。

自井上哲次郎的《教育敕语衍义》刊出之后,一部分新兴的所谓"支那哲学"家，便竞相迎合井上氏的这一系列价值观念，以对中国和日本的儒学做国家集权主义的解释作为中国哲学史研究的主要内容，从而把对中国传统哲学的研究，引上了绝对主义支配下的意识形态轨道。这部分中国哲学史研究家，以井上哲次郎所在职的东京帝国大学"支那哲学文学研究室"为中心，1910年5月组成"东亚学术会"，从而形成了一个具有独立学术倾向和政治倾向的学派。

"东亚学术会"在其成立的《趣意书》中说：

> 支那的圣经贤传，作为关于教育《圣诏》之注脚，以资造就人格，而在德育上之价值，任何人也不能否定之。吾人以此为研究对象而构成之学术，成为与我国德教文学关系甚密之我国文化之基础。其所以如此，盖吾人之研究，则致力于发挥我国学术之特色，且为国民教育建筑坚实之基础也。

这一《趣意书》本身，便是官学体制学派的宣言。他们所从事的学术研究，从整体上来说，是一种在日本近代社会形成过程中服务于近代天皇制的学术。官学体制学派及其后的日本新儒学学派及其亚流和变种，战前一直处于高度的政治性意识形态之中，黏着于国家体制并受其强有力的保护。当冈村鉴三、久米邦武等教授以对天皇"不敬罪"先后被解除公职，1901年又发生了冈村司教授因发端批判家族制度而遭受谴责时，井上哲次郎则在官学大本山——东京帝国大学执掌"支那哲学讲座"达三十四年之久，便是生动的实例了。

在日本中国学创建的初期，传统汉学研究向中国哲学研究的蜕皮，在其蜕皮的过程中，首先产生这样一种官学体制学派形态，正是日本社会当时新旧命运相斗的一种折射。日本自中日甲午战争与日俄战争之后，在社会矛盾的激化过程中，民众的逆反情绪高涨，从20世纪初期起社会主义思想有了一定范围的传播，对此明治政府加强宣传以天皇为中心的"家族制国家观"，实行所谓"思想善导"。1908年10月发布《戊申诏书》，1909年起，改定"国定教科书"，同年，对文部省直属学校发布"训令"——加强"修身科"教育，彻底贯彻《教育敕语》和《戊申诏书》。1911年，文部省建立"文艺委员会"，对学术、文艺等实行思想统制。与这种国民教育相呼应，理论界便有如井上哲次郎等一批学者与其相投契。这便是日本官学体制学派形成的最根本的原因了。

井上哲次郎曾经被日本学术界的不少人士称为是从19世纪末到20世纪初的

三十年间日本哲学研究的"重大存在"。但恰恰就在这三十年内，大约是从1890年井上哲次郎从德国归来，到1923年他从东京帝国大学退职，在包括当时东京帝国大学青年学者在内的学术界某些人士中盛行"帝大二腐儒"之说，即"东洋腐儒岛田重礼""西洋腐儒井上哲次郎"①。19世纪后期日本杰出的无神论学者中江兆民在著名的《一年有半》中说："我们日本从古代到现在，一直没有哲学。……近来有加藤某和井上某，自己标榜是哲学家；社会上也许有人承认……而实际上却不配称作哲学家。""没有哲学的人民，不论做什么事情，都没有深沉和远大的抱负，而不免流于浅薄。"这是多么沉痛的声音！中江兆民在这里说的"加藤某"和"井上某"，分别指的是曾任东京帝国大学校长的加藤弘之和东京帝国大学教授井上哲次郎。

或许这两种评论都是有道理的。处在与井上哲次郎同时代的先进的学者，从当时日本社会各种社会思潮与学术思潮的交互关系中，深切地认为井上哲次郎及其代表的官学体制学派无疑是一种学术腐朽的象征。井上氏与岛田氏共同控制的早期"中国哲学史研究"，便是此种学术腐朽的大本山，称之为"腐儒"并不为过。当然，井上氏是从欧洲归国，能操流利的德语，故定评为"西洋腐儒"。当学术史翻过了这一页，当年互相攻讦的学者已从舞台上退下之后，后世的学者来重新观察这一场日本新旧命运交替之间的学术演变时，作为以三十年的时间，支撑着东京帝国大学的"支那哲学研究室"，且对其后辈学者产生过重大影响的一个学派的魁首，把他称之为学术上的"重大存在"，这也合乎情理。

以井上哲次郎为代表的官学体制学派，在20世纪初期，便逐步地演进为日本中国学领域中的新儒学学派———一个与日本国家体制黏着的，在近代文化旗帜下，致力于复兴儒学的学派。从学术史的发展来说，官学体制学派便为日本新儒学的形成与发展，做了充分的奠基。

---

① ［日］吉川幸次郎等编：《东洋学的创始者们》，讲谈社，1976年。

四、私学体系学派的先驱松本文三郎与《支那哲学史》

私学体系学派的学者，与日本体制秩序保持着相对的距离，他们致力于使自己的学问达到与当时新学界相比肩的水准。从学术史的立场上来说，私学体系学派的学术，其内容尚未脱去启蒙的形态，但是，尔后对中国思想史的研究，基本上是承袭了这一学派开始采用的近代性的形式。

1898年，松本文三郎氏著述的《支那哲学史》是这一学派的奠基性作品。在此十年前，即1888年内田周平著述了日本最早的《支那哲学史》，然而，它的论述内容只止于先秦，事实上还不能称为"哲学史"。所以，松本文三郎的《支那哲学史》，同时是日本中国学史所有学派中第一部中国哲学通史，是以西方学术史形式，表述中国哲学思想发展历史的第一次尝试。

松本文三郎作为中国哲学研究创始时期体系学派的最主要的代表性学者，以其著作《支那哲学史》为中心，构成的松本中国哲学史研究，具有以下几方面的特点。

第一，松本氏第一次把中国自古以来的哲学思想发展，划分成依次递进的三个时期。第一期，创作时代——自东周至秦朝；第二期，训诂时代——自西汉至五代；第三期，扩张时代——自宋朝至当下。松本文三郎认为，第一期创作时代的哲学呈现出前后无比的盛况；第二期训诂时代的哲学，是把古书的训诂解释作为哲学，由于不见有新见创设，这是中国哲学史上最暗淡的日子；第三期扩张时代的哲学，是哲学的再兴时代，这一阶段的末期，由于考证学的兴起，导致了哲学的消灭。

中国哲学史的这一分期形态，显然还没有突破宋学的基本观念，它虽然已经不再是宋学道统的表述，肯定了先秦诸子时代"前后无比的盛况"，但毕竟把宋学作为中国哲学的"再兴时代"，而把清代考证学的发达作为"哲学的消灭"，正是日本汉学中朱子学的见解。尽管如此，松本文三郎氏毕竟摆脱了道统的束缚，不仅把诸子学作为其研究的内容，而且用思想史发展中前后衔接的分期方法来论述中国哲学史，成为其后日本中国学中分期法的雏形。这一研究在形态方法论上的意义，恐怕要大于内容表述上的意义，但是，它显示了一种方法论，由此便将带来观念的革新。

第二，松本氏提出以"地理环境决定论"来解释中国哲学流派的形成。他在论述第一期创作时代的哲学时认为，战国时代的"邹鲁学派""荆楚学派"等之所以形成学术上的差异，便是因为邹鲁学派地处东北，荆楚学派地处西南，由各自不同的风土气候条件，形成了他们各自独特的哲学思想内容。这一观点，后来在1907年山路爱山（1864—1917）的《支那思想史》中被进一步发挥了。

第三，松本氏在阐述中国哲学的兴盛与衰败的历史原因时，强调了"思想的自由"与"言论的自由"。他认为早期中国哲学思想之所以出现"前后无比的盛况"，其根本原因便在于这一时代具有"思想的自由"与"言论的自由"的条件。这一观点几乎为后世所有的中国哲学史家所承袭。

第四，松本氏在中国哲学史的研究中，开始注意作为哲学本身所应该具有的逻辑性思维形态。他在论述公孙龙子时，认为历来把公孙龙子的"白马非马"论指责为"诡辩术"是没有意义的。松本氏说，"白马非马"论是公孙龙子创造出的一种论辩方法，具有他本人的确实性，而在中国哲学上，类似这样的符合科学的逻辑性思维形态并不多见，如果把中国哲学与西洋哲学相比较，那么，无论在物理性思维，抑或是在逻辑性思维方面，都比较欠缺。

从一个世纪之后的学术立场来看松本文三郎的中国哲学史研究，可以批评的方面似乎是很多的。但也正是因为它率先形成于一个世纪之前，试图从与西洋哲学史同样的形态出发构筑中国哲学史，特别是试图在存在论、宇宙论和认识论中来说明诸家的学说——它的业绩无疑是杰出的。

五、私学体系学派的奠基学者远藤隆吉及其学术

一般说来，在日本汉学研究向中国哲学研究的蜕皮过程中，19世纪末到20世纪初的十年是私学体系学派最活跃的学术期。继松本文三郎与他的《支那哲学史》刊出之后，远藤隆吉作为私学体系学派的奠基学者崛起于学坛。1900年远藤隆吉刊出《支那哲学史》，1903年又刊出《支那思想发达史》，从而为这一时期

私学体系学派奠定了坚实的基础。

远藤隆吉是日本近代社会学的开拓者之一。1900年在他刊出《支那哲学史》的同时，又出版了论述美国社会学哥伦比亚学派代表学者富兰克林·亨利·吉第斯（Franklin Henry Giddings，1855—1931）的专著《吉第斯社会学》，1907年再度出版《社会学讲话》，并在早稻田大学文学部主讲社会学。远藤氏对于中国哲学研究的兴趣，恐怕是与他对欧美近代社会学的关注联系在一起的。

远藤隆吉的中国哲学史研究，其内容在于考察"思想的渊源及其推移"，其体系在于移植西洋学术史的表述模式。

关于中国哲学史的体系，远藤氏在松本文三郎的基础上，进一步确立了"三分法"的理论，成为体系学派的显著特征。

松本文三郎在《支那哲学史》中把中国古代哲学史分期，划分为"创作""训诂""扩张"三期。远藤氏也是中国哲学思想发展史"三分法"的主张者，但他把这三个时期定名为"古代哲学""中古哲学""近世哲学"，使它们更具学术化。欧美近代学者习惯上把前近代社会（即资本主义形态之前）的发展史，区分为"上古"（古代）"中古""近世"若干阶段。松本氏的"创作""训诂""扩张"三期的观念，事实上便来源于此，但他没有使用西洋学术史分期的惯用语，远藤氏的《支那哲学史》，则全盘接受了这一分期法及分期定名。这对日本中国学的影响，至为深远。

但是，远藤氏的《支那哲学史》在构筑上述三个发展时期时，在"古代哲学"之前却又单列了"《易》的哲学"作为一个独立项。他认为，中国哲学几乎没有不含《易》哲学的意味的，《易》作为伦理的渊源，卜筮的基础，在理解中国思想方面具有特别重要的意义。这一观点表明远藤隆吉的中国哲学观并没有根本上脱出宋学的窠臼，宋学自周敦颐演太极图，则极为推崇易学。当然，远藤氏在把中国哲学思想史划分成三个时代时，又这样另立"《易》的哲学"一个独立阶段，表现了他在中国哲学史分期上的困惑。

远藤隆吉作为从日本汉学研究向近代学术转化时期的学者，他的中国哲学观中最有价值的成分，恐怕便是对古典的怀疑主义态度了。他在"《易》的哲学"一项中，举证论述了他的两个观点，即《十翼》非孔子所作，而《卦辞》和《爻辞》也非文王、周公所作。远藤氏虽然还缺乏如后世实证主义学者那样缜密考证的手段，但他表现出的对于包括孔子编述的六经在内的古代典籍的怀疑，便把他与日本汉学家们相区别了，并且使得由他所代表的这种学术的转化，具有了科学性的意义。

远藤氏对孔子提出了批评，他说"孔子生于中国，亦为中国之祸根"。这一偏激的评价，远远超越了明治时代日本近代思想启蒙学家对日本儒学的评价，具有振聋发聩的功用。事实上，日本的汉学家们直到19世纪临近结束的时候，仍然固守"孔子是不应该研究的"这一陋见。他们在孔子神圣的威光下，不敢正面直视，甚至认为研究孔子是不守本分的举动。远藤隆吉不仅把孔子作为哲学思想研究的客体，而且提出了孔子系"中国祸根"这一令汉学家们咋舌的观点，其在近代学术史上的价值无疑是独特的。

与此相一致的，远藤氏在1911年发表的《汉学的革命》一文中，又特别强调了"孔子是中国人"的观点。这一观点中国人会觉得十分奇怪，但是，在20世纪初期的日本思想学术界具有深刻的含义。由于当时官学体制学派已经向日本新儒学发展，新儒学具有强烈的护教色彩——即把自我理解和需要的儒学精神，全部归为孔子精神，又把对孔子的崇拜，发展为宗教型的迷狂，这便造成了"孔教"。日本旧汉学家和新儒学家们，把孔子作为超越时空的圣人加以膜拜。远藤隆吉的"孔子是中国人"的命题，便是针对这种宗教型的迷狂而提出的，具有确实的日本近代学者批孔思想内涵。远藤氏在中国本土五四新文化运动提出"打倒孔家店"之前，在对中国哲学研究中表现出的这样一种批孔思想趋向，是日本中国学史上独特的遗产。

远藤隆吉作为日本近代社会学的开拓者，他对中国哲学思想的研究，具有若干社会学的形态。在《支那思想发达史》中，著者特别注意到了社会状况与古代哲学的关系。他在该书的"序文"中说：中国处于以农为本的经济状态中，少见工商业的发达。经济现象不断地表现为追求平等的形态。在此之上，有政治现象、文学现象、宗教现象、战争现象、教育现象，而经济现象为社会之根基，其他现象皆蒙受其影响。从这样一种观点出发，著者在《支那思想发达史》的第一编中论述中国社会的形成，采用极为独特的社会史叙述的方法，试图把中国原始时代的诸形态，如婚姻、从"氏"向"姓"的变迁、宗教、政治制度等作为进化的过程加以理解，进而阐述这一时代的思想特点。当然，这样一种社会史的叙述方法，未能贯彻于全书。其后，实证主义学派"支那学社"的小岛祐马等继承了这一研究法。

日本中国哲学研究形成中出现的早期私学体系学派，大约在20世纪第一个十年后便逐渐地消失了，它的余脉分成两股学术流，分别归为日本中国学中的实证主义学派和批判主义学派。其特点分别为这两个学派所继承，其缺憾也分别为这两个学派所稍有填补。

中国当代新文化建设的精神指向与"儒学革命"

——为纪念北京大学建校100周年而作[①]

一、引论：文化史学家应有的思考

当代中国社会主义新文化的建设，是中国现代化中的基础性工程，诚如江泽民总书记所说，它是综合国力的表现之一。

关于我国新文化的建设，先进的中国人在一个世纪中与自己民族的命运结合在一起，几经反复思考并进行了艰苦的实践。北京大学作为我国新文化运动的发源地，曾为民族新文化的创建恪尽职守。但是，由于在这一个世纪中，在我们民族追求独立和发展的过程中，军事行动和政治行动占据了主要地位，我们虽然思考过新文化的建设，但没有得到充分的展开；我们虽然出现过新文化建设的巨匠，却只是寥若晨星。持久

[①] 本文最早发表于《北京大学学报》（社会科学版），1998年第2期。原载于《跬步斋文稿：严绍璗自选集》，首都师范大学出版社，2016年。

与反复的政治行动，在相当的程度上不仅统摄了更是在事实上替代了文化建设，从而使得国民中的许多人把"政治"与"文化"等同为一，而文化人士也习惯于把"文化"当成"政治"来搞，以至于当我们现在真正开始迈进现代化的时候，在作为表现国家综合实力的相关层面上，我们不能不承认，文化层面是相当滞后的。

一方面是国民经济的持续增长，一方面却是国民在社会生活中的行为与新道德错位；一方面是在努力地寻求新道德的建立，一方面却引导在旧道德中获得归宿；一方面是试图用古典主义统摄新文化的灵魂，一方面却在"继承传统"的旗帜下历史的沉渣泛起；一方面是文化学者们对未来的文化给予崇高的定位，一方面却是对新文化的真实内涵的诠释竟是那样的空白乏力；一方面是文化热一个接一个，一方面却是文化垃圾充塞、泡沫学术膨胀……

这一切都显示了我国文化发展与全面现代化之间的不协调。这种不协调关系到国民现在与未来的精神形态，关系到我国综合国力的增长，从根本上说，它将影响我国全面现代化的历史进程。

我国新文化的建设，面临着许多复杂的问题，而其中有一个具有根本意义的问题，即中国的当代新文化，究竟应该以什么样的精神作为它的精神指向？构成中国当代新文化的主体性精神究竟应该是什么？说得更加明白一些，也就是作为具有中国特色的社会主义现代化时代的新文化的"根"——即构成新文化的时代精神与民族特征，其主体的成分究竟存在于中国当代社会主义现代化的现实之中，还是存在于过去的历史传统之中？究竟是引导和组织国民群体在当代社会主义生活中"创造社会主义的新文化"，还是让全体国民在"回归传统"中实现所谓的文化繁荣？

当前从事于"古典回归"的学者们，虽然其理论说法各不一样，但是，其基本的内涵却是相同的。他们认为，当代中国社会价值观念扭曲、道德情操沦丧，年轻人不如中年人，中年人不如老年人，而精神领域中所存在的种种缺陷，追查其根本，便是由于失却了儒学的传统所造成的。于是，"回归论者"为社会开出了拯救的药方，即高举以儒学为核心的"古典回归"的精神旗帜。他们认定，由先师孔子所创立的儒学，其基本精神几乎已经涵盖了当代文化建设的各个方面，所以，一言以蔽之，所谓中国的新文化建设，就是重建儒学精神、实践儒学教义的过程。他们甚至提出"儒家基本价值观应该升华为国家意识"。

我们的看法与"儒学回归论"者不尽相同。我们非常尊重自己民族的历史和历史的传统，但是，这种尊重，是尊重历史的辩证法发展。我完全相信，中国新文化的建设，是不能脱离中国自身文明发展的大道的。但是，中国历史上能够积淀至今的伟大的文明，都是中国不同历史时代中我们的先民与他们生活的时代相一致的、表现时代精神的伟大的创造。"儒学回归论"者对我们民族文化的建设确实怀抱好意。但是，我们如果只能在"儒学的田地"里耕耘，而没有面对新时代创造新文化的远见和能力，新文化的建设将是遥远而不可企及的。

一个严肃和认真的文化史学家，如果他不回避自己所应该承担的历史的责任和社会的责任，他就应该对当前我国社会主义新文化建设所面临的重大挑战，进行严肃和认真的思考，并做出相应的回答。

二、关于文化的范畴与社会主义新文化内涵的诠释

在讨论我国当代新文化的精神指向时，我们必须对文化的范畴做简单的阐述，并对我国社会主义新文化的基本内涵做一科学的诠释。

《易·贲卦》曰："文明以止，人文也。观乎天文，以察时变，观乎人文，以化成天下。"这或许是世界上关于文明与文化的最早的命题。尽管现在使用的文明与文化的概念，是在19世纪末和20世纪初由日本学者翻译西洋学术而组成的日本汉字新词，其内涵与外延都要丰富和宽泛得多，但《易·贲卦》所阐述的"文治"和"教化"的概念，无疑仍然是文明和文化所包含的内核。

当代学术界关于"文化"的诠释，已经积累起了一百几十种的理解，其中除却荒谬绝伦者外，大都也具有某些合理因素。我本人认为，文化的范畴，事实上具有表层意义与内层意义。从表层意义上说，所谓文化，它是人在克服愚昧过程中所获得的物质成果、精神成果，以及相应获得的能力。从内层意义上说，所谓文化，它便是人的本质的形成、发展与展现。关于"文化"范畴的双重意义的阐述，在逻辑上是一致的。

文化建设中的精神指向，与关于文化的范畴认定是密切相关的。它指的是在人的本质的形成、发展与展现过程中的导引性的力量。这种导引性的力量，应当表现为关于人在形成人的本质并展示其本质时，在生存目的、价值观念、道德标准和行为规范方面所给予的指示性方向。文化的精神指向既因为历史的发展而传承，更因为时代的不同而不同。

从文化史学上来考察，每一个历史时代的文化，都具有每一个时代的精神指向。思想史上每一个学派的出现，都是为了使那个时代的文化能遵循本学派的精神指向发展。但是，一种思想文化学派究竟能不能成为一个时代的精神指向，则要取决于社会的许多条件，而其中最根本的，则要取决于在经济上占统治地位而同时也在政治上占统治地位的那个阶级的意志。毫无疑问，历史上每一个时代的文化的精神指向，即每一个时代的人的生存目的、价值观念、道德标准和行为规范的定位，根本上都取决于那个时代中的统治阶级的意志。

有一点也是必须指出的，即人类自从进入奴隶社会以来①，构成社会的人是区分为"集团"的，马克思主义把它称为"阶级"——这应该是不争的事实。于是，文化作为人的本质的形成、发展与展现，事实上便是作为"阶级的人"的本质的成因与展现。因此，奴隶社会以来的人类文化，在每一个历史时代，事实上便具有了不尽相同的精神指向。

因此，在每一个特定的时代中，都不可能存在所谓一元的文化、统一的文化。每一个民族的文化，一定是以多元的形态并存于世的。中国古代是一个多元文化的时代，儒学是那个时代中的主体性文化，并不是唯一的文化。今日中国文化状态亦然，当我们讲"社会主义时代的文化"的时候，指的是共存于这个特定时代中的多元文化成分，它的精神指向事实上是多元的；当我们讲"社会主义新文化"的时候，指的是这个特定时代中的主体性文化成分，它的精神指向应该是一元的。有学者撰文并引证美国布热津斯基的话语，认为一个时代中如果有不同的文化形态，就有使社会分裂的可能。这个说法正是把存在与精神大大地颠倒了。事实上，正是社会成员首先分为不同的阶层、集团和阶级，文化才有了不同的形态。在整个社会完全消除差别之前，全社会"统一的文化"历来只是幻想，并且有被专制主义利用的可能。

---

① 我们是在承认人类社会是从无阶级社会向有阶级社会发展这一共识下来讨论本题的。

本题所要讨论的，不是社会主义时代的多元文化的精神指向，而是作为社会主义时代主体文化的新文化的精神指向。

文化学界关于文化问题的讨论，持续良久，古往今来东西南北的文化，也已经炒作近烂，但其间未闻有关于"究竟什么是新文化"抑或"究竟什么是社会主义新文化"的研讨。或许有人以为这是早已经解决了的问题，其实大谬不然。

曾有人说：有人问什么是社会主义文化，这是很明确的嘛！第一，这个文化是共产党领导的；第二，它是社会主义性质的；还可以说第三、第四嘛，同志们都可以说几条，啊……

这是多么堂皇而实质又是多么空洞虚浮的文化话语！它意味着滔滔言语者实际上对"社会主义新文化"从未做过任何具有理论价值的像样的思考——我国社会主义新文化建设中的许多问题，不能不说与此种浅薄的说教密切相关。

关于我国新文化的精神指向，必须从文化的范畴出发。依据马克思主义的基本精神，遵循我国悠久的历史传统，立足于社会主义现代化的现实，努力实现与世界文明的接轨。具体地说，我国社会主义新文化的精神指向，应该致力于在全体国民中建立起以崇高爱国、劳动创造、公正自由、平等和谐、激越上进为基本指向的世界观与人生观。为此，社会主义新文化的内涵至少应该具备民主的内容、科学的内容、和谐的内容和创造的内容。

1. 民主的内容

民主的内容是社会主义新文化的基本内涵。这里说的"民主"，当然不是指"无政府主义"，也不是指在社会生活的人都可以各行其是。我们在这里说的"民主"，体现的是人类生存的基本渴望，即它要求和政治上消除压迫，在经济上消灭剥削，在文化上消除歧视——这也正是马克思主义的基本精神。

我们在思想文化的研究中，常常自设藩篱，制造误区。例如，关于民主的要求，因为资产阶级曾经举起过"自由、民主、平等、博爱"的旗帜，好像民主就成了资产阶级的专利品，好像社会大多数人寻求自身解放的斗争一定是没有民主可言的，这岂不是天大的笑话！五四新文化明明提出了"德赛"二先生，却偏偏要把它抹去，另为之说。我们向着浩浩苍天，谨问无数的先辈烈士：你们以生命为之奋斗的事业，不就是要使最大多数的人不受压迫、不受剥削、不受歧视吗？

不就是为了使民众获得民主吗？马克思和恩格斯的理论，无论是哲学、经济学，还是政治学说，都闪烁着以上述内容为基本核心的民主主义精神，并且为之而探索实现最大民主的社会道路。它体现着马克思和恩格斯对剥削阶级的痛恨和对社会的最大多数人的同情。社会主义新文化必须把具有科学定义的"民主主义"作为它的基本的内容，才能体现社会主义的经济与政治的本质；也只有把"民主主义"作为它的基本内容，才能激发和鼓舞社会最大多数的人为创建中国现代化的新生活而持续奋斗。

2. 科学的内容

科学的内容也是社会主义新文化的基本内涵之一。这里说的"科学"，它既是指应该把正确认识与把握人与自然的关系，列为新文化的基本内容，同时也是指应该把正确地认识与把握人与人的关系、人与社会的关系、人与历史的关系，列为新文化的基本内容。这也就是说，纠正与扫除人们在自然的层面上与在人义的层面上的愚昧、偏见与无知，应该是社会主义新文化的基本内容。我们尊重人们对于世界形成、物质运动、社会进程、历史评价等等在观念上的差异。但是，这种尊重，并不表示作为社会主义主体文化的新文化，就可以把所有的认识包摄在自己的内容之中，而是应该以事实，此即在自然学说中以实验证明的确实的事实，在人文学说中以实证阐明的接近的事实，作为认识与把握世界事物的标尺，并在对世界的不断增进的新的认识中，不断地丰富这一标尺，这便是新文化所应该具有的科学内容。例如，以生命科学为中心的成果，可以纠正与扫除人们对生命迷惘的种种迷信；又例如，以人文科学的研究并借助于自然科学的成果，可以纠正人们对于以往历史的无知和偏见。社会主义新文化只有把"科学的内容"作为它的基本内涵，才能真正提高社会主义时代最大多数国民的精神素质。

3. 和谐的内容

和谐的内容是社会主义新文化必不可少的内涵。这里说的"和谐"，指的是在社会生活中，群体与群体之间、个人与群体之间、个人与个人之间的生存形态，应该是以互相平等、互相尊重、互相协调、互相帮助为基本内容的。实现此种生存和谐，实际上应该包含两个方面的基本内容，即一方面必须充分尊重个人的个性发展，尊重个人在社会中应该具有的个人权利和应该获得的个人利益。社会主义政治革命与经济发展的最根本的目的在于解放人，从而使人性沿着正确的道路得到最大的释放，创造具有个性的人。在这里需要辨明的是，人们容易把"人性的发展"与"欲望的贪求"作为同一范畴，是过于简单了而且错位了。事实上，新文化所说的给人性的发展以相应的空间，以创造具有个性的人，主要指的是在社会主义现代化中的人所应该具有的独立的创造精神和自己主宰自己命运的能力；另一方面，生存和谐的内容也必须具备社会生存中的利他原则——这是社会共存的原则。利他原则，细推起来说，应该有两个层面的意义。一个层面的意义，便是个性的张扬和人格的独立不妨碍他人利益的原则，即遵循"不以自己的利益破坏他人的利益""不以自己的财富破坏他人的财富""不以自己的幸福破坏他人的幸福""不以自己的知识破坏他人的知识"的原则。利他原则的第二层面的意义，即"利他为民"的原则，是在特定的条件中"舍弃自我、献身社会"的原则——这是共存的最精粹的内容，应该以极大的精力，引导国民向这一原则靠拢和发展，创造社会主义新文化的最崇高的精神境界。

一个社会如果失却了共存的原则，那么这个社会就不会安宁；一个社会如果没有个人人性的健康的自由发展，所谓社会的安宁就会造成专制主义的统治。社会主义的生存形态，是在充分尊重个人人性发展的基础上的共存形态，这是一种和谐的生存形态。正因为如此，社会主义新文化把"和谐的内容"作为它不可或缺的内涵。

4. 创造的内容

创造的内容是社会主义新文化全部内涵的基础。人类生存和发展的历史，就是人类创造的历史。《易·乾卦》曰："天行健，君子以自强不息。"表现的就是中华民族毅然刚强的创造精神。

从文化学的立场上说，每一个时代的文化的"根"，都根植于每一个时代之中，例如，孔子的原始儒学，其根则在于中国奴隶社会末期与封建社会初期，汉唐儒学、宋明儒学和清代儒学，儒学文化的每一次嬗变，其根都在于每一个时代之中。我们这个时代，正在经历着中国历史上最伟大的变革，时代一定会创造自己的文化，因此，社会主义新文化在自己的形成、发展与展示中，要动员群众和鼓舞群众，奏起最响亮的时代的音符——把新文化的立足点，扎根于现实生活的创造之中。只有创造出时代的文化，才能使这一时代的最大多数民众自强不息、激越上进。

三、时下社会积弊的文化基础

当代中国正处在向现代化发展的全面转型时期，政治、经济和文化等已经获得了巨大的进步，最大多数的国民也已经在这种社会的进步中获得了相应的发展。当整个社会为了国家的进步需要付出自己足够的代价的时候，人们发现，诚如中共中央在《关于建国以来党的若干历史问题的决议》中所指出的那样："中国是一个封建历史很长的国家，我们党对封建主义特别是对封建土地制度和豪绅恶霸进行了最坚决最彻底的斗争，在反封建中养成了优良的民主传统，但是，长期封建专制主义在思想政治方面的遗毒，仍然不是很容易肃清的，种种原因又使我们党没有能把党内民主与国家政治生活的民主加以制度化、法律化……"因而，在改革中几乎处处显露出社会积弊甚深。种种社会弊病，又几乎都根植于中国陈腐的封建主义文化遗毒之中。它们既构成了对社会主义新文化的严重的挑战，更说明了确立社会主义新文化的精神指向的必要性与迫切性。

1. "官本位"观念是当今我国国民精神中最腐朽的成分之一。20世纪60年代中期到70年代中期的"文化大革命"时代中，被愚弄的国民在"权力崇拜"的蛊惑之下，对中国社会进步所造成的破坏，在世界史上是罕见的。当前中国社会改革中所面临的最大难题便是权力结构的改造，这是不争的事实。[①]比如"精兵简政"作为权力结构改造的最微弱的先行，也已经说了几十年了，然而，却举步维艰。民谣曰："有什么不能有病，没什么不能没权"，道出了人们对权力的痴迷

---

① 本文发表15年后，2013年10月30日《光明日报》"评论观点版"大标题为《台上反腐台下腐败的症结在哪里》的评论文章中说："一两个高官出事，应该是个人素质出了问题；三五个高官出事，或许是思想教育出了问题；十来个高官出事，可能是选人用人出了问题；几十个高官出事，大约是监督体制出了问题；现在是上百个高官出事，肯定是权力结构出了问题。"说得是切中要害的。——收入本书时作者注

与对官位的向往，及其背后所深藏的利益欲求。

中国儒学作为以"人"为本位的文化，与各种具有宗教色彩的文化不同，它所表现的价值观念与行为趋向，不是把神放在至高无上的地位，也不是把具有人格神的宗教放在至高无上的地位，它是把人和人的关系放在第一位；而在现实社会中，人的关系的最集中的表现形式就是政治。儒学文化从创建之始，便是把对于政治的崇拜放在了第一位。与宗教文化不同，这一文化把对于神的崇拜，转向对于帝王君主的崇拜。它把政治权力放置于最神圣的地位，从而造成了中国社会至今不衰的"官本位"观念文化基础。

2. 20世纪初我国新文化的杰出的指导者陈独秀曾经面对中国社会中文化失却其独立的地位与精神，长期充作意识形态的附庸而深刻地揭示说："文学自有独立之价值也，而文学家不承认之，必欲攀附六经，妄称'文以载道'……史学亦自有其价值也，而史学家自身不承认之，必欲攀附《春秋》，着眼'大义名分'……音乐亦自有其独立之价值也，而音乐家自身不承认，必欲攀附圣王之道，甘以音乐为政治学之附属品也。"（《随感求·学术独立》）

时间虽然过去了近一个世纪，中国文化与学术，并由此推及中国人精神的独立，虽然已经有了不少的进步，但禁锢着中国国民精神独立的思维模式并未见有根本性的解放与跃进。当代社会生活中弥漫着的所谓"清官论"与"伯乐相马论"等，都是中国国民至今尚未找到独立的自我精神与独立的人格能力的典型的表现，它与《国际歌》中所表现的独立、激越、向上的解放意识极不一致。

此种只有在人伦的相对关系中才能显现自我的思维模式，其文化根基在于儒学的"人事本位"主义性质。此种以"人事"为本位的文化，当它在道德上表现为追求社会责任和历史使命时，它仅仅要求社会的人尽各种各样的义务，而完全忽视和抹杀了作为人应有的权利。儒学提倡的"仁政"，以确保"五伦"关系为基础，即以君臣关系表现忠，以父子关系表现孝，以夫妇关系表现贞，以兄弟关系表现悌，以朋友关系表现信。每一个人都生活在特定的"人伦"之中，所谓的"五伦"关系，便是人在当时特定的社会关系中的责任与义务。人的生存的价值完全是在他所依附的特定关系的对象中才能表现出来，才能得到实现。儒学文化本质上不承认作为"社会的人"自身所具有的独立的人格与价值。

人在社会生活中，丧失了此种独立生存的价值，并未意识到自我的意义，一切依附于特定的生存对象,造成中国国民相当大的群体在当代社会的改革变动之中极其缺乏应变能力与生存能力。相当的群体把个人的生存完全依托于政府和组织,几乎不知道还有自我的存在。当然,政府以极大的努力来迁就国民群体此种应变能力与生存能力的失却,体现了社会主义的优越性,但由此也吞噬了国民长期失却自我独立精神所造成的巨大的社会苦果。

3. 中国儒学是一种道德性直观形态的理性文化,此种理性形态,其根本之点不在于解决人与自然的规律问题,其重点是强调人应该通过理性来控制自我,把做人的道理放置于理性之上。

儒学的理性要求在《论语》中已见端倪,《孟子》提出"良知"和"良能",待到《大学》中倡导"智、仁、勇",便成为早期儒学的理性标准。本来,沿着这样的理性原则发展是可能造就高尚的人格特质的,但是,由于中国封建社会的政治统治需要完全服从政治运行的意识形态,儒学的理性主义被引向愈来愈虚妄的层面。宋明儒学家提出"存天理,灭人欲",认为"学者须是革尽人欲,复尽天理,方始是学",于是,便倡导"饿死事小,失节事大"。以此作为至善至美,成为后期儒学的理性原则。

儒学对做人的理性要求,本来是不错的,但从它把"人性原则"完全变成"虚妄理性"开始,便造成了理性对于人的情感的无端专横。随着儒学从汉唐古典主义发展为宋明理学主义,儒学对于人性的专横,便愈益武断和暴戾。我们的先民常常战栗在儒学设定的理性标准之下。今天,被深圳中华民族园作为"民族珍品"竖立在那里展出的几十块高大森然的贞节牌坊,供无数的人来欣赏,人们已经忘记了它们是我们无数的女性先辈用自己的生命和血肉堆积起来的。儒学的这种虚妄的理性原则战胜作为人的情感,它在中国人的心灵上长期侵蚀而造成的创伤,甚至至今也未能愈合。① 这种严重的精神创伤也造成了儒学家本身的"人格分裂"。儒学家们创导了"存天理,灭人欲"的理性原则,但是,他们实际上也根本不可能按照理性原则去生活,他们照样要吃饭,要娶妻,要讨妾,还要嫖妓。就像他们堆砌出了这么多的贞节牌坊,而这些贞节牌坊的造牌人却在那里穷奢极欲、三妻四妾地招摇于市。他们的职业,让他们去充做理性的化身,在学问上高唱"存天理"的原则;然而,他们在生活中又享尽人欲,这就造成了我国许

---

① 本文最早刊发于1998年,所记深圳中华民族园展出的贞节牌坊是作者1992年现场目见之物。

多儒学家的人格分裂——他们心里想的与口里说的不一样，口里说的又和自己做的不一样。明明是充满欲望，却还要道貌岸然，这就造成了中国某些儒学家的品格的虚伪性。

《庄子·杂篇·外物》对儒学家人格的观察，有如下的故事：

儒以诗礼发冢。大儒胪传曰："东方作矣，事之何若？"小儒曰："未解裙襦，口中有珠。《诗》固有之曰：'青青之麦，生于陵陂。生不布施，死何含珠？'接其鬓，厭其顪。而以金椎控其颐，徐别其颊，无伤口中珠。"

这是一个辛辣的小品。还在庄子的时代，儒学的圈外之人似乎已经看清了儒学家中有一些人说的是一套，做的却是另外的一套。在彬彬有礼的外观下，做的却是挖人坟、窃人财；在吟诗与夸夸其谈的同时，竟然碎人尸骨、夺人珠宝——儒学家与盗墓贼竟然混融一体，人格的分裂竟达于此！

鲁迅先生痛切地描写这样一批中国的知识分子，说中国的儒学造成了多少知识分子敷衍、偷生、献媚、弄权、自私，然而，却能假借大义，窃取美名。这是何等的深刻！

这种人格的分裂，以及由人格分裂而造成的人性的虚伪，是儒学文化对中国知识分子与官僚群体的心灵与精神所造成的严重的创伤。中国知识分子和官僚群体要在当代新文化的建设中克服这一创伤，造就健康的人格，尚需有很长的一段路要走。

4. 儒学是在中国东周时代历史处于大变动的时候所形成的一种思想体系。孔子怀着对周代"礼崩乐坏"的极端无奈的心情，倡导"兴灭国，继绝世"的万世大业，内心对现实的变化充满了愤懑。所以，儒学是一种以"古典复归"为潜在指向的理想主义文化。儒学所表现的理想，是一种以"法先王"为其政治导向的文化模式。所以，儒学家所追求的社会理想，在本质上与时代的潮流相互错位——即儒学家的理想存在于过去之中，而不在于未来。他们生活于现实之中，却追求在未来中实现过去。因此，儒学家在社会历史观方面，几乎都表现为病态性的"今不如昔"，与社会总体历史发展的进程相悖。

此种病态性的"今不如昔"的历史观，曾大面积地侵蚀了我国知识分子群体，鲁迅先生为此而专门塑造了"九斤老太"这个典型的形象。一个世纪快要过去了，中华民族以其非凡的牺牲与努力，赢得了巨大的历史性进步，然而，却总有社会群体，在这样的历史进步面前，认为今日的道德不如古代的道德，今日的文化不如古代的文化……今不如昔，惟古是好。假如这些论调仅仅是为了显示其高深莫测，作为个人行为也就罢了，却偏偏要影响当代新文化的精神指向，却偏偏要拖拉着国民群体走古典回归的路，这就不能不成为一种社会弊病了。

四、对当前学界中文化诸说的质疑

学术界在关于中国文化的现代化的讨论中，见仁见智，已经有了许多的好见解了。由于著者学识的浅陋，对有些论说心存疑虑，百思不解，姑于本论中为之质疑，请教大方。

1. 关于五四新文化运动造成中国文化发展"断层说"

学界在关于五四新文化运动的评价方面，摆脱藩篱，异说特起，确有新人耳目之论。但其中有论说指责五四新文化运动"过于简单和浅薄"，最终造成了中国文化发展的"断层"，实属惊骇之论。

关于五四新文化运动的本质学者们已多有论说，自不必多言。它的真正的历史意义，就表现为它代表了20世纪之初中国将要迈入一个历史的新时期的精神的呐喊，由此而开始了中国人灵魂的新铸造。北京大学以这一天作为它的校庆，正意味北京大学高举五四新文化的旗帜，沿着由"五四"开辟的道路，致力于中国现在与未来的新文化建设。

从文化发展史的立场上来考察，五四新文化运动提出"打倒旧道德，建立新道德""打倒旧文化，建立新文化"，从而主张重新估定祖先遗传、圣贤教训、制度风俗、道德准则等的价值，这与世界文化史所见的以法国为中心的启蒙运动，与日本明治时代的思想维新等，从文化中发展的轨迹来说，是基本相同的，都是以"一个否定另一个"的辩证方式与以前的历史文化相连接。（这里说的"否定"，是辩证法意义上的"否定"，读者自当明了，想必不会引出歧义。）

五四新文化运动的精神成果，便是使20世纪中国主体文化发展获得了精神指向。沿着这一精神指向,在创建中国新文化的过程中所获得的最大成果,便是中国的先进知识分子接受了马克思主义,为中国共产党的建立提供了最基本的思想准备,它使"五四"所表现的文化建设的精神指向具有更加充实和丰富的内涵。

20世纪的中国,处在以军事为基础的巨大的社会政治变动之中,新文化的创建,确实走着崎岖曲折的道路。尽管如此,20世纪中国的主体文化,包括马克思主义在中国的传播和发展,事实上不也正是沿着五四新文化所开启的方向发展过来,以至于今,怎么会有"断层"之感,又从何谈起"断层"之论呢!

有人指责,这种说法是强为之论,因为五四新文化运动确实造成了中国某些文化发展的"断层",例如,它多少破坏了儒学道统的发展。著者同意此说。如果从儒学史的立场,而不是从文化史的立场来说(儒学是中国文化的一个层面,并不是中国文化的综合),经过轰轰烈烈的五四新文化运动的洗礼,儒学在20世纪的中国确成断壁残垣,不成气候,虽有人把儒学提升为"孔子之教",仍然难挽狂澜于既倒,一批又一批的知识分子(无论是从西洋还是从东洋归来,抑或是本地土生土长)纷纷从儒学的藩篱中脱出,终成创建中国新文化的中坚。由此说来,所谓"断层祸害"之论,实来自儒家之言,并非来自文化史学家所说,更未见为中国20世纪文化事实所证明。

有人言五四新文化在对待旧道德与旧文化的观念上,实在过于简单了。这个"简单",是因为新文化的参与者对旧文化实行了"一概打倒,全盘否定"——五四新文化运动,与一切新的文化形态的诞生和发展一样,它本身一定具有时代的特征,包括时代留下的缺陷。对于此种时代的缺陷,研究者的责任便是以能动的历史发展观,分析它所处的时代,总结先辈"落井"的经验,以避免自己重蹈覆辙,这应该是我们今天的文化学者的责任;但不应该以今日的条件,指手画脚,轻浮地采取"一概打倒,全盘否定"的态度。至于论者关于五四新文化对于旧文化采取"一概打倒,全盘否定"的指责,假如我们真的读过五四新文化先辈们的论著,假如我们真的思考过当时特定时空中的文化形势,那么,我们怎么会有五四"简单化"之说呢?是的,五四新文化反对封建性的伦理道德,反对儒学的"文以载道"之说,反对桐城谬种、选学妖孽,也反对陈旧僵化的语言。但是,他们对于中国传统文化中的诗骚传统、史传精神、汉唐气概、魏晋六朝文学的自觉、元明戏剧、明清小说,是从来也没有反对过,而且多所张扬肯定。他们在自己的文化论与文学创作中，始终没有抛弃中国传统文化中真正具有民族精神的审美意识、艺术情趣等，并在新时代中继承和光大。

使本文著者难于理解的是，五四新文化所表现出的对旧文化的辩证的否定，它的主要的参与者在自己的文化实践中所表现出的批判地继承，都是极为明白和清晰的事实。当然，当时文化学的理论不可能有如今日这样精深丰满，参与成员的复杂性所致也有极端的言辞，但是，作为"五四"主流的先辈们确实以当时所能达到的理性高度，以他们精深博大的知识和对于民族未来命运的深刻思考，批判和舍弃了旧文化的糟粕，继承和发展了旧文化的精华，怎么会在六七十年后，学术研究愈益深入、文献处理手段愈益精深、信息联络愈益快速的时代里，却反被视而不见，更被任意臆说呢？

2. 关于清末文化"钟情论"

20世纪90年代以来，学界吹来一股温情脉脉的"钟情"风，吹风者推清末文化为知己，视五四新文化为异己。有论者谓清末文化已集中国文化之大成，充满人文情趣，若无以后"口号文化"之骚扰，则20世纪中国文化沿此脉络定可发展为绚丽灿烂者。

本来，对于中国学术文化的发展史，对发展史中的各个断片，学者各有所好，是在情理之中，无须旁人说三道四。但是，清末文化的"钟情论"，已经成为学界的一种潮流，而本文著者于个中却仍有许多疑虑。

钟情于清末文化的学者诸位，其所爱之趣可能也各不相同，但从各种论说中体味，可能有一点大家是一致的，这就是共感于清末文化中充满着人文趣味——多有闹市酒楼、小巷情侣、知己相好、琴棋书画，三五朋友，在云山雾罩中谈天说地，所论者既有了已经传入的海外信息，又没有如后世般的激烈口号。于是，学者们于中感到温馨，"感到知识分子生存的气息"。是的，中国的知识分子在经历了长期的政治运动之后，确实需要有一个很好的休息的时日；在领受了政治运动中的攻防杀伐之后，特别地渴望世间的人情。以清末文学为核心的清末文化，或许正是在这个层面上，对知识分子的心灵能够提供慰藉。

但是，我以为这种心灵的感受与历史的进步实在是错位的。作为一种文化观，它与五四文化"断层说"，具有同样的意义。清末的文化，与清代末期的经济、政治密切相关。中国封建专制主义发展到这一时期，已经到了完全腐朽的阶段，它的崩溃是必然的——政治上的辛亥革命、思想上的五四新文化运动，都显示了中国社会内部运动的必然性，宣示了中国历史新时期的到来。世界文化史上还没有过这样的实例，即一种代表新时期精神的新文化，会以一种已经没落和腐朽的文化作为它的直接的源头。五四新文化的发生，恰恰是最生动又深刻地证明了这一文化史的不移的事实。

3. 新文化的建设是传统文化的"化文化说"

在研讨社会主义新文化与传统文化的关系时，有一种论说甚有影响力——即对传统文化做出现代性的诠释，使古老的文化具有现代的意义，传统文化便演变成了现代文化。举例来说，封建时代说"忠"，要求的是"忠于君王"，我们还是要"忠"，是"忠于祖国"，对"忠"做出这样的诠释，"我们就继承了'忠'，并把它演绎成为一个具有现代意义的新概念"——这就是"化文化说"。"化文化说"者认为，把中国传统文化全部做出"现代性诠释"的那一天，就是中国当代新文化建成之时。说得更明白一点，所谓社会主义新文化，事实上就是对旧文化所做的一种现代性的诠释——文化的内容是没有什么不一样的，只是所做的解释不同而已。当今许多文化人、新闻媒体、电视电影等正在大量地宣传此种观念，并有意无意地演绎此种方法。"化文化说"者们对新文化的建设怀抱一片好意，他们急于要找到社会主义新文化的建设之路，但是，这一论说，对社会主义新文化的建设却具有相当大的损害，正因为如此，科学的文化学者应该对此抱有相当的警惕。

事实上"化文化说"是一个非常陈旧的学说。它是以我国50年代的"抽象继承"理论为基础，重演了中国古代"六经注我，我注六经"之说，并把它们混融之后组成的一种新包装——只不过是把"抽象继承"与"经注""注经"改成了一个当代阐释学的"化"字，但正是因为用了这一个"化"字，却使人不得不想起了在关于如何继承文化遗产上，一位价值观过时了的曾经高位的领导人所鼓吹的所谓"化腐朽为神奇"之论。

这样的说法，不是说要重提往事，更不是说这是戴帽子和打棍子，否则，我们就难以在学理上展开讨论，任何学理上的批评都将是不可能的了。对中国学术如果只剩下一片喝彩声,那才是真正要断送了它的前途。学界目前有种潜在的意识,多少妨碍着学术的进步,这就是凡是以前学术界被批评过的论说,现在统统把它们翻过来,并且捧上"金銮殿";凡是以前在政治运动中被利用过的学理,现在统统要把它们踢出去,踩在脚底下。其基本的思维仍是沿袭从前政治斗争的模式,而缺少学术的探讨和对学术进步的责任心。

"化文化说"涉及文化史学上两个具有根本性意义的理论问题,即:①一个时代的文化,在这个时代消亡之后,它的主体性内容有没有可能进入到后一个时代的主体性文化之中?②两个不同时代的文化(例如旧时代与新时代的文化),两种不同性质的文化(例如两个不同民族的文化),它们究竟是以什么样的方式传递,以什么样的方式连接?

简言之,我以为,两个具有根本不同性质的时代前后交替,由于经济结构与社会制度发生了根本性的变化,旧时代的主体文化的主体性内容是不可能也不会(文化史上也还没有过)为后一个时代的"主体性文化"所吸收。这绝不会以任何人的论说为转移,也不会由于什么人对旧文化的乔装打扮而改变,因为这是由文化本体所内含的时代性所决定的。但这并不是说,旧时代的全部文化都不能为新时代所吸收,因为在任何时代的文化中,都存在着一部分不是属于过去,而是属于未来的成分,旧文化中内含的这些具有未来因素的成分,它们才有可能在新时代中为新文化所继承,成为新文化形成与发展中不可缺少的养分。一般说来,一个民族的文化中所内含的此种"不是属于过去,而是属于未来的成分",如果历史愈益悠久,内容愈益丰富,那么,这种文化所表现的民族精神也就愈益深刻,文化的民族形式也就愈益多彩。从文化史学上说,不同文化之间的传递,实际上是以"不正确理解"的方式进行的,无论是从希腊悲剧到法国古典主义,还是从罗马古法到英国立法;是从中国儒学到欧洲启蒙运动,还是从中国文化向日本东传;是从孔子立尧舜禹三代,还是从康有为写《孔子改制考》;是从朱熹的《孟子集注》,还是从戴震的《孟子字义疏证》……文化史学上几乎所有的事实都告诉我们,不同时代、不同性质的文化之间的传递,"不正确理解"的方式是普遍的方式。而在文化史的发展中,两个不同时代的文化,总是以"后一个否定前一个"的辩证方式互相连接在一起的;而两种不同性质的文化,又是以"一种变异另一种"的方式互相吸纳在一起的。文化史的事实正是这样地充满着勃勃生机，充满着辩证逻辑，容不得我们有任何僵硬和自以为是的观念。①

"化文化说"在学理上的偏误，主要是它不顾文化史的事实，把具有实在内容的文化，抽象为一个一个孤独的"言"或"文"，例如，它把充满封建专制主义内容的"忠于君王"，抽象为一个"忠"字。从文化史学上说，"忠"只是一个符号，"忠于……"才使"忠"具有了实在的内容和意义。在一个民族的文化思想的发展史中，因为是同一个民族，所以，尽管是不同的时代，尽管是不同的学派，但他们都使用同一种语言，使用同一种文字，因而同样一个语言文字符号，不同的时代和不同的学派都可以反复使用，例如中国文化思想中常见的"道""气""仁""义""体""用""忠""孝"等等，如果把文化中这样具体又生动的内容，抽象为独立的"言"和"文"，然后，将其夸张为民族的"传统"和"共同的精神"，这是没有任何意义的，只是文字语义的游戏罢了。假如这一"抽象法"得以成立，那么，历史文化中的任何内容，包括所有腐朽糜烂的成分，确实都可以"化腐朽为神奇"了。②

五、没有超越"时空"的文化形态

"儒学回归论"在理论的设定上陷入了根本性的误区，即他们事实上认定，在人类历史无限发展的时空之中，会存在一种永恒的精神力量，成为一切时代的主体性思想。在中国，他们认为，这种"永恒的精神力量"，这种可以"成为一切时代的主体性思想"的，就是距今已经有两千四百年左右的、由孔子创立的儒学。

列宁曾经告诉我们，历史常常会跟我们开玩笑，当我们自以为走进了甲房间的时候，结果，却发现呆在乙房间。当前我国文化运动中以儒学为中心的古典回

---

① 文化传递的"不正确理解"的方式的经典阐述，马克思在《马克思致斐·拉萨尔》（1861年7月22日）的信中有经典性的论述。

② 行文至此，恰好新闻媒体传来山西假酒案，其中说到"山西汾阳杏花村镇中杏酒厂"的酒，贴上了"山西汾阳杏花村酒厂"的标牌，本来是两种不同的酒，这么一弄，现在都变成"汾酒"了，使喝者真假莫辨。

归，恰似"无神论者做弥撒"。从民族文化的最根本处来说，这是我国新文化建设中的一个非常壮丽的悲剧。

要回答这个问题，无论是在实践上还是在理论上，其实，都不是很困难的。现在，被人们谈论的很多的，作为儒学回归的国际实例，便是基督教与欧美社会的精神关系，马克斯·韦伯在《新教伦理与资本主义精神》中的观念，在我国知识界的相当层面上，成为不易之论。然而，人们毕竟是误解了基督教的历史。简言之，就基督教的历史说，从耶稣出生至基督教成为罗马帝国的国教，这五百年可以作为"早期基督教时期"；此后，基督教开始在欧洲传播，逐步地改造了早期的教义，从公元500年到1500年，可以称为"中世纪欧洲基督教文明时期"；16世纪马丁·路德发表《九十五条论纲》，发动宗教改革运动，成为迎接资产阶级革命时代到来的信号；继而，加尔文在日内瓦建立了资产阶级共和式的长老制教会，又在英国和北欧各国，世俗君主也摆脱教皇控制，把教会置于本国君主的控制之下。以此为标志，基督教内部对原有教义的革命不断进行，陆续产生了表达新兴资产阶级利益的、脱离罗马公教的各种新教宗派。欧洲新兴的资产阶级在宗教改革的旗帜下发动了大规模的反封建的社会政治运动，在这个运动中造就了在原有的宗教旗帜下符合其利益意志的新教。欧洲基督教的改革运动，是与欧洲工业文明的发展，与资产阶级夺取政治的权利几乎是同时代发展的。假如没有16世纪以来的一系列革命性的改造，基督教怎么可能成为当代欧美社会思想文化的主体形态之一呢？实际上，马克斯·韦伯所指的是"基督教新教"而不是"基督教"，这是两个不尽相同的文化形态——基督教新教一方面是对基督教的继承，一方面是对基督教进行了资产阶级性质的革命性变异后形成的新宗教。

实际上，思想文化史的事实昭示我们，人类在自身的精神形态的发展中，至今还没有创造出一种"随着时空的发展，而能永恒不变的精神形态"。

马克思主义，即马克思和恩格斯的关于人类解放的理论，是人类在工业社会时代所创立的关于揭示社会本质，并预示人类社会未来的最精粹的思想体系——当然，马克思主义的经典作家，在预示人类未来社会时，也具有他们当时实际所处的那个时代的非常鲜明与深刻的烙印。指出这一点，对认识文化的时代性是十分有益的。中国先进的知识分子和共产党人，在接受马克思主义并把它运用于中国社会实际的时候，总是随着时间和空间的变化而变化，于是便有了马克思主义—毛泽东思想—邓小平理论这一理论发展的轨迹。这一思想体系的发展轨迹，经典地证明了马克思和恩格斯在《德意志意识形态》中对于每一个时代中的思想文化的生成的论述的准确性。他们说:"一切划时代的体系的真正的内容都是由于产生这些体系的那个时期的需要而形成起来的。所有这些体系都是以本国过去的整个发展为基础的,是以阶级关系形成的历史形式及其政治的、道德的、哲学的以及其他的后果为基础的。"①

马克思主义发展是这样,我们怎么能够想象,孔子以及由孔子等所创立的儒学会成为一种永恒的精神形态?怎么能够想象一种公元前四五世纪中国农耕时代前期的思想意识,竟然会成为20世纪后期和21世纪,即高度发达的工业社会和信息时代的中国人的价值观念和道德体系的"主体"和"核心"呢?

六、我们需要什么样的文化遗产?

我们说,我国社会主义新文化的"根",存在于当代中国人民从事的伟大的现代化的实践之中,这绝不是要苛求它的形成和发达离开中国文化发展的大道而孤独运行。事实上,任何时代中占统治地位的集团、阶层和阶级,对它自身民族的历史与传统,都不可能采取漠然的态度,他们总是依据自身的利益,或加摘取或加剔除。所谓"全盘继承"和"全盘否定",都只是文化思想学派的口号,而不可能是文化运动本身的实际。许多人都认为,中国"文化大革命"时代是对中国文化遗产"全盘否定"的时代。但是,这个说法显然是情感形态的,与实际不合。因为当时在最广泛的民众层面上发动的例如所谓"批林批孔""评法批儒",其实就是对于文化传统和历史遗产与现实关系的一种处置办法。有人说,中国文化遗产经他们这一折腾,便被彻底破坏了,所以还是可以说是"全盘否定"的。但是,这样的说法从学理上说,其实只是一种价值性判断,与实际的文化运动是两个不同层面上的事情。我们的任务,是应该揭示并使国民认清"四人帮"在利用文化遗产与历史传统的背后所隐藏的凶恶的政治企图,以及认清他们

---

① [德]马克思、恩格斯:《德意志意识形态》,《马克思恩格斯全集》(第三卷),人民出版社,1960年,第544页。

处置文化遗产与历史传统的伪科学性质。

既然"全盘继承"和"全盘否定"都只是文化思想学派的口号,而不可能是文化运动本身的实际,社会主义新文化的形成和发达,当然既不会也不能离开我们悠久丰厚的历史传统和文化遗产,我们和"古典回归"论者的分歧,并不在于要不要继承文化遗产——甚至本文著者过去和现在都一直在海内外孜孜以求从事中国文化遗产的收集和整理,并致力于研讨与揭示中国传统文化所具有的世界历史性意义,所以与本文著者争论这个问题是没有意义的;我们的分歧在于两个根本性的问题上:第一,社会主义新文化的"根"究竟在于"现实"还是在于"回归"?究竟是立足于"当代创造",还是立足于"弘扬过去"?(有人说,不要这么对立,创造中有弘扬,弘扬中有创造。这确实不失为中庸的思维,但生活的辩证法却并不很中庸,它客观上就存在着"根"和"流"的主次之分。)第二,我们究竟为什么要继承文化遗产?我们要在文化遗产中继承什么?——即我们要把文化遗产的什么内容交给今天的中国民众,以养成他们科学的世界观与人生观?中国文化遗产究竟有没有真善美与假丑恶之分?我们在运用文化遗产时,究竟要不要以社会主义新文化的精神指向为导标而加以甄别?

本来,弘扬文化的民族精神,是一个激越人心的口号。但是,由于我们在什么是文化的民族精神,以及究竟怎样弘扬这样的关键上,在学理方面似乎未能理顺,于是,在"继承"与"弘扬"的旗帜下,历史上一些丑恶的文化成分竟光天化日泛起于社会主义生活之中。行文至此,著者收到1998年2月12日首都一报刊,上面竟然有《把玩"三寸小金莲"》文章一篇,并有小金莲照片四帧。标题使用"把玩"之词,读者自可闻嗅其心态与情趣。其实,这毫不奇怪,影视中常常在渲染帝王生活、寄生情趣,其宣泄的力度远远超过了发达国家;"皇帝节""皇后节"又隔三岔五地在"弘扬民族文化"声中反复登场:用民脂民膏办起了光怪陆离的各种祭拜和祭奠,建起了鬼怪妖魔成群的游乐园,尽管毫无文化价值可言,却层出不穷……所有这些难道不是每天每日在腐蚀着国民精神而使民风奢靡吗?而最为严重的是,在一片"尊孔"声中对儒学的政治思想、道德范畴、生存原则等诸多方面的精神回归,有人说,此种儒学使官僚圆滑,以混差事饱私囊为日日事务;它使文人迂拙狡猾,以误人子弟为获取盛名的职业;它使墨客才子风流放诞,逢迎拍马逢场作戏对社会兴亡漠然视之。如果我们还纪念着伟大的鲁迅，那么，鲁迅曾说，这些文化其实就是"吃人"二字。诚如前述，此种状态势必影响着我国社会主义新文化的建设，乃至动摇中国未来的发展道路。东亚已有先例，不能不为之戒。

现在，我们应该以科学的和平稳的心态，镇定自己的狂热，从学理上做一些必需的探讨，以替代情绪化的操作。

列宁在著名的《关于民族问题的批评意见》中曾经有过这样著名的论断："每一种民族文化中，都有两种民族文化。"列宁的论断是根据当时俄国的文化形势做出的。但这个判断的价值，我以为远远超过为解决当时俄国社会民主工党内部资产阶级民族主义分子关于"民族文化"的错误见解，它对于观察社会主义之前各个时代的文化的本质具有指导意义。[①]

古代中国社会，特别是在长期封建专制主义时代，其文化的主体是体现了剥削阶级的意志，表现了剥削阶级的政治要求、经济利益、道德规范、行为准则、生活情趣……如果以社会主义精神指向作为检验的导标，它们在总体上是落后于新时代的，其中有不少是"腐朽"和"已经死亡"的成分。但是，因为在每一个过去了的时代中，社会是由多种阶级和阶层组成的，他们也创造了表现他们自身意志的文化；就是作为剥削阶级乃至其核心政治统治集团，也会在漫长的历史中在各种复杂的环境中（例如，面临外族或外国的入侵等）造就实际内容不同的精神文化，因此，在一个主体文化经济政治基础已经消亡的时代中，必然还存在着若干不是属于过去，而是属于未来的成分。例如，对于国家和民族的忠诚，对于生养的土地山水的眷恋，对于劳动的歌颂，对于压迫与剥削的斗争精神，对于民众苦难的同情，对于民族和睦的向往，各种具有民主性的人文主张，各种具有辩证思维的治国安邦策略……因而，在每一个时代中，社会的文化状态必定是多元的。

目前，学界有一种隐现的意识，即在当代社会现代化的建设中，根据中国社会的实际极大地淡化了"阶级"的意识，于是便认为在人类的发展史上，例如在中国的历史上，也几乎不存在"阶级""阶级压迫""阶级剥削"和"阶级斗

[①] 有人不同意以理论指导某种讨论，主张弄清事实，再谈结论。要弄清事实是没有分歧的，但是为了弄清事实，也是可以使用别人已经在弄清事实的基础上形成的结论，这种结论于论辩者本人便成为理论。其实，此种假装"反对理论"的说法本身，它本身就是一种理论。

争"，进而也几乎不承认中国的传统文化中有腐朽与进步之分，有丑恶和光明之分，有专制与民主之分。谁要是谈到古代社会的阶级和阶级压迫，谈到中国剥削阶级文化的腐朽性质，顷刻之间，"左倾"的帽子、"汉奸"和"卖国"的帽子呼啦啦就会盖过来——对中国知识分子来说，目前这是最可以置人于死地的撒手锏。于是，被歪曲的历史与被歪曲的文化盛行于世，好像今日强大的祖国，过去就不应该有阶级压迫的历史，就不应该有曾经存在过的非常黑暗的文化——把中国历史说成一片光明，把中国文化描成一片辉煌，完全忘记了我们民族真实的过去——在历史上我们大多数人遭受的苦难，忘记了被压迫的民众对统治阶级所进行的殊死的斗争。各种各样的媒体天天向人民展现的是帝王的金銮殿，所谓的"满汉全席"……殊不知，这金銮殿是我们无数的父辈的尸骨所堆成的！这满汉全席是我们无数的父辈的血肉做成的！①

社会主义新文化的建设，首先是要正视我们民族过去的全部历史，以及与历史相一致的文化形态。应该以新文化的精神指向作为导标，以新文化的真实的内容作为基础，检验过去时代所遗留下来的一切文化，区别两种文化的性质，拒绝一切与新文化的指向相悖的文化内容，即剔除其腐朽性的糟粕；抓住文化遗产中一切不仅属于过去，而且也是属于未来的文化成分，即吸收其民主性的精华。这些民主性的精华，不应以旧文化的姿态贴附于新文化之上，而应该以新文化为体，使其"变异"而成为新文化的有效成分。这样，新文化便从传统文化中获得了真正有益的养分，使新的文化的潮流，变得更加丰富又多姿，使国民获得的科学的世界观和人生观更加生动又坚实。

有人认为，这就是取消了儒学的生存权，真是大谬不然。任何一个真正把握中国历史基本线索的人文学者都明白，在中国王朝史上，我们只有推崇孔子的朝

---

① 2013年10月25日《光明日报》刊发第11届全国政协常委、中共中央党校前副校长李君如文《弘扬文化传统要讲辩证法》，再次提出"弘扬文化传统要区分精华与糟粕"。又2013年11月15日《光明日报》刊发中国作协主席团成员陈世旭的《文化之活 时代之兴》，文中言"（经济发展思维）完全建立在对传统文化积淀的膜拜上……在一种'酒越陈越香'的自恋错觉中形成一种文化上的自我中心，一味停留在祖宗的遗产上而不思进取，这样的思维方式，让我想起了阿Q的'老子也阔过'"。这是主流媒体在"文化遗产阐述"中久违了的而又是创建社会主义新文化必须坚持的导向。又文中提到，满汉全席依据清廷档案是根本不存在的。清代皇帝宴请的最高规格为皇帝本人64道菜肴，赴宴大臣依品级递减。满汉全席是后世人以贪欲伪造的文化遗产赝品。——收入本书时作者注

代,但在中国历史上还没有出现过一个真正实现了孔子主张的朝代,中国土地上的一切王权政治对孔子和他的主张的最高的"褒奖"也就是"外儒内法"了。

我们保卫儒学的生存权到底是为了什么呢?假如我们真的是为了民族文化的生存和发展,那就应该赞成让中国文化中具有优势的基因在新条件下融入新的生命之中,犹如人类生命的延续,是依靠了新的生命的不断诞生,而不是依靠祖先的万岁万万岁,否则就将成为一大批干瘪的木乃伊了。假如我们纯粹是为了保卫儒学的生存,那尽可以建一个博物馆,大一点也可以,可是,鲁迅先生说,假如把中国的文明与文化当作博物馆来欣赏,先生留给他们的那将是"永远的诅咒"!

七、"儒学革命"是建设社会主义新文化必不可少的任务

其实,这些问题,又都可以集中到一个问题,即人文学者究竟应该怎样来对待中国文化中最沉重的思想文化遗产——儒学的问题。实事求是地说,在精神领域中,如何处置儒学的问题,是直接关系到中国文化未来命运的问题。

当前,作为我国当代文化建设中一个极为紧迫的任务,便是文化研究者要以充分的社会责任感和历史使命感,立足于中国现代化的实际,适应新时代的要求,创造表现时代精神的新文化。中国当代新文化的"根",生成于中国当代社会之中,中国历史上一切优秀的文化遗产(即这种文化中不仅包含着属于过去,同时也包含着属于未来的成分),它们是中国当代文化的"流"。历史上的文化遗产,究竟能不能进入中国当代新文化的"大流"之中,必须经过当代新文化的"精神指向"的检验,最终决定其"入流"还是"不入流"。这种检验,这种入流或不入流的甄别和扬弃,就是对旧文化进行的革命。①中国当代新文化的重要任务,便是应该对儒学进行革命。道理十分浅显,儒学,作为一个主要是活跃于

---

① 中共中央总书记、国家主席习近平在11月26日上午参观考察孔府和孔子研究院,习主席在座谈会上说:"对历史文化特别是先人传承下来的道德规范,要坚持古为今用,推陈出新,有鉴别地加以对待,有扬弃地予以继承。"《中国青年报》2013年11月29日——收入本书时作者注

中国封建社会中的思想文化体系，尽管它的内部进行了多次的变革，但每一次变革，都使它对封建专制政治具有更强的黏附作用。当中国社会已经从以小农生产为主体的农业经济进入到大工业经济与信息时代，儒学的体系性的文化意义，在我国当代新文化的建设中，其消极性与腐蚀性已经有了相当的弥漫，它对中国国民精神与人格的销蚀力，无论是其显现的还是潜在的，都极为严重。它是中国社会主义新文化形成与发展中的一种极为严重的惰性力量。

说到"革命"这一个词，有些人会感到厌烦，甚至感到憎恶。于是就有哲学家提出了"告别革命"，以取媚于大众。现在说到要"儒学革命"，学界一定会众说纷纭。其实，"革命"这个范畴，最早见于中华文化最古老的经典著作《易经》中。《易·革卦》曰"天地革而四时成"，它是我们先辈在上古时代以对事物存在与发展状态的敏锐感知而提出的一组推进万事万物"革故鼎新"的理性观念，具有高度辩证性和远见性。这一革命表述了文化学的最基本的理念，此即自然生态与社会生态的不断变化才创造了和谐世界的文化。所以《革卦》又曰"革而信之，文明以说（悦）"。我们重提"儒学革命"，不过是继承了五四新文化的精神指向。由于20世纪中国政治革命的繁复，"五四"所开创的中国新文化的建设尚未完成。北京大学是"五四"的圣地，我们是"五四"的传人，当中国在邓小平理论的指引下，进入了社会主义现代化的时代，新文化的创建获得了以往未曾有过的历史机遇，也为文化学者们在学理上研讨古往今来的文化，创造了安定平静宽松的环境，因此，当代中国的学者有责任也有条件来继续"五四"的先辈们未能成就的事业。新文化运动的参加者与反对者，尽可以本着事实与道理，开诚相见；对于"儒学革命"，有人就想到了"低头认罪""高帽示众"。这是"四人帮"与"文化大革命"留下的精神创伤。文化学理中所谓"革命"就意味着弃旧图新，意味着新事物对旧事物的批评与改造，意味着创造和进步；"革命"就是新陈代谢，就是吸收精华，剔除糟粕，人体每时每刻都在进行新陈代谢才造就了健全的体魄。中华文明历经数千年的积累，正是由于自身一直处在不断的新陈代谢的动态之中，从而它在不断地弃旧创新中创造了自身不朽的生命底蕴。[1]

---

[1] 有兴趣的读者可以参阅本文著者2014年11月14日刊发于《人民政协报·论坛版》的在文化部的讲演文稿《中华文化的生命力特征》。——收入本书时作者注

以对民族的责任和使命而言，我们并不惧怕因为中国最反动的"四人帮"曾经推行过"批儒"而不敢再提对儒学进行革命。为着中国文化的现代化，为着致力于在全体国民中建立起以崇高爱国、劳动创造、公正自由、平等和谐、激越上进为基本指向的世界观与人生观，以科学的精神展开对儒学的革命，综合中华文化中的诸子百家，提纯它们中对建设社会主义新文化有价值的成分，推进中国当代新文化的建设乃是时代赋予中国爱国的知识分子不可推卸的责任。

历史将最终证明在中国社会主义新文化的建设中对儒学进行弃旧图新的必要性。

中国古代文学研究的国际文化意识①

我很高兴能够在"复旦大学校庆一百周年"的时候,有机会在复旦大学为我提供这样神圣的讲坛上,就我们感兴趣的问题,向各位讲述我自己的思考,并就教于大家。所以,我衷心地感谢陈思和教授、王宏图教授和复旦大学的各位为此而做的精心安排。

我今天想就"中国古代文学研究的国际文化意识"问题,与各位共同研讨。这是我思考很久的一个问题。记得1999年,中国社会科学院文学研究所举行"21世纪文学发展的思考:名家论坛",我作为第一个发表者,中心议题就是希望21世纪中国文学研究,应该走出"家传遗产"的陈旧观念,摆脱小心态的褊狭心理,进而融入世界文化之中。但是,当时我的想法与现在相比,显得还是有些朦胧,不具有系统性可言,经过六七年的思考,好像又有了一点心得。

我觉得文学研究在实现自己终极目标的过程中,经常会遇到两个难题。

第一个难题是,作为民族文学,它与世界文明的关系究竟是怎样的。文学研究如果不能很好地回答这个问题,民族文学的研究,就会呈

---

① 2005年5月31日,复旦大学学术讲座讲话文稿。

现为一种"民族自闭"的文化表述形式。

第二个难题是，古代文学研究如何阐明它与人类现代生存之间的价值关系。文学研究如果不能回答这个问题，文学研究就始终会呈现为一种拍卖古董的玩赏主义叫喊。

我们在对自己民族文学的研究方面，其成绩和收获，当然是至巨至大的。但是，假如我们把中国古代文学作为人类文明的共同遗产，从这样的总体上加以考量，那么我觉得，我国古代文学研究的主流话语，研究中的主体性力量，基本上还是处在一种民族自闭的文化系统中运行。

所谓"民族自闭的文化系统"，我想说的是，我们的文学研究的主流话语只是汉族文化的系统中，阐释汉族文学的发生和发展，描述它的传递和扩散，探讨它的价值和意义等。从根本上说，我们对中国文学即使只是对汉族文学的理解，在意识的深沉的层面上，常常会觉得"外国人，他们会懂中国文学吗？"80年代初期教育部的一位官员曾经问过我："一个搞中国文学的人，到外国去干什么？"这也就是他认为，所谓中国文学，指的肯定是汉族文学，这是由汉族人创作的，只有汉族人能够有力量消费的文化样式。

基于这样的心理形态，中国文学研究的主流，几乎极少思考作为民族文学的中国文学，它与世界文明的关系究竟是怎样的。我们在文学史的总体叙述中，以及在各种各样的文学文本的解读中，缺失了从人类总体文明史的视角观察中国文学发生的真实状态（这里指的是文学样式与文本发生的文化过程），也没有能够更加接近真实地揭示中国文学的传递和扩散的真实轨迹，也就放弃了非中国人群或非汉族人群在对中国文学的读解和阐述中所表现的大量智慧。从而，在世界文明史中，至今中国文学研究的主流话语还没有能够真正地展示中国古代文学本身的更加接近真实的生存状态，我们的研究也就缺少了显示中国古代文学的真实力量和真实作用的表述。

请允许我提供1986年出版的《中国大百科全书》和2002年出版的《不列颠百科全书》中关于"中国文学"这一词条的辞典性的表述。（所谓"辞典性"的表述，我以为指它们的表述，是在吸收相对广泛的，具有公共认定的研究成果后所作出的表述。《中国大百科全书》的表述，在当时是具有某种国家意义的表述，至今也仍然是主流话语的基质。顺便说一句，据我所知，《不列颠百科全书》中关于"中国文化"及相关条目的作者是中国人,是中国汉族作者所撰写的,它是《中国大百科全书》在21世纪的延伸。)

《中国大百科全书·中国文学Ⅰ》中关于"中国文学"总体概念的表述(作者:周扬先生、刘再复先生):

> ……中国古代文学尽管在不断发展,但其特点显得异常稳定和凝固化,与西方文学相比,表现出一种相当明显的统一性和单一性。

周扬和刘再复把"异常稳定""凝固化""明显的统一性"和"单一性"这样四个标签,定义为中国古代文学的基本特征,长期以来成为中国古代文学研究的主流话语,由此而造成了大多数中国古代文学研究者的基本学术心态和学术标准。

《不列颠百科全书》第4卷,第160—161页中"中国文学(Chinese Literature)"条目有3400字的表述,与《中国大百科全书》不一样的是,它没有对中国文学的本质有任何定义,只是就文学的样式做了与时间推进一致的描述。它没有一个字涉及中国文学与世界文化的关系。这多少表现了《不列颠百科全书》的中国人作者对于中国文学本质特性既没有新思考的能力,也没有改造和摆脱原有陈旧观念的决心。

但是,《不列颠百科全书》第7卷,第267—270页中"希腊文学"的条目,可以作为参考,其表述如下:

> 现代西方世界的大多数文学门类是由古希腊人发明或至少是由他们定型的……希腊神话……在很大程度上影响了哲学家和历史学家的思想。罗马人实际上把希腊神话全面地吸收进自己的文学。通过拉丁语这个媒介,特别是奥维德的作品,希腊神话对中世纪的想象力产生了不可磨灭的影响。它的影响通过后来的文艺复兴和再解释。已经在无与伦比的程度上进入西方文化,从艺术与文学的主题,直到科学与技术的语汇。

《中国大百科全书》和《不列颠百科全书》的中文编写者,与《不列颠百科全书》的外文编写者,对两种在本质上都是在世界文明中具有重大意义的文学,在具有相同权威意义的著作中,做了完全不同的学术观察,给予了完全不同的学术评价。

这是一个很有典型意义的表述，它清楚地显示了在中国文学研究的主流意识中，缺失了对中国文学与世界文明连接的思考。从1986年《中国大百科全书》刊出，到2002年《不列颠百科全书》中文版刊出的16年间，中国文学研究的主流，对于中国文学内含的如陈思和教授所主张的"世界性文学因素"，以及中国文学所具有的"世界性价值"，仍然未能给予相应的考量，因而从总体上说，我以为中国古代文学史，至今基本上仍然是一个民族自闭的文化表述系统。

我个人以为，中国古代文学研究长期沉浸在民族自闭的文化表述系统中，至少在发生学、传播学和阐释学这三个层面上造成了它与世界文化，也就是人类总体性智慧的重大隔膜。

为了便于阐述我的思考，我在这里继续以1986年版的《中国大百科全书·中国文学Ⅰ》为实例，并以2002年版的《不列颠百科全书》作为佐证。

第一，在文学发生学的层面上，我们缺失了与世界文化的连接，从而使中国文学成为与世界文明毫无关联的文学孤儿。

> ……北朝的文人诗兴起很晚。……所存作品不多，艺术手法大抵仿效南朝，但并没有达到南朝的水平。……北魏末年……分裂为东魏和西魏，以后又变成北齐和北周的对峙。其中东魏和北齐统治着经济和文化比较发达的黄河中下游地区，北方文人大抵聚居邺城。……他们的诗主要取法南朝的齐梁诗人。……艺术水平已逐步与南朝相接近。
> ……
> 北朝诗兴起较晚，在形式和技巧方面，学习了南朝的诗歌。但由于社会生活与南朝有较大的差异，因此北朝诗在内容与风格上仍然具有自己的特色。
> （引自《中国大百科全书·中国文学卷Ⅰ》第35—36页，"北朝诗歌"词条。）

这一段关于北朝诗歌的发生学阐述，其中心思想是以南朝诗歌为北朝诗歌的兴起提供了驱动能量，并且把南朝诗歌作为评价其优劣的价值标杆。这是我们中国文学史的习惯性评价。

从文学发生学的立场上说，这样的表述与北朝诗歌生成的实际状况可能并不一致，与北朝诗歌在文学史上实际应该获得的地位也可能并不一致。

从广泛的文学发生学立场来说，世界上任何文明时代的民族，即开始使用了金属工具、有了相对稳定的农耕生产和使用自己的文字记录语言的民族或地区，它们的文化和文学的生成即"发生"，我以为一般来说，至少具有三种文化语境层面相互作用，这就是"表达本民族或本地区文化传统和文化现实的文化语境""异质文化透入在抗衡中融合的文化语境"以及"显现人类共同思维特征的文化语境"。

依据法国学者沙畹（Chavanne）、日本学者羽田亨（Haneda-Tōru）、小川环树（Ogawa-Tamaki）等所做的文学语义学的研究，他们认为在中国的《乐府诗集》中所收录的北朝的《敕勒歌》，实际上是一首汉文翻译的外来民族的"歌"。"敕勒"原来的语音和语义，应该是"突厥"的意思，此歌原来即为"突厥之歌"。

关于突厥族早期韵文与歌的材料，目前保存的文献有1073年Mahmud Ibn Alhusain Alkasgari编著的《突厥语词典》（*Diwan lugat at-Turk*）。20世纪上半叶德国学者卡尔·布罗克尔曼（Carl Brockelmann）从这部词典中辑录出229节诗歌的片段，编辑为*Asia Major*。我们发现其中有相当一批突厥歌的形体，与现在的《敕勒歌》的音节韵律相似。皆为大二行，小四行，6-8-6-7 的节奏。

（敕勒川-阴山下）3-3 \ （天似穹庐-笼盖四野）4-4 \
（天苍苍-野茫茫）3-3 \ （风吹草低见牛羊）7

请注意，这里展现的不是文字字数的一致，而是汉文翻译保留了原歌非常精确的韵律节奏，与我们现在可以知道的不晚于11世纪的突厥歌的韵律节奏基本相同。

这一个事实提示我们，关于北朝诗歌的发生，可能有着比《中国大百科全书》所表述的远远丰富得多的事实内容，可能隐藏着我们至今也还不知道的我国黄河流域地区与中亚和西亚极为宽泛的文化接触，并由此造成了异质文化透入的生动而有趣的事实。实际上，我们应该知道，从北魏、北周到隋，有一种被称为"北歌"的歌曲，常常与西凉的音乐一起合奏。到唐代，据说这种"北歌"还存有53章。其中在歌词中还可以见到若干匈奴和鲜卑的用语。考虑到匈奴和鲜卑在西亚和中欧的发展，可以推测，"北歌"具有相当宽阔的文化语境，并且与唐代的乐府体在韵律上可能有着某种关系。

这就提示我们的研究者，遥远的古代外来民族与外在民族的歌曲，包括音乐在内，有可能促使汉族的韵文产生新的形式。

我在这里，只是以一个实际"歌"的例子，试图说明中国文学的发生，具有非常宽阔的超越汉族的文化语境。我国著名的自然科学家、贵校复旦大学的竺可桢教授很早就对《楚辞》的"天文"概念以及相应的神话想象，是否是真的中国原产有着深深的怀疑。他提出，像《楚辞》这样的文学，它肯定不只是在汉族群体的生存范围内发生。我想，这是非常有趣也是非常有价值的学术提示。

考虑到汉族形成的巨大历史空间和它的能动过程，中国古代从春秋战国社会以来的权力集团及其周围的附属族群的民族属性，在2500年的时间里，有三分之一，即900余年为非华夏族群主政，这些非华夏族群来源于北亚、西亚和欧洲，后来这些群体一部分便融合到汉民族之中了，一部分成为外迁移民族；同时还考虑到华夏族群本土与世界范围内的宗教与文化的广泛互动，从而形成了一个中国文学发生的极其丰厚的土壤和极其宽阔的空间。

我顺便说一个我们的新闻界作为"新闻"的新闻，去年，《北京青年报》用一个整版的篇幅刊登一篇河南省一位大牌学者的研究，叫作《中华万姓源于一地》。使用"中华"的概念，大概包含了56个民族群体。他们所有的姓，不管张三李四黄五赵六，依据几位河南学者先生们的研究，据说全部发源于河南一地。不是河南省全境，而是发源于河南省的一个地方。我把它称为"新闻"，不是说报纸以"新闻"的形式发表了这样的研究成果，而是说，这样明显没有一般文化学基本知识的、没有文化人类学基本知识的、没有历史地理学基本知识的观点，依我的读后感，就是几乎没有基本近代人文知识的胡说，竟然占据首都报纸偌大的版面，招摇于世间，这才是一种"新闻"。它在国际学术界严重损坏了我国人文学术的尊严，又误导了一般民众对于中国文化的认识和体验。这就是中国文化所谓的"凝固化""单一性"，这些臆想性特征的具体形态。他们以为一个民族只有具有了这样的"凝固化"和"单一性"，民族文化才具有世界意义。文学亦然吧。

其实，在多元文化的语境中揭示民族文学的逻辑生成过程，真实地阐明它内含的各种非本民族文学因素，探索在民族文学的发生层面中它与世界文化多种多样的联系，我以为不仅不会损伤民族文学的光辉，相反，却正是由于这一层面内在多元文化因素被揭示，反而更加真实地体现了民族文学所具有的生命力。

正是在这样的文学发生学的意义上说，我以为我们必须呼吁，中国文学的研究应该树立世界文化的意识。

第二，在文学传播学层面上，我们缺失了与世界文化的连接，从而使中国文学在世界文明的发展中陷入了自我幽闭的孤独境地。

《中国大百科全书·中国文学Ⅰ》第23页中"白居易"条目，有如下关于白居易文学传播的表述：

> 白居易的名声远播国外。当时有朝鲜商人来求索白诗，带回去卖给该国宰相，一篇值百金。日本僧人惠萼也在苏州南禅寺抄得一部白集带回国，后陆续有人抄回，至今日本保存有相当于宋、元时代的三种抄本各一卷，视为国宝。

我个人认为，文学的样式和文本一旦形成，它的传递和扩散，便成为考量这一文学的一种标尺。作为一种民族文学，对它价值的考量，就不应该只停留在本民族文化圈内，而且更应该以世界文明的总体进程为背景，才能更为清楚和真实地显现一种文学的价值和文学的生命。从这样的立场上说，中国文学研究必须建立起文学传播学的概念。而关于文学传播学的概念和它的运用，则是建立在世界文学互动的意识之中。

我们还是以白居易文学的传播为实例。

《中国大百科全书·中国文学Ⅰ》的这一段关于白居易文学在东亚传递的表述，显然缺乏关于文学传播学基本的具有学理性的视角。它不是从世界文明史的进程中，不同文化与文学互动的视角，也不是从中国文学所具有的世界性意义的立场上加以考量，而只是一些道听途说的耳闻之辞，不具有学术性价值。

事实上，《白氏文集》（即白居易文学）在9—11世纪的东亚文化圈中，它与《昭明文选》一起，具有特别重大的文学功能和社会功能，它们在这几个世纪中，对于东亚文化圈的稳定，完善和发展的作用，超出我们不少当代人的想象。

依据现在已经掌握的材料和我们所能做的研究，我觉得，从文学传播学的视角考察白居易文学，所展现的宽大场面，真是使我们感到十分的有趣和震惊！

下列几个方面所展现的文化现象，无疑应该纳入白居易文学在传播学层面的研究之中。

第一方面，白居易文学在日本传播的一般性轨迹。

各位知道，《白氏文集》是白居易生前参与编定的。他在会昌四年（845）所撰写的"文集自记"中说："《集》有五本，……其日本、新罗诸国及两京人家传写者，不在此记。"会昌五年，时诗人74岁。当时白氏自己得知，他的集子已经广泛地流传于东北亚各国，其中，首先提到的就是日本。如果把白居易的这个自述与日本古代的文献相互佐证，我们大致可以梳理白居易文学在特定时空中在日本列岛传播的轨迹。

12世纪日本文献《江谈抄》"文学第四"有9世纪嵯峨天皇（809—823在位）与文臣小野篁论白居易《春江》一诗的记载：

> 闭阁唯闻朝暮鼓，上楼遥望往来船"行幸河阳馆，弘仁御制。《白氏文集》一本诗，渡来在御所，尤被秘藏，人无敢见。此句在彼集，睿览之后即行幸，此观有此御制也。召小野篁令见。即奏曰："以'遥'为'空'者，最美者。"天皇大惊，敕曰："此句乐天句也，试汝也，本'空'也。今汝诗情与乐天同也。

此处所讨论之白居易《春江》，原诗开首曰：

> 炎凉昏晓苦推迁，不觉忠州已二年。
> 闭阁只听朝暮鼓，上楼空望往来船。

这一记载表明，9世纪初期，白居易文学在日本宫廷内府和贵族朝臣中已有流传，并且表现为特殊等级的文化修养。

12世纪日本《江吏部集》中的"帝德部"，记载了贵族大江氏一家，因为累世为天皇侍读《白氏文集》而显赫，从而映衬出从10世纪开始的近100年中日本历代天皇对白居易文学的接受。

> 江家之为江家，白乐天之恩也。故何者？延喜圣代，（大江）千古、

维时父子共为《文集》之侍读。天历圣代，维时、齐光父子为《文集》之侍读。天禄御宇，齐光、定基父子为《文集》之侍读。爰当今盛兴延喜、天历之故事，而匡衡独为《文集》之侍读。

这里记录了自延喜年间（901—922）到一条天皇（986—1010在位）年间，大江家族先后5代人充任天皇的《白氏文集》的侍读。在世界文明史上，一个国家的元首把另一个国家的一部著作累代作为修身的必读读本，在欧洲只有《圣经》，在阿拉伯世界只有《古兰经》，但都是宗教信仰经典，而未见有文学创作在国家元首层面上有这样层次的接受。

日本正史上首次见有白居易诗文稿，则系清和天皇元庆三年（879）藤原基经等编纂的《文德天皇实录》。

879年编纂的《文德天皇实录》卷三"承和五年"（838）记载曰：

太宰少贰藤原岳守检唐船，得《元白诗笺》献，因功叙位，五位上。

838年，时白居易66岁。日本海关官员从中国船上检查获得《元白诗笺》，因此而晋升"五位上"。这表明日本朝野高度重视白居易、元稹的文学，反映了宫廷渴望得到元白文学的迫切心情。

日本古代目录学著作中最早著录白居易作品的有如下两则：

仁明天皇承和十四年（847）日本入唐请益僧圆仁从中国归国，带回经论章疏诸种典籍文献，其目编为《入唐新求圣教目录》及《慈觉大师在唐送进录外书》。其中《入唐新求圣教目录》著录《白家诗集》六卷；《慈觉大师在唐送进录外书》著录《任氏怨歌行》一卷，并题名"白居易"。此篇不见于今本《白氏文集》中，其残句存于10世纪日人大江维时所编纂之《千载佳句》中。

9世纪末日人藤原佐世《本朝见在书目录》著录《白氏文集》七十卷，又著录《白氏长庆集》廿九卷。

9世纪末10世纪初日本著名学者庆滋保胤在其名篇《池亭记》中还有这样的表述：

盥漱之初，参西堂，念佛法，读《法华》。饭餐之后，入东阁，开书卷，逢古贤。夫汉文帝为异代之主，以好俭约，安人民也；唐白乐天为异代之师，以长诗句，归佛法也；晋朝七贤，为异代之友，以身在朝，志在隐也。余遇贤主、遇贤师、遇贤友，一日有三遇，一生有三乐。

这是一个典型的表述，它表现了中古时代日本知识分子的生活乐趣，其中特别讲到了对白居易的崇拜，庆滋保胤把他推崇为自己的贤师，以每日能够相遇而感到快乐。这可以表证白居易文学在日本传播对知识分子心理影响的深刻程度。

11世纪之后，白居易文学传播日本的主要记载还有许多，比如：

11世纪藤原道长《御堂关白记》记载，一条天皇宽弘三年（1006）中国宋代商人曾令文曾向左大臣藤原道长赠送摺本《白氏文集》及《文选》各一部。（此处之"摺本"即为"刻本"之意。）宽弘八年（1011），藤原道长又将此摺本两部献赠一条天皇。

《御堂关白记》又记载，后一条天皇长元二年（1029）藤原道长之子藤原赖通，于是年三月赴大中臣辅亲宅第，观赏（从中国）新渡之书籍，其中有唐摺本《白氏文集》。四月一日，辅亲将唐摺本《白氏文集》《广韵》及《玉篇》献赠藤原赖通。（此处的"唐摺本"，即系"宋刻本"之意。）

12世纪少纳言藤原通宪（信西）有藏书目录《通宪入道藏书目录》，其中第百五匮著录《白氏文集》二帙。

近卫天皇康治二年（1143）九月二十九日，后来成为左大臣的藤原赖长在其《台记》中记载在该日之前读过的书目一千三十卷，其中有《新乐府》一种，并有《居易别传》一种。

14世纪日本北朝后光严天皇文和二年（1353）京都东福寺主持大道一为东福寺普门院第一代开山圆尔辨圆1241年从中国携归之典籍编纂《普门院经论章疏语录儒书等目录》，其中，"金部"著录《白氏文集》十一册。

17世纪日本江户时代著名学者林鹅峰（1618—1680）在《本朝一人一首》卷十中评论日本文化史曰："《文选》行于本朝久矣。嵯峨帝御宇，《白氏文集》全部始传来本朝，诗人无不效《文选》、白氏者。"此系概述了白居易文学在日本文化史上的地位。

还有许多的文献，可以钩沉出白居易文学自9世纪以来在日本传播的状态。

这是我们目前所能见到的关于白居易文学作为一个总体的大文本，在日本传递的基本轨迹。显现了日本以宫廷为中心的贵族知识阶层，在特定的时间内，对白居易文学这样一种异质文化认知的诸种状态。这一传递轨迹的考察，我想，与考察希腊文学在罗马的传递轨迹，应该具有相同的意义。因为它们同样对于一个跨国界、跨民族的文明共同体的形成，具有基础性的意义。

那么，我们应该如何理解像白居易文学这样的中国文学，对于一个跨国界、跨民族的文明圈的形成，所具有基础性的价值和意义呢？

这就是我要谈的白居易文学在传播学层面上的第二方面——它在东亚文明圈的稳定和完善中的价值。

① 先看它在日本汉文学成型和完善中的价值。

汉文学是东亚文化圈内，中国之外的各个民族的一种独特的文学样式。东亚汉文学不是中国文学，而是由日本的汉文学、朝鲜的汉文学和越南的汉文学组成的一个文学共同体。

日本汉文学初始于5—6世纪日本古代国家的雏形时期，成型于8世纪初期，以《怀风藻》为标志，主要是歌功颂德、侍宴从贺之作。日本汉诗的真正的成熟始于白居易文学进入日本的9—10世纪，以菅原道真（Sugawara-no-Michizane）为标志。

我们从日本汉诗中检查出白居易文学透入其中的三种类型。

第一种类型，是以白居易诗的形体为创作模板，仿真而作诗，可以称"白体诗"的"仿体诗"。比如：

菅原道真《寒早》　　　白居易《和春深》
何人寒气早，　　　　　何处春深好，
寒早还走人。　　　　　春深富贵家。
案户无新口，　　　　　马为中路鸟，
寻名占旧身。　　　　　妓作后庭花。
……
何人寒气早，　　　　　何处春深好，
寒早还走人。　　　　　春深贫贱家。

案户无新口，　　　　　　荒凉三径草，
寻名占旧身。　　　　　　冷落四邻花。
……

何人寒气早，　　　　　　何处春深好，
寒早还走人。　　　　　　春深执政家。
案户无新口，　　　　　　凤池添砚水，
寻名占旧身。　　　　　　鸡树落衣花。
……　　　　　　　　　　……
（共十章）　　　　　　　（共二十章）

这是典型的白体诗中的仿体诗，从而使日本汉诗在表现社会生活形态方面，具有了较大的灵活性。

第二种类型，是日本汉诗人采用白居易诗的若干诗句，融入自己的创作中，可以称白体诗的"仿句诗"。比如：

菅原道真《不出门》　　　白居易《重题》
一从摘落在柴荆，　　　　日高睡足犹慵起，
万死兢兢局促情。　　　　小阁重衾不怕寒。
都府楼才看瓦色，　　　　遗爱寺钟欹枕听，
观音寺只听钟声。　　　　香炉峰雪拨帘看。
……　　　　　　　　　　……

这是日本诗人采用白居易诗歌中一组定型化了的意象，根据自己此时此地的感悟，化入自己的创作之中。被撷取的意象虽然只是一组，但诚如陆机在《文赋》中所言的：这是"立片言以居要，乃一篇之警策"。从白居易诗歌中仿出的句子，常常成为新汉诗的诗眼。

第三种类型，是日本汉诗人融合白居易诗的主题或者意境，把它贯穿在自己的创作中，可以称白体诗的"仿意诗"。比如：

菅原道真《路遇白头翁》
　　路遇白头翁，

白头如雪面犹红。
自说行年九十八,
无妻无子独身穷。
三间茅屋南山下,
不商不农云雾中。
屋里资财一土匮,
匮中有物一竹笼。
……

（全诗52句）

　　这样的日本汉诗,它的主题、意境乃至于遣词造句,可以肯定地说,乃是从白居易的如《新丰折臂翁》《卖炭翁》等文学中化出的。

　　可以这样说,从9世纪开始到11世纪末和12世纪初期,由于白居易文学在日本列岛的传播,使日本汉诗终于变革了奈良时代华丽的殿堂诗风,由于这一变革才使日本汉诗获得了继续生存的生命力。

　　说到白居易文学东传,对稳定和发展东亚文明圈的价值,还在于它超越汉字文化范围,而对假名文学产生了积极作用。

　　② 白居易文学为日本和歌创作提供了有价值的意象,提升了和歌的艺术趣味。

　　和歌是日本假名文学系统中最重要的文学样式之一。从前和现在有许多学者认为,运用假名创作的文学,是最纯粹的日本民族的文学,即不受任何外来的或外在的他民族文学影响的文学。但是,事实上,我们在10—12世纪的日本和歌中,检出了一批以白居易诗歌提供的意象,成为新作品的美意识中心点的和歌。我们称为"白诗句题和歌"。我们从和歌中检查出的"白诗句题和歌"。从和歌考察大概有三个发展阶段。第一阶段有如:

白居易《杨柳枝词》	大江千里短歌	汉文切意
依依袅袅复青青	こづたふに	树梢添出枝
勾引春风无限情	緑の丝（いぬ）の	吐出青绿丝
白雪花繁空扑地	弱（よわ）ければ	莺飞来歇息

绿丝条弱不胜莺	鶯（うぐいす）とむる よからだになし	弱嫩不胜力

在这里，一首和歌所表达的情感与构筑的意境，实际上就是白居易原作中"绿丝条弱不胜莺"一句所表示的意象。在这个意义上可以说，这一类型的"白诗句题和歌"。实际上是以和歌的31音节律重现白诗的意象，而白居易文学成为和歌创作的直接意象的库房。

第二阶段有如：

白居易《嘉陵夜有怀》	大江千里短歌	汉文切意
（一）		
露湿墙花春意深		
西廊月上半床阴	てりもせず	明月掩其光
怜君独卧无言语	くもりもはてぬ	朔云驻其步
唯我知君此夜心	春の夜（よる）の	春日夜来临
（二）	胧月夜ぞ共赏朦胧月	
不明不暗胧胧月	（おぼろづきよ）	
不暖不寒慢慢风	めでたかりける	
独卧空床好天气		
平明闲事到心中		

在这样的和歌中，歌人以"不明不暗朦胧月"为意象作歌，但歌人在承袭白诗本来的意境时，对原诗有所浑融化，即歌人在歌中以自我为中心，把自我的情感意欲与原诗中的余情余韵、含蓄隐藏的言外深意，浑融为一体了。

第三阶段，则是白居易诗进入和歌中，完全被和歌醇化，即日本歌化。比如：

大江维时的歌	汉文切意
よるべなく	
空にらかべる	吾心无所倚兮
こころこそ	浮悬苍穹

夢（よめ）みるよりも	梦中暂依依兮
はかなかりけれ	觉醒梦更远

　　这是大江维时有《浮生短于梦》一歌，来源于白居易的诗《野行》中"浮生短于梦"一句。歌人摄取白居易作品所提供的美感经验，但又不为原来的已经所拘泥，依照歌人自己心灵的真实感受，醇化了原作，创作出独立型的和歌。

　　以上三种以白居易诗的和歌句题，都是以白诗作为日本和歌的意象本源，清楚地显示了两种几乎完全不同质的文学，却可以在文学意象上融通，并且以此为核心，组合成一种美意识。此种美意识的构成材料，来自中国白居易文学，当它进入和歌之后合成的美意识逐步被醇化为日本民族的。白居易文学在东亚文化圈的重大文学价值，其最深刻的意义，可能就在这里。

　　此外，白居易文学还进入了日本早期古物语（即古代假名小说）的创作之中。依据我的数量统计，在日本文学史上第一部，也是世界文学史上第一部写实主义小说《源氏物语》中，在97个情节中，透入了白居易诗文中的80个意象，共同创造了小说所要表达的恋爱的惆怅、仕途的失意、羁旅的愁苦、与大自然融合的空蒙的感受。

　　我在这里讲了不少日本文学的文本，但不是在讲日本文学本身，我在这里，不过是以白居易文学在日本的传播作为实例，它展现的文学史空间竟然是如此丰富广大，我试图以此来说明中国古代文学研究应该有一种国际文化意识。这是一种文化意识，而不是如同《中国大百科全书》式的那样的采用边角材料。在我们基本上掌握了白居易文学在日本传播学术线索后，再重读《中国大百科全书》关于这一主题的表述："当时有朝鲜商人来求索白诗，带回去卖给该国的宰相，一篇值百金。日本僧人惠萼也在苏州南禅寺抄得一部白集带回国，后陆续有人抄回，至今日本保存有相当于宋元时代的三种抄本，视为国宝。"看到这样的评价，心里有一种特别的悲哀。作为如此权威的、功能性极强的巨型《中国大百科全书》这样的著作，怎么只是用这样一些鸡零狗碎的第三手的、第四手的边角材料，这些马路新闻自己断绝了辉煌的中国古代文学与世界文化的联系，使中国文学陷入如此自我幽闭的孤独境地？

　　在中国文学史上，属于文学传播学所应该研究的内容，我个人以为是极为生动和丰富的。在整个世界文明史上，包括中国文学在内的中国文化在特定时空中，持续不断地向域外传递，积极参与世界文明的共同发展，在亚洲、欧洲，乃至北美地区，共同造就了灿烂的世界文明。前不久我参加了《中国和罗马尼亚文学关系史》的审定，该课题所提供的材料令人震惊。原来在17世纪时，中国文学已经传入了在欧洲当时称为"摩尔多瓦"的一个很小的公国。中国文学研究这一层面的拓展，无疑将生动地揭示中国文学所具有的世界历史性意义，同时，也将揭示人类文明发展中，文学和文化的互动所显示的巨大生命力量。

所以，我主张一定要把依据文学传播学的基本学理，把中国古代文学与世界文化的联系，它的基本的内容，纳入我们的基本研究之中。

第三，在文学的阐释学层面，我们在相当程度上漠视了文学阅读的国际性事实和国际性阅读所表达的价值，并在相当程度上有意回避了国际智慧的表达。习惯于把中国古代文学作为特殊的家传遗产，实行关门消费主义和独家把玩主义。

从文明史的立场上说，文明时代世界上已经形成的所有文学，它们一旦产生，就既是属于民族的，同时也是属于世界的，它们与各民族的文学共同体现人类文明的成果和文明的进程。这是文学文本的二重性归属的特征。文学文本的二重性归属的特征，来源于文明时代的任何文学文本的产生，从本质上说一定是与具有世界性意义的文化语境相关联的这样一种基本事实。这一基本的归属特征，无须研究者承认或不承认，因为这是文学阐释的本质特征之一。民族文学的这种二重性归属本质，就决定了对文学文本的解读也是世界性的。

例如，对于希腊文学的解读和阐述，近代以来一直都是以世界性的规模展开，包括希腊本身在内的学术界都承认世界上第一流的希腊文学研究家不是希腊人；人们并不为此而感到大惊小怪，希腊也并不为此而认为丧失了自己民族文学的荣耀。同样的状态还有如对于罗马文学的研究，甚至是对于像英国莎士比亚这样个案文学的研究，相对应的被世界公认的当今具有权威意义的学者，并不一定是以国籍来决定的。

民族文学一旦形成，它就是全人类文明的共同的瑰宝。世界性地对民族文学的解读，集中地凝聚着人类的共同智慧。

我们以敦煌文学研究为例。

在敦煌文献被发现的初期，1911年秋天，日本京都帝国大学教授狩野直喜（Kano Naoki）追踪被英法探险家所攫取的文书，在欧洲开始了敦煌研究中最早的文学研究。1916年起日本《艺文》杂志刊登他从欧洲发回的《中国俗文学史研究的材料》，并陆续公布了他读到的后来被称为"变文"的文本，如《唐太宗阴魂游地府》《秋胡的故事》《孝子董永的故事》《伍子胥的故事》等，狩野直喜在此文本阅读的基础上，在世界文化史上第一次提出了对这一类型的敦煌文本的学术判断。他说："治中国俗文学而仅言元明清三代戏曲、小说者甚多，然从敦煌文献的这些残本察看，可以断言，中国俗文学之萌芽，已显现于唐末五代，至宋而渐推广，至元则获一大光明也。"这是最早的敦煌文学研究，他不仅具有首创之功，而且所获得的结论基本内涵，后来成为中国文学史上关于讲唱文学源头的经典性表述。1920年王国维在《东方杂志》17卷9期上发表了《敦煌发现唐朝之通俗诗及通俗小说》一文，为我国学者首次研讨敦煌文学资料与中国文学发展的关系。其中论说通俗小说的部分，采用和吸收了狩野直喜的上述见解。

在此之前的1912年，狩野直喜在当时俄国彼得堡向京都帝国大学发回一封信件，说到他在当地看到了1907年俄罗斯柯兹洛夫探险队在中国甘肃黑水一带得到的遗物中有杂剧零本一种，共42页。他在信中说：

> 匆忙过目，未能断言，疑为宋刊。此为海内孤本，将为元曲之源流将放一大光明也。惟惜纸多破损。

狩野直喜所发现的这部杂剧零本和所做的初步学术史判断，由他的学生青木正儿（Aoki Masao）所考辨并于1932年公布于世（见《支那学》6卷2期），此即为《刘知远诸宫调》的残文，而它在文学史上被得到确认的核心成分，最早便是狩野直喜所提示的"将为元曲之源流将放一大光明也"。

这是民族文学在阐释学层面上展现自己的世界性智慧的生动事实。

当然，这并不是个别的实例。在中国文学史上我们能够感知的这种世界性的智慧其实是相当丰厚的。就说"中国文学史"这个概念，其实也是世界文化参与阐释中国文学的成果。

从1882年开始，在世界文化史领域中开始有"中国文学史"这个学术概念。比如：

1882年日本末松谦澄在世界上首先公刊《支那古文学略史》（日本文学社）。

1897年日本古城贞吉著《支那文学史》（日本经济出版社）。

1898年日本笹川临风著《支那文学史》（日本博文馆）。

1900年日本根本淑著《支那文学史要》（日本金港堂）。

1901年英国 Herbert Allen Giles著 *A History of Chinese Literature*。

1903年德国 Wilhelm Grube著 *Geschichte der Chinesischen Litteratur*。

1903年日本久保得二著《支那文学史》（日本人文社）。

1905年日本高淑武次郎著《支那文学史》（日本哲学馆）。

1909年日本儿岛献吉郎著《支那大文学史》（日本富山房）。

这是在中国学者以文学史的概念来展开对自己的民族文学进行研究之前，在1882年到1909年的17年间，世界人文学者对中国文学的研究和表述，首先突破了传统的作品注释与作品品评的传统模式，进入了以文学的历史演进为基础的总体文学研究，这是作为民族文学的中国文学研究获得近代性价值的标志性形态之一。

鲁迅的《汉文学史纲》带有日本早期中国文学史研究的明显痕迹。复旦大学杰出教授章培恒先生在2004年年末为严绍璗所著的《日本藏汉籍珍本追踪纪实》的"序言"中有这样的看法。章先生说：

> 我所从事的专业主要是中国古代文学研究。就这学科在20世纪的发展来说，受日本中国学的影响极为深厚。我国最早的几部中国文件学史著作就是这种影响的产物……鲁迅先生在1927年的一次讲演中曾说到魏晋是中国文学的自觉时代，这种看法为中国治文学史者所普遍接受……但这并非是鲁迅的创见，而是日本学者的研究成果……所以，在我看来，不对20世纪日本的中国文学研究及其文化背景有相当了解，是很难弄清楚我国20世纪中国文学研究的来龙去脉及其得失的。

（《日本藏汉籍珍本追踪纪实》"章培恒序"，上海古籍出版社，2005年，第2页。）

章培恒先生在这里对20世纪中国古代文学研究，例如在阐释学层面上与国际文化，例如与日本中国学的关联，已经做了非常精辟的概说，我的认识与他是完全一样的。

茅盾先生在20世纪20年代和30年代初关于中国古代文学的论述，也可以明确地看出他不仅读过日本这些早期的中国文学史著作，而且还可以检出他的一些关于中国古文学的论述与日本学者见解之间的关联，其中，对他影响很深的我以为则是1919年由大日本雄辩会出版的盐谷温的《支那文学概论讲话》等。

但是，直到目前，我国民族文学研究中的主流话语，有意或是无意地回避着这样生动的事实和这样丰厚的智慧积累。《中国大百科全书·文学卷》以及《不列颠百科全书》"中国文化"部分中，对上述这些我以为是我们治中国古代文学者不能不知道的学科史知识和学科经验，竟然没有一字片句的表述。这样的学科史状态以及相关的文化心理，就显得知识缺乏、心态狭小了。

我们以《中国大百科全书·文学卷》第722—734页，有关"《诗经》研究"的条目为实例，再作具体探讨。"《诗经》研究"是该书中的大条目。

《诗经》研究被厘定为：

1. 《诗经》是中国最早的一部诗歌总集；

2. 汉至唐代的《诗经》研究；

3. 宋元明的《诗经》研究；

4. 清至近代的《诗经》研究等子条目。

条目叙述的方式是与时间共进的，无可批评。但是它完全回避了《诗经》研究实际上已经是一门国际性学术这一基本事实。

本条目称为"《诗经》研究"，则显然是关于《诗经》的课题史研究。《诗经》作为中国文学的起源性作品和经典性作品，从7世纪传入东亚古代诸国，17世纪传入欧洲，一直存在着当地学者对文本持续不断的解析。近代以来的研究，例如，法国学者葛兰言（Marcel Granet 1884—1940）的 *Fêtes et chansons anciennes de la Chine*（1919）（《中国古代的祭礼与歌谣》）。一直被国际人文学界称之为"具有划时代的功绩"。它以文化人类学和民俗学的视角，以分析《诗经》为基点，试图通过《诗经》歌谣来复原中国古代以祭礼为中心的民俗，从而解读中国古代社会文化。一个世纪以来，葛兰言的《诗经》研究的图谱对欧洲和日本的中国学在《诗经》研究层面上的影响至为深刻。20世纪我国有些著名学者在《诗经》研究中也可以检查出他们多少是受到葛兰言理论的影响，例如闻一多先生等即是。

在《诗经》研究领域，我还向各位提供一个原始材料系统。

这是我在日本做成的在20世纪的100年间日本在《诗经》研究这一主题中公开出版的著作,总计67种。我按照出版年代排列,告诉诸位作为你们从事中国文学史研究的参考。(见本文附录。)

仅仅是日本一个国家在《诗经》研究这样一个主题中,每一年半就有一部著作出版公刊。

依据我们目前编辑的《20世纪日本中国学(古典研究)书目》,在过去的一个世纪中,日本中国学界对中国古代文化出版了54000余种著作,即平均每2天有3部著作公刊。这里,我们不评价他们对中国文化阐述的意识形态特征和美学特征,就说在这样一个国家内,几乎每天都有人在那里对中国文学、中国文化作出具有他们民族特性的解读,进而扩大到全世界,那么,这种解读的资源,其中表露出的民的智慧,是何等丰厚,何等生动!我个人向诸位呼吁:中国文学研究,是不能、也不应该对它们无动于衷!

鉴于以上我对于中国文学研究中,在文学发生学、文学传播学和文学阐述学几个层面上的反省,故而提出"中国文学研究,必须树立世界文化的意识"。

其实,在我们觉悟到应该呼吁在中国文学研究中必须建立国际文化意识的时候,复旦大学的先生们早已经运用他们切实的研究和睿智的论说,向学术界展现了研究者建立这一意识的必要性了。记得20年前,章培恒先生坚决主张中国古代文学研究者、中国古文化整理研究者必须学习并掌握至少一门外国语,他领导的学术研究,是一直向国际学术界开放的,15年前,他邀请我在复旦大学的古籍研究所讲授过日本中国学,他甚至邀约我对他的一个研究生,仅仅是一个研究生单独讲授过汉籍在日本的流布,使我深感章先生博大的学术心胸。陈思和教授10年来在中国文学和比较文学研究中,一直致力于创导"总体文学意识中的国际文学因素",并以他对中国现代文学的独到研究作了极具有启发性的示范,为中国文学和比较文学研究开创了一个与世界文化连接的学术层面。日前,我读到贵系徐志啸教授的新著《日本的楚辞研究》,这是在阐述学层面上研究中国文学与世界文学的连接。

马克思和恩格斯当年在阐述自己的学说时,一再提示,他们的学说不是偏离世界文明大道的褊狭顽固之说。他们一再申述,他们学说的源头,是来源于世界文明中具有表述未来因素的伟大思想积累。

鲁迅先生的一生，对于自己的祖国和民族文化，充满激情。基于这种深沉的爱国主义，他说，谁要是把中国的历史文化仅仅作为一座博物馆，让外国人来欣赏，我给他们的，将是永远的诅咒！

我想，我们生活在21世纪，科学的昌明已经是如此发达，人类智慧的积累已经是如此丰厚，我相信科学的力量和智慧的价值，我们会有能力在中国古代文学研究中，扩展自己的国际文化视野，建立与国际文化相融合的空间，从而在更加深入的层面上洞察文学史上的事实真相和理解它们的价值意义，摆脱所谓"稳定化"和"凝固化"，"统一性"和"单一性"等褊狭心态，也只有这样，中国文学在人类文明的总体进程中真正的价值意义，才能显现于世界。

感谢各位在百忙之中，听我这样冗长的发言内容。向各位请教，谢谢大家！

附　录

20世纪日本中国学（古典研究）书目
先秦经典《诗经》研究书目
（19世纪中期）

詩經正解33卷　（清）姜文燦等彙輯；（日本）菅野校訂。
文會堂左助，長谷川和三郎，奎暉閣秀次郎刊1858年版。
筆記詩集傳16卷　仲欽敬甫著；增田謙之益夫校。
秋田屋太右衛門刊1864版。
詩經集傳（宋）朱熹集傳；松永寸雲書寫　大阪汲書房刊　1876年版。
詩經集傳（宋）朱熹書；後藤嘉幸點　東京山中市兵衛刊　1881年版。
詩經（宋）朱熹註；東條方庵校　東京須原屋茂兵衛刊　1869年版。
詩經植物類考　星野慎之輔著　東京女學雜誌社刊　1893年版。

（1900—1920）

1. 詩経新註3巻　山本章夫撰　京都山本読書室刊　1903年版。
2. 詩経研究　諸橋轍次著　東京目黒書店刊　1912年版。
3. 詩疏圖解　淵景山講述　東京早稻田大学出版部刊　1914年版。

（1921—1930）

4. 詩經　國民文庫刊行會編　東京國民文庫刊行會刊　1921年版。

5. 詩經　國民文庫刊行會編.東京國民文庫刊行會刊　1922年再版。

6. 詩經;書經;易經　塚本哲三編　有朋堂書店刊刊　1922年版。

（1931—1940）

7. 詩經一句索引　柏樹舎同人編　東京大東文化協會刊　1931年版。

8. 毛詩考26卷　亀井昭陽著]　戸畑安川敬一郎刊　1934年版。

9. 詩經（からうたのみちのふみ）　小山愛司著　東京中央学会刊　1937年版。

10. 毛詩抄（校訂）2卷　三ケ尻浩校　東京朋文堂刊　1937年版。

11. 詩経国風篇研究　松崎鶴雄著　東京第一出版刊　1937年版。

12. 支那古代の祭禮と歌謠（Fetes et Chansons anciennes de la Chine）Granet, Marcel,（マーセル・グラネー）著　内田智雄譯.弘文堂書房刊　1938年版。

13. 詩経句法新説　河合絹吉著　東京育英書院刊　1938年版。

14. 毛詩抄:詩經　清原宣賢講述　倉石武四郎　小川環樹校訂　東京岩波書店刊　1940—1942年版（岩波文庫 2272-2279）。

（1941—1950）

15. 支那古代の祭禮と歌謠　マーセル・グラネー著　内田智雄譯　東京弘文堂書房刊　1942年版

16. 詩経美学:国風篇　井乃香樹著　東京救護会出版部刊1943年版。

17. 毛詩正義校定資料解説　經學文學研究室　京都東方文化研究所刊　1943年版

18. 詩經　目加田誠著　東京日本評論社刊　1943年版（《東洋思想叢書》卷8)

19. 詩經　目加田誠著　京都丁子屋書店刊　1949年版（1951-1960)

20. 新釋詩經　目加田誠著　東京岩波書店刊　1954年版（岩波新書）

21. 詩經　東京　東洋文化協會刊　1956年版（國譯漢文大成經子史部;第3卷)

22. 詩經國風　吉川幸次郎注　東京岩波書店刊　1958年版（《中国诗人选集》卷1-2)

23. 詩経諸篇の成立に關する研究　松本雅明著　東京東洋文庫刊　1958

年版

24. 詩経　楚辞　目加田誠訳　東京平凡社刊　1960年版（《中国古典文学全集》卷 1）

25. 稿本詩経研究　白川静著　立命館大学文学部中国文学研究室刊　1960年版

26. 詩集傳事類索引　後藤俊瑞編　西宮武庫川女子大學文學部中國文學研究室1960年版（《朱子思想索引》第3-4冊）

（1961—1970）

27. 詩経標識　東條一堂著　嵯峨寛校訂　東京書籍文物流通會刊　1963年版

28. 詩經　高田眞治著　東京集英社刊　1966-1968年版（《漢詩大系》卷1-2）

29. 支那古代の祭礼と歌謡　マーセル・グラネー著　内田智雄訳　（限定版）東京　清水弘文堂書房刊　1967年版

30. バッコス祭　受洗密儀　詩経　佐藤三夫著　東京　バッコス社刊　1968年版

31. 詩経　桥本循译释　東京筑摩書房刊　1969年版（《世界古典文学全集》卷2）

32. 詩経　楚辞　目加田誠訳　東京平凡社刊　1969年版（《中国古典文学大系》卷 15）

33. 詩経　中国の古代歌謡　白川静著　東京　中央公論社刊 1970年版

（1971—1980）

34. 乱世の詩人たち：『詩経』から毛沢東まで　松本一男著　東京徳間書店刊 1974年版

35. 毛詩の歌物語　田所義行著　東京秋山書店刊　1976年版

36. 読書人の文学と思想　中国古典文学研究会編　東京笠間書院　1976年版-（《中国文学の世界》卷1 ）

37. 中国古代文学論：詩経の文芸性　鈴木修次著　東京角川書店刊　1977年版

（1981—1990）

38. 詩経研究：通論篇　白川静著　京都朋友書店刊　1981年版（朋友学術叢書）

39. 詩経研究（《目加田誠著作集》巻1）龍溪書舍刊　1981-1986年版

40. 定本詩経（《目加田誠著作集》巻2）龍溪書舍刊　1982-1983年版

41. 詩経　加納喜光訳　東京学習研究社刊1982-1983年版　（《中国の古典》巻 18-19)

42. うたの始め詩経　目加田誠訳　平凡社刊　1982年版

43. 詩経　中島みどり著　東京筑摩書房刊　1983年版（《中国詩文選》巻2)

44. 詩経全釈　境武男著　境教授頌寿記念会刊　1984年版

45. 中国文学館：詩経から巴金/黎波著　東京大修館書店刊　1984年版

46. 詩経　石川忠久著　東京明徳出版社刊　1984刊（中国古典新書）.

47. 詩経研究　目加田誠著　龍溪書舍刊刊　1985年版（《目加田誠著作集》 巻1)

48. 詩経研究　赤塚忠著　東京研文社刊　1986年版（《赤塚忠著作集》第5巻)

49. 詩経諸篇の成立に関する研究　松本雅明［著］東京弘生書林刊　1987年版　（《松本雅明著作集》巻5-6)

50. 毛詩正義訳注　岡村繁訳注　福岡中国書店刊　1986年版

51. 詩経国風篇の研究　松本雅明［著］　東京弘生書林刊　1987年版　（《松本雅明著作集》巻1)

52. 支那古代の祭礼と歌謡　（法）M.グラネ［著］；内田智雄訳　東京平凡社刊　1989年版（東洋文庫500）

53. 詩経・楚辞　牧角悦子,福島吉彦著　東京角川書店刊　1989年版（《鑑賞中国の古典》第11巻　小川環樹監修）

54. 詩経国風　白川静訳注　東京平凡社刊　1990年版

55. 詩経　海音寺潮五郎訳　東京中央公論社刊　1990年版　（1991-2000）

56. 詩經字典　高橋公麿著　東京万葉学舍刊　1991年版

57. 詩経　目加田誠著　東京講談社刊　1991年版　（講談社学術文庫 953）

58. 詩経研究文献目録　村山吉廣　江口尚純共編　汲古書院刊　1992年版

59. 毛詩鄭玄箋　米山,寅太郎解題　東京汲古書院刊　1992-1994年版（《古典研究会叢書·漢籍之部》1-3）

60. 詩雕題（懐徳堂文庫本）　中井履軒著　大阪懐徳堂・友の会復刻　東京吉川弘文館（発売）1995年版（《懐徳堂文庫復刻叢書》8）

61. 中国自然詩の系譜：詩経から唐詩まで　田部井文雄著　東京大修館書店刊 1995年版

62. 毛詩抄：詩経　清原宣賢講述；倉石武四郎,小川環樹校訂　東京岩波書店刊　1996年版

63. 詩経　高田眞治訳著　東京集英社刊　1996年版（《漢詩選》巻1-2）

64. 朱熹詩集伝全注釈　吹野安,石本道明共著　東京明徳出版社刊　1996年版

65. 詩経　石川忠久著　東京明治書院刊　1997-2000年版（《新釈漢文大系》巻 110-112）

66. 詩経雅頌　白川静訳注　東京平凡社刊　1998年版（東洋文庫 635-636）

67. 詩経　白川静著　東京平凡社刊　2000年版（《白川静著作集》）

中国学术界对Sinology研究应有的反思①

有机会参加上海市社会科学界第四届学术年会，感到十分的光荣。感谢年会的主持方为我提供了这样一个神圣的讲坛，使我能够就本次会议的议题表述我个人的见解。今天在座的有我老师辈的先生，有我同辈的合作者，也有许多年轻的朋友。我能够以自己感兴趣的课题向各位请教，对我来说，实在是一次提升自己智慧的难得机会。

本会场以"揽镜自鉴——世界视野中的中国人文"为主要议题，从而为我们对国际中国学的阐释提供了广阔的空间。

对我们中国学术界来说，国际中国学正在成为一门引人注目的学术。以我比较熟悉的我国学者对日本中国学的把握来说，我们在这一学术的基础性资料编纂和整体性研究方面，以及在研究人才培养的系统性方面，事实上已经超越了这一学术在日本本土的运行状态。其他国别的中国学研究我相信也有相应的重大建树。

这意味着我国学术界对中国文化所具有的世界历史性意义的认识愈来愈深化；也意味着我国学术界愈来愈多的人士意识到，中国文化作

---

① 本文原为2006年12月2日在上海市社会科学界第四届学术年会"哲学·历史·人文学科专场"的主题讲演，经修改后刊于《争鸣与探索》2007年第2期。

为人类的共同精神财富，作为世界文明的重大存在，对它的认知和研究，事实上具有世界性。我们在国际中国学的研究中已经积累了相当的成果和相当的经验，我国人文学者不仅在自身的学术研究中、在不同的层面上已经能够自觉地运用这一极为丰厚的国际学术资源，而且以我们自身的智慧对广泛的国际研究做出了积极的回应。或许可以说，这是30年来，我国人文科学学术观念的最重要转变，也是最重大提升的标志之一。它从一个层面上显示了我国经典人文学术正在走向世界学术之林。

本届会议上，当我们共同思索，究竟应该怎样来推进和构建我们的学术研究的时候，我想，在本次年会的主题中，以我们所取得的成果和积累的经验，如果能够在相对广泛的学术层面中以理性的精神审视我们的学术业绩，反思我们的学术观念，调整我们的学术视角，规范我们的方法论，从而深化我们自己对国际中国学这一学术的理解，提升我们的研究水平，或许会是有意义的。所以，我把自己的议题定为"海外中国学研究之反思"。

学术界常常喜欢使用"他山之石，可以攻玉"来评价国际中国学的学术价值。从认识论的一般意义上说，这是一个很形象化的比喻。但是，依据我个人粗浅的理解，把国际中国学定位为一种"学术性的工具"，而这样的工具论定位大多数又是建立在以对我国人文特定学术价值的自我认定为中心评价标准的基础上的。这在事实上可能对国际中国学作为一门具有世界性意义的学术本体，即对它的真正学术内涵，忽视或失却了更有效的和更深刻的理解与相应的把握，由此使我们研究者在这一学术的阐释和表述中，有时就难免显得薄弱、片面、不到位、错位，甚至出现若干虚拟的幻影。

以我们对日本中国学的研究为例。在这个领域中，我们既有已经获得国内外学界定评的非常丰厚的业绩，也有急需静下心来深刻反思的层面。

我个人学识有限，今天在这个讲坛上以自己在这一学术研究中体察到三个层面的问题，向各位请教。

第一层面，当我们把中国学作为"他山之石"的时候，我们在学术观念上一般把它作为这是中国学术研究在域外的延伸，多少失却了对中国学作为一门跨文化学科的文化语境的把握，因而也就对这一学术，无论是作为学派群体，还是作为学者个人，在种种学术阐述背后支持这些学术观念的文化语境未能有足够的认知，未能进行相应的、恰当的研讨和评价，从而，就日本中国学而言，大多数的研讨，缺少了对内涵精神特征的解析。

一般说来，支持或促使日本中国学各种观念得以生成的文化语境，我个人以为有两个方面是非常值得注意的。

第一种文化语境是，日本中国学它首先是日本近代文化构成中的一个层面，是日本在近代国民国家形成和发展中构筑起的国民文化的一种表述形态，它首先是日本文化的一个类型。

比如，在我们习惯上称之为"东京学派"的内部，事实上存在着对中国文化很不相同的阐述表现，而我们尚未有对它们的差异性真正的本质进行思想史的研讨。

从19世纪80年代一直到战后，从第一代主持东京大学"中国哲学讲座"的井上哲次郎开始，大约20年或25年相传一代，经过服部宇之吉，到宇野哲人等，构成了日本中国学中关于儒学阐述最具有社会影响的体系。19世纪90年初期，井上哲次郎最先把儒学所主张的"孝悌忠信"阐释为极具现代性价值的"爱国主义"，从而使明治天皇颁发的《教育敕语》能够获得最广泛的受众面。20世纪20年代到40年代，服部宇之吉倡导"儒学原教旨主义"，即主张对儒学应该"在新时代注入新的生命"，"将对儒学（各派）的崇敬转向对孔子的崇敬"，从而树立"以伦理为核心的孔子教在新时代的权威"，并强调"孔子的真精神只存在于日本"。到20世纪50年代，宇野哲人则又重点阐发"孔子教"的核心便在于"确立'大义名分'的权威主义"。

他们用70年的时间构建了日本中国学中对儒学阐述的主流话语。我们如果从20世纪国际中国学对儒学的研究考察，日本中国学中这一学派，强调开启儒学在"新时代的新价值"，他们的一系列阐述或许可以看作是世界范围内新儒学的先驱。

但几乎在相同的历史时期中，东京学派内也形成了以白鸟库吉、津田左右吉等为首的，对以儒学为核心的中国古史与古文化强烈的批判主义潮流。先期有白鸟库吉等人高举"尧舜禹三代抹煞论"，扩展为对中国上古文献的全面怀疑，继而有津田左右吉以《周易研究》《论语研究》《左传研究》《老子研究》四部巨著，评价中国古代文化是一种"把神的替代物帝王放置于崇拜中心的人事文化",是一种"以仁义道德和否定欲望为广告,事实上充满着人的肉体性和物质性欲求的文化",是一种"把一般民众视为禽兽的权力阶级的文化,也是保护权力阶级权威的文化",是一种"以尧舜禹三代为最高理想的尚古主义的文化"。从而把数千年来作为东亚文明的主体,特别是在两千年间滋养了日本文明的中华文化一笔勾倒,从而试图把日本传统文化中一切陈腐的成分都归结为受中国文化毒害所致,而日本文化本身则是内具言灵之光的最纯粹的精神形态。

我们的研究者在运用这些学术资源的时候,由于过度地从以自我认定的学术价值出发,往往只选取其中一些片段性的结论,作出这样和那样的评述,似乎没有注意到造成他们对于中国文化这样和那样表述的基本文化语境,即他们是为适应日本近代国家的国民精神建设的需要而提供了一种学术性产品。他们对于中国文化的阐述,与中国文化本体的本源性意义并不相处在同一层面中,他们只是依据他们的需要来理解和阐发中国文化。或许可以翻过来说,中国文化只是他们在阐发自己生存的文化语境中形成的某种潜在性意识的学术性材料。这些潜在性的意识,才是日本中国学内蕴的基本价值观念。两种看似对立的观念,都具有极为深刻的同时代日本文化语境的本质特征。

否则,我们无法解释例如1906年12月为宣告日本军队在中日甲午战争和日俄战争中的胜利,当时的日本陆军元帅兼海军大将伊东佑亨(1843—1914)召集曾参与这两次战争的日本现役军人的最高层在东京北部的足利举行盛大的"祭孔典礼",他们以向中国孔子致意的形式,庆祝日本已经夺得东亚海域的制控权。这个伊东佑亨,在中日甲午战争时期,曾担任日本联合舰队司令官,在黄海战役中,直接指挥日本海军进击了我国的威海卫。参加这一场祭孔典礼的还有当时任日本海军大将、陆军元帅东乡平八郎(1848—1934)。此人在中日甲午战争期间,担任日本战舰"浪速号"舰长,在黄海海域丰岛冲,他直接指挥击沉清朝海军"高升号",打响了近代史上日本军队侵略中国的第一枪。炮声停止后,这一群进攻中国的战争狂人却以向中国孔子致敬的形式宣告了他们的胜利。自此之后,日本在东京汤岛开始了将近40年的年度祭孔,在"九·一八"事变、"七七"事变之后,中国已经成为日本军国主义全面掠夺的对象,而祭孔典礼则持续不断,直到日本全面溃败前夕,在美军的轰炸中,于1944年作了最后一次"告慰仪式"。这样的事例或许已经超出了日本中国学的范畴,但事实上,它们与新儒学的形成与阐述有着内在的密切关联，否则，被称为"日本法西斯思想魔王"的北一辉（1883—1937），为什么会把自己的工作室命名为"孔孟社"呢？他就在这个"孔孟社"里撰写成了著名的《国家改造案原理大纲》（修正后称《日本改造法大纲》），成为日本法西斯主义的理论纲领。

依据我个人粗浅的认识，所有这些扑朔迷离的与中国文化相关联的现象，都是与日本社会总体的文化语境相关联的，它时时提醒研究者，在日本文化中被表述的、被阐释的中国文化，已经不是本源性意义上的中国文化了。日本中国学中的新儒学，一般而言，是以特定的"亚细亚主义"为其发生的文化语境；而作为新儒学对立面的急进批判主义，一般而言，又是以特定的"脱亚入欧论"为其文化语境。无论是"亚细亚主义"还是"脱亚入欧论"，130余年来直到现在，它们是构成日本近代社会主流话语最基本的意识形态层面，其核心都是以国家主义为基础。两个几乎完全对立的中国学学派，在总体上却源出于同一文化语境的两个侧翼，这或许是意想不到的。

第二种文化语境是在我们审视和接纳日本中国学学术成果的过程中，研究者还应该具有更加宽阔的世界性文化视野，力求把日本的中国文化研究，放置在相关的世界性文化视野中考察，或许能够更加确切地把握运用日本中国学资源的价值。

日本中国学与世界的融通，我个人意会至少表现在这门学术的三个层面上，一是调整研究观念与方法论，逐步建立世界性的观念；二是建立追寻汉籍原典文献的世界性观念；三是以自己的业绩与相应的资源与20世纪欧美中国学相互融通，在欧美中国学中可以检测到日本中国学的知性启示和资源共享的症候。我今天就教于诸位的，则集中在前两个层面中。总起来说，20世纪日本中国学力求以尽量可能的世界性文化经验进入中国文化的研究中。

先与各位研讨日本中国学在其学术形成的过程中，逐步建立并调整研究观念与方法论，使他们的表述获得"世界性价值"这个问题。

19世纪中期之前的日本汉学时代，学者们的治学之道，几乎完全依靠从中国传入的文献，他们伏案读书，皓首穷经，偶有所得，则撰写成篇。他们之中几乎没有人到过中国，更遑论其他。其视野所及就是以中国文献所提供的文化框架，再融入以神道为核心的本土文化，依凭个人的积累与智慧，自成一家之说。

日本中国学作为日本近代研究世界文化的一部分，从这个学科形成的时候开始，其主要的、重要的学者相应地都逐步养成了把自己对中国文化的认知和研究与世界融通的观念。

日本中国学体系中某些主要观念与方法论的形成，不仅取决于日本本土文化语境，也是他们接受欧美文化，特别是欧洲文化而变异的结果。

例如，我们体察到一个可以思考的线索，日本中国学中新儒家学派的主要学者，几乎都在德国学习和研究过，他们几乎都热衷于德国俾斯麦、斯坦因、盖乃斯德等的国家集权主义学说。白鸟库吉的"尧舜禹抹煞论"则与他接受法国哲学家皮埃尔·拉菲特关于"人类文化进程三阶段"的理论密切相关。

皮埃尔·拉菲特是法国实证主义哲学家，孔德指定的学派第一继承人，他认为，人类起始的文化是物神偶像崇拜（fetishism）文化，其特点是创造偶像。由此进化到神学理论（theologism）阶段，这一时期的文化便是社会开始具备抽象性的观念。文明社会的文化则是实证主义（postivism）文化，人类能使外界的经验与内心的经验达到统合一致，出现高度和谐。

白鸟库吉从拉菲特这样的文化史观中，获得了他批判儒学的近代性话语。他把中国古史和儒学定位为人类文化的第一阶段，即物神偶像崇拜阶段。他认为，"尧舜禹崇拜"所表现出来的偶像性的观察是显著地发达的，"尧舜禹崇拜"缺乏有价值的抽象理论，这是文化蒙昧的必然结果。

我个人以为，白鸟库吉的中国古史观具有特定时代的资产阶级近代文化所具有的批判性。这种批判性使白鸟库吉事实上重新审视了传统的儒学史学的观念，试图重新看待中国历史和评价中国文化。但是，白鸟史学从一开始就表现出对中国文化的冷漠和蔑视，从而夸张中国文化的滞后性。这一观念被遗传而成为日本东洋史学，并在相当的层面上影响日本中国学对中国文化的表述。研究者不仅应该从白鸟库吉所处的本土文化语境中探求其意识根源，也应该注意到它与欧洲理论话语，例如与"欧洲文化中心论"的关联。或许这样能够比较确切地认识和把握日本中国学中批判主义学派的本质特征。

我国有学者在阐释日本中国学中的京都学派的实证主义特征的时候，认为这一学派由于注重考据实证，是继续了江户时代日本汉学中古义学派的主张，甚至把狩野直喜、青木正儿、吉川幸次郎三代学者看成是"汉学余孽"，认为只有到了竹内好的"中国文学研究会",日本中国学作为学术才得以出现,我以为实在是不得要领之说。

在对中国文化的研究中,阐明经典本意,不务空泛的"理气之辩",这确实是日本传统汉学中伊藤仁斋古义学派的主张。这一实证,根基于回归儒学古典的趋势。当年古义学派为了摆脱关于朱子学与阳明学对立的困惑,从而倡导直接从儒学古典孔子原义中研究中国文化。这样的观念其实是与新儒学中的"孔子原教旨主义"比较接近。京都实证主义学派与此很不相同,它首先是在欧洲孔德学说的浸染下萌芽的。

孔德实证主义首先成为法国自然主义文学的哲学基础,它们于19世纪80年代左右开始风靡于日本文坛,出现了像国木田独步、田山花袋等一批日本自然主义文学运动的实践家。当时正在从旧汉学中挣脱出来的日本中国学的一些先行学者,他们从孔德创导的这一实证主义哲学中理会到一种逻辑思维的形式和方法论特征。日本中国学的创始者之一狩野直喜率先在对中国传统文化的研究中,引进实证主义观念,并且使它与中国清代考据学结合,从而构架起从传统汉学到近代中国学的一座桥梁。实证主义学派推崇清代顾炎武、戴震、钱大昕等的学术,尽力在研究中体现实证的精华——互相参证、整理排比、严密考定,但同时,他们强化本文批评(即原典批评);他们试图在事实的基础上,从哲学的范畴出发,摆脱烦琐之弊,在文明的批评与社会改造的见地基础上,表明独立见解。

日本实证主义不仅主张文献实证,而且更主张研究文献的人在经验上的实证。他们认为,中国文化作为一种异国文化,仅在日本国内研究中国文献典籍,是远远不完全的,研究家必须具有关于中国文化的实际经验。并且应该广纳欧美学者的见地。据我所知,属于早期实证主义学派的学者,比如狩野直喜对于赫伯特·斯宾塞,内藤湖南(1866—1934)对于黑格尔,小岛祐马(1881—1966)对于魁奈和迪尔凯姆等,大多都有相当的修养。可以说,日本中国学中的实证主义学派具备作为近代学术的基本要素,对这一学派的误解,可能是没有确切把握日本中国学的国际文化语境。

与传统的日本汉学家不同,日本中国学自形成之初,就十分注目于在世界范围内追踪、收集与整理作为研究的原典文献,这对于日本中国学来说,具有奠基性的意义。

在20世纪的100年中,这种对具有学术史意义的世界性的中华原典文献的追踪与收集,我个人所知大约有过三个集中点。

20世纪初期,在中国敦煌文献披露于世不久,1910年2月,东洋史学者黑板胜美从欧洲带回了关于西方诸国在中亚探险中所获各种成果的讯息。第一次报告了英国伦敦大英博物馆的地下室里收藏有斯坦因在敦煌的发掘品,其中有唐咸通九年(868)的《金刚经》刻本——当时认为是世界上最早的刻本。继后,1912年到1916年狩野直喜在欧洲追踪敦煌文献4年有余,他第一次提出从欧洲追踪到的敦煌发现的佛经故事的残本(后来才被称为"变文")。他认为,可以断言,中国俗文学之萌芽,已显现于唐末五代,至宋而渐推广,至元更获一大发展。由此而推进了日本中国学在世界范围内追踪相关中国古文献的热潮,包括流散的敦煌文籍、甲骨文残片、我国西北地区古代部族遗物文献等,使流散的中华文明的物化材料和文字载体在一定程度上被整体化和学术化,从而奠定日本中国学中实证主义学派的基础。

王国维先生于1920年在《东方杂志》17卷9期上发表题为《敦煌发现唐朝之通俗诗及通俗小说》一文,这是我国学者首次言及敦煌文学资料与中国文学发展的关系。其中在相当程度上运用了狩野直喜提供的敦煌文籍资源,即狩野直喜追寻到的文籍与提出的看法。但我国学界长期把20世纪初期日本中国学对中华原典文籍的这一追踪过程定性为"帝国主义对华的文化掠夺",因而,各种学术史、文化史和专门史,至今也几乎不理会也不提及这一重大文化资源价值的意义,对它的存在状态心中无数。

这确实是一个非常棘手的问题。

我个人认为,在日本帝国主义侵略中国的"大陆政策"形成之前,即日本国家的精神形态在特定时间全面堕落之前,学术构建与政治运行虽然有内在的关联,但他们并不在一个层面上。统观日本的国别文化研究,例如印度学、埃及学,乃至美国学、德国学等,大多数学者都有在域外追踪收集研究对象原典的观念。

20世纪60年代日本中国学开始第二次中国研究原典的收集,他们主要利用美国福特基金会和亚洲基金会提供日本与我国台湾联合研究中国近代史的基金,在南欧的西班牙、葡萄牙、意大利等国家收集17世纪以来由早期传教士带回的中国朝廷诏令、各级衙门的告示、各类官司的判词、各类人物的生日贺笺、死后的墓志铭，还有各种买卖土地、房屋、妇女、儿童等的文契、典当的当票等等，有近20个门类的上千件文籍，虽然大部分为照相件，但毕竟集中和系统化了散流在南欧，为我国学者所少见和未见的关于中国社会文化研究的丰厚资料。

第三次在世界上追寻汉籍文典，则起始于20世纪90年代末，直到现在仍然在进行中。这是调查至今保存在以梵蒂冈图书馆为中心的，由在中国和日本布教的传教士们主要是使用汉文，间有日文编纂和著作的文籍，大多是传教士们阅读汉籍文献的体会心得，编纂的各地方方言与他们母语对照的语音、词汇的各种工具书等。据正在进行编目的日本教授说，传教士们读的书，从儒学经典到野史笔记，五花八门样样都有，他们写有很认真的札记。我个人感觉到，研究者如果能够使用这部分文籍，则我们对基督教在东亚的活动，中国文化对基督教传教士世界观的影响，以及中华文化在欧洲的传布等的认识，必将会有很新的修正和很大的提升。

我国学者对日本中国学一直在世界各处追踪中国研究的原典文籍的价值，似乎还缺乏相应的认识，在运用层面上还有待切实地开发。

在日本中国学研究中，我以为需要提升的第二个层面，则是我们在研究阐述中常常缺失了相关的学术图谱，面对着中国学这一学术的学术史，在纵向与横向几个方面，既没有很用心地留意，所知也不多，造成一些研究报告论之无据、言之失实，甚至虚拟假象。我们常常见到把日本中国学中的某些研究，任意评价，无限拔高，明明是一般的研究，一定要称之为"杰出的成果"，甚至称其研究者为"大师""权威"。我亲眼见到一位被中国研究者称为"权威"的学者写给我国评论者的信，他说："我不是您在论文中说的权威，我只是一个中国文学研究者。您这样称呼我，使我无地自容，而且日本的先生们以为是我在中国这样自称的，也使我的处境比较为难。"

这不仅扰乱了学术秩序，更加破坏了学术的真实性与严肃者。其中有很严重和极端的误说，例如我国有学者把20世纪30年代后期出现的日本鲁迅研究家竹内好定位为日本中国学的创始者，颠覆了日本中国学学术史的真实性，实在是一种没谱的说法。

我这里说的"谱"，当然就是日本中国学的学术图谱，所谓"没谱的说法",就是离开了100年来已经形成的学术图谱在那里任意说三道四。

依我的理解和知识,其实,每一位日本中国学家,在日本中国学的学术图谱上都有一定的位置,学术话语称为"一定的学术定位"。我相信国际中国学中每一个国别中国学系统,事实上也都应该存在着这样的学术图谱。

一个多世纪的日本中国学的学术,在纵向和横向的多个层面上,都存在着内在的连接。这种多层面的学术经纬,使学术研究世代相接,并且大致可以判断出一个学术群体或一个学者个体的学术脉络。体会和把握这样的学术连接和这样的学术脉络,便大致可以掌握中国学在相应的研究中的学术积累、学术价值等,由此可以做出不至于离谱的评定,不至于产生虚拟的判断,不至于在学术表述中有重大的失误。

有人问:"学术图谱难道就不能推翻吗?"这个问题必须在充分的、确实有据的学术史的研究基础上才能进行讨论。否则就不是一个学术争鸣的问题,而是一个学术知识的问题。

近30年来,由于种种原因,某些研究者的研究过于离谱,我们在国际对话平台上有过重大的失落,也得到了有益的经验和教训。当然,掌握一个国家的中国学的学术图谱,是应该与我前面说到的掌握中国学的文化语境,与具备对象国文化的基础知识相一致的,而且是互为因果的。

在今天的中国人文学界,在日本中国学的研究中要真正尊重已经建立起,并在不断发展的学术图谱,对日本中国学的学术做出科学的评价,还涉及学风问题。这当然是另一个话题了。

在日本中国学研究中,我以为需要提升的第三个层面,则在于研究者应该非常重视作为研究文本的原典性问题。

我们所有对中国学的研究,都是依据文本进行的。而所有的文本的原典都是某一种外国语文的。对不少的研究者来说,目前仍主要是依据翻译本来进行工作的,于是就产生了阐释中的问题。

曾经有几篇阐述唐诗在日本流传的报告,多次引用到日本古代物语《源氏物语》中以和歌形式表现的唐诗。世界第一部写实主义长篇小说《源氏物语》确实是受唐诗影响很深的作品,但这种影响不在于以和歌表现的唐诗中,因为这部作品中根本就不存在以和歌形式表现的唐诗。汉文译本中把若干和歌对应为唐诗,这是翻译家的翻译意识和翻译技巧了。有几位日本教授在读了我们的相关论文后对我说："你们文章引用的《源氏物语》中的唐诗，怎么我们的《源氏物语》中没有呢？"

这一实例无非说明，中国学研究仅仅使用译本，常常会跌入翻译家的"圈套"中，这方面的事故并不少见。我历来主张研究的文本应该具备原典性，即应该尽量使用母语文本，至少也应该把译文与原文做一些可能的对照。否则，我们的国际中国学研究报告，只能成为自编自演的供国内阅读的学术戏剧了。

由此在文本方面的第二个问题，在于我们的翻译者应该思考如何尽量把译文做好。文学作品的翻译与学术著作的翻译，我想是不尽相同的，学术著作译本的准确性尽管不太可能，但应该是绝对的，这个绝对性要求很难，至少也应该是符合本意的。现在关于中国学著作的译本多起来了，多可能是好事，但由于译文的草率和错误不断地出现，多就未必就是好事了。

43年前我在北京大学中国语言文学系古典文献学专业五年级念书，顾颉刚先生担任我们经学史的教学，顾老对我们说，你们现在读书有什么心得，可以记录下来，每年读几遍，经过25年的修正，可以发表了，或许你就可以成为一家之言了。如果我们在原典文本的细读与国际中国学文本的译本制作中能取顾先生教导的十分之一，实事求是、精益求精，则我们的研究或许会就更加造福于学术了。

各位女士、各位先生，包括日本中国学在内的海外中国学集中了研究与阐述我国人文学术的世界性智慧，它是我国人文学术走向世界之林不可或缺的重大资源库。我今天就这一学术的文化语境观念、学术史观念和文本的原典性观念表述了非常粗浅的想法，只要研究者放开眼光，深化学术视野，凝聚自己的智慧，保持学术的操守，惟学术自重，则我们是一定能够在国际中国学的学术中创造出属于我们自己的天地来的。

谢谢！

2007年11月寒风乍起时撰于京西蓝旗营跬步斋

日本中国学中"道学的史学"的没落与"东洋史学"兴起的考察[①]

原本在日本的汉学界，史学和文学都是经学的奴婢。当时，仅仅是作为古典的需要以及臧否人物、立正大义名分才阅读诸如《史记》《汉书》《十八史略》以及相关的诗文。

当明治时代初期日本汉学的主体——儒学向中国哲学逐渐蜕皮时，原来依附于儒教经学的史学和文学，也都开始挣脱其奴仆的地位，追求其学术的独立性。但是，近代日本中国学中对中国历史的研究成为一门近代科学，它并不是直接从传统汉学中承袭蜕变来的。换句最通俗的话说，它是在近代学术发展中，在欧洲史学直接启蒙中另起炉灶而造就的。

一、德国兰克学派与坪井九马三《史学研究法》

1886年（明治十九年），东京帝国大学为了适应当时在日本思想

[①] 本文最早发表于《国学新视野》，2009年冬季号。原载于《跬步斋文稿：严绍璗自选集》，首都师范大学出版社，2016年。

文化领域中对近代人文科学观念的探索，于这年3月，聘请德国兰克（1795—1886）学派的主要学者里斯（Ludwig Riess，1861—1928）主持新设立的"史学科"的教务。

兰克学派是一个在近代人文科学中，包括历史学、考古学、社会学、民族学等领域内，产生过重大影响的学派。兰克学派的创始人兰克，原来是德国柏林大学教授，自1841年起担任普鲁士皇家史官。兰克学派的基本特点，在于重视对历史资料的分析和批判，从中寻求历史发展的内在动力，强调历史的发展是世界上各种"力"相互制衡和相互分解的结果。兰克在其《强国论》一书中说，我们在世界史的发展中所目击的是各种各样的"力"。那么，这种造成历史发展的"力"是什么呢？兰克在《强国论》中十分强调"精神的创造力"。他说：在诸种力量间，尤其是产生精神的生命之创造力，本身就是生命，即道义的生命力。兰克认为，"道义的生命力"在历史的进程中具有决定性作用。他在《政治问答》一书中又说，由于道义的生命力，才能够在竞争中打倒作为竞争者的敌人。兰克相信，世界史上所昭示的国家的衰亡，主要不是来自外来民族的侵略与破坏，而是来自一个民族内部的道义与生命力的颓废与衰退，亦即二者分离之故。兰克在这里寻找历史发展的动力。依据他的观念，兰克的历史学已经超越了历史上改朝换代的一般描述过程，而致力于探讨历史发展中内在的各种制衡机制。他的《拉丁日耳曼民族史》《宗教改革时期的德国史》以及《世界史》，都是表述了这样一种史学立场，并且演示了以实证为核心的历史研究方法论。

兰克学派的历史学吸引了日本学术界试图从事世界文化研究的最早一批学者。1886年里斯开始在东京帝大执教，便把兰克学派关于历史学的观念与研究方法第一次比较完整地移植到日本学术界。兰克学派的传入日期，就其直接后果来说，大约存在于两个方面：一方面它无疑是促使了日本近代新史学的诞生，由此便造成了日本传统汉学中"道学的史学"在观念和方法论上的终结，另一方面，由于兰克本人是普鲁士霸权主义和俾斯麦铁血政策的支持者，所以，这一学派对国家权力和政治权力的崇拜，也直接影响到日本近代思想的发展，对国家主义的嚣张有推波助澜的作用，这当是后话了。

在兰克学派学术观念的推动下，当时在东京帝大"史学科"与里斯共执教鞭的坪井九马三（1858—1936）教授完成了《史学研究法》的撰写。这是日本史学史上第一部属于近代历史学范畴的理论著作。此书1903年（明治三十六年）由早稻田大学出版部刊出。

坪井九马三的《史学研究法》分为"总论""史料编""考证编"和"史论编"四卷。每卷之中又设分论若干章。著者于"总论"起首，便说：

> 史学一词，系自古代汉语。中国之历代史学，通常简约而与"历史"同义。然彼等所用，亦仅以"历史"言之而难辨其意。今以科学性之研究法，欲阐明史学之概。

这一叙述表明坪井九马三的《史学研究法》其发端之旨，便是针对上古以来逐渐传入日本的中国传统的史学观念。而"科学性之研究法"的来源，坪井九马三在该书"序言"中又坦然承认他是步英国、德国和法国诸史学家之后尘，"讲授史学研究法，爰有年矣，而将此科学性之研究法应用于史学，自信聊有所得"。这便是说他是自觉地导入欧洲近代史学思想，并"反拨"传统汉学观念的一位日本学人。

坪井九马三在本书中提出了史学的新定义。他说，史学系研究作为社会之细胞的人的活动发展的科学。这里说的"人的活动"，既是个人的，也是集团性的。著者认为，人是作为社会细胞器官活动着的动物实体，史学便是把此种实体作为实物来看待，既不超越其上，也不迁就其下。他申言在史学家眼中，既无神，也无魔。坪井九马三的这一新史学观，便是力主把作为社会细胞的人作为其全部史学视野的中心——这正是近代史学的一个最基本的特质，坪井九马三因此而成为日本近代史学理论的奠基者。

在把人的活动作为史学中心的旗帜下，坪井九马三又十分强调，历史学既然是处理人间的现象，那么，重视人的心理因素是研究历史的第一条件。但同时，坪井氏又认为，为解开历史之谜，为此而必须在实际中吸收广泛的知识加以论证。坪井九马三的这一史学观念，具有心理主义史学和经验主义实证史学的特征，而这正是德国兰克学派的史学特点。

在此基础上，坪井九马三把对历史的研究划分为三个阶段：

第一阶段：史料阶段——收集历史的材料，为造成历史的补助。

第二阶段：考证阶段——史料的整理。这指的是对史料进行外部的和内部的批判。

第三阶段：史论阶段——对经过整理的史料，进行解释，综合和复活，史学的根本条件，理论史学。

坪井九马三认为，经过上述三个阶段完成的工作，才可以称为"历史研究"。

坪井九马三的《史学研究法》从观念和方法论两个方面，导入了近代史学理念。它虽然并不是专门为日本近代中国学领域中的中国史研究的方向而撰写的指导书，却主要是针对传统史学观念（也即主要是汉学观念）而撰写的一部具有广泛导向性的理论著作。从日本中国学史的发展来看，这部著作对这一领域中的中国史研究的近代性的形成，具有深刻的影响。

前述1887年至1902年德国兰克学派的主要学者里斯，执教于东京帝国大学"史学科"，为日本传入欧洲近代的史学理论和方法，并造就了第一批具有近代文化观念的史学家。在里斯的影响下，东京帝国大学与史学有关系的教授、学生，以及编年史的工作人员于1888年成立了"史学会"（即今东京帝国大学史料编纂所的前身）。这是日本学术界近代史学的形成中最初的学会。翌年12月，该学会出版《史学会杂志》，1893年改名《史学杂志》，一百年来延续至今，成为日本史学的权威性刊物。自19世纪末以来，有关中国历史研究的重要的论文，大都在这一刊物上发表过。

当时，东京帝国大学的文科处在"九学制时代"。在史学方面，有"国史学科"以教授日本史，有"史学科"以教授欧洲史，也包括若干中国史。中学的历史教学，当时也仿制为"国史"和"万国史"，"万国史"即世界历史。从近代人文科学的立场来说，虽然没有独立形态的中国史，但是，这样的学科配置已经意味着与传统的汉学和国学分道扬镳了。它事实上已经说明了稍后建立起来的对中国历史的研究，正是从世界史的研究中分化出来的，而不是从日本汉学的"道学的史学"中演变过来的。

日本中国学中近代形态的中国史研究，便萌发于这一时代，1888年至1890年，那珂通世（1851—1908）撰《支那通史》五卷，此书用汉文写成，自上古至元代。此为对中国历史研究首先采用通史形式的著作，1938年，和田清博士把它移译为日本现代文再版。不唯如此，此书增补了元明的事迹，书名改为《历代史略》（后刊行并输入中国。差不多同一时间，1888年至1892年，市村瓒次郎、满川龟太郎两博士合著《支那史》六卷刊行，此书也表现了打破旧史学传统的新形式。当时，为适应社会时势中国史的需要，东京帝国大学文科从1895年（明治二十八年）起，设立了"支那史学"。

1895年9月至1901年7月，由林泰辅副教授讲授中国古代史。

1896年5月起，那珂通世博士作为讲师，主持日清交通史，1901年9月起又讲授清朝儒学史、元史和西域史。

1901年9月起，市村瓒次郎博士作为副教授，接替林泰辅，讲授秦汉史与南朝史。

1903年9月起，安野重绎博士，由主持中国法制史改为讲授中国上古史。

在上述期间，坪井九马三博士长期讲授蒙古史与中亚细亚史。

由此，东京帝国大学推出了一个新旧交替的中国史研究的学术阵容。

二、东洋史学的范畴与确立——那珂通世等的东洋史观

日本中国学界对中国史研究真正的近代概念，是把中国历史研究归属于"东洋史学"。这是一个令人困惑的学术范畴。所谓"东洋"的概念，最早大约是中国元明时代的地理学家们提出来的一个海洋范围。元人汪大渊的《岛夷志略》、明人张燮的《东西洋考》中，把南海东部及其附近诸岛、大约北半球东经110°以东，主要是加里曼丹岛、菲律宾群岛等，称之为"东洋"。清代以来，因为日本位于中国以东的海中，中国人就称日本为"东洋"了。但有意思的是，日本从17世纪德川时代以来关于欧洲的知识渐次增长，因此，常用"西洋"这个名称称呼那些处于日本以西位置的欧洲各国，而且逐渐地赋予了"西洋"这个名称以文化上的意义——代表一种与东亚，特别是日本异质的文化形态和社会形态。这样，"西洋"在17世纪之后的日本人意识中，便逐渐成为一个具有人文意义的范畴。日本人的意识中产生了"西洋"的概念，于是与此相对应，则把东方的国家称之为"东洋"，同时，不言而喻，此时的"东洋"，也附着了文化的意义。在

日本人的心目中，所谓"东洋"，指的便是以中国为中心的曾经使日本文化受容的国家与地区。19世纪初期，著名学者佐久间象山在诗中说：

> 东洋道德西洋艺，匡廓相依完圈模。
> 大地一周一万里，还须缺得半隅无。

这时候，日本人虽然没有称中国人为"东洋人"，却把中国作为东洋的核心——此时的东洋与西洋，便是日本人意识中区分出的世界两大文化圈。

日本最早的用"东洋史学"概念来替代对中国历史的研究，是在中等学校中发展起来的。1894年根据那珂通世、三宅米吉（1860—1929）等教授的建议，在日本中学中设置"东洋史"课程——这时候所谓的"东洋史"，实际上是一个以中国历史为主要内容的极为宽泛的范畴。它包括了历史、经济、宗教、地理、考古、艺术、法律等众多的领域，几乎囊括了除哲学之外的以中国为中心的诸种文化的所有层面。

1897年市村瓒次郎将五年前刊行的《支那史》六卷，节缩为《东洋史要》一册刊行，此书其后重版数十次。1898年又出版了桑原隲藏的《中等东洋史》。它们是日本中国学界的第一批东洋史学著作。

那么，当时日本的中等教育中已经有了"万国史"，为什么要另设"东洋史"呢？既然以中国历史为主要内容，为什么不言"中国史"而言"东洋史"呢？那珂通世博士说：

> 中国历史，仅以历代兴亡为主，而不论人种之盛衰消长。东洋历史，不仅言东洋诸国之兴亡，且论及中国种、突厥种、女真种、蒙古种等之盛衰消长。①

那珂通世的这一东洋史学观，正是中日甲午战争前后，日本中国学界中有代表性的一种史学观。

事实上，当时要把对中国历史的研究从世界史中分离出来，形成一门独立的学科，还存在着更现实的政治文化背景。自19世纪80年代以来，日本的"国权扩张论"渐次发展。19世纪90年代，当时陆军卿山县有朋发表了关于日本的所谓

---

① [日]桑田六郎：《回忆白鸟先生》，见《白鸟库吉全集月报》第10期。

"国界线"和"利益线"的讲话,公然提出,为确保日本的利益,东北地区、台湾地区、朝鲜半岛等地,都在所谓日本利益线之内,并在行动上开始积极准备并吞朝鲜,进而寻找机会与中国决战,以实现它在亚洲的"领导"地位。在这种现实性要求下,对中国历史(这里的"历史",如同上述"东洋史"概念一样,是一个泛历史范畴)研究的主体性方向,无疑便是与日本国家利益的要求相一致的。以中国史为中心的东洋史学的建立,正是日本国权论开始着眼于以中国为中心的整个亚洲(以东亚、东南亚为主)的利益心态在日本中国学领域中的表现。

1902年(明治三十五年),那珂通世受文部省之命,为中学和师范学校撰著东洋史学的教科书。这是在东洋史学这一学科为大学的讲坛接受之前的事。1903年该教科书刊出,定名《东洋小史》,凡四篇五十六章。我们从该书的谋篇布章中,大致可以看出20世纪初东洋史学在形成之时的范畴内涵:

第一篇 上古
 第一章 太古的支那 第二章 唐虞三代
 第三章 春秋之世 第四章 周的制度文物
 第五章 孔子 第六章 战国
 第七章 周末之学术 第八章 太古之印度
 第九章 佛法的兴起

第二篇 中古
 第一章 秦的一统 第二章 前汉(上)
 第三章 前汉(下) 第四章 后汉之政 匈奴西域之叛服
 第五章 三国 第六章 晋 五胡十六国
 第七章 东方诸国之古史 第八章 大月氏 佛教的东流
 第九章 南北朝 隋 第十章 唐(上)
 第十一章 唐(中) 第十二章 唐(下)
 第十三章 东方诸国之盛衰 第十四章 西北诸国之盛衰
 第十五章 汉唐的儒学文艺
 第十六章 佛教·道教,其他宗教·南海贸易
 第十七章 五代 第十八章 宋的初世
 第十九章 宋的中世 第廿章 辽金之兴废 高丽之盛衰

第廿一章 金宋的交涉　　　　第廿二章 宋代的儒学文艺宗教

第廿三章 宋代的西域诸国

第三篇 近古

第一章 元太祖的勃兴西征

第二章 元太宗的南征拔都旭烈兀的西征

第三章 元世祖的一统与东侵

第四章 元代的治乱诸侯国的盛衰

第五章 明的初世　　　　　　　第六章 帖木儿的兼并

第七章 明的中世　　　　　　　第八章 安南的叛服 沿海盗寇

第九章 明的末世　　　　　　　第十章 元明的儒学文艺

第十一章 莫卧儿帝国的兴亡

第十二章 葡萄牙西班牙的东略 天主教的东流

第四篇 近世

第一章 清的开国　　　　　　　第二章 清圣祖高宗之业

第三章 清的学术　　　　　　　第四章 兰英诸国在东洋的竞争

第五章 英领印度　　　　　　　第六章 清英的交涉

第七章 长发之乱 英法对北中国的侵伐

第八章 俄人之东略 清俄关系 英俄的冲突

第九章 安南·暹罗清法的交涉

第十章 日清韩的关系 日清战役

第十一章 英俄法德美在东洋

第十二章 东亚各国在当今世界的地位

从那珂通世这样的篇章布局中，至少可以看出东洋史初建时期的三方面特征：

第一，上述五十六章内容中，事涉中国史事者凡三十八章。所谓东洋史，事实上是以中国史为核心展开的。

第二，在中国史事的论述方面，区别于历代旧史书的记述极为明显。它开始脱出以帝王为中心的王朝事件的叙述而试图描画历史递进的线索。

第三，超越中国史事的东洋史的叙述，皆出于与日本具有诸种关系的考虑。

如上述"东方诸国之盛衰""大月氏 佛教的东流""西北诸国之盛衰""宋代的西域诸国"等，都是根据文部省的"编纂要目"特意加入的。同样的章节名，也见于同时代由坂本健一与高桑驹吉所合撰的《新撰东洋史》中。这大概是当时一部分学者的共识吧。

20世纪30年代，日本历史学家中山久四郎在回顾这一时期确立东洋史学时，曾坦率地说道：

> 要言之，在中等教育界创立东洋史科，首先是已故那珂通世先生尽首唱之力，然同时应注意的，则是明治二十七至二十八年战役（指1894年至1895年的中日甲午战争）后，伴随我日本民族国运之发展而产生的觉醒，促进和助长了东洋史科与西洋史科的并立。这可以说，时势的进步与学术的进步之间，亦存在着微妙的关系。

实际势态正是这样，战前的东洋史学正处于日本近代学术发展与日本近代国权论的交叉点上，因此，它一方面具有不同于传统的"道学的史学"的近代学术性质，一方面又先天地染上了国权论的痼疾——政治与学术正是这样的难分难解。

日本帝国大学内设立东洋史学是由京都大学开始的。1907年京都帝国大学创立"史学科"，从中设立"东洋史学第一讲座"，由内藤湖南主持，1908年，又设立"东洋史学第二讲座"，由刚从中国回国的桑原隲藏博士（1871—1932）主持。参加东洋史学课程的，尚有新进的年轻史学家富冈谦藏、滨田耕作、羽田亨等。

在此之前，东京帝国大学曾于1904年进行学科改制，文科从九学科制改为哲学、史学、文学三学科制，在史学科中分设国史学、支那史学和西洋史学。但这是不稳定的讲座。翌年，即把从前的"汉学支那语学讲座"分为"支那哲学、史学、文学"第一、第二、第三讲座，由星野恒、市村瓒次郎、白鸟库吉、那珂通世等教授担任支那史学课程。这是一个新老学者的混合阵容。星野恒把孔子视为神圣，把对孔子研究视为亵渎；而白鸟库吉则以充满疑惑的眼光观察孔子，认为孔子膜拜的尧舜是根本不存在的。他们之间在史学观念上的差异，恐怕相距一个社会形态的等级。1910年东京帝国大学将"支那史学"改为"东洋史学"。于是，以日本这两个最著名的帝国大学学科改制为标志，近代日本中国学中正式建立起了"东洋史学学科"。

三、白鸟库吉史学与"尧舜禹抹煞论"

尽管日本中国学界中作为中国历史研究的东洋史学，是从世界史研究中建立起来的，但是，传统汉学作为旧时的意识形态，仍然广泛地存在。要使中国史学成为近代科学，就必须从观念上和方法论上摆脱传统的"道学的史学"的羁绊。因此，在这一领域内怀疑主义史学的出现，无疑是不可避免的，它为近代日本的中国史学做了有力的奠基。白鸟库吉（1865—1942）是这一怀疑主义史学的创始者，他的中国史观可以说是近代日本中国学界在中国历史研究方面所获得的第一个体系性成果，并成为其后日本中国学界怀疑主义的先驱。

1909年8月，东京帝国大学文科大学史学科兼任教授、当年44岁的白鸟库吉在东洋协会评议委员会上，发表了题为《支那古传说之研究》的著名演说，对儒学经典特别是孔子本人极为赞赏的尧舜禹三代的真实性，提出了强烈的怀疑。

白鸟库吉率先陈述了研究中国古代传说的缘由。他说：

> 欲根本性地了解中国之哲学宗教，则必须考察其古传说，儒教于中国之传说中，有其理想之所，其中且包含有儒教崇拜之人物。今批判其人物之遗迹，检讨其所由来，试欲对作为历史之事实而不能不深怀疑团之传说作一解释。①

白鸟库吉以《尚书》为主要文献，对《尚书》记载的尧舜禹事迹做了一番检讨后说：

> 尧舜禹三王之事迹眼目，概如上述。余辈以虚心平气，极冷静之头脑考察之，以为《尧典》《舜典》《大禹谟》等《尚书》之文，绝非其当时之记

---

① 《支那古传说之研究》一文载《东洋时报》第131期，见《白鸟库吉全集》第八卷。

载。每篇必以"曰若稽古云云"之语起笔,此如同言"由今往昔"。又考上述三王之事迹,其大小轻重甚失权衡,就中舜之事业占多为显,而尧专关天文,禹以治水为主,而其他事业则一归于舜。此应为极大之疑问……三王之事业以不自然之截然区划,此亦系挟疑团之点。

白鸟库吉认为,尧舜禹三王其实是不存在的,《尚书》的记载系后人所为。他在演说中博引中国文献,对"尧""舜""禹"的含义做了考定。"尧",高也,饶也,至高的意思;"舜",准也,循也,行顺的意思;"禹",宇也,……四垂也。这三王只是架空的人物,理想的表现。白鸟库吉说:

> 尧舜禹为古之圣王,孔子祖述之,孟子崇尊之,后世儒教汲其流,圣贤推服其言行,世无怀疑此等古圣人的历史之实在。虽然如此,今讨究覆核三王之传说,明察其应重大怀疑之理由。人若去尽偏执,而不事墨守旧来见地,则亦必当首肯余辈之论断无不当。
>
> 然论者或谓,尧舜禹三王系儒教崇拜之宗处,其生命实系于此,灭此生命将奈儒教何。余辈答之曰,三王之历史性之实在,系与儒教理想相关而构成,今彼等虽失其偶像之实存,然儒教归于彼等之理想,则俨然而存—尧之至公至明,舜之孝顺笃敬,禹之勤勉力行,此即古中国人希冀其王者之所能具备之品德,实儒教之理想也。余辈疑此历史之事实,儒教之生命因而得全矣。

白鸟库吉在这里倡导的,便是日本中国史学史上著名的"尧舜禹抹煞论"。这一见解对于儒学墨守的"法先王"的基本观念是一个极大的冲击,它动摇了日本汉学家的信仰,具有很大的尖锐性和批判性。

白鸟库吉是19世纪末和20世纪初日本学术界依照近代文化观念培养出来的第一批东洋学家之一。他青年时代在千叶县县立中学念书,受到校长那珂通世和英文老师三宅米吉的熏陶。诚如前述,那珂通世、三宅米吉是日本史学界"东洋史"概念的最初提倡者,并致力于介绍欧洲东方学的成果。白鸟库吉通过他们,培养了对历史学和中国史的最初兴趣。1887年白鸟库吉进入东京帝国大学文科大学新设立的史学科学习,成为该校刚刚邀请到的德国历史学家里斯的第一届学生。白鸟库吉对里斯十分敬重,据他的令孙白鸟芳郎教授回忆说:"祖父晚年在病床上，经常把里斯的讲座笔记置于枕边，这是一部精致的厚厚的制本，用英文书写，十分的贵重。这对祖父来说，大概是回忆起了许多深沉的东西。"这种情感，无疑表现了白鸟库吉在大学时代深受兰克学派的影响。1901年白鸟库吉在获得本国文学博士后，赴欧洲留学。先是在德国柏林大学研究欧洲Sinology，以后又在匈牙利的布达佩斯研究乌拉尔·阿尔泰语系诸民族的语言和历史，他的著名的论文《乌孙考》和《朝鲜古代王号考》便是在这一段留学生涯中写成的，发表于欧洲东方学杂志 Kclcti Szemlc 上。或许有一件事情对白鸟库吉的批判史学观的形成，也具有相当的影响——这便是他的姻亲。1894年，白鸟库吉29岁时与大村茂子成婚。大村氏是当时日本非常近代化的家族之一。夫人大村茂子的长兄大村仁太郎是19世纪末日本最有名的德国语言和文化研究者，当时任日本学习院教授。他所撰写的《德语语法》长期作为日本的教科书。大村茂子的另一位兄长大村安三郎则是日本第一位小提琴手，当时担任东京上野音乐学校的小提琴教授。大村家族所接受的西方近代文化，必然影响到白鸟库吉的观念形态。

实际上，白鸟库吉最早是研究朝鲜史和西域史的，1909年左右他倾注其精力，开始着手中国古代史研究，便提出了"尧舜禹抹煞论"。这一观点在当时自然遭到汉学家的抵制。林泰辅教授在导入中国甲骨文字方面，功劳卓著，在儒学的观念方面，也十分执着。林泰辅率先对白鸟库吉的"尧舜禹抹煞论"提出反驳。林氏于1910年1月在《东洋哲学》第171期上对白鸟的此种论说大加挞伐，继而在1911年7月《汉学》第2卷7期上以《尧舜禹之抹煞论》为题，进一步与白鸟库吉驳论。林泰辅最有力的论据，便是以《尚书·尧典》中的四中星记事系当时天文观测的实录，从而论证《尧典》所传的古代事实是可以信凭的。这一观念并不是林泰辅个人独有的看法，原先欧洲耶稣会传教士中就有人持此种说法，就是在近代东洋史学家中，如白鸟氏的老师那珂通世博士也支持林泰辅的"《尧典》真实论"。

白鸟库吉于1912年再次申述他的"尧舜禹抹煞论"。他在同年2月的汉学研究会与日本史学例会上，分别以《〈尚书〉的高等批评》和《儒教的源流》为题，发表讲演，做了进一步的论证阐述。①

---

① 《〈尚书〉的高等批评》一文载《东亚研究》第2卷第4号，见《白鸟库吉全集》第八卷。《儒教的源流》一文载《东亚之光》第7卷第9号，见《白鸟库吉全集》第九卷。

白鸟库吉在《〈尚书〉的高等批评》中回答林泰辅博士的质问说：

> 先是见于《尧典》中之尧的事业，则是命羲氏、和氏分历以便民，弃子而举舜于田野，舜以孝道见闻而为之让位。尧之其特点关于天文历日，此即关于天之分子也。
>
> 其次征于《舜典》，舜系下层社会之人，以孝而得帝位，然其事迹，则为制度、政治、巡狩、祭祀等。凡人君关乎治民之一切事业皆附加于此，且人道中最大之"孝"，亦为舜之特性而传世焉。由此即知，舜之事迹即关于人事而不可求其他。
>
> 至于禹，刻苦勉励，治大洪水而定禹域，此系关于地的事迹，禹的事业的特性在于关乎地这一点。

白鸟库吉由此推至这些传说的作者是以"天地人三才"的思想作为背景而创作的。汉人特别是儒教冀求天子之处在于公明正大，因而把理想托之于尧而创造禅让，把人道的理想托之于舜，而把勤勉的理想托之于禹。

白鸟库吉就《尧典》本身四中星记载的真实性问题，回驳了林泰辅。这是一个确定《尧典》本身记载是否可靠的关键性问题。白鸟氏认为，关于四中星问题，无须采用天文学性质的研究，因为在战国时代中国人的观念中，"东"与"南"是阳的方位，所以在《尧典》中就采用意味着阳的十二宫次的"火"与"鸟"；"西"与"北"是阴的方位，所以在《尧典》中就采用意味着阴的二十八宿名"虚"与"昴"称之：

> 所谓"鸟"与"火"为十二宫中的座次，"虚"与"昴"为二十八宿中的宿名，若从东与南则据十二宫而西与北则举二十八宿观之，可明了作《尧典》之历的人，必定具有十二宫及二十八宿之知识。然何故不将十二宫及二十八宿划一而却使之相混合，此乃由阴阳思想之占星家之手而完成。其理则十二宫基于太阳运行，二十八宿基于太阴运行。据此则可见十二宫中阳之初为南，其极为东，二十八宿中阴之初为西，其极为北。
>
> 如是，《尧典》记载之天文，与今日科学性推算不相合，其十二宫与二十八宿在东西南北的相称位置中的排列，也不合天文之实际。此《尧典》之记事，非立足于天文之实地观察，而系据占星思想所编成，其十二宫与

二十八宿之知识，以及阴阳思想，即为其基础也。

"尧舜禹抹煞论"是白鸟库吉深思熟虑的思想。自1909年提出这个理论后，几经论驳，更趋完整。1915年在题为《儒教在日本的顺应性》的论文中进一步指出：

> 我在各种的公开会议上叙述了一个结论，这便是中国人最崇敬的圣人——尧舜禹，他们绝不是实在的人物，他们作为理想的帝王从中国人的观念中产生出来，为此而受到儒者，或者尊敬儒教的各位对于我抹煞尧舜禹的这一结论的非难……根据我的观点，作为历史人物的尧舜禹是没有的，作为理想人物而创造出尧舜禹的思想实际存在于古代中国人之间，因而给了尧舜禹作为历史人物的愈发确实的基础。①

据此，白鸟库吉已完成了他的"尧舜禹抹煞论"的全部理论阐述。他最终的结论便是强调中国古史上的尧舜禹是中国人理想中的人物，是一种偶像崇拜心态的表现。由此出发，白鸟库吉强烈否认上古三代的存在，从而动摇了儒学的基础，在中国学研究中树起了怀疑主义的旗帜。

由白鸟库吉所倡导的此种中国古史的怀疑主义，由于桥木增吉、加藤繁、饭岛忠夫诸博士的支持，从而使其批判的范围有了许多扩大。他们从《尚书》的不可靠与"三代"的虚构说，扩展为对中国先秦文献，如《诗经》《春秋》《左传》等古典普遍的疑惑，并进而对上古制度记事如井田制等进行质疑。桥本增吉的《论〈虞书〉》《〈书经〉的研究》，加藤繁的《中国古代的土地制度》，饭岛忠夫的《从汉代的历法看〈左传〉的伪作》等，都是这一学派的重要论著。

或许，中国学者会更多地从中看出白鸟库吉的怀疑主义史学观可能受了中国清代后期今文经学的影响，这也不无道理。如饭岛忠夫关于"《左传》伪作"的

---

① 《儒教在日本的顺应性》一文载《明治圣德纪念学会纪要》第二，见《白鸟库吉全集》第十卷。

见解，便敷衍并加强了清末康有为所谓《左传》系汉末刘歆伪作之说。①但是，从观念体系来考察，白鸟库吉对中国上古史的怀疑史观，实来源于他对于中国文化基本性质的分析和理解。白鸟库吉在《中国古代史》（未刊稿）一书中，依据欧洲Pierre Laffitte的理论，把人类文化的发展划分为三个阶段。②

第一阶段是物神偶像崇拜阶段。这一阶段文化的特点是创造偶像，人类对于外界事物的观察，具有知情意的活动物性意识。

第二阶段是神学理论阶段。这一阶段中，人类对于外界事物的观察，有可能概括普遍性的属性，并创造抽象性的观念。

第三阶段是实证主义阶段。在这一阶段中，人类对于外界事物的观察，能使外界的经验与心的经验达到统合一致，并出现高度和谐，以至于使外界与内心趋向于消除矛盾。

基于上述文化史观，白鸟库吉把中国文化置于"物神崇拜"的第一阶段。他认为"尧舜禹崇拜"便是物神崇拜的必然结果。这种崇拜所表现出来的形象性的观察显著地发达，而缺乏有价值的抽象的理论，其间，又无不具有道德伦理的着色。他说：

> 物神崇拜昌盛的必然结果，便是形象性的观察显著发达，因而（中国人）对事物的观察，几乎非常的精密，即如历代所编纂的代代正史，其丰厚的记载为万国无与类比，然而，其主要是事实的记载，而缺乏如西洋诸国的抽象性理论。

---

① 这主要指的是清代以崔述（1740—1816）的《考信录》为主的疑古论述与白鸟库吉等人的批判主义的关系问题。1902年，日本《史学杂志》第十三篇第七号发表了白鸟库吉的中学校长那珂通世的《考信录解题》，介绍崔述用四十年功夫完成的对上古以来，历唐虞、三代而至于孔孟的承传事所做的"精密地调查"。1903年4月，那珂通世出版了由他校点的《崔东壁遗书》。据说，那珂通世是从狩野直喜处得到崔述著作的残本而整理成书。推测狩野直喜曾于1900年在中国留学，先在北京经历了义和团事变（可阅读他与服部宇之吉合著的《北京笼城记》），后又游学江南，与俞樾、文廷式等会见。相信崔氏著作可能在此种活动中被传到日本学界。此可为一说，尚可做进一步的原典研究。应该注意到的是，当1902年那珂通世介绍中国崔东壁的学术时，白鸟库吉已经在东京帝国大学接受了德国兰克学术的教育，又在欧洲接受了法国Pierre Laffitte社会文化学的观念。可以考量他对中国儒学上古三代说的怀疑，不一定是崔氏学识的翻版与延伸，而更接近于近代人文学术要求重视人文现象的内在机制，以及要求相应的原典支持的信念，并对于缺少上述条件的学术提出批判与质疑。

② [日]白鸟库吉：《中国古代史》（未刊稿），见《白鸟库吉全集》第八卷。

......

　　汉民族的文化，既然是基于物神崇拜而停止于个别的特殊的观察，因此之故，在中国国民的思维中，是无望有高尚深远的思想科学的发达。中国唯有道德独自发达……中国以政治为首的文学，乃至于技术，无不具有道德的着色，其原因盖在于此。

......

　　汉族家庭作为国家之一分子，造成了帝王权势的发达。君主对于其臣民的关系，与一家之父对其妻儿的关系相同。因是之故，中国制度盖属于社会发达史之初期而尚未有充分之发展。

白鸟库吉在这里已充分展现了他的中国文化观的主要内容。这一中国文化观，表现了资产阶级近代文化所具有的批判性——这种批判性，使白鸟库吉事实上抛弃了传统的儒教观念来重新看待中国历史和评价中国文化。同时，这种批判性内具对中国文化的冷酷和蔑视的观念。这两种观念的混融使白鸟史学成为近代日本中国史学的真正的奠基人。

白鸟氏的此种史观，同时也表现在他对中国辛亥革命的评估上。当1911年中国发生辛亥革命后，白鸟库吉即在当年《中央公论》第26卷12号上发表了题为《论中国历代人种问题并及本次大革命之真因》的论文。他认为中国人原来是保守性的，且倨傲尊大；但中国文化与异民族文化相比，则无异又是杰出的。新传入的欧洲文化虽然优于中国文化，然未能与中国文化同化，因而中国便有新旧两种思想的轧轹，造成了19世纪末叶以来的中国大革命。白鸟氏把辛亥革命归为欧洲与中国新旧两种文化冲突的结果，便跳出了"汉人反满"的窠臼，自有其独创性。他进而说：

　　倘若没有列强的压迫，经此番骚乱，中国将形成近代的一个国家，且将无愧色地立于世界列强之间。我本人作为历史学家，不惧真言。

白鸟库吉在这里表达了一种与同时代日本中国学家相比更加深刻的中国观，这是他的中国文化观中所具有的批判性的积极价值。

但是，白鸟库吉的中国文化观所具有的在其后被日渐扩大的"国体论"观念是相当浓厚的——这种"国体论"又最终导致20世纪30至40年代日本中国学的严重挫折。日本"国体论"的表现各不相同，它在白鸟库吉的中国文化观中的含义有两个方面，第一方面是表现为对中国文化的整体的蔑视。"尧舜禹抹煞论"的史学观念在日本中国史学上的意义是积极的，但是，作为这一理论的基础，则是根基于他的三阶段文化史论，而其直接的出发点，则是所谓中国文化处在人类文化的"物神崇拜"阶段，"形象性的观察显著发达"，而"缺乏如西洋诸国的抽象性理论"，所以"无望有高尚深远的思想科学的发达"等。这便是所谓的"中国文化原始论"的观念。白鸟库吉认为，中国在唐代以前的文化，在遣唐使时代已经被吸收了，中国在唐代之后的文化，在德川时代也已经被吸收了。处于他的这个时代，日本人所应该学习的东西，不能不是像西洋那样一种与中国不同的文化。这就是说，日本人向中国文化学习的时代已经结束了，代之而起的则是向西洋学习。这种对中国文化整体的蔑视，正是日本"脱亚论"的核心。①在这个意义可以说，白鸟库吉中国史观中的"国体论"实际上是"脱亚论"的一种表现形式。第二方面是表现为对儒学的回归。白鸟库吉的中国史观的核心，是对中国儒学的怀疑主义，他对于中国儒学的批判，在于把儒学作为一种客体研究的外国文化观念。他的研究结果，事实上使他背离了儒学理论。我们使用"事实上"这一词，就是说，即使白鸟库吉在阐述"尧舜禹抹煞论"的怀疑主义学说时，他在观念上认为正是自己的这一学说"使儒教之生命因而得全矣"，而且，愈是在批评儒学的理论关键时，他愈是宣称自己"我不是儒教的敌人，而是儒教的拥护者"。与世界上许多杰出的社会科学家与文学艺术家一样，他陷入了自身的二律背反之中，然而，一旦涉及日本思想本身时，白鸟氏的主客观就能实现一体化——肯定儒学在日本的价值。1918年他在《汉文化的价值》一文中表述，日本人虽然已经把中国的文化全部学完了，现在的任务是向西方学习，但是，西洋的东西并不是什么都是好的，从日本人的立场来看外国的文物，那么，日本人必须要掌握而且应该掌握的东西，便是儒教。儒教是应该受尊敬的，日本人完全信仰并躬身行之是非常必要的。这种回归儒教（请注意，白鸟氏不称"儒学"，而称"儒教"）的观念，随着日本政治思想形势的发展和白鸟氏年龄的耋老，便愈益明确。1930年他发表《日本建国之精神》的公开讲演，大声疾呼"日本人的精神，便是吸取印度的佛教、中国的儒教，并在日本的统一"。把中国的儒学发展

---

① 参阅[日]白鸟库吉《汉文化的性质》一文，见《白鸟库吉全集》第九卷。

为儒教，又把儒教推崇为日本国家的基本精神——这是自明治末年至昭和前期日本新儒学与国粹主义、日本主义结合，造成国家主义、超国家主义意识形态的主要特征之一。白鸟库吉作为一位深受欧洲近代文化教育的日本中国学家，虽然表现了超乎前人的批判精神，却又始终未能摆脱日本"国体论"的深刻影响——这种看起来似乎十分矛盾，事实却又是微妙地统一的观念形态，非常真实地构成了白鸟库吉中国史观（包括文化观）的主体内容，不仅使其成为近代日本中国史学的奠基，而且事实上已经显示了在未来四十年内，日本学者在中国历史研究方面的基本方向和主要特征。

日本中国学中中国文学近代性研究的形成[①]

日本的中国文学研究，便是指中国文学在从江户时代的旧文学范畴中脱离出来而演变成具有现代人文意义的文学的研究。从文化史的意义上考量，就是不再把文学作为经学的附庸，而是把它作为人文科学的一个领域所展开的近代学术研究。由此可以判定，日本中国文学研究这一近代学术的确立，是以认知中国文学形成语言文字艺术的独立范畴为依托的，但事实上，中国文学形成自己的独立范畴，又是依靠当时已经萌发的近代中国文学研究这一学术加以推进的。

一、坪内逍遥的《小说神髓》与文学观念的更新

明治维新以来，西方美学和文学理论开始涌进日本。日本近代哲学创始人西周曾翻译过美国的《奚般氏著心理学》一卷。1889年菊池大麓

[①] 本文最早发表于《国学新视野》，2010年春季号。原载于《跬步斋文稿：严绍璗自选集》，首都师范大学出版社，2016年。

（1855—1917）翻译了《修辞及华文》，中江兆民据法国学者维伦的美学著作译编了《维氏美学》，此外，当时在东京帝国大学担任文学讲师的美国学者费诺罗萨讲授并出版了《美术真说》等。至20世纪初，勃兰兑斯的《十九世纪欧洲文学主潮史》也传入了日本，① 欧洲各种文学流派、诸如德国的浪漫派、英国的自然主义、法国的古典派、北欧各民族文学，都由此而为日本人所认识。所有这些都推动了当时日本的近代文学意识的觉醒。

相形之下，这一时代尽管日本汉诗创作获得了独特的发展，而中国文学的翻译介绍则主要停留在明清历史演义、才子佳人小说以及艳情杂纂之类。金圣叹等人的小说评点尽管仍然在影响一些汉学家，如依田学海等人对《经国美谈》的评点等，但他们的批评观念仍然很陈旧，语言也古板，缺乏新意，带着模拟的痕迹。这种文学势态，正像19世纪80年代末山口虎太郎评述时所说的：

> 吾尝读莱辛之集，又读卡莱尔、麦考莱等编，叹其议论精深，评说切实，其中有惊心动魄，百世之后仍令披读之人生如新发研之想者。莱辛《拉奥孔》，以及尼布尔、兰克、盖比奴斯等之于历史，歌德、席勒、赫尔德、雪莱之于赋，皆评之善中者也。大凡如此者，虽求诸东海之滨，颇难获之，然不得已，圣叹之《水浒》，毛氏之《三国志》，悟一子之《西游记》等，可谓庶几乎？②

这一段描述对外国文学的倾心，倒十分像日本古代五山文化时代禅僧中岩园月致他的禅友虎关师炼的信中所描述的情况，只不过中岩岩月描述的是五山时代的日本人如何倾心于中国文化与文学，山口虎太郎所描述的是他如何倾心于欧洲文学。其间虽然也提到了几部中国古典小说的评点，但这并不是因为山口氏看出了其中的理论价值，而多半是出于这些评点家在日本固有的威望。尽管我本人有些怀疑这位山口虎太郎是否真的精研过他上列这么多欧洲名人的著作，但他表述的这一义学趋势却是与明治近代文化发展的总体相一致的。

随着文学势态的发展，日本学术界便很快对中国古典的文艺评论方式提出

---

① 勃兰兑斯的《十九世纪欧洲文学主潮史》对当时正在日本留学的鲁迅影响甚大，这从鲁迅《摩罗诗力说》中可以清楚地看出。

② [日]山口虎太郎：《舞女细浮》，载1890年1月《栅草纸》。

了批评。高田半峰是第一位对中西文学批评进行比较研究的学者。他认为，如果说中国人的文艺批评是以"赞美"为主的话，那么，西方人的文艺批评则专在于"刺冲"与"挑过"。正因为如此，中国人的作品若得具眼者的评语，不少便重于九鼎大吕，而西洋人的作品，若被批评家的刺冲所攻破，不少则空为蠹鱼饵食。高田半峰认为，中国人的赞美主义不仅往往流为诣谀，而且毫不能显示批评的实效，其略者，常罗列艳辞丽句赞扬著述；其详者，也只停留在说透他人不易理解的妙处、揭示他人不易看出的要点。所谓评点，不过是一种注释。高田半峰认为，批评主要在于切磋、在于琢磨。他说，西洋批评家屡屡操其尖锐的锋芒，使少壮著述家怀"绵绵无绝期"的怨恨，这虽似太狠心，但可以说是尽了批评家的职责。在他看来，西洋文学家骎骎日进，恰在于批评家这种扬所当扬、抑所当抑的态度，而日本文学出现逡巡退步之色，萎靡不振，也正在于批评家只罗列谀谀文字，敷衍塞责。

高田半峰对中西方文学批评的比较，是在日本"脱亚入欧"的气氛中进行的。他在比较研究中掺入了带有偏见性的价值判断，可以说触犯了比较研究的大忌。但这一比较研究事实上展示了日本学术界对中国文学传统研究包括从观念到方法论的一种否定，它对正在形成中的日本中国学中的文学研究具有意义。

在此之前的明治初期，民权派在受到镇压和迫害无法自由地宣传政治主张时，曾效仿西方近代知识人采用小说作为向群众灌输、渗透和鼓吹政治改革纲领的武器。为此，他们针对社会上对小说的蔑视，用夸张的言辞来抬高小说的地位，提出"盖于泰西诸国，稗史院本为文章之最上乘者也"，甚至赞颂西方小说家功勋超出殖民域外君临宇内的天子。他们把小说看成是与"人心之兴败，社会之盛衰"具有重大关系的圣物，反过来又以文学来测度政治，说"西人观文学之盛衰进退，所以判一国之文不文、化不化，可谓良有理焉"，借以反对将文学看成"闲人物之闲事业"。透过这些新鲜而雄辩的词句，可以看到民权派批评家的内心深处，不过是在把文学看作"经国之大业，不朽之盛事"的古老框架中加入的新内容，不过是将历来正统文人轻视的小说也列入可建"千载之功"的体裁罢了。至于民权派也把小说比作"佛徒之济度众生"，要求政治家们"现身千万亿，随时施化导之方便"，这与中国李渔等人将稗史视为"大众慈航"的看法一脉相承。

民权派主张西方文艺观，其实只是取其一点未及其余。他们异口同声地指斥传统的"和汉"（即日本和中国）小说"污染于陋习，拘泥于旧惯"，反复陈述改造它们的紧迫性。1885年5月28日发表在《自由灯》上的乌乌道人的文章《政治小说之效力》提到了《水浒传》："正史不过同于目录哉！又如支那之二十二史，诚具备其制度文物，或英雄豪杰等之传记，然足可征之为今日文明史之材料观当时一般之风俗者，道人却谓唯在于《水浒传》，彼狱吏跋扈、贿赂公行、道德腐败之状，岂非逼真可见。然此等巧妙则巧妙矣，然以终未尽免支那产物之气息，到底无有彼西洋流行之政治小说之效力也。"

乌乌道人肯定了《水浒传》可以作为文明史的材料，据此可以了解当时社会黑暗的现实，但又看不上书中那"支那产物之气息"，而推崇"西洋流行之政治小说之效力"。这所谓"支那产物之气息"是什么，乌乌道人没有明说，或许他认为当时读者（主要是接受了一些西方资本主义思想的青年知识分子）足可心领神会。在"文明开化""脱亚入欧"浪潮迅疾的冲击下，民权派人物要改变的是旧小说效忠君父的忠孝节义，代之以争取民权、召开国会的纲领，即以资产阶级民主思想的概念化描写替代封建道德的说教，而并不准备放弃传统的劝惩主义与传统的小说观。

但是，日本文艺学的发展，随着日本整个思想文化向近代化推进而已经到了从根本上更新观念的时候了。在日本理论界，最早集近代文艺观之大成脱颖而出的，则是一位在东京帝国大学学习文艺学的学生坪内逍遥（1859—1935）。坪内氏在26岁时以当时获得的西方文艺知识撰写了日本近代文艺史上第一部有系统的以小说为中心的文学理论著作——《小说神髓》。此书于1885年9月到1886年6月，分九册（共二卷）由松月堂刊行。《小说神髓》是日本近代文学理论的开篇，它以改造文学，特别是改造小说为首，研讨了读者群众鉴赏与批评力的养成和造就作家的若干条件。它在一定程度上惊醒了一代沉迷于旧梦的文学家，唤起了日本文学写实主义的潮流。

《小说神髓》分"原理编"（上卷）和"技术编"（下卷）两部分。"原理编"讨论了艺术的范畴、小说的变迁、小说的主脑以及小说的种类和社会作用，"技术编"论述了文体与作品角色、主人公的设定和叙事法等问题。总起来说，坪内逍遥认为，第一，文学应该抗拒在艺术原理之外的任何力量来统治小说。

第二，把小说作为艺术之内的一种形态，由此来确立小说的权威。第三，小说的中心在于表现"人情"和"世相"。所谓"人情"，便是人的心理和欲望，所谓"世相"，便是社会上诸种世态风俗。第四，作家应该把"人情"与"世相"形象化，在这个过程中，作家应该以旁观者的态度，如实地摹写。关于对坪内逍遥《小说神髓》上述的主张，国际比较文学研究家们评论各不相同。有人称它为近代现实主义论，有人称它为朴素写实主义论，有人称它为资产阶级艺术至上主义。但有一点看法也许是共同的，即《小说神髓》在日本文艺史上第一次提出了近代的"小说"概念，并由此确立了资产阶级文艺学的若干原则。这对近代日本中国学中文学研究的形成是十分重要的。从这样的总观念出发，坪内逍遥对于中国传统小说观念的批评，特别是对于这种观念在日本文学界，例如江户时代戏作小说创作方面的严重影响的批评，以及对于转变日本近代作家对中国文学的理解，具有引领观念转变的价值。

在《小说神髓》的"序言"中，坪内便把戏作小说的转相模拟，千人一面，万部一腔，归咎于戏作创作者师从李渔以"义发劝惩"为小说主脑的小说观的结果：

> 近来刊行之小说稗史种种，非马琴、种彦之糟粕，则多为一九、春水之赝物。盖此间戏作者流，一味师从李笠翁（即李渔）之语，以"义发劝惩"为小说稗史之主脑，造道德模型，为欲在此下功夫，故虽未必想尝古人糟粕，然以其范围本非广大，乃不知不觉作出罚辙同趣之稗史。

事实上，当时"劝善惩恶"小说观已经成为日本文学创作和文学研究的巨大障碍，坪内逍遥抓住由于戏作创作者苦心制造道德模型而造成的弊害，痛加揭露，正是选择了适宜的突破口。

坪内逍遥分析这一小说观能够风行的原因，在于日本自古以来的风气，就是把小说当作"教育之一方便"，屡屡提倡以奖诫劝善为小说主眼。他针锋相对地指出："小说之主脑，人情也，世态风俗次之。何谓人情？人情乃人之情欲，所谓百八烦恼是也。"坪内逍遥于1885年8月4日发表在《自由灯》上的文章中，又明确提出："小说之主髓在写人情世态，如以劝惩为主髓，或以政治寓意为眼目，则违背真小说之旨。小说之为美术（此即艺术），诚可暗寓风教之意，然误解寓意之寓字，以寓意为主意，则大谬。"坪内逍遥将日本的小说与西方近代小说做了对比，认为它们最大的不同，在于前者将劝惩置于主位，而后者将人情世态置于主位：

> 近代小说家概以人情为主髓，设计其情节趣旨，专以美术之精神编写小说。如英国爱略特女士及美国布莱特、哈特，重此主意，虽于政事上之目的寓意不少，然其寓意之方法，与我国作者迥异。盖我国之劝惩作者，以劝惩为主，以人情世态为宾，泰西小说家反是，以情志为主，以奖励之意为宾，可谓第一不同。

坪内逍遥从西方近代小说中发现了劝惩小说的对立物。他举例说，金斯莱所作的政事小说，不以宣传政党所持议论为主髓，而专以政治会议情态为主眼，与日本那些写出往古事迹、暗讽时下政治、笔伐当局者的作者们有天壤之别。斯托夫人《汤姆叔叔的小屋》专着眼于主仆情态，以暴露奴隶制度的弊害，而不是像当时的日本作者，勉强以劝惩为主，视为反面人物者则是彻头彻尾的恶奴，毫无可取之处，而善人则全是"纯良"，超类离伦，伏入圣域。

在"小说种类"这一部分中，坪内逍遥将小说分为"模写小说"与"劝惩小说"两类，他推崇的是前一种。这类小说并不勉强寄寓劝惩之意而曲设情节，只是描写出世间本来的情态，使读者自然地体察人生的道理。这里，他再一次将日本小说的种种缺陷归咎于师从中国的李渔：

> 虽然，我国小说作者不探寻这些道理，一味师从笠翁之语，一读小说，便想不可不"取事凡近，义发劝惩"，制造奖诫之模型，强在其中设置趣旨，岂不可笑？

坪内逍遥把戏作小说、政治小说的作者们看作李渔的异国弟子，以偏颇的爱憎随心所欲地支配人物的命运，甚至出于对主人公的偏爱一味地保护，"每临危险场面必援救之"，往往"其人难杀"，乃至"杀而小死"，这些批评在当时可谓一语中的。

坪内逍遥幼年学习汉文典籍，对于中国古代文学有相当素养。在论证小说可为"文章师表"的时候，他将《水浒传》同《源氏物语》同样作为"小说之大手笔",肯定它们"不独其趣旨奇巧,其文亦绝妙,句句锦绣,故于有志学文者多裨益"。他在"奇异谭"和"寓言"之书里去寻觅小说的源头,将《庄子》与《伊索寓言》等量齐观,视为"寓言之书"中的杰作,又论定《西游记》在表面奇异荒唐、架空无稽的故事之处,还存在一种"深妙不可思议的结构","可窥得彼幽玄佛道之消息",把它和斯宾塞的《仙女王》、班扬的《天道历程》同归为"寓意小说"。

对《金瓶梅》《肉蒲团》之类,他不把它们列入"真正小说"之列,因为其中"含有美术最忌讳之鄙猥原素"。这些议论都贯穿着一个精神,就是将以往的中日作品都放在美术(即艺术)原则的天平上重新检验评判。

坪内逍遥批判的锋芒,是针对日本的"戏作者"与政治小说,但涉及对李渔等人小说理论的评价。坪内逍遥对中国古代文学,尤其是以小说为主的通俗文学,采用了与传统汉学家很不相同的观察角度与观察方法。实际上可以说,坪内逍遥的《小说神髓》标志着日本文艺家们开始树立近代文学观念,实现了对中国古代文学从仰慕到参照研究乃至批评的转变。

二、法国葛兰言的《中国古代的祭礼与歌谣》
——它对近代日本"中国文学研究"的启示

1919年,法国中国学家葛兰言(1884—1940)出版了研究中国《诗经》的名著《中国古代的祭礼与歌谣》(*Fêtes et chansons anciennes de la Chine*),此书对于近代日本中国学的形成在观念和方法论上都可以说是一件具有重大价值意义的事情。

中国的《诗经》自"毛诗大序"以来一直作为诗教的范本,汉代被定为"五经"之一。千百年来,中国儒学对《诗经》连篇累牍的注疏释解,使一部原来极为生动而伟大的文学作品,窒息了原有的生命力量,充当经学的奴仆而成为专制政治的意识形态。日本传统汉学在《诗经》方面,乃至整体的关于文学的观念,都没有能超越中国经学的范畴。

欧洲Sinology对中国文学的兴趣，主要集中在两个方面。一个方面是对中国近代的通俗文学，主要是对元曲和明清通俗小说的兴趣；一方面是对中国的诗歌，主要是对《诗经》的兴趣。但一般说来，对前者的兴趣是文学性的，对后者的兴趣则是社会学性的。自18世纪中期《诗经》传入欧洲之后，欧洲的研究家基本上一直沿着近代人文科学的观念，摆脱了中国经学羁绊之苦，把《诗经》作为社会学的材料，客观地加以审视。

1736年，法国学者杜赫德（Du Halde）在巴黎出版其主编的《中华帝国全志》（*Description géographique historique, chronologique, politique, et physique de l'empire de la Chine et de la Tartarie chinoise*），该书全称《中华帝国及国所属鞑靼地区的地理、历史、编年纪、政治与博物》（共四卷），其中第二卷"王室、政府、产业、民情、交通、文学、语学、哲学"中，收入在华神甫马若瑟（Joseph de Prémare，1666—1736）译出的《诗经》中《天作》《皇矣》等八首。杜赫德为此撰文做了专门介绍，把《诗经》的作品，分为对人的赞歌、王朝风俗之歌、比兴之诗、颂扬高尚之歌及不合孔子教义的可疑之诗共五类。①

18世纪下半叶以来，欧洲学者对《诗经》的研究一直努力摆脱中国经学立场，从社会学、民族学和民俗学的范畴来加以阐述。1838年和1843年，爱德华·比奥的《诗经》专论可能具有代表性。比奥强调《诗经》是"东亚传给我们的最出色的风俗画之一"，"它以古朴的风格向我们展示了上古时期的风俗民情"，《诗经》"实际上是中国最早的民歌"。②

葛兰言的《中国古代的祭礼与歌谣》对一个半世纪以来欧洲中国学的"诗经观"做了一次总结。该书以法国近代社会学观点和方法论为基础，以分析《诗经》为轴心，经过精细的考证，试图复原中国古代的祭礼，从而来解明中国古代社会。

全书分为"《诗经》的恋爱歌"与"古代的祭礼"两编。前编四章，分别

---

① 杜赫德是18世纪最重要的汉学家之一，除编写了四卷本的《中华帝国全志》外，还主编了《耶稣会士书简集》的第9—26卷。学术界一般认为杜赫德的著作是18世纪最全面论述中国的史料，是法国乃至欧洲汉学的奠基工程之一。

② 此处引自钱培林《中国古典诗歌在法国》，载《社会科学战线》，1988年第1期。钱文注明材料来自1838年《北方杂志》与1842年《亚洲报》。

为"古典的读法""田园性的主题""村落的恋爱"和"山川的歌谣"。在本编中，著者立意去除历来附加于《诗经》歌谣上的儒学的与官方的曲解，恢复诗篇的原来面貌，追溯它们产生的根由，阐述在这些古代歌谣中表现的庶民性以及庶民信仰，并论证了信仰与仪礼的关系，祭礼的季节性特点以及祭礼中个人与集体的关系等。后编五章，分别为"地方性的祭礼""事实与解释""季节性的节奏""圣地""竞争"。最后有"结论"，独为一章。后编的宗旨在于论述著者所确认的《诗经》歌谣中所歌颂的山川祭礼，共同社会的更新、"诗战"与竞争、男女青年的婚约，以及祭礼的性的特征等。

葛兰言通过上述研究，表明了他的中国文化观念，概而言之，大致有如下的特点。

第一，葛兰言在回顾《诗经》在中国文化中的历史作用时说："如果《论语》的记事得以信凭，那么，孔子依据对《诗》的研究，得以实行德的实践，而同时又教导他的弟子们学习《诗经》。这便是说，在养成道德反省的习惯、尊重社会性的义务感，以及加强对于恶的厌恶诸方面，都必须得助于《诗经》。"但是，葛兰言本人却认为："只要不坚持把《诗经》尊之为'经'，不把孔子的标准作为衡量价值的首要标准，那就没有任何东西强迫人们去思考什么歌谣描绘了恶俗，又是什么歌谣歌颂了德行，也就没有任何东西强迫人们去证明只有受到王政影响的地方风尚才会纯正。这样一来，问题就十分简单，人们就会更加有把握地推定，所有的歌谣都表现了往昔正常的风尚习俗。"

葛兰言的这一见解，意味着他不同意把孔子的标准作为评判《诗经》作品的首要标准，也不同意把《诗经》作为中国经学经典来理解，而主张从中国"往昔正常的风尚习俗"的立场上去理解《诗经》，即从社会民俗学的立场上去解释《诗经》。这一见解充分表现了欧洲近代中国文化研究的基本信念。

第二，葛兰言从上述立场出发，周密地考证了《诗经》中的歌谣，认为它们是中国农民的即兴之作，它们是"按规定的时间、规定的场所，供大型乡野集会歌唱用的"，"是在古代村社季节性的节日里，由青年男女轮唱的"。他认为，《诗经》中的许多歌谣，"大部分是从民谣的古老的积蓄中引发出来的。这些歌谣是根据在传统性的即吟竞争中所发想出的主题而创作的。所谓'即吟竞争'，指的是在古代农民礼会的季节祭礼时，竞赛吵闹的青年男女的交互合唱"。葛兰言认为，这些诗表现的并非是个人的感情，即使是情诗，描写的也是非个性化的恋人，它们都是中国农民在各种季节节日中随口唱出的，表现了中国古代的风尚习俗。

葛兰言以当时郑国和鲁国的春季节日，以及陈国的春季节日与春天的宫廷节日为例，具体地描述了这些节日的内容、祭祀的地点及与之相应的《诗经》歌谣的表现，再把这些题材与农谚联系起来考察，揭示它们两者之间的相似之处，从而指明《诗经》歌谣与古代节日祭礼之间存在一定的内在联系。葛兰言的这一研究，实际上展示了欧洲中国学家从中国古代社会组织、宗教信仰与民间习俗等社会民俗学立场来研究中国古典的基本形态。

第三，葛兰言在书中以生动有力的风格，用法文译出《诗经·国风》68首。他抛弃中国传统的汉宋儒者的见解，认为"国风"中的大部分诗是爱情诗。此种爱情诗，其中心则多数是表现"爱的痛苦"，表现一种忧虑，强烈的需要和心灵的煎熬。他指出：这种在性别上交相感到的诱惑，产生于一种失败和失去的感情之中，产生于各自本性不完备的苦恼之中。但是，《诗经》中表现的此种爱的痛苦和煎熬，并不是"失恋诗"。葛兰言认为，《诗经》中男女青年的爱情特点，是与中国古代农民的生活方式和社会地位一致的。他说，旧中国的农民跟他们的土地紧紧相依，他们在双亲的土地上劳动；男女操劳不同，生活各在一方，因而常常造成男女青年相聚的困难，然而，通过季节的中介，当世间阴阳结合的时候（如收获季节等）青年男女也就跟着结合起来，并且达到了他们本质上完全发展的程度。这就是说，中国男女只有在狂饮的时刻，才会一起忘记他们的简朴和孤寂的生活准则，他们才意识到要攀亲、定情和婚配，相爱者心中所产生的神圣恐怖，突然化为最大的安宁，于是，恐惧和烦恼，为信任和心灵的平静所替代。这就是《诗经》中的情诗所表现的相聚前的思念，相别后的忧烦和相爱后的满足。

葛兰言说，就《诗经·国风》中的爱情诗而言，中国历来的注释家在其中发现了淫荡的风尚，而外国人则从中发现了比现在更可取的旧风俗，找到了一夫一妻制的证据。从而在《诗经》爱情诗的研究中，又回复到社会民俗学的市场。

葛兰言的《中国古代的祭礼与歌谣》以他对中国文化的广泛的知识和深刻的观点，对具有漫长历史的《诗经》研究，特别是对一个半世纪以来的欧洲中国学中的"诗经观"做了一次总结，开创了对《诗经》的近代性研究。葛兰言的《诗经》观念，乃至他的中国文化观，从今天来说，可以辩驳之处很多，但从欧亚两洲中国学史上来说，则具有相当的学术意义。

葛兰言是19世纪法国最杰出的中国学家沙畹（1865—1918）的三大弟子之一，也是法国著名社会学家涂尔干的学生。葛兰言本人在1911年到1913年间曾在中国，主要是在北京做过两年的研究。回国后，他便接替沙畹，出任法国高等实验研究学院宗教系教授。

葛兰言除了《中国古代的祭礼与歌谣》一书外，1926年又出版了《中国古代的舞蹈与传统》。他试图阐明，社会学的分析方法可以利用历史价值不同的、甚至是微不足道的资料发现社会真相的可能。葛兰言实质上不是研究个人，而是研究社会集团的一般关系。在这一方面，他确实朝正确的方向解释了许多古代传统。1929年刊出《中国的文明》，1934年刊出《中国的思想》，1938年最终刊出《中国古代的婚姻种类和亲缘关系》。上述这些著作中，都表现了葛兰言对中华文明较为深刻的思考。

葛兰言的以《诗经》为中心的中国文学文化观念，在20世纪初期开始传入日本学术界，引起了日本中国学界的关注。这是日本的中国文化研究家第一次接触到，被中国千余年来定为经学之一的《诗经》不是从"齐身""刺淫"等"克己复礼"的立场去理解，而把它纯粹作为表现中国古代风情的客体材料，加以透视剖析，引出了与中国儒学和日本汉学不相同的结论。日本中国学界认为，"这一研究具有划时代的功绩"，"当代日本中国学界对《诗经》的研究，几乎都是踏着葛兰言所铺填的石子走过来的"。这一观念和方法论，不仅推动了正在形成中的近代日本中国学界把《诗经》从经学中解放出来，而且也推动了总体研究领域中，把文学从经学的奴役中解放出来。

三、中国文学近代性研究的起步
——古城贞吉、笹川临风、盐谷温等的中国文学研究

日本在传统汉学终结、近代中国学形成的过程中，东京帝国大学于1903年将以前的"汉学科"分为"支那哲学"与"支那文学"两个学科。1912年，当时在

中国和印度经过了近六年研究生活的盐谷温（1878—1962）副教授回国主持东京帝国大学的中国文学课程。与此同时，1906年，京都帝国大学在文科大学内设立"支那语学支那文学"讲座，并自1908年起，由狩野直喜教授主持其课程。以此为标志，日本对中国文学的研究脱离了传统经学的羁绊，而成为近代文化中一门独立的学科。

1. 文学发展史观念的形成

在对中国文学的研究形成近代学科之前，日本人对中国文学的研究始终停留在鉴赏的水平上。尽管鉴赏本身也要求对鉴赏对象有所心得研究，但绝大多数鉴赏家都随己所好，选择作品，偶有所得，辄记成篇。从近代学术的角度说，它既缺乏对文学发展的总体环境的探讨，又缺乏从中引出的理论价值的认识。日本自五山文化时代以来刊出的《唐诗选》《三体涛》《古文真宝》《唐宋八家文》等都属于这一类型。乃至明治时代初期，且不说诗人们为创作汉诗而评释中国诗作，就如近藤元粹一生致力于中国诗的评释，著有如《陶渊明》《王维·孟浩然》《杜甫》《白居易》《韩昌黎》《欧阳修》《苏东坡》《高青邱》《王阳明》《浙西六家》等解析著作，却也仍然未脱其窠臼。[①]作为近代意义上的文学研究，当然不排斥对文学作品的鉴赏，但它必须是在作家论的指导之下展开的。

从各别文学作品的鉴赏和评释中挣脱出来，开始建立以历史演进为线索的总体文学研究，这是日本对中国文学研究迈向近代意义的第一步。

1882年（明治十五年），当时正在英国留学的日本学者末松谦澄，把在英同日本留学生会上的几次讲演稿交东京文学社出版，书名题曰《支那古文学略史》。如果从书名标题来看，这便是日本最早的以历史演进为线索，对中国文学进行总体研究的著作。

在此之前的两年，即1880年，俄罗斯科学院院士、中国学家瓦西里耶夫（В. П. Васильев）撰著了《中国文学史大纲》。但是在其后的将近一个世纪中，由于复杂的文化因素，此书不仅在中国而且在俄罗斯本土都未能有相应的传播，学

---

① 1908年，久保天随（得二）把上述著作与井口驹北堂著《陶渊明》《杜甫》《苏东坡》等编集为《支那文学评释全书》。

术界知之者甚少。①所以一般的国际中国学研究者常常把末松谦澄的《支那古文学略史》作为世界上最早的中国文学史。从学术史的轨迹考察，应该把瓦西里耶夫的《中国文学史大纲》和末松谦澄的《支那古文学略史》称为"研究中国文学史起始的双璧"。

末松谦澄在《支那古文学略史》这部著作中使用的"文学"仍然是沿袭了中国文化传统中关于文学的一个宽泛的概念。他在《支那古文学略史》中，几乎没有涉及近代学术意义上的中国文学的诸样式，而是论述中国经学与诸子的概况，其重点在于思想方面。此书称之为"史"，但关于文学"史"的展开却相当单薄。末松谦澄以英国功利主义的立场，对当时儒学的保守进行了激烈的攻击。严格地说，与其称为进行总体研究的文学史，不如称为"儒学批评"更为恰当。但是，末松谦澄的这部著作毕竟提出了"文学史"这个概念，仍然是具有启动之功的。

在近代日本中国学领域内，真正可以称得上"中国文学史"的第一部著作，是1897年（明治三十年）出版的古城贞吉（1866—1949）撰著的《支那文学史》。此书由古城贞吉在25岁时动手写作，历时五年，到1896年方始完成，翌年由日本经济出版社刊行。在此之后，1901年英国出版了中国学家赫伯特·阿伦·翟理斯（Herbert Allen Giles）的《中国文学史》（*A History of Chinese Literature*）。两年之后，即1903年，德国中国学家顾路柏（Wilhelm Grube）的《中国文学史》（*Geschichte der Chinesischen Litteratur*）在莱比锡出版。这两部《中国文学史》是学界公认的20世纪早期欧美学者研究中国文学史的代表性著作。与此相比较，古城贞吉的《支那文学史》在世界上也可以说是第一部真正称得上"中国文学史"的专门学术著作了。

差不多在同一时期，继古城贞古的《支那文学史》之后，日本学术界致力于从近代文化的立场上研究中国文学的学者们，相继撰著了一批中国文学史。

---

① 上述内容是著者于2006年6月20日在北京饭店拜见俄罗斯科学院院士Boris L. Riftin时双方交谈中获得的学术看法。同样的内容又见柳若梅撰《俄罗斯汉学家李福清访谈录》（载《国际汉学》第14辑）。

日本中国学界最初的10部中国文学史一览表

年代	著者	书名	出版社
1882	末松谦澄	支那古文学略史	文学社
1897	古城贞吉	支那文学史	日本经济出版社
1897—1904	藤田丰八、笹川临风等五人	支那文学大纲（16卷）	日本图书株式会社
1898	笹川临风	支那文学史	博文馆
1900	中根淑	支那文学史要	金港堂
1903	久保得二	支那文学史	人文社
1905	高濑武次郎	支那文学史	哲学馆
1909	儿岛献吉郎	支那大文学史	富山房
1912	儿岛献吉郎	支那文学史纲	富山房
1919	盐谷温	支那文学概论讲话	大日本雄辩会

2. 藤田剑峰等五学者的《支那文学大纲》

1897年到1904年，由藤田剑峰（丰八）、田冈佐代治（岭云）、白河次郎（鲤洋）、大町芳卫（桂月）、笹川种郎（临风）五人合撰的《支那文学大纲》16卷，由日本图书株式会社刊行。

这五位学者柱《支那文学大纲》的"序言"中说：

> 中国系东洋文化之源泉也。其思想沉郁而磅礴，其词华灿烂而焕发。北方之沉重朴实，南方之横选幽艳，汇合而成雄浑壮大之中国文学。其散及安南，渐浸朝鲜，更影响于我国。自《诗》三百篇起，及于秦汉之高古，六朝之丰丽，而为唐诗、宋文、元之后之小说、戏曲。上下四千载，兴亡八十余朝，其富赡之文学，滚滚不绝，诗星之众，无与伦比也。
>
> 今选拔其尤者，以庄子、孟子、屈原、韩非子为先秦之代表，以司马相如、司马迁、曹子建、陶渊明为汉魏六朝之代表，唐取李白、杜甫、韩退之、白乐天，宋取苏东坡、陆放翁，元取元遗山，明取束景濂、高青邱、李梦阳、汤临川，清取李笠翁、王渔洋等。其大小虽非为无差，然皆关系当时文运者也。我等著《支那文学大纲》，置诸大家于十六卷中，或一人，或二三人。有记传、评论，并与其他文豪相列峙，相互呼应，而得以明其一时

代文学之大概。前后相贯联，而得以知中国文学之发展也。

中国文学丰富而浩瀚。我等虽未得以窥全豹，然平生多少有所研究也。我等笃信中国文学作为文学所具有之价值，故为此而期待致一臂之力，当然，真正之研究，到底须望中国人也。我国既融和中国之文化，也吸收印度之文化，又并得西洋之文化，统而为日本固有之思想文学，将来重于世界文坛，未为难也。故致力于中国文学之研究，非徒恋恋旧物，实乃参随与我国文学相共而可称作第二"国文学"之中国文学之精髓，以阐明文学之关系，穷其所本何如，以新眼光而成新研究，以为攻中国文学之初学者之资，而为研究我古文学者参考，一并而希望为将来日本文学之趋舍有所贡献也。①

这是在日本中国学领域中以"作家论"的形式来描述中国古代文学历史进程的最初的著作。从"序言"的叙述中可以看出《支那文学大纲》的著者们所开始具有的近代学术思想。

第一，著者们在作家的选择中，不再是孤立地从单纯玩赏的趣味主义出发。他们从"丰富而浩瀚"的中国文学中选择的二十一位作家，虽然其成就各有差异，但"皆关系当时文运者也"——这便是有意识地在文学的潮流（文运）中来判定作家的地位。

第二，著者们不仅仅满足于从文运中选择作家，加以论评。他们所期待而致力的，在于通过对这些作家的品评，"以明其一时代文学之大概"——追求理解作为文学的时代概貌与特点。

第三，著者们在自己的著述中所追求的最后的日标，是把各个时代的文学概貌与特点"前后相贯联，而得以知中国文学之发展"——最终致力于描摹出中国文学发展的历史轨迹。

这便是说，《支那文学大纲》的著者们是自觉地从作家研究着手，整理出每一时代文学的大概，然后连贯成文学历史发展的总体形势。这一研究意识和研究方法，在19世纪末叶日本学界对中国文学的研究方面，显然是具有摆脱经学意识的近代性意义。

---

① 日本五学士：《支那文学大纲》第16卷，大日本图书株式会社，明治三十年（1897）。每卷有此共同"序言"，题曰"冠于支那文学大纲"。每卷另有以作家为论的单独的"序言"，也题曰"冠于××××"。

第四，作为日本的中国文学研究者，著者们在使自己的研究意识摆脱了经学奴仆的意识之后，在开始致力于最终阐明中国文学历史发展的同时，已经获得了开展国际性文学比较研究的萌芽。著者们在上文中强调日本文化对中国文化、印度文化和西洋文化的调和性之后，直接指明对中国文学研究，"以阐明（中日）文学之关系，穷其所本何如……为将来日本文学之趋舍有所贡献"。这显然是由19世纪末向20世纪文学研究的未来跨出的一大步。可惜，著者们的这一前卫的文学思想，无论在比较文学史上抑或是在中国文学史、中日文化史上，至今仍然鲜为人知。

1898年，笹川种郎又出版了他单独撰著的《支那文学史》，此书作为"帝国百科文库"的一种由博文馆刊行。1900年金港堂刊出中根淑著《支那文学史要》，1903年人文社刊出久保得二著《支那文学史》，1905年哲学馆刊出高濑武次郎著《支那文学史》，1909年富山房刊出儿岛献吉郎著《支那大文学史（古代篇）》，1912年富山房又刊出儿岛献古郎著《支那文学史纲》。①

可以说到明治时代末年，中国古代文学作为经学的仆从的这种传统观念已经被打破，无论在创作方面、研究方面，还是欣赏方面，日本人把中国文学纯粹地作为一种外国文学加以对待的风气已经养成。在此基础上对中国文学展开以历史演进为线索的总体研究，便是把对中国文学研究纳入近代文化范畴的第一步。

3. 对中国小说、戏曲从玩赏提升为学术研究

把中国古代小说、戏曲这样一些通俗文学样式提高到与传统古典相并列的地位，并展开近代性学术研究。

中国古代小说、戏曲传入日本，大约在17世纪或更早一些时候。17世纪江户时代汉学之巨擘林罗山记其当年所读书目中，有明人传奇《剪灯新话》等。②宽文年间（1661—1673），长崎大通事林道荣就曾博学于中国话本、演义和小说

---

① 进入大正年间（1912—1926），有关中国文学史的著作的出版仍然很多。如1919年盐谷温《支那文学概论讲话》（大日本雄辩会，1920年）、儿岛献吉郎《支那文学考——散文考》《支那文学考——韵文考》（目黑书店，1925年）、铃木虎雄《支那文学研究》（弘文堂）。此外，专门领域研究专著，如小说、戏曲、诗论等也开展起来了。

② 当然，《剪灯新话》传入日本时间要更早。今存1482年五山僧侣周麟《读〈鉴湖夜泛记〉》一首。《鉴湖夜泛记》为《剪灯新话》中一篇。

等。而江户时代汉学古文辞学派之魁首荻生徂徕对中国小说、戏曲十分留意。今《徂徕集》卷十中的《唐话类纂》，著录有《西厢》《明月》《水浒》《西游》等。

江户时代是庶民文化的时代，中国古代小说、戏曲中所表现的美学价值，与庶民社会的审美情趣有较多的契合，因此，中国小说、戏曲的导入在江户时代愈益增多，至18世纪可谓达于高潮。

就明清小说而言，18世纪日本江户文坛上出现了从事中国白话文学翻译的专门家，如冈岛冠山（1675—1728）一生翻译中国白话小说数十种，其中包括《水浒传》在内。在18世纪中期，冈岛冠山的学生冈田白驹等，尾随中国明代"三言"之后，用中国明代话本，编纂成日本"新三言"。①日本"新三言"的编辑公刊，表示中国通俗话本小说和日本的流传进入了一个全盛时代。

不唯如此，中国戏曲的传播，呈现同样的势态。18世纪中期的《大观随笔》中，记载了《元曲百种》《绣襦记》等。1771年八文字舍自笑在自己编撰的《新刊役者纲目》（役者，演员之意）"自序"中说："自先人出演员大全，……有胜似彼李卓吾，笠翁之剧场鉴定家"云云，并译出了笠翁传奇十种中的《蜃中楼》第五出和第六出。八文字舍自笑在1774年编撰的《役者全书》中，还介绍了中国戏曲的剧场。事实上，在此之前，日本近世文艺形式"能"（谣曲）已经日渐发达。它的形成过程，与中国古代音乐和戏曲传入关系甚大。总之，在19世纪前，作为江户时代庶民文化所追求的一种美感享受，中国戏曲、小说在日本已广泛传播，这应该是没有疑义的。

然而，一直到19世纪末，中国古典戏曲、小说的研究在日本没有受到重视。中国传统的诗文一直是日本汉学者模仿和学习的重心。这固然是由于戏曲、小说的复杂，需要具有音乐、文学、表演等多方面的知识，不易登堂入室，更重要的是社会上以所谓"古典"的正统观念鄙视戏曲、小说的风气很深。

明治维新之后，社会思想发生了变化。欧洲近代文艺观念导入日本，使日本学术界一些学者从对小说、戏曲的玩赏主义发展为学术研究。1887年（明治二十年），幸田露伴、森鸥外、森槐南等在《醒醒草》第20卷上共同研讨《水浒传》

---

① 参见拙著《中日古代文学关系史稿》第八章第三节"冈岛冠山与他译介中国白话文学的功绩"，湖南文艺出版社，1987年。

的作者，这一研讨，涉及中国元杂剧和明代小说的诸方面，虽然其结论后来由狩野直喜加以纠正，但它事实上首倡了把通俗文学提到与传统古典相等同的地位上，作为学术对象加以研究。这一趋势由于日本近代文化运动的发展和中国新文化运动的刺激而愈益发展。

20世纪30年代完成了《支那近世戏曲史》的青木正儿在他的青少年时代，读到了1898年笹川临风所著的《支那文学史》，其中关于中国小说、戏曲的论述，引起了他对中国文学的最早兴趣，影响着他以后一生的学术道路。笹川临风的《支那文学史》在"金元文学""明朝文学"与"清朝文学"三篇中，分别设有专论小说、戏曲的章节，它与将汤临川、李笠翁单独入卷的《支那文学大纲》，共同成为中国小说、戏曲正式进入学者们所著述的文学史的最初记录。

笹川临风稍后著有《支那小说戏曲小史》，由此而开启了日本中国学领域中对中国小说、戏曲的专题乃至专史的研究。他在中国小说、戏曲的研究方面的发轫之功，大致有以下几个方面：

首先，笹川临风把一向被士人视若尘芥的小说、戏曲这些俗文学样式，作为与经国之伟业的诗文等量齐观的文学现象，率先把它们列入文学史的研究中。他在《支那文学史》的"金元文学"篇中，首列"小说与戏曲之发展"一章，这大概是日本中国学界文学史著作中最早的中国小说、戏曲专章了。著者在该章中说：

> （在本章之前）余尚未为小说、戏曲置一章节，然中国文学之特色，亦正在于斯。若以欧洲文学史与我国文学史而比照中国之文学史，则中国文学中之此等产物何以寂寥如此。
>
> 要言之，此乃倾倒于北方思想之故。夫北方思想不外乎醇醇之儒教之势力，小说、戏曲因而被轻侮……由儒者观斯，文章乃称经国之伟业，小说、戏曲毕竟如尘芥，系败风坏俗之害物也……
>
> 然小说、戏曲之在于中国，则源远流长……①

基于这一基本看法，笹川临风力排儒学之干扰，而开始把小说、戏曲作为

---

① 见[日]笹川临风《支那文学史》，"金元文学"第二章，博文馆，1898年。下文所引述对五部小说的评价，皆取自本章及"明朝文学"第三章与"清代文学"第二章。

"中国文学之特色"而列入文学史研究中。

其次，笹川临风在其著作中，集中研究了《水浒传》《三国志演义》《金瓶梅》《西游记》和《红楼梦》五大小说，考释其作者，品评其成就。著者在众多的中国古代小说作品中，选择上述五部小说展现于文学史中，其考释与品评，大致不失公允之词。

笹川临风考评《水浒传》说：

> 宋末诨词小说起，杂入俗语而为演义，其作品之尤者乃《宣和遗事》，此其为元末出之《水浒传》取之为范本者也。《水浒传》可以李卓吾之《忠义水浒传》百二十回本为正本也。至于作者，虽议论纷纷不能决，余宁信以为施耐庵之作也。
>
> 一篇之首尾描述贯彻36个人物，使之跃动而成惊天动地之快事。此等手腕，乃中国之小说中有数之作，恐无踌躇之余地。不仅其趣向独特，其文辞亦雄浑，乃洵为壮绝快绝之大文辞也。

笹川临风考评《三国志演义》说：

> 与《水浒传》相并列，有《三国志》也，是书不能不信传为罗贯中之所作也……贯中本杭州人，相传编撰小说数十种。《三国志》乃演义之物，甚据正史演义事实。由其角色与文辞见，似到底不敌《水浒传》。

笹川临风考评《金瓶梅》说：

> 《金瓶梅》以各个角色之巧妙性格，描写出复杂之恋情故事。唯其弊往往流于丑亵，殆与淫书《觉悟禅》《痴婆子传》之类相近。

笹川临风考评《西游记》说：

> 集齐谐虞初之类荒唐怪诞之小故事而成大者，岂非《西游记》耶？假设鬼幻而以巧妙之比喻成一篇小说，此乃明代之产物，是以夸耀。其作者乃长春真人也。
>
> 全篇章回一百，假唐僧玄奘赴天竺求经之故事，说人间之性情，述解脱之方法，解释幽玄之教理，意马心猿而制千种万态的情欲，仅此最终以赢得

到达解脱之彼岸。如此光景，依一枝灵笔，使其跃动，则足知作者之手腕非小矣。

笹川临风考评《红楼梦》说：

《红楼梦》之作者未详。盖在蔑视小说之中国，作者多匿其名。故杰作名篇之作者，殆乎不知者甚众。至《红楼梦》亦实如此，然余宁信为系曹雪芹之所作也。

全书一百二十回之大篇，将二百三十五名男子与二百十三名女子错杂配合，以贾宝玉与金陵十二钗之恋情故事为经，以荣国宁国二府之盛衰为纬，终成一编。其结构之大，局面之复杂，乃作者纵横运用其藻思与才笔，纤毫不漏。其描述虽多少有亵气，然远不如《金瓶梅》之甚。其涉人情之微妙，于观察之精致诸方面，在中国乃稀有之大作。

《水浒》以其雄壮而优，《红楼》以其幽艳而优。若以其作之妙相比较，则二者不相让也。

上述笹川临风对自《水浒传》至于《红楼梦》的中国古代五大小说的考评是饶有趣味的，或许乍看起来觉得过于简略了，但作为19世纪末叶日本学者的研究，这是从一片荒芜中提纯的观念，于中国俗文学而言，也可以称得上是慧眼杰出了。

笹川临风在中国俗文学领域中，与小说考评相并列的则是他的中国戏曲研究。本来这就是一个书题的两个侧面，彼此是相通联的。在上述著作中，笹川临风于剧种则着重于杂剧（北曲）和传奇（南曲），于作品则着重于《西厢记》《琵琶记》《玉茗堂传奇四种》《十种曲》《长生殿》《桃花扇》等，于剧作家则着重于汤临川、李笠翁等。笹川临风似乎对《西厢记》尤其偏好，全文引述其第十六折《惊梦》。他在《琵琶记》一节中，评《西厢》系"婉丽"，而《琵琶》备"清雅又冷艳之态"。其中著者又长段引述清人毛声山之说，评"王实甫之《西厢》乃好色而使人淫，高东嘉之《琵琶》乃怨悱而不乱"，又说"《西厢》之情乃佳人才子。花前月下私期密约之情，《琵琶》之情乃孝子贤妻敦伦重谊缠绵悱恻之情，此所以《琵琶》之情胜《西厢》之情也"云云。笹川临风在引述这样的评论后说：

（毛）声山之观，系由儒教性见地而来……评者视戏曲，乃与正史经书为同一物，仅可知其评论之妄。唯明人汤若士之评《琵琶》，则于其性情上着功夫，且以其词调之巧倩为长，此可云千古不灭之评语。

这其实已经相当充分地反映了笹川临风的中国戏曲观。他巧妙地将两组评论并述，显然讨厌并力图排弃毛声山一类的儒教性戏曲观，把戏曲视为"与正史经书为同一物"，张口来便是诸如儒教伦理的说教；他赞成并追求汤显祖这样的剧作家的真知灼见，对戏曲的品评应该从"性情上着功夫"，并考察作为这一艺术形式所必备的词调之巧倩与否。前者煞有介事的评论，是不懂戏曲的道学先生们的余吐，后者的评论，使戏曲显现了它本身所具有的真正的文学价值。

我们可以这样说，笹川临风的中国俗文学观念，在19世纪的末叶，已经跨越了传统儒学（包括日本汉学）的界限，而把对中国小说、戏曲的研究，带入了近代学术的行列。其后，日本中国学界在中国俗文学方面所取得的一系列业绩，都是以此作为起点的。这样的估价，也许是并不夸张的。

在早期日本中国学界把对中国俗文学的研究推进到近代学术的行列时，有两位学者是不能忘记的。一位是京都帝国大学的狩野直喜（1868—1947），一位是东京帝国大学的盐谷温（1878—1962）。如果说，笹川临风等人成功地开启了这一研究方向，那么，狩野直喜和盐谷温便是20世纪初期在此基础上筑起的中国文学研究——尤其是俗文学研究的东西两鼎。

狩野直喜作为日本中国学实证主义学派的创始人之一，他在中国文学的历史研究方面，建立了自己独立的体系。特别是作为日本最早接触到敦煌文献的主要学者，他能以最新的文物发现作为文学史研究的新材料，在诸如中国通俗小说、戏曲等方面的研究中，获得了具有普遍意义的结论。[①]

4. 盐谷温与《支那文学概论讲话》

盐谷温是东京帝国大学在中国文学研究方面第一位称得上具备了近代学术思想的学者。近三十年来在中国部分学者中声名鹊起的竹内好（1910—1977）、增

[①] 关于狩野直喜的中国学业绩，可参见严绍璗著《日本中国学史稿》第十章"日本中国经典研究流派（一）"第二节"狩野直喜与'狩野体系'"。

田涉（1903—1977）都是他的学生。盐谷温在东京帝国大学学生时代，师事汉学家森槐南，学习词曲。其后，他曾在印度、中国等域外留学六年。在中国期间，盐谷温拜叶焕彬为师，学习元曲。1912年，盐谷温作为一名副教授开始主持东京帝国大学的"支那文学"讲座。可以说，东京帝国大学对中国文学的近代性研究，便是以此作为形成的标志的。

1919年由大日本雄辩会出版的《支那文学概论讲话》，大致表现了20世纪初期盐谷温的中国文学观念。该书分为上下两编。与一般的文学史不同，它的上编是"音韵""文体""诗式""乐府及填词"，下编是"戏曲""小说"。上编为下编做必要的知识铺垫，下编是论述的主要内容。

盐谷温在该书"序言"中说：

> 中国乃文学之古国。拥四千年之历史、跨四百余州之大地，人口号称四万万。泰华巍巍耸于千秋，江河洋洋流于万古。与天地之正气并重，开三代文化之源。汉唐之世，尊崇儒道，奖励文教。济济多士翱翔于翰苑，吟咏风月，发挥诗赋文章之英华。元明以降，戏曲、小说勃兴，于国民文学中成就不朽之杰作。就中推汉文、唐诗、宋词、元曲，为空前绝后之作。
>
> ……
>
> 昨夏东京文科大学第一届夏季公开讲座，荐余演述中国文学概论。雄辩会主人野间君与余旧知，请将讲义刷印。余虽欣然应诺，然仅六回口述，到底不足以公诸世。于是，修正增补一年有半，以叙述戏曲、小说之发展为主，欲以补我邦中国文学之缺漏。因前后详略有异，故分为上下两编。

这一段序文，除了对中国文学的历史传统表示尊敬之外，其主要价值在于两个方面。第一，它指明在中国文学史上，"元明以降，戏曲、小说勃兴，于国民文学中成就不朽之杰作"。指明这是与儒道、诗赋、文章等并存的文化现象。第二，他认为日本对中国文学研究的缺漏，在于戏曲、小说研究的不力。因而，该书致力于增缺补漏，"以叙述戏曲、小说之发展为主"。前者表现了盐谷温的文学观念，后者叙述了他的实际的学术研究。

我们应该注意到盐谷温在该书的"戏曲章"中的一段叙述。他说：

> 我国历来隆盛汉文与唐诗之研究，而漠视宋词与元曲之研究。……

近年来，中国国内曲学勃兴，曲话及杂剧传奇类刊行甚众。我师长沙叶焕彬先生与海宁之王静庵君，则共为斯界之泰斗。王氏于《戏曲考原》《曲录》《古剧脚色考》《宋元戏曲史》等，著书尤多。王氏游寓于京都，我学界大受刺激，以狩野君山博士为首，久保天随学士、铃木豹轩学士、西村天冈居士、亡友金井君皆深于斯文之造诣。……前有明治三十年（1897）笹川临风学士公刊《支那小说戏曲小史》，幸田露伴博士试作《元曲选》之解说，又森川竹溪氏之《词律大成》二十卷，颇为苦心之著，近日今关天彭又作《支那戏曲集》。余亦曾留学禹域，从叶先生学名曲数种之句读……

盐谷温的这一段论述，阐述了他自身学术的来源。其一是中国国内研究的推动。曲学勃兴，特别是出现了如王国维那样杰出的学者，刊出了如《宋元戏曲史》这样完整缜密的研究著作。其二是日本学界已经有了如狩野直喜、笹川临风这样的一些学者做了开拓性的研究。盐谷温正是在他们的影响与接受他们成果的基础上，开始了新的研究。盐谷温的这一表述，是公正而客观的，它显示了早期中国学中对俗文学研究的若干发展轨迹。

从《支那文学概论讲话》的内容来考察，可以说这是日本学者编撰中国戏曲史和中国小说史的一种早期的尝试。该书目次如下。

戏曲
叙说
唐宋的古剧　唐的歌舞戏　大面　拨头　踏谣娘　苏中郎　参军戏
宋的杂剧　鼓子词
金的杂剧　搊弹词　连厢词
元的北曲　北曲的作者　填词科　元曲选与古今杂剧
北曲的体制　一本四折　一折一调一韵一楔子一人独唱一题目一正名　汉宫秋与西厢记
明的南曲　南曲的作者　南曲的源流　六十种曲与荆·刘·拜·杀
南曲的体制　南北曲　音韵的差异　乐律上的差异　体制上的差异　角色上的差异　琵琶记与还魂记
昆曲　二黄　梆子
（小说章略）

盐谷温在这里展示的是一个描述中国戏曲历史发展的提纲。若与笹川临风等的研究相比较，那么，笹川临风在金、元、明、清文学中把戏曲、小说作品提到了与"正统"文学相等的地位，并且做出了品评，但并未就俗文学的发展历史再做有系统的考察。盐谷温正是在已有的基础上，开创了对中国戏曲、小说的历史形态的系统性研究。其后，包括青木正儿在内的研究，尽管方法论上各有特色，但总体都是沿着这样一个学术方向发展的。

盐谷温对中国小说的研究，有三个方面似应特别注意。

第一是关于中国小说与中国文化的关系问题。

大凡这一时代倾向于近代学术的学者，一般都认为中国文学中从神话传说到小说，与西洋文学相比都不甚发达。盐谷温不主张这样笼统地做出判断。他认为中国文化是多元的，有儒家、道家、杂家等。如果说中国古代没有创造出"雄大的诗篇""幽玄的小说"，主要应该指儒家系统。他说，孔子平生不语怪力乱神，其教也专主修身治国之实用，门生学子共至皆不得与高尚深远之死生之理、天命之论相接触，排击一切太古荒唐不稽之传说，故而，儒家之徒则不取神话传说也。相反，盐谷温认为，道家、杂家、医巫、神仙等部中属于小说者，为数尚多。这从《汉书·艺文志》中列"小说十五家千三百八十篇"中即可知。他举《杂事秘辛》一书为例，认为这是一部可以作为古小说的汉代作品，大胆地描写女性之美体，拊不留手，筑脂刻玉，胸乳菽发，火脐欲吐……实为本书吐万丈之气焰，而为道学先生、考证学者之不足以谈文章之妙也。事实上，盐谷温在这里提出的是文学与文化的关系问题，这是文学研究中有重大价值的思考，当然，盐谷温仅仅是就这一思考做了一个朦胧的开端，却是很有意义的开端。

第二是关于中国通俗小说的起源问题。

盐谷温把古小说的起源推为先秦时代，他认为，保存了神话传说而为小说之先驱者，则首推《楚辞》与《山海经》。至于通俗小说（他称为"诨词小说"）的起源问题，似乎更复杂一些。当时，在敦煌文献发现之后，由于狩野直喜等人的研究，原先关于话本小说起源的论断受到了挑战，但文学史界仍然有数量不少的学者执着于仅仅从文献推导出的看法。盐谷温是第一位在中国文学史著作中，正式采用狩野直喜利用敦煌文献获得的关于中国通俗小说起源之研究判断的学者。数年之后，王国维也提出了类似的看法。

盐谷温说：

　　起自汉代，经六朝和唐发达起来的小说，不过是词人文士的余业，文体浓艳绮缛。一般说来，真正具有国民文学意义的小说，大概创立于宋代。

　　……

　　狩野博士往年游历英法两京，点检由斯坦因、伯希和两氏从敦煌赍回的经籍卷子，发现了一种雅俗折衷体——即若干由国语体书写的散文，又有韵语的小说。研究这些钞本的结果，推定大约写于唐末五代。可以想象，此为当时一般下层民众所玩习之，即所谓"平民文学"。若此，则小说之起源比宋仁宗时代说又早了百余年也。

盐谷温在这段论述中，先是摆出了习惯上根据《辍耕录》《七修类稿》等的记载而形成的见解，认为"宋有戏曲唱、诨词说"，即"小说起宋仁宗"。然后，他又吸收了狩野直喜对敦煌"变文"（当时并无此定名）研究的收获，认为"小说之起源比宋仁宗时代说又早了百余年"。这样的论断是客观而公允的，表明了研究者既熟悉文学史文献，又对新的文献文物的发现十分敏锐；既尊重了历来研究的成果，又及时地采用最新的研究加以修正。

第三是关于文学比较观念与方法的运用。

1897年藤田丰八、笹川临风等在《支那文学大纲》中曾经提出对中国文学研究的目的之一，在于"阐明（中日）文学之关系，穷其所本何如"云云，表现了在中国文学史形成之初的文学比较的观念，但是，《支那文学大纲》还没有对这一命题展开研究。盐谷温在《支那文学概论讲话》中，则采用文学比较的观念和方法，其主要集中在两个方面。

一是在文学史的叙述中，注意了中国文学，特别是通俗文学在欧洲的流传。盐谷温先是在"楚辞"一节中，评述了《离骚》传入欧洲之后，欧洲中国学者对《离骚》本义的理解。之后，他详细介绍了英国19世纪著名的中国学家理雅各对《离骚》的翻译，并原文抄录了英译文的第1节至第6节，第85节至第93节，供读者直接阅读。

盐谷温在戏曲、小说的研究中，更加注意它们在欧洲的反响。在戏曲部分，他研讨了《琵琶记》《西厢记》等于19世纪和20世纪初在法国的传播，其中，介绍了法国中国学家巴赞的《元曲选解题》和《琵琶记》的抄译及其他数种法译本，儒莲的《西厢记》《赵氏孤儿》和《灰栏记》等的法译本。在小说部分，他介绍了《好逑传》的两种译本、《玉娇梨》的一种译本，以及《平山冷燕》的一种译本。此外，尚有德国文库Reclam中对《水浒传》鲁智深的评传等。

二是在文学作品的研究中，研讨了中日文学之间久远而又深刻的联系。这一部分的研究比上述中国文学传入欧洲的评说更深入。著者已经开始从表层传布深入到作品内容的层次上分析中国文学对日本文学的影响了。

盐谷温在论述汉代小说《飞燕外传》时说，本书内容专写赵后与其妹合德互相争宠于成帝。其闺帏媟亵之状，一五一十而不漏。赵后悍且妒，昭仪慧而柔，成帝溺于女色而态憨。描写之笔法，轻妙艳缛。此书传入日本甚古，日本著名的紫式部之《源氏物语》，个中数多妇女争宠之状，几乎全学《飞燕外传》与《游仙窟》之趣向。

盐谷温在论述六朝小说《搜神记》时说，记事古雅，文字简洁，实六朝小说中之白眉。他认为日本最早的汉文小说《浦岛物语》与此极为类似，并影响深远。（江户时代）曲亭马琴博览多识，精通中国雅俗体之小说，以其纵横之才笔，或翻译，或翻案，使人有奇想天外落来之感。其《八犬传》取《水浒》之趣向，而卷头"伏姬之话"则全本于《搜神记》之盘瓠之故事也。

盐谷温在论述唐人剑侠小说《红线传》《刘无双传》《剑侠传》时说：

（此等小说）乃范晔、李延寿之所不及也。额上书一"太一神"之名，一时飞行七百里，此系《水浒传》神行太保戴宗飞行术之元祖。不惟如此，我国马琴小说《侠客传》中，楠姑麻姬隐身而入足利义满宅第，以弓矢别击义满。此亦本于唐代剑侠之隐术也。

此外，著者还论及了《游仙窟》对日本文学的影响。

盐谷温在论述明人小说《水浒传》时说：

（《水浒传》）对我国俗文学影响至大。有冈岛冠山、曲亭马琴、高井兰山之《水浒》训读；有建部绫足《本朝水浒传》、山东京传《本朝忠义水浒传》、马琴《倾城水浒传》之《水浒》拟作。不惟如此，马琴之《八犬传》专学《水浒》，而《弓张月》乃《水浒后传》之翻案也。

在事涉中日文学的关系方面，盐谷温从汉代古小说一直论述到明代话本小说，涉及相当广阔的内容。作为一部中国文学史的著作，而以如此多的篇幅来研讨中日文学关系，这在已有的文学史中是一种最初的尝试。

盐谷温在上述两个方面的尝试都是很有价值的，一方面由此而阐明了中国文学所具有的世界性意义，一方面又在文学史的研究中导入了尽管还显粗浅，但是完全必要的文学比较研究的观念和方法。这两方面是交互为用，而构成了一个独特的系统。

对中国文学的研究，在20世纪的最初十年，以盐谷温的中国文学史研究，以及他在东京帝国大学支持"中国文学讲座"作为标志，日本中国学界对中国文学的研究可以说终于走入了近代学术的行列。

中国国际中国学（汉学）研究三十年[①]

国际中国学（汉学）研究作为在世界广泛的人文社科学术中表述与传达我国学界与世界学界以"对中国文化价值的相互认知"为基本核心的一个独特的学科类别[②]，自20世纪70年代中期以来随着我国人文学术的逐步繁荣，在诸学科的全面恢复中获得了长足的发展。或许可以说，这一学术在诸多层面中逐步凝聚的学术能量，已经成为三十余年来我国人文学术在近代意义上的新的觉醒并逐步自立于世界学术之林的标志性学科类别之一。

本文旨在追踪这一学术三十余年来在复兴中逐步发展的基本态势，作为我国当代学术史的一个层面而为社会提供一个相关的学术工具。由于本学术在发展中的规模已经形成宏大之势，参与者的队伍已经远远超越了纯粹意义上的人文社科学者，相关的学术活动渗透到人文社科乃

[①] 本文原载于《国际中国文化研究年鉴（1979—2009）》，外语教学与研究出版社，2013年。

[②] 由于我国学术界至今关于如何为国际汉学和国际中国学进行学术性定名存在分歧；也由于在汉语语境中如何在不同历史时期汉译Sinology的词义，理解上也有诸多差异，为了照应各种学派的观念，本文在阐述中不得已而直接使用Sinology，有时候使用"国际中国学（汉学）研究"这样的表述，显得累赘，但没有更合适的办法，希冀读者理解。

至社会生活的多个层面,所以,本"综述"(指汉语界海外中国学研究综述,下同)只能以扫描的方式对本学科发展的阶段性特征作一概述性展示。当聚合万事于一编之中时,则疏漏之处几乎每年皆有,编述者于此心有戚戚焉。读者诸君若能把本"综述"的提示与本学术中已经积累的相关著作论文结合起来阅读,并参考本"年鉴"的"大事记"部分,则对本学术可以获得更加确切的把握。[①]

一、20世纪70年代中期之前的国际中国学(汉学)研究的回顾

我国学者对于国际中国学(汉学)研究学术的自觉意识,是随着20世纪初我国人文学术近代性的发展而得以逐步形成的。当代国际Sinology学术正是在前辈学术的基础上得以继承、更新、提升而获得发展的。[②]

有学者判断本学科是近三十年来"新兴的学术"。从学术史的意义上说,这多少有些"时空的错位"。现有的学科材料表明,这一学术的萌动始发于20世纪初期,它与我国近代新文化的形成与发展几乎同步。

依据目前的材料,1911年冯承钧在法国索邦大学获法学士学位后,即进入法兰西学院师从汉学家伯希和继续进行学习和研究,在我国近代学术史上是第一位从事欧洲Sinology研究的中国学者。冯承钧的研究在中外交通史、边疆史、元史诸领域中,高度瞩目欧洲学者已取得的业绩,作了大量的翻译和介绍,例如,经由他翻译的希格勒著《中国史乘中未详诸国考证》、沙畹著《西突厥史料》、郭鲁柏著《西域考古记举要》与《蒙古史略》、多桑著《多桑蒙古史》、伯希和著《交广印度两道考》《郑和下西洋考》与《蒙古与教廷》、沙海昂注解《马可波罗行记》等欧洲学者的著作,架起了20世纪早期中国学者认知国际Sinology的桥梁,冯承钧可以被称为"中国国际Sinology研究"的第一人。

---

① 本文在叙述中为保持某一学术状态的连续性,在有的段落中会把在这一时间段之后发生的性质相同的学术讯息提前加入到本时间段内,敬请读者留意和辨明。

② 本文在叙述中学者名后皆省略了"先生"和"教授"等称谓而直呼其名,不敬之处在此致意。

1920年王国维在《东方杂志》第17卷9期上刊发《敦煌发见唐朝之通俗诗及通俗小说》一文，这是我国学者在自己的研究中首次言及敦煌文学资料与本国文学发展之关系。王国维文中有相当的材料与基本看法，来自于1916年日本近代中国学的奠基者之一京都帝国大学教授狩野直喜在日本《艺文》上刊出的他在欧洲追踪斯坦因和伯希和敦煌文献的调查报告。这是可以确认的中国学者开始自觉地把日本中国学的论述作为材料碎片丰富自己研究的最初实例。在一定的意义上或者可以说，它开启了其后在鲁迅、茅盾诸位的文学与文化研究中也关注于国际中国学（汉学）多层面表述之先河。

鲁迅是一位高度关注国际中国学（汉学）的学者，1920年11月24日他曾给日本当时年轻的中国学研究者青木正儿一封信，信中说："拜读了你写的中国文学革命的论文，衷心感谢你怀着同情与希望所作的公正的评价。"这是现在见到的中国学者对国外中国文学研究的第一次最明确的评价。鲁迅此信是对同年（1920年）9月到11月日本《支那学》月刊上连续三期刊载的青木正儿研究中国文学革命的长篇论文《以胡适为中心的汹涌澎湃的文学革命》一文作出的回应。鲁迅从胡适手里接到青木正儿的论文，仅仅几天就对青木正儿作了这样明确的评价。①

与在文学研究层面此种萌动几乎同步，在语言学研究层面上也见到了积极地关注国际中国学（汉学）相关业绩的学者，1923年钱玄同在北京大学开设"汉语音韵学"课程，使用瑞典中国学家高本汉刊出不久的，即1915年的《古代汉语》（*L'ancien chinois*）、1916年的《现代方言描写语音学》（*Phonétique descriptive des dialectes modernes*）和1919年的《历史上的研究》（*Etudes historiques*）三篇论文作为阐述"拟构'切韵音'"（中古音）的主要教本。②这一举措无论在我国教育史还是在国学学术史上，都具有破石惊天之功。当时若以年龄而论，北大的钱先生比欧洲的高本汉还要年长，但钱先生作为20世纪初期中国新文化运动的骁将，以极其敏锐的眼光，开创了中国大学教学中引入国际Sinology研究有价值

---

① 事情经纬可以参见严绍璗编著《日本鲁迅研究名家名作述评》，文载1981年《中国现代文学研究丛刊》第3辑。

② 1926年高本汉将上述论文加上他的《方言字汇》（*Dictionnaire*）一起，合编为《中国音韵学研究》（*Etudes sur la phonologie chinoise*）一书出版。钱玄同上课经纬由魏建功先生生前向严绍璗等口述，并可以参见王立达编译《汉语研究小史》，商务印书馆，1959年。

的成分。北大当年的汉语"古音研究"课程采用欧洲中国学研究成果作为教材这一举措，就今天而言，也是大多数大学所不能企及的。我们把上述这样几个实例作为中国学者开始自觉地介入国际中国学（汉学）学问，应该说是可以被认定的。

进入30年代，国际中国学（汉学）的研究，在国内开始出现了稍具规模的形态，具体表现在三个层面中，一是出现了中外学者联合的专业性工作机构；二是开创了近代我国学者在海外追踪中华文献典籍的作业；三是相关学者开始了在特定的学科中对国际汉学（中国学）学术史的梳理。

1930年9月在当时北平的燕京大学与美国哈佛大学共同建立"燕京—哈佛学社引得编纂处"，成为我国学术史上第一个中国学人与国外成员合作进行汉籍整理的专门性机构。①从1931年2月到1949年秋（除去日军占领时期）前后十余年间这一机构聘用中国人、美国人、日本人等集中编制中国古文献的"索引"（Index），制成"引得正刊"41种、"引得特刊"23种。总称为"Sinological Index Series"。与这样的汉籍"引得编纂"相类似的Sinology的作业，当时还有设置在北平的中法学院研究所等。

30年代在本学术史上应该重彩表述的，则是在这一时期，我国学者开始了对流布在海外的中华文献典籍具有近代意义的学术性追踪。自19世纪后期以来，

---

① 其实，在燕京—哈佛学社引得编纂处建立之前，1927年5月，日本外务省以所谓中国"庚子赔款"的经费在北平建立了"东方文化事业总委员会"，邀约中日学人共同组成，由中国学者柯邵忞出任委员长，下设"北京人文研究所"和"上海自然科学研究所"。其中议决北京人文研究所的任务为"续修《四库全书》""《四库全书》补遗"与发掘朝鲜"古乐浪郡古坟"三大项目。就这三个项目而言，当然可以归类为中日合作的中国学（汉学）研究。但由于这一机构的设置是当时日本对华战略的一个部分，且所有经费本质上来自中国，所以，本文撰写者不把这一组织系统作为日本Sinology的成分。详细的状况可以参考严绍璗著《日本中国学史稿》第十六章第二节，学苑出版社，2009年。

燕京—哈佛学社引得编纂处是1928年1月在美国注册成立（注册地点马萨诸塞州）的哈佛—燕京学社的下属机构。哈佛—燕京学社总部设于哈佛大学内，在当时北平的燕京大学设立"驻北平办事处"。1930年9月，在北平启动燕京—哈佛学社引得编纂处工作，工作成员由欧美学人和中国学人等组成。

1949年1月整个北平解放。1949年11月，燕京—哈佛学社在北平的机构作为帝国主义侵华机构之一，被中国人民解放军北平市军事管制委员会查封，禁止一切活动。学社中的外籍人士一部分迁往日本，一部分迁往美国，其中有部分资料包括未完成稿等留存于燕京大学旧址，1952年整个燕京大学归入北京大学建制中，燕京—哈佛学社在北平机构的一切资料档案归入北京大学保管，至1964年8月曾调查过一次，凡16年间无人过问过。

由黄遵宪、杨守敬诸位开始以自身的学术际遇而关注流布于彼地的汉籍文献。他们报告和著录的绝大多数域外文典，皆是躬身目验，于我国近代国际中国学（汉学）学术具有奠基之功。但黄遵宪、杨守敬诸位的域外汉籍寻访还只是集中于日本一地，调查者也未有完整的学术构思，皆是随手所得，著录成编。20世纪30年代以王重民、向达诸位为主体的海外敦煌文典的追踪调研，开创了我国近代国际中国学（汉学）学术在域外中华文典调研的一个极具学术意义的领域。

从1934年起，王重民在当时北平图书馆（今国家图书馆）馆长袁同礼的学术规划下被派遣前往法国，开始在巴黎图书馆等调研当年被伯希和窃取到手的敦煌典籍文档，开始了他对流布在欧洲与美国中华文典的毕生的追踪和研究。1935年王重民在英国大英博物馆调研被斯坦因窃取的敦煌文档，同年又在德国普鲁士图书馆等调研太平天国文献以及汉籍珍本。1937年在梵蒂冈图书馆与刘修业一起阅读和摘记明清时代来华传教士关于汉籍的译著以及笔记等。1939年又赴美国国会图书馆等鉴定汉籍善本近2000种。从而成为我国近代国际中国学（汉学）学术史上开创具有系统性和整体性特征的从事域外中华文典的文献学著录的第一人。

与王重民的几乎贯穿整个30年代的域外典籍调研相呼应，向达也于1935年前往欧洲，寻访敦煌遗书、汉籍珍本和我国历代通俗文学写本，建树甚厚。同一时代中，文学史家孙楷第于1931年赴日本，继续先辈的东瀛汉籍寻访，集中于文学类尤以小说珍本为大宗。几乎与此同时，王古鲁在30年代后期到40年代中期在日本东京高等师范学校毕业后，开始从事日本所藏中国古小说、戏曲典籍的寻访。1941年他在《中日文化月刊》一卷三期上撰文《摄取日本所藏中国旧刻小说书影经过志略》，共摄得日藏汉籍孤本十余种，相关书影一百余幅。上述数位学者关于流失海外的中华文典的寻访和著录，为20世纪80年代开始的三十余年来国际中国学研究中从文献目录学和跨文化诸层面中从事海外文典的追踪、复制和研究奠定了坚实的基础，提供了极有成效的示范。

30年代我国学者关于国际中国学（汉学）学术的第三个层面，则是出现了使用"中国学"这一学科称谓、并由此也出现了从事学科发展史研究的学者。本文特别要提出的是20世纪30年代以来从事中国汉语言研究的杰出的学者魏建功，他作为我国汉语言古音研究的杰出学者，于1934年出版了《古音系研究》，此书被后世评定为"（汉语古音学）从传统的研究通向近代的研究桥梁"

（1956年被评定为中国科学院学部委员，即现今的院士资格时的学术鉴定），魏建功在《古音系研究·后序》中阐述了由沙畹、伯希和等开创的、由马伯乐（H. Maspero）、艾约瑟（Edkins）、薛力赫（G. Schlegel）、武尔坡齐利（Z. Volpicelli）、商克（S. H. Schaank）、瞿乃德（Kühnert）、穆麟德（P. G. von Möllendorff）、佛尔克（A. Forke）、高本汉、卓古诺夫（A. Dragunov）、西门华德（Walter Simon）等相互影响的欧洲汉语学家的学术关系，最后又接上国内的李方桂、罗常培诸位。魏建功在这里表述的，实际上是对欧洲中国学界自19世纪80年代以来至于20世纪30年代的半个世纪中关于汉语语言学研究的谱系梳理，构成这一特定时空中欧洲中国学关于汉语言古音研究简史。特别值得关注的是魏建功在论述中已经把Sinology这一学术概念明确汉译为"中国学"。这是我国学者在出版物中首次把国际中国文化研究的学术定位从"汉学"概念跃进到"中国学"的层面。

与此同步，1934年9月周一良在《史学年报》第二卷第一期上刊载《日本内藤湖南对中国史的贡献》，这是我国学者第一次对20世纪初期日本中国学形成时期京都学派的奠基性学者的学术做出的论述。1936年3月，王古鲁刊出《最近日人研究中国学术之一斑》（*Recent Sinological Studies in Japan*）。本书以日本关东地区为中心，整理报告了大学中sinology专业的设置、课程的开设、研究的课题以及相关的藏书机构和研究机构等，成为当时学界认识日本中国学的入门导引。从学术史上考察，王古鲁以"日人研究中国学术"作为书名标题，又使用英文标明"Sinological Studies"，则是继魏建功之后再次把Sinology阐述为"中国学术研究"的具有总摄性的范畴。

在20世纪40年代之后大约35年间，在中国社会、政治、经济、文化各个层面的一系列重大的、严酷的冲突与变动中，近代国际中国学（汉学）研究由二三十年代已经开始萌动的发展趋势受到了严重的阻滞，这一门学科在长时间中陷入了沉寂的状态。但也绝对不是悄然无声，其中必须提到的是1949年北平文化出版社刊出莫东寅撰著的《汉学发达史》。此书著者在20年代以来先辈学者略已展开的学术视野中以7章的篇幅从"秦汉六朝时代欧人关于中国之知识"开始，一直到"鸦片战争之后汉学之发达"作了一个概略性的阐述，可以称为我国学者撰著的关于国际中国学（汉学）的第一部学术史。①

此后，1950年王重民编就了他的《敦煌曲子词集》，1957年又完成了《敦煌变文集》的编纂。②在60年代的上半期，我国学者关于国际中国学（汉学）的研究总体上陷于冷漠状态，尽管如此，有两个层面的动态尚可留意。

一个层面是当时以中国科学院哲学社会科学部为基地，在把国际汉中国（汉学）作为"资产阶级意识形态"批判的对象中，以汉文翻译为主，编纂了若干国际中国学论著，例如1961年商务印书馆刊出近代史研究所编译的《外国资产阶级怎样看待中国历史的——资本主义国家反动学者研究中国近代历史论著选译》，这一思潮一直发展到"文化大革命"中，例如翻译了日本学者宫崎市定撰著的《异民族中国统治史》等。

另一个层面则是北京大学在悄然无声中零星地继续从事推进这一学术的相关的工作，可以回味的大致有六项学术活动维系着本学术的运作：一是王重民在横遭政治上冤屈的同时，1962年他终于完成了《敦煌遗书总目索引》编纂。二是1962年为纪念"敦煌文典发现60周年"，北大魏建功、阴法鲁、向达、王重民诸位在该校古典文献专业首届1959年级开设为期半年的"我国敦煌文献发现60年专题学术讲座"，其中设置专题讲授了"斯坦因、伯希和对敦煌文献的掠夺与处置"等。三是1963年5月，北大中文系邀请苏联中国学家波兹德涅娃访问，并以"欧洲学者汉语言研究"为题举行学术报告会，系主任杨晦主持讲演，明确称呼讲演者为"苏联和欧洲著名的中国学家"，师生听众有600余人。这是自1949年以来全国在新中国大学中第一次由一位外国学者开讲欧洲中国学。四是北大哲学系朱谦之从1958年起依据20世纪初期日本井上哲次郎撰著的《日本阳明学派之哲学》（1900）《日本古学派之哲学》（1902）和《日本朱子学派之哲学》（1909），编译刊出了《日本的朱子学》（1958年，三联书店）与《日本的古学及阳明学》（1962年，上海人民出版社）二书，在当时中国学（汉学）荒芜的时

---

① 此书刊于1949年，此后由于著者的经历而绝版。1989年上海书店刊出影印本，2006年编入张西平主编的"海外汉学研究丛书"中，由大象出版社刊出。

② 《敦煌曲子词集》和《敦煌变文集》当然不是国际中国学（汉学）的专门性著作，但是，在严格的意义上考察，上述著作中使用了王先生和他人在欧洲调研与收集的流失于彼地的不少原典文典，是运用这一学术从事专题研究著述的典范，其状态与上述1920年王国维运用日本学者材料研究敦煌文献具有相同的学术性质。

代具有引进日本中国学之功。五是1964年4月当时国务院副秘书长兼任总理办公厅主任齐燕铭提出"趁原燕京—哈佛学社中方老人尚在,开封1949年由北平市军管会封存的相关材料,看看他们到底做了什么,哪些对我们是有用的,哪些是没有用的。这份工作迟早是要做的,晚做不如早做的好"。嘱咐北京大学确定1—2名青年助教与老先生一起工作。同年8月18日在北京大学副校长魏建功主持下,向达、聂崇歧和助教严绍璗,在北大图书馆工作人员协助下于北大"才斋"开启被封尘了16年的中美合作编纂的中国学材料。这可能是1949年以来中国学者第一次带有官方意向的与燕京—哈佛学社引得编纂处的会面。这一工作由于9月下旬齐燕铭被指认为"修正主义者"而在10月3日被迫停止,但它却是中国文化发展意欲向一个更高层次上跃进的又一次萌动挣扎,它与10年后在中国历史发展的新阶段起始之时人文社科学界迅速推助国际中国学(汉学)这一学术的兴起具有内在的姻缘连接。六是1965年初教育部将日本京都大学三位研究中国文化的年轻助教安排在北京大学进行定向学科访学,其中兴膳宏、吉田富夫在中文系进行中国古代文论和中国现代文学的访学,狭间直树在历史系进行中国近代史的访学。这是新中国成立以来我国大学中第一次接受来自资本主义国家的年轻学者进行较长时期的关于中国文化研究的专项学习,事实上成为当代我国汉学培训之先河。他们在其后的40余年间成为日本中国学领域杰出的学者。①

二、1975—1986 年:国际中国学(汉学)在新时期的复兴

1976年中国科学院哲学社会科学学部组建为"中国社会科学院",内设"情报研究所",由经济学者孙越生组建"国外中国研究室",编辑出版公开刊物

---

① 上述四位日本青年研究者进入北大后,由严家炎指导吉田富夫(1935年出生)从事中国现代文学研究,后来吉田先生出任过日本佛教大学文学部部长、佛教大学副校长。由张少康指导兴膳宏(1936年出生)从事中国古代文论研究,特别是对《文镜秘府论》的研究,后来兴膳宏先生出任过日本京都大学文学部部长、国立京都博物馆馆长等。狭间直树(1937年出生)回国后短期离开京都大学在佛教大学任教,后又进入京都大学人文科学研究所,成为中国近代史研究的首席教授。在20世纪下半叶的日本中国学领域中他们皆为中坚力量。

《国外中国研究》。以此作为标志，我国人文社科学术中具有重要价值意义的国际中国学（汉学）学术自20年代萌动以来在艰难曲折中前行而在迎接新时期到来之时开始进入了真正的学术复兴阶段。

作为这一复兴阶段的最主要标志大致有四。一是以中国社会科学院率先并有北京大学跟进，建立了我国国际中国学（汉学）研究的学术据点。二是以此为基础，开始收集、解析、整理和公刊涉及国际中国学（汉学）的学术资料。三是中国学者开始与世界上的从事中国学（汉学）的学者建立了初步的学术联系。四是经过10年的努力，国际中国学（汉学）研究终于作为一门学术专业而在我国大学中进入了研究生（硕士）学位培养序列。

在上述四个层面中应该特别提到的是，中国社会科学院在复兴这一学术中的首创之功。当时刚建立的情报研究所，特别是由孙越生领导的国外中国研究室集合了研究所内外对国际中国学有兴趣的中青年人文学者（如姜筱箖、冯蒸、严绍璗等），在他的引领下，集思广益，共同探索，在编刊《国外中国研究》的基础上，编著了我国第一套"国外研究中国丛书"，并由当时组建不久的中国社会科学出版社出版。1979年冯蒸编著的《国外西藏研究概况（1949—1978）》刊行，1980年严绍璗编著的《日本的中国学家》（共收录1105人）刊行，以后陆续刊出了姜筱箖等编著的《俄苏中国学手册》（上下卷）、孙越生主编的《美国中国学手册》等，从而使中国社会科学院情报所的国外中国研究室成为新时期中国学复兴萌动的最初的学术基地，孙越生应该作为我国国际中国学（汉学）学术复兴初始的引领者而永远留存于学术史上。

这一初始复兴时期的国际中国学（汉学）出版物，还应该提到三种"期刊"。一是自1977年7月起北京大学古典文献专业编辑出版的《国外中国古文化研究》（严绍璗编译、内部资料），不定期出版，至1980年6月总共发刊了14期。二是国务院古籍整理出版规划领导小组编辑出版的《古籍整理出版通讯》（杨牧之编辑，内部刊物），从1979年4月第4期开始刊登我国学者编纂的以当代日本中国学中中国古典研究为中心的"学术快讯"，其中1981年3月该"通讯"以"特刊"形式单本刊发了"专题特稿"《日本对中国古代史的研究及其争论点》（严绍璗翻译并编纂），综合报道了自1966年至1978年日本学术界关于中国古代史研究的概况，总结归类为在10个研究层面中的争论。这一综合文稿引起了日本中国学界相当的关注。三是1980年中国社会科学院近代史所编辑出版《国外中国近代史研究》（内部刊物），至1995年停刊，共出版27期，其中有分量不等的主要是关于欧洲中国学的历史和现状的译稿，知识含量相当丰厚。这三种"期刊"虽然都是在内部刊发，但事实上在学术界有较多的受众面，在为复兴我国中国学研究中起了不可忽视的"呼风唤雨"的作用。

在上述系统的出版物之外，还不应该忽视的是一些公开的刊物，如《国外社会科学》，它刊载了许多学者个人积累的关于相关国家的中国学（汉学）的知识。例如1978年5月号发表了瞿霭堂《英国的中国研究》，1979年1月号发表了秦麟征《荷兰莱顿大学汉学研究院》，4月号又发表了白玉英《意大利汉学研究活动》等。此外，1979年11月的《中国出版》上刊登了《李学勤同志介绍美澳中国学研究情况》，同年《内蒙古大学学报》（人文·社会科学版）也发表了潘世宪的《日本蒙古史研究概况》等。

在上述这些学术的复兴活动中，饶有兴趣的是学者们关于国际学术界对中国文化研究这一学科在汉语语境中的学术命名，事实上已经出现了分歧。中国社科院以国外中国研究室为代表，把这一类型的学术总体上称为"国外中国研究"，在系列的出版物中又以"中国学"命名，李学勤1979年关于"美澳中国学研究"的报告，严绍璗1980年出版的《日本的中国学家》，冯蒸1981年出版的《近三十年国外"中国学"工具书简介》等皆以"中国学"称之；同一时期以《国外社会科学》为代表，发表的例如"莱顿大学汉学""意大利汉学"等，在汉语语境中把这一学科又以"汉学"称之。不过就当时的学术状态而言，学人们对这一学科命名的不同，大多数仅是依据自己的习惯，并未做过较为深入的思考，也并未引起学界的关注，发展到21世纪初期才在学界的圈子内围绕关于国际中国文化研究的学术内涵和学理性质的讨论，涉及在汉语语境中对这一学术命名的争论。

80年代初始，中国学（汉学）研究的学术专著的出版呈现出明显的增量趋势。冯蒸在1979年编著《国外西藏研究概况》后，1981年由中华书局出版了《近三十年国外"中国学"工具书简介》，1983年中国社会科学出版社刊行王利器著《文镜秘府论校注》等。

同时期也开始了相应的国际中国学（汉学）原典文本的汉译和出版。1981年乐黛云主编的《国外鲁迅研究论集》由北京大学出版社出版，1985年湖南文艺出版社刊出《丁玲研究在国外》，1986年中华书局出版辛冠洁等翻译的《日本学者论中国哲学史》，青海人民出版社出版李范文主编《国外中国学研究译丛》，吉林教育出版社出版了刘柏青主编的《日本学者中国文学研究译丛》，西藏人民出版社开始出版王尧主编的《国外藏学研究译文集》（在其后10年中刊出18辑）。这些汉译和出版工作在相对广泛的学术层面中以蓬勃的朝气推进了对国际中国学（汉学）的研究，也由此开始了这一层面中原典文献汉译的繁荣局面。

继此之后，1988年刘东主编的"海外中国研究丛书"开始出刊，由此开始了国际中国（汉学）原著的较大规模的汉译，例如1989年王元化主编"海外汉学丛书"，上海古籍出版社出版。1992—1993年刘俊文主编《日本学者研究中国史论著选译》10卷，中华书局出版。1992年新疆人民出版社开始出版"西域探险考察大系"，1993年，中华书局开始出版"法国西域敦煌学名著译丛"，1997年辽宁教育出版社开始出版"当代汉学家论著译丛"，上海三联书店出版"海外中国学研究系列"， 1998年光明日报出版社开始出版"西方人眼中的中国名著译丛"，时事出版社开始出版"西方视野里的中国形象丛书"，直至2005年中华书局陆续出版王晓平主编的"日本中国学文萃丛书"等等。

国际中国学（汉学）文本较大规模的汉译，为中国学人理解和把握这一学术的基本内容提供了必要的基础，构成推进这一学术研究的有意义的参考层面。①

在学术复兴初始的10余年间，我国学者在这一学术领域内开始了与国际学术界的人际交往。1978年5月日本驻中国大使馆文化专员前野直彬（东京大学教授）受京都大学名誉教授、日本外务省特别顾问吉川幸次郎的委托（由我国外交部新闻司安排）与严绍璗会见协商关于合作进行日本中国学史的研究，成为后来国内编辑出版《日本的中国学家》以及北京大学在全国大学课程中率先开设"日

---

① 国际中国学（汉学）家的多类型文本的翻译与介绍对于提升我国学术界的国际中国学（汉学）的认知状态具有积极的价值。但是，也必须提出的是，本学科的把握和研究不能仅仅停留在译本阅读的层面。无论是从译介学的学理还是30年来学科发展的实际状态考察，本学科的切实的研究都是建立在解析原典文本（即以中国学家的母语文本）的基础上实现的。一部分对这一学术有兴趣的学人，仅仅依靠译本而表述见解，常常被误导而堕入陷阱之中，若干硕士论文和博士论文仅仅依靠汉译外国中国学家的论说敷衍成篇，对这一学科的健康发展造成负面作用，可以作为学科发展中的教训而警示未来的研究。

本中国学研究专题"等在一个层面中构筑的学术基础。① 继后1978年8月，中国社会科学院考古研究所副所长王钟书赴哈佛大学做关于汉文化的系列讲座。同年10月，华中师范大学历史系章开沅到哈佛大学访问。1980年复旦大学中国语言文学系章培恒应邀赴日本神户大学文学部讲学一年。同年，美国加州大学伯克利分校中国学家魏斐德率领美国"中国明清访问团"访问中国，了解新时期中国历史学的走向。同年美国加州大学洛杉矶分校黄宗智来华访学，在中国社会科学院近代史研究所、南京大学等做学术演讲，介绍美国中国学发展情况。1981年10月日本著名的中国古代文学研究家小川环树来华访问50年前的母校北京大学，并以《敕勒之歌——它的原来的语言与它在文学史上的意义》为题作了专场讲演等等。②

中外学者之间关于中国学研究的直面交流开始步入了常规形态。从而使从事

---

① 这一势态可以说初起于1974年秋冬，是年11月到12月，由北京大学"文史哲政经法"6个学科6位教师组成的"北京大学社会科学访日团"经周恩来总理批示接受日本京都大学的邀请访问了日本14所大学，面见了近200位中国学研究家，携带回国若干日本中国学的相关著作、文献和材料（现藏北京大学图书馆）。1975年3月，当时"日本政府文化使节团"访问我国，吉川幸次郎以日本外务省特别顾问身份出任"使节团"团长。吉川幸次郎是国际中国学界公认的20世纪50年代后期到1980年（去世）日本中国学的权威学者。关于他与中国学术界的关系，2010年日本京都大学杉山正明在北京大学国际汉学研修基地的讲演中说："50年代中国和日本没有外交关系，吉川以研究为理由，经常来中国，和中国的一些重要人物会面谈话，特别是郭沫若。"（文见《国际汉学研究通讯》第二期，中华书局。）但在1975年3月25日中国人民对外友好协会会长柴泽民主持的宴请会上吉川自己说："我20年代留学北京大学，已经有几十年没有来中国了。"这与杉山的说法相去甚远。当时在座的有茅盾、廖承志、张香山、孙平化、周培源、冯友兰、严绍璗诸人。同月29日吉川又在北京饭店与北大魏建功、严绍璗二人面见，邀请访问日本，"结识研究中国文化的朋友"。当日面见时在座的还有后来担任我国外交部部长、国务委员的唐家璇。本次前野转告吉川的意思在于"贵国开始了'拨乱反正'，中日学者进行学术合作的时机已经成熟"。这一注释之所以如此繁冗，目的是为了阐明特定时期日本中国学发展与中国关系的某些政治文化背景。

② 译文载《北京大学学报》（社会科学版）1982年第一期。小川氏家族是日本20世纪中国文化研究的重要族群。大哥小川秀树（汤川秀树）为1949年诺贝尔物理学奖获得者，他虽然从事自然科学研究，但有《庄子读书笔记》《庄子感言》等论述；二哥小川茂树（贝塚茂树）为著名的中国史学者，20世纪70年代中期，他与伊藤道治同为中国"（黄）河（长）江文明论"的创导者。他们的父亲小川琢治是著名的东亚与中亚历史地理学家。1909年11月28—29日本京都帝国大学史学会以"敦煌石室中的典籍"为题举行年会，此为中国敦煌文献典籍研究在国际上举行的第一次专题学术会议。小川琢治在会上以《敦煌文典总说及地理》为题做了主题讲演，1910年9月又受京都帝国大学派遣，与狩野直喜、内藤湖南教授，以及富冈谦藏、滨田耕作二助手前来中国直接考察敦煌文典。父子四人皆为京都大学教授及名誉教授，小川兄弟三人至今被誉为"京大三杰"。

这一学术研究的学者超越了仅仅阅读文献知识的藩篱而逐步进入了实地调研、考察、对话、合作等等状态，获得了研究中国学能动的鲜活的经验理性。

与全国这一时期文化的新的启蒙与复兴同步，我国学者在推进国际中国学（汉学）的研究中，北京大学经过学术评估，认为把这一学术确立为大学研究与研究生教学层面中的条件已经成熟，1985年决定在古文献研究所内正式建立"国际中国学研究室"（严绍璗任主任），并开始筹划建立国际中国学方向的硕士研究生培养点。1986年北京大学古文献研究所正式录取国际中国学研究方向的硕士生两名，学制三年。1987年3月，教育部全国高校古籍整理研究工作委员会把严绍璗的"日本中国学史"课程摄制成32小时的教学录像片，供全国高校古籍文献专业课程学习使用。这是我国大学中第一次建立国际中国学研究的实体性研究机构，并把培养国际中国学研究人才列入硕士学位课程序列，也是第一次在大学的相关系科中确立国际中国学（汉学）课程。

依据国际人文学术发展的通例，一种类型的研究课题出现了具有相当数量和质量的学术论著、形成了相应的学术研究队伍，建立起了相关的国际学术关系，并且登上了大学的讲坛，则可以认定它已经定型为一门学术。

三、1987-2005年：国际中国学（汉学）在复兴中走向繁荣

我们把1987年作为国际中国学（汉学）在复兴中走向繁荣阶段的起始，是基于1987年12月26日至翌年1月10日，在教育部高校古籍整理与研究工作委员会支持下，北京大学古文献研究所国际中国学研究室与深圳大学文化研究所在深圳大学联合举办"国际中国学讲习班"，时间长达半个月。讲习班邀请章培恒（复旦大学）、李学勤（中国社科院）、汤一介、严绍璗、安平秋（皆北京大学）、赵令扬（香港大学文学院院长）、陆人龙（香港大学文学院副院长）、刘述先（香港中文大学哲学系主任）、霍韬晦（香港中文大学教授）、冉云华（加拿大麦克玛斯特大学教授）10位先生为讲师，来自全国的58位研究者参加，此为我国学术史上第一个由境内外华人学者共同举办的Sinology学术讲习班。大约可以以此作

为标志，经过十余年的努力，在20世纪80年代下半叶，我国国际中国学（汉学）研究领域开始呈现学术繁荣的景象。

本文把2005年作为国际中国学（汉学）在复兴中走向繁荣阶段的一个阶段性休止点，是基于这一年的7月中旬，由我国外交部、国家发展改革委员会、教育部等联合主办的第一届"世界汉语大会"在北京召开。作为世界汉语大会系列活动之一，特别设立了"世界Sinology学术研讨会"会场，来自国内外的二百五十余位学者参与大会并在会场进行了多种学术对话。这一大型的国际专科学术研讨会是由上述主办机构委托北京外国语大学海外汉学研究中心承办的，它标志着国际中国学（汉学）研究作为人文学术中的一个层面，在其总体意义显现了它的重大的价值意义。

这一时期国际中国学（汉学）学术运转的基本特征大致有六个层面。

第一，我国一批优质大学相继建立了从事这一学科专门研究的学术机构。1994年李学勤、葛兆光在清华大学成立国际汉学研究所，这是继十年前北大国际中国学研究室成立之后组建的又一所大学的国际中国学（汉学）研究机构。1996年3月，朱政惠在华东师范大学成立海外中国学研究中心，由季羡林、张岱年、王元化担任顾问，开始招收海外中国学史研究方向研究生。同年11月，张西平在北京外国语大学建立海外汉学研究中心，由任继愈、汤一介等为顾问，同月，阎纯德在北京语言文化大学建立汉学研究所。2004年2月，中国社会科学院在其前身即1975年的中国社会科学院国外中国研究室基础上，恢复与创建了国外中国学研究中心，由汝信出任中心理事长、黄长著、黄育馥任主任。这一学科研究机构组建的趋势一直到2007年天津师范大学创建了国际中国文学研究中心（由王晓平任主任），并同时成为学科博士点，2009年北京大学设立国际青年汉学家培养基地（由袁行霈任主任）。这一系列研究机构的设立，显示了国际中国学（汉学）研究已经成为我国高等学校中人文学科的基本的构成层面，并且显示了专科化发展的某些特征。这标志着我国学术界经过二十余年的努力，在国际中国学（汉学）研究领域中，已经聚集了一批具有相应研究能力的研究者，从而逐步改变了以前零星型的、散漫状态的和纯粹个体型的作业状态。

第二，与学术队伍逐步组建成规模相一致，这一领域中逐步出现了专门性的学术刊物。前述在20世纪70年代后期这一学术开始复苏的时候，除了中国社科院情报所的《国外中国研究》外，学者们提供的关于这一学科的相关的论述，都是在各种刊物中以搭便车的零星状态出现，刊发的内容也以学术情报为大宗。①20世纪中期中国学者在筚路蓝缕中终于创建了以三大学术刊物为中心的专业性研究读物，这就是1995年由任继愈任主编、张西平任副主编的《国际汉学》（此刊后由张西平任主编、任继愈任顾问）创刊、同年由阎纯德任主编的《汉学研究》创刊、1998年由刘梦溪任主编、任大援任副主编的《世界汉学》杂志创刊。②这三份专业性刊物至少显现了这样三个基本的学术特点：1. 超越了学术情报层面而在愈益广宽的学科领域的多层面中对国际中国学（汉学）进行了广泛的研讨；2. 在研究者队伍的组建中开始联合国际中国学（汉学）研究界学术同行共同从事学术组稿和审稿，把一门原本具有国际性质的学术努力融合于国际学界之中；3. 各个刊物依据自身对这一学术的认知而开展相应的专题性研讨，以此提示与引导学科的发展。

本文强调这三个刊物，是以三刊的社会学术影响比较而言的，并不表示在三十年间国际中国（汉学）研究的刊物仅此三种，例如当年清华大学葛兆光等曾刊出《清华汉学》、复旦大学吴兆路等刊出《中国学研究》等，尚有许多的刊物，未尽之处，读者自能理解。本学科的这些专业刊物不仅仅是在我们现在综合30余年间国际中国学（汉学）研究历程时必须提及的，就是在未来任何时期研究我国这一学术发展史的时候也必定会给予积极评价的。

第三，20世纪90年代以来，在本学术逐渐积累起来的个案研究的基础上，在逐渐强化的对于对象国中国学（汉学）实地考察和体验的基础上，国际中国

---

① 这并不是说当时没有关于国际中国学（汉学）研究的论说，而是它们分散在各种出版物中，例如当时中华书局出版的《学林漫录》就已经发表了如《吉川幸次郎与"吉川中国学"》（1981年第四辑）《狩野直喜与中国俗文学的研究》（1983年第七辑）等文，中国社会科学出版社出版的《当代国外社会科学手册》中内含《当代国外中国文化研究》一章（1985年）等，又有如北京大学出版社出版的《亚非研究》第六集中有《日本战后中国学发展的阶段及特征》一文（1986年）等。本文的叙述仅仅是以这一学术在当时展开的总体势态而言的。还需要特别说明的是，就人文学科的学术研究而言，任何时候学术情报都是必须的。这里阐述的"以学术情报为大宗"，是与学术论述相对而言的。本文要表达的是在学科的建设中仅仅有学术情报还是不够的。学术情报和学术论述在学术研究中共同构成研究的整体。本文讲述的是这一学科发展的过程，不含有任何的价值评价，恳请读者不要误解。

② 张西平主编的《国际汉学》，2012年年初经学界审评，列入我国"中文社会科学引文索引（CSSCI）来源期刊"。

学（汉学）研究中出现了以国别为学术视觉总体把握的学术史著作。

1991年严绍璗著《日本中国学史》作为季羡林、周一良、庞朴三位主编的"东方文化丛书"之一种，由江西人民出版社出版。成为新中国建立以来我国学者撰著的第一部国别中国学史。继后，1994年张国刚著《德国的汉学研究》由中华书局出版，1995年张静河著《瑞典汉学史》由安徽文艺出版社出版，1995年侯且岸著《当代美国的"显学"——美国现代中国学研究》由人民出版社出版。2002年何寅、许光华主编的《国外汉学史》由上海外语教育出版社出版，同年2002年李庆著《日本汉学史》（五卷）开始由上海外语教育出版社出版，2004年朱政惠著《美国中国学史研究——海外中国学探索的理论与实践》由上海古籍出版社出版。继后到2008年又有李明滨著《俄罗斯汉学史》作为张西平主编"海外汉学研究丛书"之一种由大象出版社出版，一直发展到2009年由阎纯德主编、学苑出版社出版的"列国汉学史书系"，相继出版熊文华著《英国汉学史》、阎国栋著《俄罗斯汉学三百年》、许光华著《法国汉学史》、刘顺利著《朝鲜半岛汉学史》、高利克著《捷克和斯洛伐克汉学研究》、严绍璗著《日本中国学史稿》和王晓平著《日本诗经学史》等（其中高利克是一位捷克学者），尚有数种待出版。

上述已经出版的这些国别史，从出版之后的状态来考察，明显具有三个基本意义，第一，在这些著作出版之前，上述这些被阐述学术史的国家自身几乎还没有相应的研究者对自己国家的中国文化研究做过具有这样整体性的、可以被称得上是学术史的梳理和阐述，我国学者撰著的这些国别学术史，事实上填补了这一国际性学术长期以来的学术空缺。第二，中国学者在这些著作中表现的对一个国家的整体性学术的观念，几乎都是以对学术个案的把握与分析作为基础的，这些具有典型意义的个案又大多是以对原典文本的把握为阐述点的，从而在这一学术的研究中再次提示了学术观念的历史性表述与原典文本解析相互结合的文化价值。第三，这些著作中的一部分已经在对象国学术界得到了相应的肯定，成为推进这一学术的国际共同的智慧。这样的学术阵势展现了中国学界对于国际中国学（汉学）这一分布于世界广袤地区的学术，开始具有了宏观把握与微观分析的综合性能力。

第四，这一时期中，围绕本学科宗旨的多类型学术会议以各种专题研讨与综合研讨相互呼应，形成了此起彼伏、不断提升的学术涌动的局面。

1995年1月，中国社会科学院主办的"中国国际汉学研讨会"在海南岛召开。会议宗旨以"中国文明的起源、形成和发展""中国传统学术与思想文化""国际汉学的回顾与展望"等多层面主题进行。①海内外从事中国历史、考古、哲学、文学、艺术、宗教的80余位学者与会。作为大型的、综合的具有全国规模的国际会议由此而开始。

2001年9月，由教育部、国家汉语办公室、大象出版社、北京外国语大学海外汉学研究中心等单位主办"世界著名大学汉学系（所）主任（汉学家）国际学术研讨会"在北京召开。继后，2004年8月，上海市人民政府主办，上海社会科学院承办的"多元视野下的中国"，一直到2005年作为国际中国学（汉学）在复兴中走向繁荣阶段的一个阶段性休止点，这一年的7月中旬，在由我国外交部、国家发展和改革委员会、教育部、财政部等联合主办的第一届"世界汉语大会"中特别设立由北京外国语大学海外汉学研究中心承办的"世界Sinology学术研讨会"。这些大型的具有全方位视角的国际中国学（汉学）会议的举行，显现了我国学术界对于推进国际中国学（汉学）发展的足够的学术热情。与此同时，如同本书"大事记"中所记录的较小规模的专题性双边或多边的国际学术研讨会每年由相关研究机构在国内外举行，并且得到世界同行的广泛响应，显现了这一学术世界性价值，并在世界相应的学术群体中获得了广泛的共识。

第五，我国学者在较为宽阔的层面中继续开展由先辈开创的域外汉籍调查与研究。这一层面的工作大致有四个瞩目的成就。

一是自1992年起，上海古籍出版社与所在国家相应收藏机构合作，连续刊出了《法藏敦煌西域文献》34册、《俄藏黑水城文献》17册、《英藏黑水城文献》4册、《俄藏敦煌艺术品》5册等，这些是国内对欧洲收藏我国敦煌西域文献的大型文献集成，开启了我国对于域外重大主题专门性文献的调查、编辑与出版工

---

① 由于这一次会议是以"国际汉学"作为中文标题，在一些应邀参加会议的日本学者中造成了学术歧义。依据他们会后的表述："在日本学术史范畴中，'汉学研究'指的是江户时代以及之前的中国文化研究，所以带到会上的论文就是这样的主题。开会后才明白，会议研究的对象竟然就是我们这些外国人怎样研究者中国的，使我们大吃一惊。"这里表述的由于中文"汉学"概念引发的学术分歧，应该引起界的关注和研讨。

作。继此后开始的由张西平担纲的"梵蒂冈图书馆藏在华传教士文献"上千种正在调研之中。

二是在传统汉籍文典层面中，2002年清华大学王小盾与刘春银、陈义联合主编完成了《越南汉喃文献目录提要》，收录至今留存在越南的汉籍手写本和用汉喃文字书写或刊印的文献典籍以"经史子集"四部著录3343种，由台湾"中央研究院"中国文哲研究所刊印；2004年南京大学张伯伟编纂完成《朝鲜时代书目丛刊》（全9册），收录了26种朝鲜时代的王室书目、地方书目、史志书目和私家书目，由中华书局出版；2007年北京大学严绍璗编著完成了《日藏汉籍善本书录》（全3卷），以"经史子集"四部著录自上古至明代末期传入日本而至今留存于彼地的汉籍善本10800余种，由中华书局出版。以上中国学者连续刊出的越南、朝鲜和日本古代以来所收藏汉籍的大型综合书目，为以前国内外学术界所未见，可以说我国学界现在已经基本上把握了中国典籍在东亚流传的历史状况与当今收藏分布的状态。①

三是南京大学张伯伟于2005年开始主编《域外汉籍研究集刊》（第一辑）（中华书局），表明学界对于域外汉籍的调研已经超越书目情报的报告，而在相应的以域外汉籍为文本基础的人文学术研究中获得了积极的业绩，由此拓展了我国人文学术研究的空间。

四是在这个阶段发展起来的域外汉籍的调研，不仅仅关注我国文献典籍在对象国保有的现状，而且开始逐步拓展到域外汉籍与世界文明发展的关联以及中国文化所具有的国际性文化意义的展示。例如，《越南汉喃文献目录提要》著录的主要对象是越南文人手写的汉籍文本和运用越南喃字撰写的汉文学著作②，从而

---

① 2008年3月28日日本文部科学省国际日本文化研究中心特别举行"严绍璗先生《日藏汉籍善本书录》出版纪念会"。在日本近代学术史上国立研究机构为中国学者出版著作举行学术集会确实是第一次。日本东方学会理事长、东京大学名誉教授户川芳郎，国际比较文学学会前会长、东京大学名誉教授川本皓嗣，中日文化协会前理事长、早稻田大学名誉教授安藤彦太郎，京都大学名誉教授小南一郎，庆应大学名誉教授尾崎康，神户大学名誉教授藏中进等著名学者参加，评价此书为研究日本文化和东亚文化的"两轮车"上架起了一个轮子，能使研究平稳快速推进。这是对我国提升域外汉籍调研的观念和业绩的热情和认同。

② 从东亚文化史上考察，所谓汉文学的范畴具有两个学术层面意义。第一义指的是汉文之学，即把一切研究华夏文化的学问皆称之为汉文学；第二义即是汉的文学，即各国各族群使用汉文创作的文学，例如用汉文撰写的韵文或散文故事（这里的文学在古代中国文化中指的是狭义的文学观念）。《越南汉喃文献目录提要》著录的主要是越南学者研究华夏文化的阐述，属于东亚汉文学的第一义著作。

可以在相应的层面中大致得知当时越南文人阅读华夏文化的状态。又如《日藏汉籍善本书录》中设立"附录"一项，尽量载入与著录汉籍相关的日本古代文献中关于接受这一文本的最早的或相对早期的记叙，以及其他有价值的多学科史料，编著者着力于揭示日藏汉籍进入日本的文化轨迹以及融合于日本文化的价值。由此在这一领域内逐步建立起了域外汉籍的调研本质上便是在寻找和阐述中华文化走向世界的路和参与创造世界文明的文化价值。

这是一种逐步超越从19世纪以来我国学者完全执着于传统目录学意义上的海外典籍的调查与著录，努力促使域外汉籍调研成为探索与阐述在世界性文明流动的层面中表述中国文化的世界性历史价值的观念，表现了这一时段中我国学者在总结与反思先辈经验中获得的具有近代性学术特征的思考。①

正是在这样的观念探索和实际调研业绩的显现中，本来仅仅是属于传统目录学范畴的域外汉籍文献的收集和著录，在这一时段中已经被提升为国际中国学（汉学）的一个学术层面了。

第六，这一时期我国高等学校人才培养体系中经过20年的摸索和努力，完成了关于国际中国学（汉学）研究者的培养从硕士、博士与博士后研究的三级设置，构成国际上各类大学中关于Sinology研究人才培养中最为完整的系统。

前述1986年北京大学古文献研究所在硕士学位培养系列中获准设置"国际中国学研究"专业方向，1989年王青（在日本汉学层面以《五山禅僧义堂周信的学术在日本汉学史上的地位和作用》为题提交学位论文）、刘萍（在日本中国学层

---

① 这样的观念性表述可以参见严绍璗2006年在教育部全国高校古籍整理与研究委员会主办的"中国古文献学与文学国际学术研讨会"上作的大会发言，他认为："汉籍的海外流传与保存是中华文化向世界传递的一种形式，是构成世界文明发展的一个内容；……它的流传与保存的形式和速度，取决于特定对象国内在文化运行的具体状态；此种流传与保存，有可能使特定对象国的文化在相应的层面中发生多形态的变异，从而催生对象国文化中的新形式的产生。"语见《北京大学中国古文献研究中心集刊》第7辑，北京大学出版社，第1—5页。又见严绍璗在2010年11月北京大学国际汉学家研修基地主办的《汉籍的外传与文明的对话》主题讲话，明确地表述："域外汉籍自古以来担当着中华文化走向世界的中间桥梁的价值作用"，所以"域外汉籍的调研必须紧紧地在世界文明的发展中与相应的文明对话连接在一起"，"这就构成域外汉籍调研的本体性文化学术意义。"文见《国际汉学研究通讯》第3期，北京大学出版社，第50—55页。2012年1月6日全国政协《人民政协报》在"创意人生"版中刊发《探寻中华文化走向世界之路——严绍璗先生海外访书记》，以"探寻中华文化走向世界之路"恰当地表述了我国学者对域外汉籍调研的精神价值追求。

面以《日本中国学早期学术流派考辨》为题提交学位论文）获得通过，此为我国大学中国际中国学（汉学）研究领域最早的具有硕士学位的研究者。

1993年10月北京大学比较文学与比较文化研究所建立全国第一个学科博士点，在专业方向中获准设置"国际中国学（汉学）"专业方向，1997年钱婉约入学主修这一学业，于2000年5月以《内藤湖南的中国学研究》为题撰写学位论文提请博士学位获得通过，此为我国大学中国际中国学（汉学）研究领域中的第一位博士。

1998年日本一桥大学王青博士进入北京大学"四系一所博士后流动站"[①]，与严绍璗共同进行日本近世时代思想史研究。2000年10月审议通过了王青博士的出站报告，成为我国国际中国学（汉学）研究领域中第一位具有博士后研究经历的学者。至此，我国大学中关于"国际中国学（汉学）"学术领域高级研究人才的培养建立了有序的逐步提升的学科系列。

从1987年到2005年的18年间，我国学界同仁以对于推进祖国文化自立于世界民族之林的强烈愿望，以自己顽强的努力和科学的理性精神，在自己所挚爱的国际中国学（汉学）研究领域中作出了极为丰厚的业绩，可以说，国际中国学（汉学）研究正是在这一时间段中已经建设成为一门人文学术中拥有自己学术话语体系的学术。

四、2006年以来——学术正在向更高的层次推进

在从1976年到2005年的三十年间，我国国际中国学（汉学）研究逐步发展为一门具有时代精神的内含生命活力的学科，成为中国文化在世界崛起的标志之一。

2008年教育部以"20世纪中国文化在世界"作为本学科重大研究项目向全国召集征求项目承担者，最终确认北京外国语大学以张西平为主任海外汉学研究

[①] 北京大学"四系一所博士后流动站"指的是当时由人事部专家司认定的在北大的英语系、西语系、俄语系、东语系和比较文学与比较文化研究所（此即"四系一所"）设置共同合作的博士后流动站。

中心为项目承担单位。该中心组织了以中国学者为核心的也有国际中国（汉学）研究者共同参加的工作团队，涉及世界二十余种语言文字资料的处理分析。这是我国近代学术形成以来作为教育部第一次在学科研究层面设立以国际中国学（汉学）为学术对象的"重大研究课题"。

2010年初国家社会科学研究基金以"特别委托项目"形式委托北京外国语大学海外汉学研究中心承接"中国文化海外传播数据库"的建设，并确认张西平、李雪涛二位为"项目首席教授"，北外为此成立了，以校党委书记杨学义和校长陈雨露为组长的项目领导小组，聘请杨牧之（中国大百科全书总编）、杨真（新华社）、乐黛云、严绍璗（皆北京大学）为学术顾问，以北外30余种语言学科的学者为核心，组织国内外相关专家结合成工作团队。这是我国国际中国学（汉学）研究第一次在国家层面上开展的以"世界的中国研究"为学术对象的调查与解析。

教育部和国家社会科学研究基金分别设置这样的具有世纪性和世界性学术视野的重大课题，标志着这一学科在30余年间获得了长足的发展和积聚了鲜活的生命力量。

与此同时，中国学者逐渐意识到建立一个联合世界各国的国际中国学（汉学）家和研究者组成学术相应的学术共同体，以便在更广泛的意义上结集研究者的学术智慧，推进学科的发展①，2009年二十余个国家的国际中国学（汉学）研究者和国际中国学（汉学）者共同组成"国际中国学研究学会"，在香港特别行政区政府注册成功，于同年9月在北京成立了由11个国家34位学者组成的"学会主席团"②，成为目前世界范围内这一学术研究中唯一的学者组合。

本学科自20世纪70年代中后期复兴以来，研究者在长期的实践中逐步地在

---

① 2009年3月由北京大学比较文学与比较文化研究所、北京外国语大学海外汉学研究中心、中国社会科学院国外中国学研究中心和香港大学现代语言与文化学院联合主张，邀请了来自中国台湾和中国澳门的学者，以及新加坡的学者在香港大学就这一主题举行了两天的筹商，组成了致力于建立一个学术共同体的筹委会。

② 主席团会议推举了严绍璗为首届主席团执行主席。学会在北京（北京外国语大学）和香港（香港大学）分别设立了秘书处，李雪涛为秘书长，建立了"学术委员会""学科建设委员会""组织发展委员会""文献建设委员会""出版委员会""联络委员会"和"财务委员会"凡7个委员会进行相关运作。

自身积累的经验中经历了从自为到自觉的对本学科理性意识的思考，在21世纪开始以来，学科层面逐步建立的观念理论开始进入自觉的层面。它的具体的表现在两个层面，一是研究者逐步自觉地对学科的内涵层面进行思考，而推进了学科理论建设；二是随着本学科研究业绩的集聚与学理建设的发展，引发了学术界关于Sinology性质与价值的争论。这两个层面是相辅相成的，它的出现是本学科发展的必然，也是学科发达走入更高层次的极为重要的标志。

20世纪末以来，我国致力于从事本学科耕耘的一些学者，例如张西平、朱政惠、张光达、严绍璗、李学勤、汤一介、刘梦溪诸位，就本学科的学理在自身研究的实践中思考并开始表述了一系列的见解，大致集中这样几个要点上[①]：

第一，Sinology基本的学术定位与它的文化价值判断；

第二，Sinology哲学本体的文化语境；

第三，Sinology表述的接收中国文化的传递轨迹；

第四，Sinology内含的与世界文化网络的连接；

第五，Sinology意义中的域外汉籍调研的基本定位；

第六，Sinology研究者基本学术素养的测定。

以上这些关于学科生命价值意义的阐发，在多层面中提升了这一学术的研究水平，并为今后的发展在学术自觉的意识中提供了起步的精神指向。

学术界关于上述基本学理的思考并不完全一致，在某些基本价值的判断上甚至也相互对立，有时还会发生激烈的论争。2004年《厦门大学学报》第1期发表了《"汉学"或"汉学主义"》一文以来，引发了关于本学科的性质与价值的研

[①] 例如，可以2004年朱政惠著《美国中国学史研究——海外中国学探索的理论与实践》为代表，致力于以对一个国家中国学史的研究作为个案表述对中国学的学科总体观念。在此之前，对本门学科的观念已有陆续的表述，2000年7月9日《中华读书报》"文史天地"整版刊发来新夏、张广达、严绍璗三人《海外汉学三人谈》，2001年2月8日《中国图书商报》"文史版"刊发张西平《海外汉学的价值》等，皆就"汉学的范畴与研究者的素质"等表述见解。在朱先生著作之后，如2005年7月23日严绍璗在前述教育部主办的"世界汉语大会国际汉学会场"开幕式上以《我对国际Sinology的理解与思考》作主题讲话，2007年12月2日严氏又在上海市社会科学界第四届学术年会"哲学、历史、人文科学专场"上以《中国学学术界对Sinology应该有的反思》做主题讲演。直至2010年6月1日《中国社会科学报》以三个整版的篇幅报道《全球视野下的汉学热》，刊发了许嘉璐、李学勤、汤一介、严绍璗、刘梦溪、温儒敏、美国James Liszka、德国孔汉思（Hans Kung）、意大利Palo Santanglo诸人关于Sinology的观念思考表述。

讨，逐渐成为建构学理中的具有核心意义的争论。[①]2011年8月张西平、朱政惠二位在当年上海举行的中国比较文学学会全国会议上从Sinology这一学术形成和发展的历史中，从这一学术在世界存在的广泛性中，从事实存在的经典性文本的解析中，认为把整个的世界性对中国文化的研究，定义为"汉学主义"，指称"广义的'汉学'就可能与权力合谋"等等，完全是"虚妄的命题"。严绍璗认为，对这样一门具有悠久历史和丰厚积累的世界性学术，在几乎没有对它的本质和内容进行切实的文本解析之前依据一系列的欧美文化理论，把它笼罩在"汉学主义"的大屋顶下，实际上是一场"推演出的一场麻将游戏"。双方对此表达了完全不同的见解。

争论正在进行中。这样的争鸣正好体现了由于学术实践的不尽相同而形成的不同的体验，表现了本学科发展中活跃的生命力。

我国国际中国（汉学）经过三十余年的复苏、发展，逐步走向学术的繁荣，现在，我们在这一学术的基础性资料的编纂与整体性研究层面，或是在研究机构的建设和研究人才的培养的系统性层面，事实上已经超越了这一学术在世界各国本土的运行状态，终于在人文学界成为一门举世瞩目的学问而站立于世界学术之林。

[①] 1998年澳大利亚学人鲍勃·霍奇（Bob Hodge）等主张依据福柯的话语理论，认为"汉学展现了萨义德称之为东方主义的许多特征，但是，鉴于种种原因，更有益的做法是提出'汉学主义'"。2004年《厦门大学学报》著者提出"'东方学'不过是一种'主义'，'汉学'难道没有'汉学主义'的嫌疑吗？"作者根据阿尔都塞的意识形态理论，利奥塔的宏大叙事理论，福柯的权力、知识和话语理论，霍尔德文化再现理论和萨义德的东方主义理论表述认为"如果中国属于东方，'汉学'属于'东方学'，那么，'东方学'的文化批评同样适应于'汉学'"。作者主张"西方汉学在东方主义中表述中国，包含着虚构与权力……就可能与权力合谋"，作者认为"广义的'汉学'就可能与权力合谋"。2008年美籍华人学者王德威在《文艺理论研究》第5期"访谈"中认为"汉学"就是属于东方学，就是东方主义对中国的好奇，研究方法也是五花八门，非常杂乱，基本是萨义德所说的东方主义的那一套。

我看汉学与"汉学主义"①

近三十年来，我们这些研究者结合自己在学术个案、学术群体与学术史等层面的解析与研究、体验与思考，提出过一些关于这一学术内涵的哲学本体、跨文化语境的界定、学术中隐秘的世界文化网络的理解与把握，以及意识形态与极端政治与学术异化、域外汉籍与文明的互动等观念，以自己的著作和论文与学界同道切磋商量。

在这样的理性需求与探索中，近期以来有一种论说引起了我的兴趣和关注，这就是有些人正在把一种叫作"汉学主义"的说辞试图介入国际Sinology②的学术中来。这是一种什么样的论说呢？究竟什么是"汉学主义"呢？据说1998年，澳大利亚学人鲍勃·霍奇（Bob Hodge）和雷金庆（Kam Louie），他们自称依据福柯的话语理论，表述说"汉学展现了萨义德称之为东方主义的许多特征，但是，鉴于种种原因，更

---

① 本文原载于《国际汉学》第二十五辑，2014年。
② 由于"国际中国文化研究"这一学术范畴在英语语境和汉语语境中学术界存在着不同的表述词汇，本文为了不引起争论，全部使用了英语的Sinology，并无任何崇洋媚外之意。我个人关于这一学术概念在汉语语境的表述的观念，请参考2011年《中国比较文学》第1期拙文《我对"国际Sinology"学术性的再思考》。

有益的做法是提出'汉学主义'"。对于这样的说辞，我虽然也正做着不算全职的几十年的国际Sinology研究，但毕竟所知有限，感到莫名其妙，而且依我的学识经历，深知欧美有一批学者特别善于串通多种论说而以造作新论为自己的本业，故未于理睬。

2004年《厦门大学学报》第1期发表了《"汉学"与"汉学主义"》一文，此文是不是呼应鲍勃·霍奇的说法我不知道。这可能是国内早期张扬西方学者这一说辞的主要论说。

这位作者说："东方学不过是一种主义，汉学难道没有汉学主义的嫌疑吗？"作者自己设定了这样一个独创性的疑问，又自己回答自己说，根据阿尔都塞的意识形态理论，利奥塔的宏大叙事理论，福柯的权力、知识和话语理论，霍尔德文化再现理论，而最重要的是依据萨义德的东方主义理论来研究汉学和汉学主义，则可以说："如果中国属于东方，汉学属于东方学，那么，东方学的文化批评同样适应于汉学。"他说"西方汉学在东方主义中表述中国，包含着虚构与权力……就可能与权力合谋"，于是，作者断言"广义的汉学就可能与权力合谋"。

2008年，美籍华人学者王德威先生在《文艺理论研究》第5期的一则访谈中有如下的说法："一开始它（Sinology）就是属于东方学嘛，就是东方主义对中国的好奇，研究方法也是五花八门，非常杂乱，基本是萨义德所说的东方主义的那一套。"

王德威先生的如是表述，使我大吃一惊，因为我实在不知道王德威先生所说的"一开始它（Sinology）就是属于东方学嘛"的"一开始"指的是什么时候？我微薄的知识明白，无论是东亚或欧洲开始形成Sinology的时候，欧洲近代资本主义体系尚未形成，后世殖民主义对东方的虚构与权力不要说尚在襁褓之中，其实是连种子都还没有着床，从何谈起东方主义？在当时特定时空的文化语境中对中国文化表现出热情、震惊，并阐发与表述自己体验和心得的那些欧亚学人（包括商人、僧侣与旅行者等），究竟在哪些人的身上，在哪些留存至今的他们发表的论说中被王德威先生发现了竟然"就是属于东方学（的）嘛"的踪影？一位有威望的学者使用如此轻飘的口吻来对一门学术进行全称性定性，这种蔑视与草率，实在是有悖于我心中的敬意。（我想，难道是《文艺理论研究》记录有误？

抑或是把访谈者的名姓弄错了？）

上述这样的表述，由于表述者在学人心目中的地位，因此就显得很有力度了。不久，就有人质询我：你们怎么还在搞东方主义那一套呀？我在莫名惊诧之余，才弄清楚了说我们搞的"东方主义"那一套就是这个新名称叫作"汉学主义"的东西。不久又听说江南的一所著名大学中一个著名的研究所邀集了著名的学者"座谈'东方主义'"了。我意识到原先自己以为是一个并不认真的创新口号好像要变成"真的就是这么回事了"。

国际Sinology研究中忽然出现了这样一种似乎是纲领性的主义，使我一时堕入迷茫之中。我本人在人文学术领域中经历过很多主义的训导，像我这样没有什么灵性的人，例如，当年说"现代性""现代主义"的时候，虽然学术思潮汹涌，但自己不大明白它的内涵。当我在"现代主义"中挣扎着还没有醒过来时，大家又说"后现代"来了。后现代主义是什么？当自己刚刚知道点后现代大概与文化解构有点什么关系时，又听理论家说，"解构的后现代主义是消极的后现代"，"不行了，现在我们要提倡积极的后现代主义了"……当看到年轻的听众们和读者们一次一次地向这些"创新思潮"欢呼起来的时候，自己实在是陷入困顿，一筹莫展，不明所以。

三十余年来，在我们这个跨文化研究领域里经历着不少花样翻新的主义运动，但我们很少检点或反省这些创新的主义对中国的人文学术建设究竟起了什么作用？我们究竟有什么样的学术获得的成就正是在这些主义的引领下为国际学术界所认可、接受，或被学术界广大同仁觉得学术由此而提升了呢？难道我们不断地向这些批发来的主义欢呼，就是我们人文学术的"全球化"？就是我们的"走向世界"？就是我们真的"与国际学界接轨"了？中国人文学者难道真的失却了自己的智慧，在自己从事的研究中竟然提升不出一点学术的理念，而要全靠欧美学人的脑袋为我们指引思维的道路吗？

眼下有人还在为汉学主义积极地呐喊，似乎认定国际Sinology就是虚构与权力的混合物，试图用汉学主义来揭示它们的本质，从而拯救一批迷途者。这就涉及关于我们对这一学术的基本定性，以及对汉学主义的根本价值的把握。

《学术月刊》2010年12月号，刊出美国达拉斯德州大学教授顾明栋先生著的《汉学、汉学主义与东方主义》一文，批评了汉学主义的狭隘和偏执，2011年

8月中国比较文学学会上海年会上，张西平教授、朱政惠教授以强有力的长篇讲话，以汉学史的事实，揭示汉学主义伪科学的哗众取宠的特征。我个人很同意诸位先生表述的见解。

关于汉学主义的特征，我觉得有三个层面是必须辩论明白的。

第一，汉学主义的提法本身就是三十余年来我国人文学术层面上"西方文化中心主义"的又一种表现。若以汉学主义提出者和促进者个人的学术心理状态言之，是并不为过的。

国际Sinology是一门世界性的学术范畴，对中国文化的研究不仅只在欧洲存在，更不仅仅存在于美国，它是世界性的存在，这一基本事实表明了中国文化所具有的世界历史性意义。现在汉学主义的提出者与传播者一提到Sinology，就限定在欧美，特别喜欢拿美国来说事，表明他们的学术心态"只知道有欧美，不知道有世界"。在我们已知的国际Sinology学术史中，美洲地区的中国研究在始发的时间表上，是远远落后于东亚和欧洲的。其中对于涉及中国文化研究的经典性而言，连当年费正清先生自己也认为落后于欧亚。而欧洲对中国经典文化的研究，其起始的时间和涉及的内容则又远远落后于亚洲900年到1000年左右。稍微有些学术积累的研究者几乎都明白，美国对中国文化的关注与研究，起始于新教传教士的介入，第一次世界大战后逐步世俗化，在中国文化研究中开始出现学术经典性价值一般说来是在20世纪五六十年代华裔学者或以华裔为后院的研究者的参与而逐步形成气候的。现在汉学主义的创导者和给力者就拿这个只有百余年时间的美国Sinology作为世界中国学术的"唯一"，认为这样的学术总摄了世界学术，从而给以全称性的定性，他们把事实上存在于大世界的Sinology在自己的视野中微缩到这样的程度，其心理状态实在是不可思议的。

坦率地说，我国人文学术界在跨文化理论方面，三十多年来，一直存在着非常奇怪的学术悖论。这就是，我们一些高喊"反对欧美文化中心主义"的学人，如果阅读他们直到眼下还在发表的许许多多的自我论说，则可以体会到他们关键性的立论和表述的逻辑、使用的概念和语汇，以及引用印证的资料，恰恰是欧美文化的翻版，极少有中国文化和中国研究的实影在内，这实在是非常不幸的。

其实，在如何把握国际中国学研究中的理性精神，是我们从事这一学术的一以贯之的基本要求。我自己接触这个学科是在1964年开始的，当年8月，北京大学依据国务院副秘书长兼任总理办公厅主任齐燕铭先生下达的指示，对在1949年年初由中国人民解放军北平市军事管制委员会将作为帝国主义侵华机构封存的原燕京大学"燕京—哈佛学社"的资料档案开封，我作为北大助教奉命具体操作，指示我"在开封阅读后，把资料初步确定为三等，即对我有用、一般性、对我无用，再行分类登记造册，并组织相关研究者会商，争取有个初步的意见"。这是在当时文化语境中提出的"理性处理"原则。这在事实上已经高度关注到美国Sinology的学术活动中所谓的"殖民主义的虚构和权利"了。此后在20世纪在70年代后期这一学术的复兴和发展中，研究者在多层面文本的研究实践中一直保持着理性精神。诚如前述，我们已经反复提出了关注国际中国学的哲学本质，关注跨文化语境的界定，关注学术中隐秘的世界文化网络的理解和把握，关注意识形态与极端政治与学术异化等。我个人在1991年5月出版的《日本中国学史》和2009年5月出版的《日本中国学史稿》中，在阐述日本近代中国学的发展中，在对文本的解读与学术走向的把握中，已经意识到日本中国学中内含的哲学本质，在篇、章、节中都有明确的表述，并且明确地指出：日本中国学本质上不是中国文化研究的自然性外延，而是属于日本文化的一个层面，因而它的本体性意识层面必定是与研究者本身内含的哲学本体相一致的。我国研究者在不少阐述中也已经不断地在研究这种多元的文化特征。

  但是，我国学者在自身的实践中反复提升的观念，却不被理论家所关注，或许他们根本就不认为中国学者也可能具有自己的理性观念；相反，欧美学者的一两篇文章，乃至几句片段话语就能引发出中国学界的各种跟风的"主义"和"思潮"，这是我国三十年来人文学术跨文化领域中真正的"欧美文化中心主义"至今作祟的深刻表现。这一顽疾之所以久治不愈，原因之一就是治疗这一顽疾的大夫中，有些恰恰自己本身也患有这一顽疾而未能感知。

  第二，我们注意到汉学主义的提出者和传播者，几乎没有一位可以称得上是真正从事国际Sinology的研究者。我在这里的话语可能很不"温良恭俭让"，但我说的却是一个基本的事实。提出主义和研究文本的脱节，正是我们跨文化研究领域中的一种常见病。只要稍微检点汉学主义的创导者和热心的鼓动者的学术业绩，坦率地说，几乎不见有哪一位曾经对一个国家（地区）或一个学科的Sinology史做过研究，哪怕是对一位Sinologist做过称得上的研究，或者对相关的基本资料进行过调查和编纂。这也就是说，我们滔滔言说的主义，在言说者的学术系统中是不存在什么文本支持的。

我前面提到的朱政惠先生和张西平先生以及本学术领域的许多先生，他们在自己的研究领域内，在展开与推进自己的研究中，无一不是从文本解读起步而引向学术的研究阐述。我这里说的文本是文化研究中我们常用的"大文本"概念，既包括书面的典籍，也包括相关地区国家的田野调查，还包括相关国家研究者的访问与研讨；既可以是研究Sinologist的一部著作，也可以是研究一位Sinologist的总体学术；既可以是人文学术中一个学术层面的研讨，也可以是国别Sinology史的研讨。例如朱政惠先生撰写的《海外学者对中国史学的研究及其思考》中，从解读19世纪中期裨治文（Elijah Coleman Bridgman）创办的《中国丛报》（*China Repository*）上发表关于中国史的研究论说起始，较为详细地解析了美国、加拿大、英国、法国、俄罗斯等四十余位中国史研究者的基本论述，其中包括他在欧美与诸位Sinologist的直接访谈对话，从而归结为4个层面的思考。张西平先生的《欧洲早期汉学史》以及一系列的论著，都是建立在他广泛又深入地对17世纪以来欧洲来华传教士著作的研读中引出的思考之上，他在南欧和中欧做过十余次的学术访谈，他在梵蒂冈图书馆发现的当年来华传教士携回的关于中国文献的读书笔记和他们撰写的中国实录就有上千种（正在编目中）。我个人感悟这才是真正的人文学术研究，研究的结果和表述的观念是建立在原典实证的基础之上的。

人文学术研究中究竟是主义先行、串联观念、造成空口说白话的轰轰烈烈，还是细读文本、原典实证、多研究些问题，从而使思考接近本相？中国人文学术史表明，这历来就不仅仅是方法问题，实在是学者的学风和学品的基本问题。推而广之观察整体学术，古今中外，概莫能外。

把一门学术定性为一种主义，这是全称性判断。把世界性的Sinology定性为本质上与东方主义等同的汉学主义，本质上是对这一门学术的文化价值判处了"死刑"（当然，在日常生活中我们也可以从"死刑"中汲取教训，但这是另一层面的价值意义）。试想，假若一个法官把一个人判处死刑，而竟然拿不出这个人该死的基本材料（包括无可辩驳的铁证和相关的旁证），那么，在健全的法制下这个法官不仅会受到广泛的舆论谴责，而且凭空杀人肯定要承担刑事责任。对人文学术价值的判断，如果平地起风，在没有铁证的状态中草菅"学"命，虽然不会流血，但在道义上是应该背负良心的谴责的。

令人痛心和深感不解的是，汉学主义的创导者们在对这个学科的学术进行判断定性的阐述中，论说时涉及的所谓的Sinology，几乎都是从他人研究中摘引出来的段文片句。这就是说，主义的创导者和传播者，是在没有任何文本阅读经验的状态中，在从未有过相关原典实证的思考和表述中，依据他们自身的"灵感"感知，依靠以往论说字句的概念性串联而形成新的主义，这就是像《厦门大学学报》文章表述的那样，"根据阿尔都塞的意识形态理论，利奥塔的宏大叙事理论，福柯的权力、知识和话语理论，霍尔德文化再现理论，而最重要的是依据萨义德的东方主义理论"，整个排列中不见"确证"和"旁证"，却见推究欧美人的一堆理论概念，如同北京的糖葫芦一般串联起来便生成了汉学主义。

这实际上是在玩弄一种理论麻将，在这样的游戏中构思出的主义，难道会对Sinology研究的实践具备什么价值意义吗？这使我回忆起40多年前在所谓"批判资产阶级学术"的疯狂时代，一位没有读过什么书的战斗者，对科学院学部委员游国恩先生说："我没有读过你的书，我照样可以批判你！"这与所谓的汉学与汉学主义，简直完全是一个模子造出来的。不过区别还是有的，50年前是在中国令人痛心的不幸的大文化语境中造成了他们这样的不着边际、口吐疯癫语言，充当"草菅人命的法官"，中国文化的发展进程为此付出了沉重的代价。现在是半个世纪之后了，文化大语境发生了重大的提升，但是，在我们这个领域中，不知道为什么仍然有这样的学人，这样不能以史为鉴，不能以学术自重，继续着这种毫无文本实践的假大空的制造行业，贻害这一学术的健康发展，贻害许多追求学术的善良而又缺乏知识判断力的青年。

参天大树都有自己几乎与地心连接的深深的根，因而它们能经历百千年而常存。人文学术研究当然不是而且也不应该是一些无根的言说，自然科学以实验来表征它的事实价值，人文学术是以实证来表征它的研究在逐步接近本相。国际Sinology作为人文学术的一个层面，研究的起步无疑是存在于相关文本的细读、解析和表述中，唯有如此，这一学科才有真实的生命体征，脱离文本的任何主义，都是江湖郎中。①

第三，汉学主义的提出，是与这一论说的表述者在认识事物本相的视觉中历时性和共时性混乱、局部与整体错位的思维逻辑相关联的。人文学术在跨文化领域中常见一些离奇的叙述形式，实事求是地说大抵都是与这样的思维逻辑模式有关系的。

Sinology是一门世界性的学术，从它在东亚地区萌发至今，从世界范围来说，已经有一千五百余年的历史，它的内涵的包容量在广度与深度各个层面中，都不是个人匆匆过眼就能说三道四的。在这个领域中，作为个体的研究者，无论具有多么大的能力，我觉得总不可能对这一学术的整体形成具有足够分量的把握，每一个研究者都只能在他本人相对熟悉的一个或若干个国家（地区）内进行自己的学术操作。

这里，我们可以以儒学阐述的三个实例为证，考察当前研究者的研究视角是否有能力对国际Sinology这一学术在文化价值层面，乃至政治意识层面做出全方位的全称性定义。

第一例，我国学者在评价儒学的世界性意义时，最普遍的实例常常举证欧洲18世纪反对宗教神学的思想革命与儒学介入的积极作用，以此说明儒学表述的精神本质在世界文明中的永久价值。18世纪欧洲启蒙运动是世界文明进程中具有重大意义的存在，中国"孔夫子精神"以传教士的西传为主要通道，以欧洲启蒙思想家为主要接受者，表现出的文化价值在这一特定时空中是极为生动和深厚的，在由此构成的"欧洲文明论"上具有不朽的地位。但如果由此而引申为在全人类文明的进程中"儒学具有反封建性价值"的全称性判断，则又是很不准确的，因为这样的判断事实上缺失了文化研究的共时性视角。因为同样在18世纪，儒学阐述作为Sinology的一个层面，在东亚日本正是它作为理论介质而致力于强化将军幕府集权统治的意识形态，从而成为19世纪中期开始的明治维新最早二十余年间日本致力于建立近代国民精神思想运动的主要对手。这样几乎同时发生在18世纪欧亚地区关于儒学阐述的相互对立，提示了研究者在对一种学术做出历时性评价

---

① 当年王瑶先生曾劝诫他身边不太喜欢读书而喜欢高谈阔论的青年教师说："不要把自己弄成'看起来轰轰烈烈，实际上空空荡荡'的江湖骗子！"此话很朴实，作为北大精神的一个层面，历数十年言犹在耳。

时，缺失了共时性视角的考察常常会跌入自设的失真混乱之中。①汉学主义面对这样的状态，将如何把自己的主义介入具体的状态中呢？

第二例，此例的考察视角恰恰与上述第一例相反，人文学界许多学者一直把日本定义为"儒学国家"，也把古代东亚文明共同体称为"儒学文化圈"，这个全称性判断其实也是一种臆想性感觉。依照日本历史学家的通识，日本古代国家实体形成（借用近代"国家"这一概念）至今总计大约1600年。从日本儒学接受的历史考察，上古时代（从5世纪中期到12世纪末期）中国道家思想观念成为创造以天皇为首的皇室神秘权威的主要思想材料，古典儒学的阐述局限在朝廷极少数华夏迁徙民中，未能构成相应社会意识的层面。从12世纪开始日本进入了将近400年的武士将军的战乱局面，在全国的战火中，只有寺庙成为文化的保存地，此时古典儒学已经荒废。随着禅宗的传入，先是在镰仓，后来在京都等地建起了禅宗的大本山，其间则开始接受作为禅宗伴侣一起进入山庙的程朱理学，然只局限在大本山的僧侣中，作为禅宗同期的学识修养而存在，它与广泛的社会生存没有关系。自17世纪德川家康夺得对全国的统治权力后，在"武攻文治"的战略中，程朱理学被迫走出山门，一批僧侣还俗而成为宋学的阐述者，由此开始，以理学为核心的儒学开始与社会多层面接触，从而开始在250年中成为日本社会本体哲学的主要理论构架而形成气候。简单的三阶段历史昭示我们，把日本古代社会全称定义为"儒学思想"或"儒学思想占主流的社会"，则与思想精神史的事实不符。在这样复杂的状态中，汉学主义论说如何在引领研究者把握日本这1400年文化思想史中发挥它自己定义的论说价值呢？②

第三例，20世纪80年代中期到90年代中期，学术界一时之间流传"日本儒学资本主义说"，竟然成为研究日本和研究儒学的主流，主要依据则是当时被宣传的19世纪后期与20世纪初期日本资本金融大鳄涩泽荣一（1840—1931）关于自己

---

① 关于中国儒学在18世纪同一时期中在欧洲和东亚却造成了两种截然不同社会文化效果的学理研讨，有兴趣的读者可以参考拙文《文化的传递与不正确理解的形态》，载《中国比较文学》1998年第4期。此文又载于2005年新世纪出版社《在北大听讲座》第13辑，及2006年北京大学出版社《北京大学—耶鲁大学比较文学学术论坛》中。

② 关于日本社会在前近代时期1400余年间思想的发展以及与中国文化的关系，有兴趣的读者可以参考[日]源了圆、严绍璗主编：《日中文化交流史丛书·思想卷》，日本大修馆出版社，1995年。中文本《中日文化交流史大系·思想卷》，浙江人民出版社，1996年。

成功的著作《日本人读〈论语〉》。此书是涩泽荣一对《论语》的解读，在这个意义上说，涩泽荣一也可以说是一个Sinologist。涩泽荣一认为自己正是在《论语》"君子喻于义，小人喻于利"精神的指导下，在心与行、道德与公利、个人教养与社会文明诸层面中躬身实践，在经营各种事业时，或是参与各种事业时，都不考虑以利益为本，从而被誉为"日本资本主义之父"。①

然而，深入的日本Sinology研究揭示，19世纪中期日本步入近代社会以来对《论语》的阐述，远远比一个日本资本家的"论语宣言"要复杂得多。

1906年12月23日，日本举行了20世纪第一次"祭孔典礼"，主祭人是时任日本陆军元帅兼任海军大将的伊东佑亨，此人即为中日甲午战争中日本联合舰队司令，他直接指挥打响了近代日本50年间侵略中国的第一枪；陪祭人是时任日本海军大将的东乡平八郎，此人即是甲午中日战争中日本"浪速舰"舰长，击沉我北洋海军"东升舰"的魁首。当日"祭孔"的近30名参与者皆为在甲午中日战争和日俄战争中参战的将官。这一祭祀起始的缘由在于告慰孔子，感谢在《论语》忠君爱国精神之下，日本终于取得了海上全部控制权。这一诡谲的演出引出了与涩泽荣一读《论语》同时代的日本《论语》解读的另一派别——以井上哲次郎为代表的"皇国主义论"。1891年，东京帝国大学中国哲学教授井上哲次郎在他为明治天皇写的《教育敕语》中作了解释，撰著《〈教育敕语〉衍义》。《〈教育敕语〉衍义》以"大和魂"精神为基础，使用在德国留学时受到的普鲁士专制主义教育为纲，对《教育敕语》中表达的以《论语》为核心的忠君信义诸观念作了爱国主义的近代言语阐述。这是日本精神思想史上第一次出现"爱国主义"这一近代概念，从而开启了近代日本Sinology历史中阐述《论语》的"皇国主义论"。

但是，与井上哲次郎同时，日本的"脱亚入欧"派学者，则强力地把对《论语》的批评作为创建日本"近代国民纪念精神"的重要层面，从而在同一时间区域内出现了《论语》阐述的第三种类型。1909年8月，东京帝国大学教授白鸟库吉在《中国古代之传说》中提出（儒家和孔子）虚构"尧舜禹"，他试图从"抹杀（孔学）法先王"的基本构架入手，否定孔学的文化价值，由此开启了近代日

---

① 从日本思想史上考察，涩泽的《论语》观念则是与江户时代大阪地区从商的实业者组织的怀德堂文化密切相关，并由此继承的一个层面。关于怀德堂文化的核心则是一部分富余者觉悟人生，在富余中需要道德。可以参见陶德民先生一系列的论说。

本sinology中的"儒学批判主义说",其中在20世纪30年代以津田左右吉为代表的一系列著作最集中地体现了对这种批判的姿态。

第四种《论语》阐述类型产生在近代日本一批Sinology的实证主义学者中,例如小岛祐马、武内义雄等,他们坚持以原典实证为基础,对以《论语》为起点的儒学学理进行学术性阐述,他们强调把《论语》等著作从经学的窠臼中解脱出来,在社会思想史发展的基本逻辑中对它们进行解读,构建起至今尚有势力的学院派学术。①

以上是我们在没有汉学主义那样的些微概念中依据数量不算少的文本细读做出的解析。如果进一步细化,据不完全统计,这一时期日本Sinologists在此70年间出版的专门《论语》阐述著作约有420多种,尚可继续分析出更多层面的思想精神倾向,这样复杂的状态中呈现诸多的"乱象",真正把握它的每一个局部,并与特定时空中整体的文化生态真正协调起来,将是多么艰巨的研究工作。我现在不知道的是,在当下有了汉学主义论说的语境中,汉学主义如何把自己置身于其中,即使不是让我们起死回生,总应当让我们的观念有一种飞跃,使我们关于这一"大文本"的研究更臻于完美,只有到达了这样的境界,"汉学主义"才能显现出自己存在的价值吧!

从日本关于《论语》阐述这样一个非常具体的、在整个国际Sinology史中也不是特别复杂的文化事实中可以明白,研究者在没有积累足够的知识量并确立准确的思维逻辑之前,试图对这门学术望一望,弄点从以前的理论存档中取出的存货,拼接一个时髦的口号,然后对此种研究生态做出一种具有全称性的价值定义,试图耸动这一学术。若以正常平静的学术心态考量,我觉得几乎是不可能的,也是没有任何意义的。面对具有世界性的丰富复杂的文化事实,试图用任何一种主义裁定这一学术,其中必定充塞着空洞和虚构,呈现出苍白无力的病态,不可能具有学术的真实性价值。于此说一句非常不敬的话,不以文本细读做基础的任何观念性言说,其实就是痴人说梦!

---

① 关于日本中国学界对儒学阐述的基本脉络,有兴趣的读者可以参考拙著《日本中国学史稿》第四章、第七章、第十章、第十一章、第十二章、第十三章和第四十五章等,学苑出版社,2009年。

"严绍璗文集" 总目录

国际中国学研究

养天地之正气 法古今之完人
会通学科熔"义理辞章"于一炉
我和国际中国学研究
20世纪70年代日本学者论中国古代文学的特点问题
日本学者近年来对中国古史的研究
日本对《尚书》的研究情况
日本学者关于《诗经》的研究
日本学者关于中国文学史分期方面的一些见解
日本鲁迅研究名家名作述评(一)
日本鲁迅研究名家名作述评(二)
《赵氏孤儿》与18世纪欧洲戏剧文学
关于汉学的问答
甲骨文字与敦煌文献东传纪事
日本中国学中从经学研究向中国哲学研究演进的轨迹

中国当代新文化建设的精神指向与"儒学革命"
中国古代文学研究的国际文化意识
中国学术界对Sinology研究应有的反思
日本中国学中"道学的史学"的没落与"东洋史学"兴起的考察
日本中国学中中国文学近代性研究的形成
中国国际中国学（汉学）研究三十年
我看汉学与"汉学主义"

比较文学研究

我走上比较文学研究的文化历程
"文化语境"与"变异体"以及文学的发生学
双边文化与多边文化研究的原典实证的观念与方法论
在"比较文学"研究中创建具有自己民族特色的中国学派的构想
民族文学研究中的比较文学研究空间
确立关于表述"东亚文学"历史的更加真实的观念
中外文学交流史：中国比较文学研究中的基础性学术
文学与比较文学同在共存
比较文学研究中的"文本细读"的体验
文化的本体论性质与马克思的文化论序说
日本短歌歌型形成序说
日本《竹取物语》的发生成研究
日本平安文坛上的中国文化
论五山汉文学
日本古代"小说"的产生与中国文学的关联
对"比较文学与世界文学专业"名称的质疑
关于比较文学博士养成的浅见

日本文化研究

日本的发现
中日禅僧的交往与日本宋学的渊源
徐福东渡的史实与传说
中国传统文化在日本的命运
儒学在日本近代文化运动中的意义（战前篇）
日本现代化肇始期的文化冲突
日本当代"国家主义"思潮的思想基础
日本中国学中一个特殊课题——满学
战后60年日本人的中国观
中国儒学在日本近代变异的考察
日本当代海洋文明观质疑
我对日本学研究的思考
汉字在东亚文明共同体中的价值
中日古代文化关系的政治框架与本质特征的研讨
东亚文明与琉球文明研究的若干问题
日本军国主义者对中国文化资材的劫夺
日本近代前期天皇的儒学修养
日本"中国研究"的学术机构
严绍璗教授荣获日本第23届"山片蟠桃奖"文化研究国际奖

日本藏汉籍善本研究

汉籍的外传与文明的对话
在皇宫书陵部访"国宝"
在国会图书馆访"国宝"
在日本国家公文书馆访"国宝"
在东京国立博物馆访"国宝"

在东洋文库访"国宝"
在足利学校遗迹图书馆访"国宝"
在金泽文库访"国宝"
在静嘉堂文库访"国宝"
在杏雨书屋访"国宝"
在天理图书馆访"国宝"
在尊经阁文库访"国宝"
在御茶之水图书馆访"国宝"
在真福寺访"国宝"
在石山寺访"国宝"
在东福寺访"国宝"
在日光轮王寺天海藏访"国宝"

读书序录

他序文

序孙立川、王顺洪编《日本研究中国现当代文学论著索引1919—1989》
序王勇著《中日关系史考》
序尚会鹏著《中国人与日本人：社会集团、行为方式和文化心理的比较研究》
跋六角恒广著，王顺洪译《日本中国语教学书志》
序周阅著《川端康成是怎样读书写作的》
《多边文化研究》第一卷"卷头语"
序《中日文化交流史论集——户川芳郎先生古稀纪念》
序张哲俊著《中日古典悲剧的形式——三个母题与嬗变的研究》
序李岩著《中韩文学关系史论》
序刘元满著《汉字在日本的文化意义研究》
序张玉安、陈岗龙主编《东方民间文学比较研究》
《多边文化研究》第二卷"卷头语"
序钱婉约著《内藤湖南研究》

序刘萍著《津田左右吉研究》
序王琢著《想象力论：大江健三郎的小说方法》
序张哲俊著《东亚比较文学导论》
序张哲俊著《吉川幸次郎研究》
序张哲俊著《中国古代文学中的日本形象研究》
序《东方研究2004——中日文学比较研究专辑》
序王青著《日本近世儒学家荻生徂徕研究》
序王益鸣著《空海学术体系的范畴研究》
序王青著《日本近世思想概论》
《多边文化研究》第三卷"卷头语"
序李强著《厨川白村文艺思想研究》
序王顺洪著《日本人汉语学习研究》
序周阅著《川端康成文学的文化学研究》
序隽雪艳著《文化的重写：日本古典中的白居易形象》
序牟学苑著《拉夫卡迪奥·赫恩文学的发生学研究》
序郭勇著《中岛敦文学的比较研究》
序潘钧著《日本汉字的确立及其历史演变》
序涂晓华著《上海沦陷时期〈女声〉杂志研究》
序张冰著《俄罗斯汉学家李福清研究》
序聂友军著《日本学研究的"异域之眼"》
序王广生著《宫崎市定史学方法论》
序张西艳著《〈山海经〉在日本的传播和研究》

自序文

《中日古代文学交流史稿》前言
《中国文学在日本》前言
《日本中国学史》代序
《中日文化交流史大系·文学卷》序论
"21世纪比较文学系列教材"出版总序

"北京大学20世纪国际中国学研究文库"总序
"北京大学比较文学学术文库"出版总序
《比较文学视野中的日本文化——严绍璗海外讲演录》自序
《日本藏汉籍珍本追踪纪实——严绍璗海外访书志》自序
《日藏汉籍善本书录》自序
《日本中国学史稿》前言
《魏建功文选》前言

人物纪、访谈录

好人阴法鲁先生
北京大学比较文学研究所创始所长乐黛云先生纪事
贾植芳先生的比较文学观
中西进教授的学问
我的老师们
我的生命的驿站
为人民读好书、写好书——严绍璗先生访谈

图书在版编目（CIP）数据

国际中国学研究 / 严绍璗著 . —北京：北京大学出版社，2021.10
ISBN 978-7-301-32465-3

Ⅰ.①国⋯　Ⅱ.①严⋯　Ⅲ.①中国学—文集　Ⅳ.① K207.8-53

中国版本图书馆 CIP 数据核字(2021) 第 178822 号

书　　名	国际中国学研究 GUOJI ZHONGGUOXUE YANJIU
著作责任者	严绍璗　著
责 任 编 辑	严　悦
标 准 书 号	ISBN 978-7-301-32465-3
出 版 发 行	北京大学出版社
地　　址	北京市海淀区成府路 205 号　100871
网　　址	http://www.pup.cn　新浪微博：@北京大学出版社
电子信箱	pkupress_yan@qq.com
电　　话	邮购部 010-62752015　发行部 010-62750672 编辑部 010-62754382
印 刷 者	北京虎彩文化传播有限公司
经 销 者	新华书店
	720 毫米 ×1020 毫米　16 开本　20.25 印张　插页 1　340 千字 2021 年 10 月第 1 版　2023 年 7 月第 3 次印刷
定　　价	108.00 元

未经许可，不得以任何方式复制或抄袭本书之部分或全部内容。
版权所有，侵权必究
举报电话：010-62752024　电子信箱：fd@pup.pku.edu.cn
图书如有印装质量问题，请与出版部联系，电话：010-62756370